井筒俊彦

英文著作翻訳コレクション

スーフィズムと老荘思想 上

比較哲学試論

仁子寿晴――訳

TOSHIHIKO IZUTSU

Sufism and Taoism: A Comparative Study of Key Philosophical Concepts

慶應義塾大学出版会

スーフィズムと老荘思想　上＊目次

凡例

一、本書は Toshihiko Izutsu, *Sufism and Taoism: A Comparative Study of Key Philosophical Concepts*, Iwanami shoten, 1983, Part I: Ibn ʻArabī の翻訳である。Part II 並びに Part III は下巻として訳出した。

二、原著の強調のうち‘’は「」、イタリックは傍点に替えた。（ ）と［ ］は原文どおりである。大文字で記されている語は、原則として〈 〉で示した。

三、訳者による補足などは〔 〕で記した。

四、原注は本文中に（ ）で原注番号を付し、章ごとにまとめて各章末に置いた。引用の出典は本文中に挿入した。

五、訳注は、本文中に〔 〕で訳注番号を付し、巻末に収録した。

六、原著で井筒が英語に訳している古典古代文献の引用は、井筒の理解を示すためにその英文に基づいて訳した。

七、井筒が使用したイブン・アラビー *Fuṣūṣ al-ḥikam* の版は『カーシャーニー注』を含むカイロ版本（*Kitāb Sharḥ ʻAbd al-Razzāq al-Qāshānī ʻalá Fuṣūṣ al-ḥikam li-Muḥyī al-Dīn ibn al-ʻArabī. Wa-bi-asfal kull ṣaḥīfah ḥall al-mawāḍiʻ al-khafīyah min sharḥ Bālī Afandī*, al-Qāhirah: al-Maṭbaʻah al-Maymanīyah, 1321 A.H./1904）、およびアフィーフィー校訂本（Muḥyī al-Dīn ibn ʻArabī, *Fuṣūṣ al-ḥikam*, ed. by Abū al-ʻAlā ʻAfīfī, al-Qāhirah, 1365 A.H./1946）であるが、本書は *Sharḥ al-ustādh al-fāḍil wa-al-ʻālim al-kāmil al-shaykn ʻAbd al-Razzāq al-Qāshānī ʻalá Fuṣūṣ al-ḥikam lil-ustādh al-akbar al-Shaykh Muḥyī al-Dīn Ibn al-ʻArabī*, al-Qāhirah:al-Bābī al-Ḥalabī, 1386 A.H./1966 を用いてそれぞれの頁数を／で区切って記した。

スーフィズムと老荘思想——比較哲学試論　上

はじめに

本書はもともと十五年以上も前に、私がカナダ・モントリオールのマギル大学イスラーム研究所でイスラーム哲学を教えていたときに執筆したものである。

その当時、私の学究生活が次第に新たな局面を迎えつつあるのを意識するようになっていた。中東・近東および極東にあるさまざまな哲学伝統のなかのキー・タームを文献学的に厳密に比較研究し、それを基軸に据えた新たな型の東洋哲学を樹立せんと模索していた。本書はこうした試みの最初の産物である。

一九六六年から一九六七年にかけて *A Comparative Study of Key Philosophical Concepts in Sufism and Taoism* という題名（副題は *Ibn 'Arabī and Lao-tzŭ – Chuang-tzŭ*）で二巻本として日本で出版された。発行は慶應義塾大学言語文化研究所、故松本信廣教授の監修である。

改訂版を望む声が次第に高まってきたので、私がイランに滞在している際にこの本を再刊することに決めた。イギリスで印刷して一九七八年末にテヘランにて発行する予定であったが、折しもホメイニーの「革命」が勃発した時期であって発行は叶わなかった。その結果、運命の奇妙な廻り合わせとでも言おうか、完全に改訂されてはいたもののいまだゲラ刷り段階にあったこの書は筆者とともに再び日本に帰ることとなった。この書が初めて日の目をみたのはこの地であった。

全体を改訂する過程でそれまでに気づいた間違いや不十分な箇所を除くよう最善を尽くしたが、無論、そうした訂正・修正作業にはおのずと限界があろう。

多くの誤りや欠点があるとしても、新たな形で発行されたこの古い本が西と東のさまざまな哲学伝統を代表する人々のあいだで「歴史を超えた対話」が展開することにいささかなりとも貢献することを願うばかりである。この特殊な哲学的対話が今日の世界では急務であるように思われるからである。

この本の発行を引き受けてくれた岩波書店に厚い感謝の念をあらわしておかねばならない。この計画を実現するために諸般の労を惜しまなかった同社の合庭惇氏には特に謝意を表したい。またこの場を借りて、我が母校、慶應義塾大学の諸先生方にも感謝を捧げる。いまから思い起こせば、本書を最初に執筆しているあいだ中、測り知れないほどの励ましを頂戴した。

一九八一年十月四日　鎌倉にて

井筒　俊彦

序

この書全体の主要な目的は、正題と副題に示されるように、イブン・アラビーが代表するスーフィズムの世界観と老子・荘子が代表する老荘思想《タオイズム》の世界観との構造的比較の試みにある。この種の研究に多くの陥穽《かんせい》のあることは十分承知している。歴史的に連関しない二つの思想体系を粗雑に比較するならば、学問的厳密さを欠いた類似点と相違点の表面的な観察になってしまおう。こうした誤りに陥らぬよう、二つの世界観を比較検討するに先立って、その基本構造をそれぞれ独立に生《き》のまま、またできうる限り厳密に提示することを構想した。

この意図のもと、第一部では全篇にわたって、イブン・アラビーの哲学的世界観の基底を成す主たる存在論的概念を抽出して、分析することを試みた。第二部でも老子と荘子の世界観に関して全く同種の分析的研究を行う。こうして第一部と第二部はそれぞれ完全に独立した研究――イブン・アラビーの研究と古代道家〔老荘思想〕の研究――となる。それまで相互の異同を全く問わず、個々に分析した二つの世界観の鍵概念《キー・コンセプト》を第三部で初めて比較し摺り合わせる。

いずれにせよ、この書全体に通底する主要動機は比較哲学と比較神秘主義の領域に新たな眺望を拓きたいということだ。二つの世界観が絶対者と「完全人間」を基軸とするのは比較にちょうどよい出発点となろう。(1) いずれの場合でもこの二つの軸を中心に存在論的思想体系全体が展開する。

存在論的構造として見るならば、このことはスーフィズムや老荘思想に限られないと注記せねばならない。絶対者と完全人間が世界観の二軸としてさまざまな対《つい》を成す構造は、世界中のさまざまな場所や時代に展開した多種多様な神秘主義に共通する基本的パタンである。大筋では同じパタンをもちながらも起源や歴史的状況において細部が異なる数多《あまた》の体系を比較考量するならば、それはアンリ・コルバン教授が適切にも「歴史を超えたところでの対話」(un dialogue dans la métahistoire) と呼んだ対話の基盤を準備することになろう。超歴史的《メタ・ヒストリカル》、言い換えると、歴史状況を越境する《トランス・ヒストリカル》対話はいまの世界情勢を見れば喫緊の課題である。[1]

イブン・アラビーがイスラーム思想史で類例を見ないほど多くの議論・論争を喚起したことに触れ、それをオスマン・ヤフヤー博士は「知性にもとづく真理」(ḥaqīqah) と「啓示にもとづく真理」(sharīʿah) という二つの真理を結合するイスラームそのものの性格に連関づけて興味深い指摘をする。

イブン・アラビーの場合、老荘思想やヴェーダーンタ哲学のように純形而上学の伝統だけを受け継ぐのでない。後者の場合、〈師〉の人格が純実定法の伝統に縛られず、自由に翼を拡げる。そのとき師は完全に共同体から身を引くので純実定法領域に身を置く必要がない。だがイブン・アラビーの場合は、その人格にイスラームの真の教えを体現する、という十字路に身を置かざるをえない運命にあった。[2]

思想の深層において、老子による〈道《タオ》〉の形而上学がイブン・アラビーの〈在る〉(Being)[2] という概念と多くの際立った共通項をもつのを否定し去ることはできない。第二部で論ずるように、老子と荘子が歴史的にスーフィズムと全く異なる精神的伝統の到達点であるのを併せ考えれば、多く点で共通することはさらに興味深いものとなる。

すでに指摘したように、安易な比較をせぬよう自己を戒めねばならない。しかし同時に、この類《たぐい》の比較研究を注意深く進めれば、少なくとも実り豊かな文化間対話を拓く共通の土台を我々に提供してくれるのを認めねばなるまい。私はそう信じている。

前に概略を示した計画に従い、本書の第一部では、イブン・アラビーの世界観の存在論的基礎となる鍵概念を分析的に研究することに専念する。すでに述べたように、この世界観は、存在論的〈下降〉と〈上昇〉という形態を帯びながら、絶対者と完全人間の二軸を巡る。この宇宙論的過程を描き出すために、イブン・アラビーは決定的に重要なさまざまな概念を各段階で展開させる。本書が分析するのはまさにこれら諸概念である。イブン・アラビー神秘哲学のもつ存在論的側面を、「在る」と「存在」に関わる鍵概念群の体系とみなし、方法論的に分析する。

存在論は、この尋常ならざる人間の思想のごく一部にすぎないと認めねばなるまい。その思想には、存在論に少しも劣ることなく、独創的かつ深遠な世界観を共に支える、霊魂論、認識論、象徴（イマージュ）論などがある。しかし、後に見るように、〈在る〉という概念こそが彼の哲学的思考の根幹を成し、さらに〈在る〉の理論が極めて独創的で、広く歴史的に影響を及ぼした、そうであるがゆえに、存在論を特に採り上げて論じなければならぬことに異は唱えられまい。

第一部がイブン・アラビーの著作を文献学的に網羅する研究でないと予め断りを挿《い》れておきたい。逆に、イブン・アラビー自身に関する限り、ほぼ『叡智の台座』（*Fuṣūṣ al-ḥikam*）という一つの著作にもとづく。本書が実質的に分析するのは、しばしば彼の主著《オプス・マグヌム》と目され、何世紀にも亙って多くの人々に研究され、註釈が附された(3)この有名な書でイブン・アラビーが展開した主要な存在論的諸概念である。これゆえ、資料に関して本書が新たな情報を提供することは何もない。

網羅的な研究を端《はな》から目的に挿れず、この偉大な思想家の「生の息吹」そのもの、生き生きとした精神、哲学的思考を駆り立てる実存的根源を見通し、さらにイブン・アラビー自身がその深みから全存在論体系を構築するさまを順に追うことに主眼を置く。イブン・アラビーのような思想家を理解するには、全構造に浸透し、構造全体を活性化させる精神そのものを把握せねばならない。さもなくば、すべてを摑み損ねよう。外から観察すれば確実に的を外す。知性的哲学的次元で研究を遂行するにしても、内側から思想を理解し、実存的感情移入とでも呼ぶべきものにより己れ自身で思想を再構築するよう努めねばならない。こうした目的にとって、全体を網羅することは無論、望ましくはあるものの、第一次的要請ではない。

イブン・アラビーは深遠な思想家であるばかりでなく、比類なき多産な作家である。精確な著作数はひとにより見解が分かれるが、例えば、シャアラーニー[3]は四百点を越える著作があると記す[4]。前掲のオスマン・ヤフヤー博士による文献目録には、いくつかは偽作の疑いが懸けられ、いくつかは確実に偽作であるが、八五六点もの著作が挙がる。

こうした状況下では、多年に亙り各々の主題について著者が語り記したすべてを書き留めようとするのは我々の目的にふさわしくないどころか危険ですらある。何百にも及ぶ著作のなかに無秩序に散らばる概念群、イマージュ群、象徴《シンボル》群の大海に溺れ、思考の主要な流れや全構造を支え導く精神を見失いかねないからだ。一瞥ではあたかも無秩序に並ぶ象徴やイマージュの大群から、主流を為す思考を掬い取るには、イブン・アラビーがもっとも成熟したかたちで己れの思想を述べた著作に集中するのが賢明であり、おそらく得るものも多いであろう[5]。

いずれにせよ、いくつかの重要な点を明確にするために一つの小著に二、三言及する以外は、本書では『叡智の台座』の分析に専念する[6]。すでに指摘したように、過去に多くのひとによって『叡智の台座』は多種多様に研究されてきた。イスラームの産み出したもっとも深遠な思想家の一人と多くのひとが評し、それと同時に、もっとも難解な思想家と評したこの偉大な〈師〉をよりよく理解するために本書における私の分析が幾ばくか貢献しうることを願ってやまない。

注

（1）イブン・アラビーの体系において、絶対者はハック（ḥaqq. 真理または実の在り方《リアリティー》）と呼ばれる。完全人間の方は、文字通り「完全なる人間」を意味するインサーン・カーミル（insān kāmil）と呼ばれる。老荘思想では、絶対者が「道（tao）」、完全人間は「聖人」「真人」に当たる。なお、筆者は一九六七年のエラノス会議にて老荘の絶対者と完全人間の関係を論じたことがある（Toshihiko Izutsu, "The Absolute and the Perfect Man in Taoism," *Eranos-Jahrbuch* 36 (1968), pp. 379–441〔「老荘思想における絶対的なものと完全な人間」『東洋哲学の構造——エラノス会議講演集』澤井義次監訳、金子奈央・古勝隆一・西村玲訳、慶應義塾大学出版会、二〇一九年〕)。

〔訳注〕クルアーン第二二章第六節「アッラーこそがハックであり……」などを根拠に、ハック（al-ḥaqq）は伝統的に神名の一つに数えられる。

（2）『イブン・アラビー著作群の歴史と分類』（Osman Yahya, *Histoire et classification de l'œuvre d'Ibn 'Arabī*, 2 vols., Damas, 1964）、序文一八—一九頁。

（3）オスマン・ヤフヤー博士は『叡智の台座』の百以上の注釈を列挙する。前掲『イブン・アラビー著作群の歴史と分類』第一巻一七頁、二四一—二五七頁を参照。

（4）シャアラーニー『ルビーと宝石』（al-Sha'rānī, *al-Yawāqīt wa-al-jawāhir*, al-Qāhirah, 1305 A.H.）第一巻一〇頁。

（5）イブン・アラビーは西暦一一六五年にスペインで生まれ、一二四〇年にダマスクスで亡くなった。『叡智の台座』は死の十年前、一二二九年に書かれた。彼の生涯と著作について私が知る限り最良の導きとなるのは、サイイド・ホセイン・ナスル（Seyyed Hossein Nasr）の *Three Muslim Sages*, Cambridge, Mass., 1964, pp. 84-121〔他にも Claude Addas, *Ibn 'Arabī ou la quête du Soufre Rouge*, Gallimard, 1989, 及びその英訳 Claude Addas, *Quest for the Red Sulphur: The Life of Ibn 'Arabī*, transl. by Peter Kingsley, Cambridge: The Islamic Texts Society, 1993, またアッダスに拠りつつ、若干の修正を加えた Gerald T. Elmore, *Islamic Sainthood in the Fullness of Time: Ibn al-'Arabī's* Book of the Fabuylaus Gryphon, Leiden: Brill, 1998 の序文、特に pp. 13–108 も重要〕。

（6）〈師〉の世界観に哲学的秩序と一貫性をもたらす試みが繰り返し行われてきたが、その具体例を示すため、イブン・アラビーの言葉を引用するほとんどの場合にカーシャーニー注を併記する。アブド・ラッザーク・カーシャーニー（'Abd al-Razzāq al-Qāshānī, d. 1330）はイブン・アラビー学派でも偉大な人物の一人である。本書で使用する版は *Sharḥ al-Qāshānī 'alā Fuṣūṣ al-ḥikam*, al-Qāhirah, 1321 A.H. である。難解な箇所を解釈するためにカイサリー（Qayṣarī）とジャーミー（Jāmī）の注を も併せて使用した。

第一部　イブン・アラビー

第一章　夢と現実《リアリティー》

いわゆる「現実《リアリティー》」、我々を取り囲み、我々が習慣上「現実」とみなす可感的世界はイブン・アラビーにとって夢にすぎない。我々は感覚により多くのものを知覚し、それらを互いに区別し、理性で秩序づける。終《つい》には周りに堅固な何かを構築してしまう。この構築物を我々は「現実」と呼び、それが実際に存在すると信じて疑わない。

だが、イブン・アラビーによれば、その類の「現実《リアリティー》」は語の真の意味での現実でない。言い換えれば、そうしたものはありのままの〈在る〉（wujūd）でない。現象世界の現象した事物の実在感が、眠り、それらを夢を見る者にわからないのと同じく、この現象世界に生きる限り、〈在る〉の形而上的実在感はわからない。

イブン・アラビーは「（この世では）あらゆるひとが眠っている。死んで初めて眼が覚める」という有名なハディースを引き、それに注を附す。

> 世界は幻想であって、実の存在をもたない。これが「想像」（khayāl）という語の意味だ。それ（世界）とは、絶対的な〈実の在り方《リアリティー》〉[1]（Reality）から離れ独立した現実なのだ、とお前が想像するだけで、本当はそうしたものでないからだ。（『叡智の台座』ユースフ章第九、一四二頁／一〇三頁）[1]

……次のことを知るがよい。お前自身が想像〔の産物〕であるのを。そしてお前が知覚して「これは私でない」と己れに向かって言う、そうした一切のものもまた想像にすぎぬのを。かくして、存在する世界全体は想像のなかの想像なのだ。[2]（ユースフ章第九、一四四頁／一〇四頁）

もし「現実」だと考えてきたものが夢にすぎなかった、それが〈在る〉の実の姿でなく幻想であるならば、我々はどうすればよいのか。この幻想世界ときっぱり縁を切り、そこから出て全く異なる世界、本当の現実世界を探すべきか。イブン・アラビーはそうした立場を採らない。彼の見解では、「夢」「幻想」「想像」は何ら価値なきもの、誤謬でなく、単刀直入に「真に実にある何かを象徴的に映し出している何か」である。

確かに、いわゆる「現実」は本当の意味での〈実の在り方〉《リアリティー》でない。だが、いわゆる「現実」が無価値であり無根拠だというわけでない。いわゆる「現実」は〈実の在り方〉そのものではないのだが、〈実の在り方〉を想像の次元で曖昧にそして不分明に映し出す。言い換えると、いわゆる「現実」は〈実の在り方〉を象徴的に表現する。通常、夢の象徴を超え、事物本来の在り方に辿りつくために夢を解釈する。それと同じく、いわゆる「現実」に必要なのは我々がそれを適切に解釈することだ。

前掲ハディース「あらゆるひとが眠っている。死んで初めて眼が覚める」に言及し、イブン・アラビーは「現世において人々が知覚するものと知覚する者との関係は、夢と夢を見るひとの関係に相当する。だから、〔夢と同じく〕この世で知覚するものも解釈せねばならぬと預言者はこの言葉で勧告する」（『叡智の台座』スライマーン章第一六、二四三頁／一五九頁）と言う。

夢のなかで見るのは〈実の在り方〉が「想像」という形態を帯びたものであって、〈実の在り方〉そのものではない。我々の為すべきことは、本来の身分にそれを引き戻すことだ。これが「解釈」（ta'wīl）である。イブン・アラビーにとって、ハディース中の「死んで眼が覚める」という表現は、この意味で理解されねばならぬ解釈行為を比喩的に言い表す。したがって、ここに言う「死」は生物学的な出来事でなく、精神的な出来事である。

「死」は、感覚知覚と理性という手枷足枷《かせ》を投げ捨て、現象した事物がもつ限界を超え出でて、現象した事物の網の目を通してその背後にあるものを見抜くことである。これは要するに「滅却・消融」(fanāʾ)と呼ばれる神秘体験である。

現象世界の眠りから覚め、眼を見抜き、周りを見渡すとき、ひとは何を見るのか。「持続」(baqāʾ)なる、己れが周りを照らし出す状態[2]でいかなる世界を見るのか。尋常でない世界を描き、その世界の形而上的・存在論的な装いを明らかにすること、これがイブン・アラビーの中心課題である。己れ自身が神秘的な経験をし、その体験のもとで彼が見たそのままの世界を描くのがイブン・アラビーの哲学的世界観である。

さて、いわゆる「現実」を、曖昧に、そしてぼんやりと背後に潜むものを指示する大規模な象徴群の網の目に仕立てあげつつ、現象した事物という覆いの背後に己れを隠す〈何か〉がある。それは何か。答えは直ちに与えられる。絶対者である。本当の、ないし絶対的な〈実の在り方〉、イブン・アラビーがハック(al-haqq)[3]と呼ぶものがそれである。ゆえに、いわゆる「現実」は夢にすぎないが、単なる幻想でない。それは、絶対的〈実の在り方〉が個別的に顕れたもの、自己顕現(tajallī)した絶対的〈実の在り方〉の特殊形態だ。いわゆる「現実」は形而上に基盤をもつ夢である。「〔何かで〕あって〔何かに〕なる世界(kawn)は想像であるが、実際には〈実の在り方〉そのものである」(『叡智の台座』スライマーン章第一六、二四三頁/一五九頁〔アラビア語原文は詩の一節〕)とイブン・アラビーは言う。

さまざまな形態群、性質群、状態群から成る、〔何かで〕あって〔何かに〕なる世界、いわゆる「現実」は、それ自体を見れば、空想と想像が作り上げる色とりどりの製作物であるが、それと同時に、他ならぬ〈実の在り方〉を指し示してもいる。だが、いわゆる「現実」が〈実の在り方〉を指し示すのは、ひとがさまざまな形態や性質をどう受けとるべきかを知る場合に限られる。「現実」を「現実」としてだけ受けとるのでなく、〈実の在り方〉がさまざまに顕現したものとして「現実」を受けとるにはどうしたらよいかがここで問題となる。〈道〉

（ṭarīqah）の奥深い神秘を獲得した者だけがこれを為しうる。

預言者は幻視者であって、本性上、普通のひとの枠を超えた不思議なヴィジョン〔像が現れること〕を見がちである。この異様なヴィジョンは「真なる夢」（ru'yā ṣādiqah）として知られており、その夢が象徴的な性格をもつことを我々は直ちに看取しうる。預言者がヴィジョンを通じて、またそのヴィジョンを超えて、言語を絶した何か、絶対者の真の姿として在る何かを知覚する。その事実を我々は通常、少しも躊躇せずに受け容れる。だが、預言者にとってそうした普通ならざるヴィジョンだけが象徴的な「夢」なのではない。預言者の見るものすべて、日常生活で触れるものすべてが象徴的性格を帯びる。「〔覚醒状態と睡眠状態は〕確かに状態が異なるが、覚醒状態で預言者が知覚するものはみなそれ〔睡眠状態で見るもの〕と同じ性格をもつ」（ユースフ章第九、一三四頁／九九頁）。（想像能力でものを見る）睡眠状態と（感覚によってものを知覚する）覚醒状態とのあいだに厳然と区別があるものの、それら二つの状態それぞれで知覚されるものは等しく象徴である。[3]

そうした普通ならざる精神状態で日々を送る預言者は、生涯、夢のなかで夢を見ると言いうるかもしれない。「彼の生涯は、夢のなかの夢に他ならない」（ユースフ章第九、一三五頁／九九頁）とイブン・アラビーは言う。彼が「夢のなかの夢」で言わんとするのは次のことだ。（普通のひとは気づかぬものの）現象世界そのものは「夢」（つまり、絶対者を指し示す象徴体系）にすぎない。だから、周りが「夢」である、その真っ只中で普通ならざる象徴を知覚する預言者は、夢のなかで夢を見るひとに喩えられる。

しかしながら、この解釈は、預言者の置かれた事態を最深部にまで掘り下げた解釈であって、普通のひとにわかるようなものでない。普通のひとは、通常、現象世界を物質的に堅固な何かと捉えるからである。だから、普通のひとは現象世界が象徴的性格をもつのに気づかない。預言者であってすら、すべての預言者がこのことをはっきり理解するわけでない。これはムハンマドのような完全な預言者だけが知りうる、〈在る〉の深奥に潜む神秘である。そのことを説明するためにイブン・アラビーは例を挙げて、ユースフ（Yūsuf ヨセフ）と預言者ムハンマドで理解の深さが違うことを示す。

ユースフが少年時代に十一の星、そして太陽と月が己れの前に跪く夢を見たとクルアーン第一二章第四節に語られる。イブン・アラビーによれば、これはユースフの想像（khayāl）のなかでの出来事にすぎない。兄弟たちが星々のかたちを、父親が太陽のかたちを、母親が月のかたちを帯びて現れるのをユースフが想像のなかで見たのだ。その後、何年も経ってユースフはエジプトで強大な権力を有する王となった。そしてユースフの前に彼の兄弟たちがやって来てひれ伏した。このときユースフは「これがかつて見た夢の本当の意味（taʾwīl）です。我が主が夢を現実になさったのです」（第一二章第一〇〇節）と呟いた。

「夢を現実になさったのです」[4]という最後の言葉がイブン・アラビーにとってかなり重要な意味をもつ。その文言は「過去に想像のかたちを帯びていたものを神が感覚世界に出現させた」（『叡智の台座』ユースフ章第九、一一二頁／一〇一頁）との意味をもつ。ユースフの理解では、かつて夢で見たものが感覚世界に現れ、実際にかたちを与えられたこと、そのことがそれ以上のない最終的な現れだった。「夢」の領域に留まっていたものが「現実」の次元に出現したと考えたのだ。

ユースフの理解に反して、感覚に捉えられるとの意味では、基本的に「夢」も「現実」も変わりない、とイブン・アラビーは言う。ユースフが夢で見たものははじめから可感的だった。「想像とは可感的なもの（maḥsūsāt）を作り出すことに他ならない」（ユースフ章第九、一三七頁／一〇一頁）からである。

ムハンマドはこれより深く理解しうる立場にある。預言者ムハンマドの立場から見て、夢のなかでユースフに起こった事態の正しい理解は次のようになる。生きていること自体が夢であるのをまずは知らねばならない。ユースフが実際にそのなかを生きたこの大きな夢、だが、夢だと気づかなかったこの大きな夢のなかで、彼は（十一の星など）或る特定の夢を見た。ユースフはその特定の夢から眼覚めるものの、それは、大きな夢のなかで眼覚めた夢を見たにすぎない。そして（十一の星は彼の兄弟のことだなどと）己れ自身の（特定の）夢を解釈する。それは、実際にはユースフの大きな夢の続きであって、己れ自身の夢を解釈する夢をユースフは見たということだ。次に解釈したことが感覚的事実として出来すると、彼の解釈がかたちを成し、彼の夢はそこで完全に終わったとユースフは考えた。ユースフは己れが完全に夢の外に居ると考えたのである。だが、実際には彼はまだ夢を見つづけていた。ユースフは己れが夢を見つづけているのに気づかなかったのだ（ユースフ章第九、一三七頁／一〇一頁）。

カーシャーニーは次のように議論を組み上げ、このムハンマドとユースフの対照的な関係をまとめる。

ムハンマドとユースフの違いは理解の深さにあり、その内容は次のとおりである。ユースフは外界に存在する可感的形態を「現実」とみなした。ところが実際には、想像したときに現れる形態も例外でなく、可感的なものである。想像（khayāl）とは可感的なものの格納庫のことを言い、想像のなかにあって感覚で実際に捉ええないものも〔感覚されるものと同じく〕みな可感的形態を帯びるからである。他方、ムハンマドは外界に存在する事物も想像の産物（khayāliyah）とみなす。いや、それを想像のなかの想像とさえ見る。ムハンマドは我々の〔居る〕現世を夢と見て、本当の「現実」は絶対者だと考えるからだ。ムハンマドに披かれる眺望では、己れをありのままに可感的形態（可感的形態は絶対者が自己顕現するさまざまな場にすぎぬ）のなかに顕す絶対者こそが（語の本当の意味での）唯一の「現実」である。この点を理解するには、神のなかに滅却・消融することで一度死に、この世すべてを忘れ去った眠りから眼覚めねばならない。（『カーシャーニー注』ユースフ章第九、一三七頁）

我々がいま確認した、イブン・アラビーの存在論的思考の出発点であるこの基本的な考え方、いわゆる「現実」が夢にすぎぬとの考え方から、普通の状況下にある、我々の経験する世界がそのままに〈実の在り方〉なのでなく、幻想、見せかけ、非現実だとの結論が下されるかもしれない。だが、可感的事物のある世界が全くの夢想世界であって、こころが主観的に想像を投影した世界だというのではない。イブン・アラビーの見解では、「現実」は幻想であるが、それは主観的な幻想でなく、「客観的」な幻想、つまり存在論的に堅固な基盤をもつ非現実である。言うなれば、いわゆる「現実」は幻想などで全くない。少なくとも、通常想われるような幻想でない。

これを明らかにするため、イブン・アラビーと彼の思想的後継者たち特有の「〈在る〉の五地平」という存在論的概念に言及せねばならない。五地平（ḥaḍarāt）[5]の構造はカーシャーニーにより下記のように簡潔に説明される（『叡智の台座』一一〇頁）[6]。〈在る〉の基本五地平たる五つの「世界」（ʻawālim）がスーフィーの世界観で区別され、そのそれぞれが、或る特定の〈現前《プレゼンス》〉〔ḥaḍrah〕、つまり絶対的〈実の在り方〉が己れを顕す際に帯びる或る特定の存在論的様態に相当する。

(1)〈本質〉（dhāt）の地平。絶対的に顕現していない（al-ghayb al-muṭlaq）世界、ないし〈神秘のなかの神秘〉（次章で説明する）。
(2)〈属性〉と〈名〉の地平。〈神性〉（ulūhīyah）の〈現前〉[7]。
(3)〈行為〉の地平。〈主性〉（rubūbīyah）の〈現前〉。
(4)〈イマージュ〉（amthāl）と〈想像〉（khayāl）の地平[8]。
(5) 感覚と感覚経験（mushāhadah）の地平。

より低い地平にあるものがより高い地平にあるものの象徴ないしイマージュとして機能するという具合に、有機的に相関しつつ、これら五地平の全体は構成される。したがって、カーシャーニーによると、通常には「現実」とみなされる地平（〈神の現前〉でもっとも低い次元）にあるものはみな、〈イマージュ〉の地平にあるものが象徴的に具現したもの（mithāl）だ。また〈イマージュ〉の世界にあるものはみな、〈神の名〉と〈神の属性〉の地平にある事態の状態を反映する。またあらゆる〈属性〉はそれぞれ〈神の本質〉が自己顕現を行う際の或る側面を表現する。

五地平については次章以下で詳述する。ここでは、イブン・アラビーの見る眺望において、〈在る〉の世界全体は基本的に神の自己顕現の五段階から成ること、より高い段階とより低い段階のあいだにいま述べた有機的相関があるのを指摘するに止めたい。そのことを念頭に置きつつ、いま扱っている問題に戻ろう。

〈在る〉のもっとも下の次元、つまり感覚世界に見えるものやそこに生起することはみな、語源的な意味における「現象《フェノメノン》」である。語源的な意味における「現象」とは、〈イマージュ〉の地平というより高い地平の事態が直接に己れを顕《あらわ》した象《かたち》(ṣūrah)を、さらに、間接的に、ないし究極には、絶対的な〈神秘〉それ自体が己れを顕現させた象を言う。感覚世界にある諸事物を見るもそこに留まらず、それらを超えた全ての〈在る〉の究極基盤を見透かすなら、それが精確に、イブン・アラビーが「ヴェールの引き剝がし(開示)」(kashf)と呼ぶもの、神秘直観に相当する(ユースフ章第九、一三三頁／九九頁)。「ヴェールの引き剝がし」を、簡単に言えば、可感的な事物・事象を、〈実の在り方〉が己れを我々に開示する場として見ることである。そうする者はこの世界で何を見ようが、何を聴こうが、どこででも、〈実の在り方〉の「現れでた象」に出遭う。そのひとにとって経験するもの全てが〈神的存在〉の或る側面の顕現した形態、〈神的な実の在り方〉の或る側面を表す象徴となる。この特殊な認識形態において、そのひとの感覚経験は睡眠中に経験するヴィジョンと同じく象徴的性格をもつ(ユースフ章第九、一三三頁／九九頁)。

この種の精神的能力をもつひとの眼から見ると、「現実」世界全体が堅固で自足した状態に留まらず、奥深く神秘的な「象徴の森」(forêt de symboles)、存在論的対応の体系、へと転ずる。そして「想像」という〈在る〉の地平に起こった夢が、感覚経験の世界の事物・事象と等しく見えるようになる。この眺望において、可感的事物・事象の世界と夢の世界はともに象徴の領域である。カーシャーニーが言うように、「〈不可視〉の世界から感覚経験の世界に己れを顕したものは感覚のなかに己れを顕そうが、想像のなかに己れを顕そうが、さらには別種の存在形態をもつイマージュのなかに己れを顕そうが、神からの啓示、神からの教え、神からの知らせである」(『カーシャーニー注』一三四頁)。

しかしながら、ここに描かれる世界の象徴構造に近づきうるのは、極めて数の限られた人々の意識だけである。大多数のひとは、〈在る〉のもっとも下の次元、可感的な事物・事象の次元にもっぱら関わり生きる。彼らの不透明な意識にとって、その次元が唯一の存在世界だ。感覚が触れたり、捉えたりできる〈在る〉の最下層が彼らにとって現実である。この次元においてすら、己れを取り巻く事物・事象の形態を彼らは「解釈」しようとしない。彼らは眠ったままだ。

他方、普通の人々も想像能力をもつので、普通でない何かがこころに起こるかもしれず、稀にではあるがそれが実際に起こる。予期せぬときに上からの誘いが訪れ、稲妻のごとく、閃光が彼らの意識を横ぎる。これが起こるのは彼らが異常な像《ヴィジョン》の現れを見たり、夢を見たりするときだ。

想像ないし夢想は、外界に実際には無いものや全く存在しえないものが眼の前にあるかのごとき誤った印象をこころに与える能力を通常は意味する。だが、イブン・アラビーにとって、それは異なる意味をもつ。彼の理論においても、想像は、外界に存在しないもの、つまり感覚経験の地平にただちには現前しないものをこころに惹き起こす能力である。しかしながら、イブン・アラビーの言う想像は、どこにも存在しないものを見せるでたらめな夢想や幻想でない。想像が作り出すのは根拠なき夢想でなく、想像は、曖昧でヴェールのかかった状態ではあるものの、より高い〈在る〉の地平にある事態を眼に見えるようにする。それは「〈イマージュ〉の世界」に直《じか》に関わるこころの機能である。

存在論的に言えば、「〈イマージュ〉の世界」('ālam al-mithāl) は純粋に感覚だけで捉えられる世界と純粋に精神的な世界、つまり非物質的世界を繋ぐ中間領域だ。それは、アフィーフィーの定義によると「実際に存在する世界であり、そのなかには、「精」と「粗」の中間の、純粋に霊的なものと純粋に物質的なものの中間の状態を帯びたものの形態がある」(一九四六年出版の『叡智の台座』第二部「アフィーフィー注」七四頁)(9)。

〈在る〉のこの次元に存在するものはみな、感覚世界に存在するものと共通点をもつが、他方で、純粋知性の世界に存在する抽象的な知性の対象とも似る。それらは、半ば感覚の対象、半ば知性の対象という特殊な存在者だ。感覚の対象でありながら、かなり精妙で感覚から隔絶する。知性の対象でありながら、プラトンのイデアのごとき純粋な知性の対象ではない。

一般に想像と呼ばれるのは、この世界が人間の意識に反映したものに他ならない。ただし、世界がそのまま反映するのでなく、あやふやでぼんやりと、しかもかなり形を変えて現れる。そうして得られたイマージュは当然のことながら存在論的基盤を欠いた、単なる夢想と切り捨てられても仕方がない。

しかしながら、普通のひとの意識にも「〈イマージュ〉の世界」が変形せずそのまま現れることがある。もっともわかりやすい例は正夢である。「〈イマージュ〉の世界」は永遠に存在し、人間の意識につねに働きかける。だが、眼覚めている間、ひとは通常そのことに気づかない。目覚めているときには、ひとのこころに外界から物質的力が働きかけるからである。しかし睡眠中は、こころのもつ肉体的能力が停止するので、想像能力が正常に機能し、正夢が作り出される。

だが、睡眠時に正夢を見るにしても、その正夢は常に感覚像の連鎖として現れるので、それを「解釈」しなければ、意味内容を欠いたままに留まる。イブン・アラビーは、聖書とクルアーン双方にある、イブラーヒーム（Ibrāhīm. アブラハム）が息子を犠牲に捧げる逸話にこの典型例を見い出す。

イブラーヒームは夢のなかで、犠牲に捧げられる仔羊が息子のイスハーク（Isḥāq. イサク）のイマージュで現れるのを見た。実際にはこれは象徴だった。重要な宗教儀礼——犠牲にすべき動物を祭壇に捧げる儀式を始めること——の象徴だった。この儀礼自体が、要するに、ひとが自らの魂を犠牲として捧げることの象徴であるので、そうした精神的儀礼が「イスハークという」感覚で捉えられる現象となって現れたのだとイブラーヒームの見たヴィジョンは解釈されるべきだった。しかしイブラーヒームは「解釈」せず、息子を犠牲に捧げようとした。このイブラーヒームの事例はイブン・アラビーにより次のように説明される。

（神の）友イブラーヒームは「私がお前を犠牲に捧げる夢を見た」（クルアーン第三七章第一〇二節）と息子に言った。実のところはその夢は〈想像〉地平に帰属する事柄である。[10] しかしながら、イブラーヒームは（彼の見た夢を）解釈しなかった。彼が夢で見たのはイブラーヒームの息子の姿をした仔羊だった。〔だが〕イブラーヒームはその夢の像をそのまま真とみなし、（危うくイスハークを犠牲に捧げるところだった。）だが、主は〈大きな犠牲〉（つまり、生贄にされる仔羊）でイブラーヒームの誤った考えから彼の息子を贖った。この〈大きな犠牲〉こそが神によるイブラーヒームの夢の解釈であった。だがイブラーヒームはそれを知らなかった。〈想像〉地平には可感的形態を帯びた神の顕現があり、その形態で神が何を望むのかを知るためには特別な知が必要とされるからである。……

次に神はイブラーヒームに遠くから呼びかけて言った。「イブラーヒームよ。お前は夢の像を真とみなした」（第三七章第一〇四―一〇五節）と。神が「それを息子だと想像したのは正しかった」と言わないのに注目せよ。（ここで指摘される誤りは、）全ての夢は必ず「解釈」せねばならないのに、イブラーヒームが夢を「解釈」せず、夢で見たそのままを真実とみなしたことに由来する。……もし仮に、イブラーヒームが想像したことが正しかったとしたら、彼は息子を犠牲に捧げていただろう。[11] 彼は夢の像を真実だと思い、（夢で見たイスハークが）そのまま彼自身の息子だと考えた。だが、実際に、イブラーヒームの息子の姿で神が意味したのはかの〈大きな犠牲〉だった。

したがって、神は、イブラーヒームのこころのなかで起こったことだけにもとづいて、彼（つまりイスハーク）を「贖《あがな》った」にすぎない。現実に起こったことを神の眼から見れば、何ら「贖い」という問題は生じていない。[12]

このように、〔かつて見た夢のなかで〕彼の想像能力がこころのなかで息子の像を描いたのに、（〔現実世界で〕イスハークが「贖われた」とき）イブラーヒームの視覚は生贄にされる動物（すなわち仔羊）を捉えた。（象徴にこの対応関係があるので）もし仮に想像のなかで（つまり、夢で実際に見た息子の代わりに）仔羊を見たのであれば、イブラーヒームは、その夢に現れた像が彼の息子あるいは他の何かを意味すると解釈しただろう。その後、神は「まさに、これは明らかな試練である」（第三七章第一〇六節）と言う。この言葉は、（神によるイブラーヒームへの）試練がイブラーヒームの知に関わるのを意味する。つまり、夢のなかの像が本性上「解釈」を要求することをイブラーヒームが知るか知らぬかが試されたのだ。〈想像〉地平にあるものに「解釈」が必要であるのをイブラーヒームは無論、知る〔からこその試練である〕。だが、（この特定の事例に限っては）不注意にも「解釈」せず、神の要求を満たすことができずに、夢の像をそのままに真とみなした。（イスハーク章第六、一〇三―一〇五頁／八五―八六頁）

イブラーヒームは預言者だ。預言者性という精神的に高い位にあるひとは（理論上）正夢がより高い実に在る地平に属する出来事を表す象徴だと知るはずである。だが、現にイブラーヒームは夢を「解釈」し忘れた。預言者ですらそうした状態に陥るのであれば、どうして普通のひとに夢やヴィジョンを正しく「解釈」することを期待できようか。いわゆる「現実」に生起したことがより高い〈イマージュ〉の地平でそれに対応する事態の象徴であると普通のひとにわからないのも当然である。

事物を象徴として見るそうした能力をいかに培うことができるか。事物を覆う物質のヴェールを剝ぎ、背後の実の在り方を露わにするために何を為すべきか。

この問題に関してイブン・アラビーは『叡智の台座』で興味深い方法を指摘する。それは、「精神的な眼」（ʻayn al-baṣīrah）とイブン・アラビーが呼ぶものを培う、ひとを内的に変容させうる訓練法だ。

この内的変容をイブン・アラビーは、「此岸の在り方」（al-nashʼah al-dunyawīyah）から「彼岸の在り方」（al-nashʼah al-ukhrawīyah）への変容と説く（イルヤース章第二二、二八五頁／一八六頁）。「此岸の在り方」とは大多数のひとがおのずからにある状態のこと。おのずからにある状態において、ひとは完全に肉体に支配され、こころの活動が肉体器官の物理的状態に妨げられる。そうした状態が「此岸の在り方」である。その状況のもとでは、どんなに、何かを理解し、その実相を摑もうとしても、対象がかなり歪んだかたちでしか現れない。事物の本質的実相からヴェールで隔てられた状態だ。

イブン・アラビーは言う。この状態を脱するため、ひとはイルヤース（Ilyās. エリヤ）とイドリース（Idrīs. エノク）の経験を追体験せねばならない、これら二つの名で象徴される精神の劇的変容を己れ自身のなかで再演せねばならないと。

イルヤースとイドリースは同一人物が帯びた二つの名であり、同一人物の帯びる二つの異なる状態に対して二つの名が与えられる。イドリースはヌーフ（Nūḥ. ノア）より前の時代の預言者。神によって高く引き挙げられ、太陽天圏に配置された。その最高の場所にあるときの名がイドリースである。後に彼はバアルベクという名のシリアの町に預言者として送られる。この第二の状態のときにイルヤースと呼ばれた（イルヤース章第二二、二七六―二二七頁／一八一頁）。

高き天圏から地上へとイルヤースは送られたが、半端な処に留まらず、徹して「地上」のひととなった。イルヤースは地上で「素朴な（ʻunṣurī）在り方」を極限まで追い求めた。ほとんどのひとのようにぬるく理性を行使することはせず、己れの生活を完全にまた徹底して素朴な自然生活にまで切り詰め、人間とは思えないほどの生活を送った。

そうした状態で過ごすうち、イルヤースは奇妙なヴィジョンを見た。ルブナーン（Lubnān）山が割れ、炎でできた馬具を装った馬がそこから飛び出してきた。預言者はそれに気づき、すぐその馬に乗った。すると肉体的欲望が全て無くなり、欲求をもたぬ純粋な知性となった。いまや、肉体的自我に関わるあらゆるものから完全に自由になった（イルヤース章第二二、二七七頁／一八一頁）。この純粋な状態となって初めてイルヤースは〈実の在り方〉をありのままに見ることができた。

だが、イルヤースの得た最高の「神についての知」（maʻrifah bi-Allāh）ですら完全でないとイブン・アラビーは考える。「これ（知）にしたがえば〈実の在り方〉が完全に超越し（munazzah）、〔その知は、〕神についての（完全な）知の半分にすぎぬからだ」（イルヤース章第二二、二二八頁／一八一頁）。それは肉体的物質的なものから完全に離れた純粋知性が超越性（tanzīh）の状態にある神しか見ることができないのを意味する。だが、超越性は絶対者のもつ基本的二側面のうちの一側面にすぎない。もう一つの側面は内在性（tashbīh）である。神は超越的でありかつ内在的であるので、超越性と内在性を一つにしない限り、神についての知は一面的である。だが、神についての知に関して誰がこの二側面を実際に統合できるか。本書第一部第三章〔第四章の誤り〕で見るように、二側面を統合しうるのは預言者ムハンマドだけだ。その他のひとは、たとえイルヤースでもそれを実現しえない。

以上のことを念頭に置きながら、イドリースとイルヤースの歩みをより具体的に、つまり、神話的表現や詩的表現を避けて追跡してゆこう。

まず最初に、地上に降りて最低の生活を始めた天のイドリースに倣い、もっとも基礎的な存在次元に降りなければならない。すでに指摘したように途中で留まってはならない。〈理性〉のあらゆる活動を捨て去り、思考能力を行使しなければ、人間としてあらゆる者の奥底に潜む「動物性」（ḥayawānīyah）を十全に実現できる。この段階では、ほんの少しの人間性も混ざらない純粋な動物である。そうしたひとは「〈理性〉の支配を逃れて、自然の欲求の他はすべて捨て去る。その者は純粋で単純な動物である」（イルヤース章第二二、二八五―二八六頁／一八六頁）。

混ざり気のない動物性だけになった状態でひとは或る種の神秘直観、特殊な「開示《カシュフ》」（kashf）が与えられる。この「開示」は野生の動物がおのずからにもつ「開示」である。動物たちは、その本性上、〈理性〉の能力を行使せず、したがって〈理性〉の能力に煩わされないがゆえにこの種の「開示」を経験する。

イドリースとイルヤースの経験を真剣に追体験するなら、己れの動物性をまずは徹底的に実現せねばならない。そこまで徹底すれば、「終《つい》には人間やジン以外のすべての動物に（本性的に）「開示」されているものが「開示」

された。そして、そこに至り、初めて己れの動物性を完全に実現したと確信しうる」（イルヤース章第二二、二八六頁／一八六頁）。

ひとがこの動物性の段階に達したか否かは二つの徴候を基準に外側から判断しうる。一つは、そのひとが実際に動物のもつ「開示」を経験しているか否か。あと一つは、唖者になっているか否かである。イブン・アラビーによるこの二つの徴候の説明、特に一つ目の徴候は、少なくとも我々の常識から考えれば、相当に異常で奇妙だ。だが、その説明が我々のこころに驚くほどの現実感を抱かせるのを否定することはできない。とりもなおさず、普通ならざる想像能力をもつイブン・アラビー自身の個人的体験を活写するからである。

イブン・アラビーは言う。動物の有するカシュフ（開示）を実際に体験したひとの第一の徴候は、「墓のなかで（天使に）折檻されながら、天にも昇る幸せを感じるひとを見ること、死人が生きているのを見ること、唖者が話すのを見ること、足腰の立たないひとが歩くのを見ること」（イルヤース章第二二、二八六頁／一八六頁）である。我々の「正気で正常な」〈理性〉が躊躇なく狂気の沙汰だと断ずる不思議な光景がそうしたひとの眼に現れる。こうしたヴィジョンを本当に「動物的」経験とみなしうるか。それは、イブン・アラビーが己れの個人的体験から語り出すので、[13]普通の状態のこころが全く判断しえない問題である。とは言え、通常の〈理性〉の領域を完全に脱したひとのこころのなかで、〈理性〉の打ち立てる二次的な区別や差異などが崩れて渾沌に帰し、事物が全く異なる新たな形態を帯びる、少なくともそのことだけは我々も容易に推察しうる。こうしたすべてでイブン・アラビーが言わんとするのは、人間の〈理性〉が〈実の在り方〉を切り分けてできあがった、水も漏らさぬかに見える区分がそうした「動物的」体験において存在論的妥当性を喪失するということだ。

第二の徴候は、そうしたひとが唖者になり、「見たものを言葉で表現しようにも（表現しえないことだ）。それが動物性を実現させた決定的な証しとなる」（イルヤース章第二二、二八六頁／一八六頁）。ここでイブン・アラビーは己れの興味深い体験を描き出す。

私にはこの類の「開示」に至った弟子がいたが、彼はその（体験）について沈黙を保てなかった。これは（完全に）動物性が実現していない証しだ。神が私をその段階に置いたとき、私は己れの動物性を完全に実現させた。私は不思議な光景《ヴィジョン》を見た。目睹したことを話したいと思ったが、話すことができなかった。そのとき、生来の唖者と私のあいだに何ら区別がなくなっていた。（イルヤース章第二二、二八六頁／一八六―一八七頁）

かくして、動物性の極限まで突き進んだひとが精神的鍛錬をなおも続けるならば、純粋知性の状態[14]にまで昇る。かつて動物性の最下層に降りるために棄てた〈理性〉（ʿaql）は、身体に結びつき、身体の枷をはめられたアクルであった。いまこの第二の段階で新たなアクルを獲得する。いやむしろ、かつて棄てたアクルを全く異なるかたちで回復すると言うほうがよい。イブン・アラビーが「純粋〈知性〉」（ʿaql mujarrad）[15]と呼ぶ新たなアクルは、身体的物質的なものがそれの活動を何ら妨げない次元で働く。純粋〈知性〉は身体と何ら関わらない。ひとがこの類の〈知性〉を獲得し、純粋〈知性〉ただそれだけの眼で事物を見るなら、彼の周りにある普通の事物ですらが、それらのもつ本当の存在論的構造を露わにし始める。

イブン・アラビーの世界観に即してこの最後の文章を説明するなら、我々の周りの事物がそうしたひとの眼には独立性を失って見え、それらの事物より上の存在論的段階に属すものの「現れでた象《かたち》」という本当の性質を露わにする、ということだ。

（そうしたひとは）自然界を構成する物質的要素から離れて、純粋〈知性〉へ己れを変容させる。彼は、何がしかの形態を帯びて自然界に現れる事物ども、それらのまさに源《みなもと》を目睹する。そして、或る種の直観知でもって、自然の事物がなぜ、そしていかにして、かく在るのかをその者は知るに至る。（イルヤース章第二二、二八七頁／一八七頁）

さらにもっと具体的に言うならば、そうしたひとはすでに自然界の事物より上の存在論的次元に位置する。彼は、神の〈名〉と〈属性〉の次元にある。イブン・アラビー特有の存在論言語を用いるなら、「恒常原型」（aʿyān thābitah. この語については後に詳説する）の次元にある。そして、感覚世界にある、無限に多様化した事物をその高みから見下ろし、それらを超えた処にあるさまざまな実の在り方（haqāʾiq）に即してそれらを諒解する。

この精神的高みに達したひとは「（超越的真理を）識る者」（ʿārif）であり、そのひとの認識は、「味識《あじわい》」（dhawq）という語が真の意味で当てはまる事例とみなしうる。そうしたひとはすでに「完成」（tāmm）している。

だが、すでに指摘したように、イドリースの認識は、絶対者の実の在り方の「半分」を認識したにすぎない。この類のひとは確かに完成しているが、まだ「完全」（kāmil）でない。完全に至るにはさらに一段上がり、「恒常原型」であれ、自然界の事物であれ、またそれらを実際に知覚する己れすらも、結局は、〈神の本質〉が〈在る〉のさまざまな次元で顕れた形態にすぎないことがわかる場に昇らねばならない。あらゆる存在論的地平を通じて〈神的な在る〉が不断にそして無限に流れるのをそこに見る（イルヤース章第二二、二三六頁／一八七頁）。ひとはその場に立って初めて完全人間（insān kāmil）となる。

以上は、イブン・アラビーが抱える問題群への序章、彼が己れの哲学思考を展開する経験的礎を概説したと受け取っていただきたい。イブン・アラビーの哲学とは、手短かには、完全人間の眼に映し出される〈在る〉の世界の全貌を理論的に記述することだと明らかにされたと私は考える。たしかにそれは尋常ならざる世界観である。異常な人間が異常な体験をしたその産物だからだ。では、完全人間、つまり完全に覚醒したひとはどう世界を眺めるのか。それが次章以下のテーマだ。

しかし、この章を終える前に、少し触れただけで通り過ぎた重要な概念群を検討し直し、それらがいかに相関するかを見るのは場違いではあるまい。その際、我々がまだ論考の初期段階にいること、ここまでは全体系の構造の輪郭を描いたにすぎないことを心に留めて置いていただきたい。

何よりもまず、この章の議論で言及したものの、はっきりとは説明しなかった極めて重要な事実に注意を向けておきたい。あまりに複雑で深みのあるイブン・アラビーの哲学的思考を支配するのは〈在る〉の概念だということである。彼の思想はこの意味で、本質的にまた徹頭徹尾、存在論的思想である。

エンス（ens）とエッセ（esse）を併せた二重の意味を帯びた〈在る〉という概念は、イブン・アラビーの思想全体を支配する最高度の鍵概念だ。彼の哲学は神学的であるが、神学的である以上に存在論的である。というのも、一般的にイスラームで並ぶものなき位次をもつ神（Allāh）という概念すらもここでは二次的位次を与えられるにすぎないからだ[16]。直後に見るように、神もまた「現れでた象《かたち》」であり、言い換えると、神よりもさらに根源的な何か、絶対的〈在る〉が己れを顕す際に帯びる形態である。このように〈在る〉という概念はイブン・アラビーの世界観の基盤である。

だが、それは常識で考えられる〈在る〉という概念で決してない。同じく〈在る〉の圧倒的な魅力に取り憑かれたアリストテレスと違って、イブン・アラビーは通常の具体的現実的次元での〈在る〉を哲学の出発点としない。彼にとって物質界にあるものは夢にすぎない。彼の存在論は、底知れぬ深みに潜む〈在る〉を実存的に摑むことに始まり、そして最終的にそこで終わる。そうした〈在る〉が絶対的〈在る〉である。それは常識的次元をはるかに超えており、普通のひとからすれば解きようもない謎だ。イブン・アラビーの存在論とは、端的に、神秘主義にもとづく存在論、「開示」（kashf）なる神秘体験により初めて露わになる何かに導かれる存在論なのだ。

そうした尋常ならざる体験によって直観的に摑まれる絶対的〈在る〉は無限にさまざまな段階をもって己れを顕す。〈在る〉がもつこれらの段階、位次は、この章で「〈在る〉の五地平」と紹介した五つの主要な位次に分類される。イブン・アラビー自身はそれぞれの〈在る〉の地平を「現前」（ḥaḍrah）と言い表す。ハドラのそれぞれは、絶対的〈在る〉（al-wujūd al-muṭlaq）が自らを顕す或る特定の存在論的側面である。そしてさまざまな自己顕現の形態を帯びる絶対的〈在る〉はハック（ḥaqq）という語で言及される。

五つの〈在る〉の地平のなかで最初の地平は、原初の絶対性状態にある〈実の在り方〉、絶対的〈実の在り方〉そのものである。これが次章の主題だ。絶対者が己れを顕現させ始めるより前の[17]絶対者、つまり自己顕現するほんの少しの兆しすらいまだ見せない状態での絶対者がそれである。残り四つの位次は、絶対者が絶対性から「降りて」きた基本的な形態。そこでは我々にとってより現実的具体的次元で絶対者が己れを顕す。絶対者がこのように自己顕現するのをイブン・アラビーはタジャッリー（tajallī）と呼ぶ。タジャッリーとは字義的にヴェールの影に隠れる何かを露わにすることを意味する。

ハック（絶対者）
- 非タジャッリー――第一のハドラ（絶対性の状態にある絶対者）
- タジャッリー――第二のハドラ（己れを神として顕す絶対者）
- タジャッリー――第三のハドラ（己れを主として顕す絶対者）
- タジャッリー――第四のハドラ（己れを半ば精神的、半ば物質的なものとして顕す絶対者）
- タジャッリー――第五のハドラ（己れを感覚世界として顕す絶対者）

イブン・アラビーの世界観のなかのありとあらゆるものは、表が示すとおり、精神的であれ物質的であれ、不可視的であれ可視的であれ、絶対者がタジャッリーした何かだ。ただし、絶対性の状態にある絶対者が、タジャッリーしたものではなく、あらゆるタジャッリーの根拠となるべきものであるのは言うまでもない。

これら五地平が有機的体系を成し、相関すると加えて指摘しておくべきだろう。例えば第二のハドラに見えるものは第一のハドラの或る側面が「現れでた象《かたち》」であるとともに、残り三つの地平に対してそれぞれのハドラ特有の形態をもって存在論的影響を及ぼす。

最初の三地平が純粋に精神的なのに対して五番目の地平は物質的である。そして四番目の地平は二つのあいだの境界線となる。このことも併せて覚えておくべきだ。

これら基本的概念群を念頭に置きつつ、さっそく第一のハドラに眼を向けよう。

注

（1）*Fuṣūṣ al-ḥikam*（以下、『叡智の台座』）から引く際には、カーシャーニー注を含むカイロ版本（1321 A.H.）およびアフィーフィー校訂本（al-Qāhirah, 1365 A.H.）の二版本の頁数を併記する。

（2）我々が知覚する限りでの世界は我々一人ひとりがもつ想像能力の産物であるが、我々の想像能力は翻って、より広大な「客観的に存在する」〈想像〉〔機能をもつ〕領域のうちに働く。ここで言われる「想像のなかの想像」はそのことを意味する。個人を超えて「客観的に存在する」〈想像〉という概念についてはアンリ・コルバンが *L'imagination créatrice dans le soufism d'Ibn 'Arabi*, Paris, 1958 で明快に説明する。

（3）『カーシャーニー注』一一一頁／一三五頁〔原注は『叡智の台座』を指定するが、本文に掲げられた文章がカーシャーニー注から採取されているので誤記と判断し訂正した〕。

（4）アラビア語で ja'ala-hā ḥaqqan.

（5）ハドラは字義的に（神が）現前するさまざまな局面を意味する。絶対者が自己顕現する五つの基本的な様態、局面である。

（6）これが「〈在る〉の地平」の唯一の説明でないことは憶えておいていただきたい。カーシャーニー自身、別の箇所で若干異なる説明をする。本書第一部第十一章を見よ。

（7）次の地平である〈行為〉の地平とともに本書第一部第七章で説明する。

（8）〈在る〉の神的領域（1）、（2）、（3）と可感的物質世界いわゆる「現実」（5）のあいだにある中間の地平。その中間の地平は、それ自体を見れば、永遠の〈原型〉あるいは〈イマージュ〉の世界である。そこでは、もともと形態をもたないイデアが「想像」的形態を帯び、また我々の経験世界にある物体が粗い物質的形態を剝奪され「精細な（laṭīf）物体」として現れる。

（9）この注釈はアフィーフィーによる前掲カイロ校訂本にある。これより後、この注釈を引用する際には「アフィーフィー注」とする。

(10) 象徴なので「解釈」が必要だということ。

(11) イブラーヒームが息子を殺すのを神は止めなかっただろうということ。

(12) 最後の文の意は次のとおり。神は犠牲に捧げる仔羊でイスハークを贖ったのだが、実際には、イブラーヒームの眼に「贖った」ように見えたに過ぎない。本当は「贖い」などなかったのはなぜか。初めから神はイブラーヒームに彼の息子を犠牲に捧げさせようと思っていなかったからだ。だがイブラーヒームは神の意図を誤って理解したので、彼の眼からは、神が息子に為したことが「贖い」に見えたのだ。

(13) さらに言えば、個人的体験と明示される場合もあれば、明示せられない場合もあるものの、一般的に彼の発言はすべて個人的体験にもとづく。彼の記述（何ごとにつけ）の力強く説得的な理由の一つがここにある。

(14) 知性（ʿaql）が物質的なあらゆる束縛から解き放たれた精神状態のこと（『カーシャーニー注』二三五頁／一八七頁）。

(15) アクル（ʿaql）というアラビア語はいささか紛らわしい。アクルという同一の語が、神秘家が退けねばならない「肉体的で」「生来の」アクルという意味とともに神秘家が後天的に獲得する「純粋で」「精神的な」アクルをも意味するからだ〔井筒は前者を「理性」（reason）、後者を「知性」（intellect）に訳し分ける〕。

(16) イブン・アラビーはしばしばアッラーという語を非術語的に絶対者の同義語として用いるが、それはもちろん本文のようにアッラーという語を用いない場合に限られる。

(17) 厳密に言えば、「前」という語をここで用いるのは不適切である。「絶対性」はあらゆる時間連関を超えるからである。時間の流れのなかでの「前」や「後」などそこにはない。

第二章　絶対性の状態にある絶対者

哲学でなく宗教的言説において絶対者は通常アッラー（Allāh）という語で示される。しかしながら、イブン・アラビーの用語法でアッラーという語が表示するのは絶対性の状態にある絶対者でなく、何がしか限定された状態の絶対者である。真の絶対者は神とすら呼べない〈何か〉だ。だが、言語的指標がなければ何も語りえないので、イブン・アラビーは絶対者を指し示すため、ハック（ḥaqq）という語を用いる。ハックは字義的に〈真理〉や〈実の在り方《リアリティー》〉のこと。

そうした絶対性の状態にある絶対者、一神主義特有の表現を用いるならば、神それ自体は、絶対に思い描くことができず、近寄れもしない。この意味での絶対者を我々が知りえないのは、それが、ひとの思い描きうる性質や関係を超えるからである。まず何らかの性格づけを行い、何らかのかたちに限定した後でないと、ひとは何も考えることができず、それについて語ることもできない。したがって、いかなる条件も附されることなく超越し、本質的に孤立する絶対者は、ひとの知や認識の対象となりえない。別の言い方をすれば、絶対性の状態にある限り、絶対者は知られておらず知ることもできない〈何か〉だ。それは永遠に神秘であり、数ある神秘のなかの〔最高の〕〈神秘〉でありつづける。

この意味での絶対者は「不定なるもののうちでもっとも不定なもの」[1]（ankar al-nakirāt.『叡智の台座』ルクマーン章第二三、二九〇頁／一八八頁）である。絶対者が性質をもたず、自身以外の何とも関係することがないからである。

絶対的に定まらず、境界が画定されず、全くもって知りえない。だから、「不定なるもののうちでもっとも不定なもの」は「知りえないもののうちでもっとも知りえないもの」の意味をもつ。

これ以降の重要な主題の一つ、〈神の自己顕現〉(tajallī)、に特有の視点から見れば、無条件に超越した状態での絶対者は「純粋一性」(aḥadīyah)[1]の段階にある。しかしそこには、いまだタジャッリーが生起せず、いまだ始まらざるタジャッリーの始源だとの意味において、タジャッリーがこの絶対者に期待されるにすぎない。実際にはタジャッリーが生起していないので、認識できるものがそこには絶対的に何もない。この視点から見ると、その段階の絶対者は〈一〉(al-aḥad)である。この特殊な文脈において用いられる「一」という語は「多」をまとめる「一」を指すのでない。「多」と対立する「一」ですらない。そうではなく、対立という概念が意味をなさなくなる、〈在る〉が本質的にもつ原初的単純性、絶対的に無条件の単純性を言う。

〈純粋一性〉の段階は永遠の静寂である。ほんの少しの動きすらそこに看取されず、絶対者の自己顕現がいまだ生起しない。厳密には、より後の〈在る〉の諸段階から振り返るときに絶対者が自己顕現したとわかるだけで、いまだ自己顕現せぬ状態そのものは、否定的にすら語ることができない。絶対者のタジャッリーが始まるのは、〈純粋一性〉の次の段階、〈多〉が〈一〉であることを意味する「統合的一者性」(wāḥidīyah)の段階である。

絶対者は絶対性の状態で自己を顕しえない。「〈純粋一性〉の状態において〔神の〕自己顕現などありえないと、真に神を知るひとが主張する」(『叡智の台座』イスマーイール章第七、一一六頁／九一頁)。イブン・アラビーによると、現象世界で尋常に起こるさまざまな形態の認識経験においても、また最高度の神秘体験においてすらも、見る者(nāẓir)と見られる対象(manẓūr)の違いが厳にありつづける。神秘家はしばしば「神と一つになる」と語る。所謂、神秘的合一《ウニオ・ミュスティカ》だ。しかしながら、イブン・アラビーの見解では、完全なる合一は、神秘家の側、あるいは神秘家の発言を受け取るひとの側で誤り捉えた結果にすぎない。例えば、神秘家が神秘的合一の経験を「私は神によって彼を見た」(naẓartu-hu bi-hi)と表現したとしよう。その表現が「私は己れ自身の存在を超えて神そのもののなかに入り、神自身の眼で神を見た」との意味内容をもち、その者が実際に経験したことを精確に表現するとしよう。だが、見る者である彼（神）自身と見られる対象としての彼（神）自身のあいだの違いが依然として残る。

「私は神によって彼を見た」のかわりに、「私は私自身によって神を見た」(naẓartu-hu bī) と言うとしよう。この場合は合一体験を表現するか。いやそうではない。「私」(anā) が介在することで絶対的〈純粋一性〉が失われている。それならば、「私は神と私によって彼を見た」(naẓartu-hu bi-hi wa-bī) と表現すればどうか。その場合ですら、その言葉が神秘家の経験を忠実に表現すると認めるにしても、「私は見た」の「私は」を言い表す人称語尾 -tu が〔主客の〕裂け目のあるのを示しており、もともとの〈純粋一性〉は最早ない。こうして、いずれの場合でも「二つの要素を要請する何らかの関係が必ずある。二つの要素とは、見る主体と見られる対象の二つ。そして、このことが、いかようにしても〈純粋一性〉を妨げる。たとえ（そうした体験をする神秘家が）己れにより己れを見たとしてもそうだ」(『叡智の台座』イスマーイール章第七、一一六頁／九一頁)。

かくして、最高度の神秘体験である合一体験においてすらも必ず、至高の〈純粋一性〉が崩れ、二に転じてしまう。別の言葉を使えば、〈純粋一性〉段階の絶対者は永遠に知りえないままだ。ひとが何かを知ろうとするときに、対象を直に把握するのを阻む、或る特定の関係、特定の条件が生起する。認識するという人間の行為にはどうしてもそれがつきまとう。ひとは、或る立場を採り、或る定まった視点から観なければ何も知りえない。しかしながら、絶対性の状態にある絶対者こそがまさに、そうした関係や側面全てを超越した〈何か〉である。

では、絶対者についてひとは一言も語れないか。我々は絶対的な絶対者に述語を附すことが全くできないか。すでに述べたことから明瞭なように、厳密には、いかなる述語も附すことができない。しかしながら、哲学的に、この次元の絶対者に附す唯一の述語がある。「在る」だ。「在る」が有意味な語である以上、この語もまた絶対者を限定し、規定するものの、哲学的思索の範囲内で「在る」は、もっとも色のない言葉、したがって考えうる限りもっとも規定しない述語である。かくして、「在る」が、最高度の無条件性をもつ絶対者を表現する。

この立場から見た絶対者をイブン・アラビーは〈本質〉（dhāt）[2] と呼ぶ。この文脈でザートという語は、絶対的〈在る〉（wujūd muṭlaq）[2]、〈在る〉限りの〈在る〉、絶対的〈存在〉、何ら条件の附されない単純な状態の〈存在〉を意味する。「絶対的〔つまり、非限定的〕」（muṭlaq）という形容詞が示すように、限られ定められた、存在者や存在、といった意味で絶対的〈在る〉を解すべきでない。その〈在る〉は、限定された仕方で存在するすべての存在者を超越した〈何か〉、限定された存在をもつ全ての存在者を存在化し、その始原に位置する〈何か〉を意味する。それは、ありとあらゆるものの究極基盤としての〈存在〉だ。

絶対者という存在論的概念は、『叡智の台座』に通底する基本概念であるが、イブン・アラビーはこの書でそれを殊更に哲学的主題とするわけでない。師に代わりカーシャーニーがザートという概念をスコラ哲学風に解する。カーシャーニーはそれをイブン・アラビー思想の根柢をなす主要三概念の一つと考える。ここに引用する文章全体は「〈純粋一性〉次元の〈本質〉の本来的な在り方（ḥaqīqah）を解明する」と題される。

〔一〕「〈純粋一性〉次元の〈本質〉」（al-dhāt al-aḥadīyah）と呼ばれる〈実の在り方〉〔Ḥaqq〕はその本来的な在り方〔ḥaqīqah〕においては、〈在る〉（wujūd）というだけの単純な〈在る〉に他ならない。それは「限定されない」とも「限定される」とも条件づけられない。それ自体があまりに聖なるもの（muqaddas）[3] なので、いかなる性質によっても、いかなる名によっても特定されえないからである。いかなる性質ももたず、〔定義や名によって〕境界づけられることもない。そこには多の影すらない。

〔二〕それは、実体でもなければ偶有でもない。そのことは次のことに由来する。実体には、存在以外に、他の全ての存在者から区別する本質（quiddity）〔māhiyah. 何であるか性〕がなければならず、偶有にもそうした〔他から区別される〕本質がなければならないのに加えて、偶有は、それが宿るための現に存在する場（つまり、基体）を要する。

〔三〕〈必然的存在者〉（〔必然的に在る者〕wājib）以外のものはどれも、実体か偶有かのいずれかであるので、「〈在る〉限りの〈在る〉」は、〈必然的存在者〉以外のものでありえない。他方、限定されて在る（つまり、必然的には在らぬ）何かは全て、〈必然的存在者〉により存在化せしめられる。いや、むしろ、限定されて在る何かは、本質的に〔実の在り方の眺望においては〕〔〈必然的存在者〉に他ならず〕[3]、〈必然的存在者〉以外のものだとみなされうるのは、それが限定されているという側面に即してだけそうだ。（精確に言えば）その本質に即して見れば〔実の在り方に即して見れば〕、〈必然的存在者〉でないものは何もない。

〔四〕もしそうであるなら〔これまでの議論にもとづくならば〕、（〈必然的存在者〉の）存在が己れ自身の本質（dhāt）とぴったり一致する（ことを認めねばなるまい。）その理由は次のとおり[4]。

〔A〕「〈在る〉限りの〈在る〉」でないものは全くの〈在らぬ〉（ʻadam）である。〈在らぬ〉とは単純に何もないことであるから、「〈在る〉限りの〈在る〉」を〈在らぬ〉から区別するために、我々はいかなる否定の〔自己〕限定作用にも――そのときの否定とは、つまり二者を包摂する〔精確には二者に共通する〕第三項がありうることの否定である――依拠する必要がない[4]。

〔B〕また、「〈在る〉限りの〈在る〉」は〈在らぬ〉を受け容れない。もし受け容れるなら、〈在らぬ〉を受け容れたあとに、〈在らぬ〉状態の〈在る〉〔という奇妙なもの〕になるからである。同様に、純粋な〈在らぬ〉も〈在る〉を受け容れない。さらに〔精確には一般的に〕、もし二つのもののうちの一方（たとえば〈在る〉）がその矛盾（つまり〈在らぬ〉）を受け容れるなら、現実に己れ自身（つまり〈在る〉）でありながら、自らの矛盾（つまり〈在らぬ〉）に転化することになる。だが、それはありえない。

〔C〕また、何かが他のものを「受け容れる」と、必ずその何かに多性が生起する。しかるに「〈在る〉限りの〈在る〉」は何ら多性を含まない。〈在る〉と〈在らぬ〉を受け容れるのは（「〈在る〉限りの〈在る〉」ではなく、）知性界にある、「原型」群（aʻyān）並びにそれらの恒常的様態であり、それらは〈在る〉を伴えば眼に見えるものとなり、〈在らぬ〉を伴えば眼の前から消え失せる。

〔D〕さて、（具体的な「現実」世界の）万物は〈在る〉により存在する。そうした存在者は、それ自体として観れば、〈在らぬ〉[5]。もしそうでないとしたら、それが存在するとき、それが（実際に）存在するより前にすでに存在していたことを認めざるをえなくなる。他方、「〈在る〉限りの〈在る〉」は、はじめから存在する。そしてその存在はそのまま己れの本質〔ʿayn〕である。もしそうでないとしたら、その「何であるか性」〔māhiyah〕が己れの存在と違う何かとなり、その「何であるか性」は〈在る〉でないことになる。またもしそうでないとしたら、それが存在するときに、その存在は、それ自身の存在より前に存在（つまり「何であるか性」としての存在）をもっていた（ことを認めざるをえない）。しかしそれはありえない。

〔E〕したがって、〈在る〉そのものは、何か他のものの存在によって存在するのでなく、己れの本質によって必然的に〔bi-dhāti-hi〕存在しているのでなければならない〔あるいは、「己れ自身で存在する必然者である」〕。いやむしろ、己れより他の存在者全てを存在させる。なぜなら他の全てのものは〈在る〉を通じて存在するからである。もし〈在る〉が無ければ、それら他のものたちは全くの〈在らぬ〉になってしまおう。（『カーシャーニー注』序、四頁）

カーシャーニーがこの文章で〈在る〉の三つの範疇《カテゴリー》に言及することを指摘せねばならない。(1)〈在る〉である限りの〈在る〉、つまり絶対的〈在る〉、(2)「原型」、(3)感覚世界の具体的存在者。この分類にはイブン・アラビー自身の基本的な考え方が忠実に反映する。この三範疇は彼の哲学の枢要部の一つであるが、『叡智の台座』において取り分けてこの視点からイブン・アラビーが存在論的に問題に取り組むわけではない。ただし彼の小論『円の描画』（*Kitāb Inshāʾ al-dawāʾir*）に簡潔な体系的記述があり、そこでイブン・アラビーが三つの範疇、彼の用語に従うなら〈在る〉の三「層次」（marātib）に言及し、その他にいかなる存在論的範疇もありえないと主張する。それらは、(1)絶対的〈在る〉、(2)限定された〈在る〉、(3)〈在る〉も〈在らぬ〉も述語附けられぬ何か、という三層である。この中の二番目は、可感的なものの世界であり、「存在するとも存在しないとも言えない」と描写される三番目は、原型の世界である。

原型と可感的なものがいかなる存在論的性格をもつかを詳しく論ずる機会は別に設ける。〈在る〉の一番目の段階だけを現時点では問題とする。


次のことを知れ、存在するものたちは三層に分かたれ、それら以外の〈在る〉の層次はないと。これら三つの層次だけが我々の知の対象たりうる。それら三層次以外は、知られることも、知られないこともありえず、何にも関わらぬ、全き〈在らぬ〉であるからだ。

こうした理解をもとにして、三つ（の範疇）のうちの最初のものは、己れ自身だけに由来して存在を有するもの、すなわち、己れ自身の本質に即した己れ自身によって存在者として在るものだと私は主張する。このものの存在は、〈在らぬ〉（non-Being）から出で来るのでなく、それとは反対に、己れ以外に始原をもたぬ絶対的〈在る〉だ。さもなくば〔つまり、別の始原が在るならば〕、後者（その始原）が存在に即して、このものに先立つことになる。むしろ、こうした絶対的〈在る〉こそが、あらゆる存在者にとっての〈在る〉の始原であって、あらゆる存在者の在り方を限定し、それらを分割、配置する〈創造者〉だ。実に、それは、いかなる境界ももたず、いかなる条件も附されない絶対的〈在る〉だ。彼の者に讃えあれ。彼の者は、アッラー、〈生きてある者〉、〈永続する者〉、〈全知なる者〉、〈一なる者〉、〈思うがままに意志を発動する者〉、〈全能なる者〉[5]。


引用した文章の結論部でイブン・アラビーが絶対的〈在る〉とアッラーをはっきり同一視するのが眼を惹く。アッラーは、クルアーンにおける全知全能の生ける神であった。イブン・アラビーは存在論の次元から議論を始めるが、結論部でその次元を離れ、信ずる者の生きた信仰に特有な宗教的次元の論述に移行したと考えられる。

イブン・アラビーの形而上学的存在論体系において、絶対性の状態にある〈実の在り方〉が、ひとの認識できる限界をはるかに超えた絶対に不可知の〈神秘〉だとすでに指摘した。アッラーと名指される位次は、確かに、この〈神秘〉が自己顕現（tajallī）する最初の段階であり、他のタジャッリーの段階に比して、それが底知れぬ闇から這い出でたときに帯びるもっとも高い位次、完全なかたちだ。だが厳密に言うなら、アッラーなる名で表示されるのは〔〈神秘〉の自己顕現の始まりではなく〕〈神秘〉がすでに自己顕現を遂げて活動している段階だと考えるべきである。しかしながら、普通の信ずる者は、絶対性の状態にある〈実の在り方〉を、自らの生きた信仰と直に結ばれる言説の次元で語る。そうした信ずる者の視点から見れば、絶対的〈在る〉はアッラーのかたちを取らざるをえない。存在それだけでは宗教的信念の対象となりえないのだ。

　このことは次のことをも明瞭にする。我々が絶対的〈在る〉について何を言わんとし、どんなにありのままにそれを描き出そうとしても、否応なしに、絶対的〈在る〉が自己顕現する或る側面で語らざるをえない。顕現せざる絶対者は人間の言語に決して現れないからだ。絶対的〈実の在り方〉そのものは、永遠に、ただ己れのみ在る状態で潜む「隠された宝」でありつづける。

　したがって、どの視点から問題に取り組もうが、そもそもの出発点、かなり単純な「絶対性の状態にある絶対者はもともと知られず、知ることもできない」という命題に結局我々は戻ることになる。別の言葉を使えば、絶対者の内面はいかなる定義をも拒む。だから「絶対者とは何か」と訊ねることはできない。そして最終的に、絶対者に「何であるか性」（māhīyah）[6]はない、という主張に行き着く。

　しかし、だからといって信者が神のマーヒーヤは何かと訊ねることなどまともな仕方ではできないというわけでない。ただし、この問いに対する正しい答え方は一通りしかない。イブン・アラビーによると、その唯一の答えはクルアーンにおけるムーサー（Mūsā. モーセ）の回答である。

　該当個所はクルアーン第二六章第二三節―第二四節である。その箇所でファラオがムーサーに「諸世界の主《あるじ》とは何か」（Mā rabbu al-ʿālamīna?）と訊く。ムーサーの答えはこうである。「天と地、そしてそのあいだにあるものの主である」。ファラオがムーサーに投げかけた問いをイブン・アラビーは神のマーヒーヤ、つまり神の定義を訊ねる哲学的質問だと考える。そしてこの対話が行われた状況を極めて独創的に解釈する（『叡智の台座』ムーサー章第二五、三一六―三一七頁／二〇七―二〇八頁）。

その議論はこうである。ファラオは無知なるがゆえにそうした問いを発したのではなく、ムーサーを試すために問うた。神の本当の使徒がどのくらい神について知らなければならないかをファラオは知っていたので、使徒を称するムーサーが本当に使徒なのか否かを試したのだ。さらにファラオは狡猾にもその場に居あわせた人々をうまく誘導する。つまり、ムーサーがたとえ本物の使徒であるとしても、その場に居あわせた者はムーサーがファラオに到底かなわないとの印象をもってしまう、そうした仕方でファラオは問うたのだ。というのも、ムーサーであれ他の誰であれ、その質問に十分な答えを出せないとファラオははじめからわかっているからである。なお、イブン・アラビーはそれを詳しく説明しておらず、代わってカーシャーニーが次のように解する（『カーシャーニー注』三一八頁）。

「神とは何か」と問うことでファラオは周りにいるひとに、神が存在以外にマーヒーヤをもつかのごとき印象を与えた。神はマーヒーヤをもつのだから、真の使徒であればそれを知っており、その問いに十分に回答しうるはずだと周りで見る人々は思う。しかしながら、論理学的意味における「定義」（ḥadd）が神にないのだから、真の使徒は彼が真の使徒であり、詐欺師ではなかったとしても、定義というかたちでは「十分に」回答しえない。だが、事の本質に通じぬ人々の眼には、曖昧で要領を得ない回答をすると、そのように答える者が本物の「知者」でないかのごとくに映ってしまう。

ムーサーは実際に「天と地、そして天と地のあいだにあるものの主《あるじ》」だと答えた。それこそがこの場合の正しい答え、唯一可能でもっとも完全な答え、イブン・アラビーの言うように「事の本質を本当に知る者の答え」である。したがって、ムーサーはしかるべき内容で答えたと言うことができる。ファラオもまた、正しい回答がそれ以外にないと十分にわかっていた。だが、表面的には正答でないように聞こえる。かくして、ファラオは見ているひとに、己れは神の真実を知るが、ムーサーは神のことを知らないとの印象を植えつけるの成功した。

　では、ファラオのように「神とは何か」を問うことは哲学的に誤りなのか。そうでないとイブン・アラビーは言う（『叡智の台座』ムーサー章第二五、三一八頁／二〇八頁）。この類の問いそれ自体が誤りなのでは全くない。何かのマーヒーヤを訊ねることは、その本来の在り方、真の本質を問うことに他ならない。そして神には現に本来的在り方がある。厳密に言えば、何かのマーヒーヤを訊ねるのはその論理学上の定義を問うことと全く同じではない。イブン・アラビーが理解する限り、何かのマーヒーヤを問うことは、対象の本来的在り方（ḥaqīqah）、つまりその対象だけがもち、他のものが共有しないものを問うことである。[7] 論理学的な「定義」はこれと違う。定義は類と種差からなり、その組み合わせが考えられるのは、他のものが共通して属すことの可能なもの（つまり普遍）だけである。

　したがって、属すべき論理学上の類をもたぬものは「定義」できない。だが、このことが直ちに、そうしたものが他のものと何ら共通性のない己れだけの本来的在り方をもつのを排除するわけではない。より一般的に言えば、カーシャーニーが言うように、「己れ自身の本来的在り方（ḥaqīqah）をもたぬものはない。それによってこそ、他のいずれのものでもなく、それ自身なのだ。だから、真理を知る者から見れば、「神とは何か」という問いは真っ当な問いだ。ただ、本当の知をもたぬ者だけが、定義できないものについて「それは何か（mā）」とは問えないと主張する」（『カーシャーニー注』ムーサー章第二五、三一七頁）。

　「神とは何か」という問いに、神とは「天と地の、そして天と地のあいだにあるものの主である。もしあなたたちに確乎たる信仰があるならば」とムーサーは答えた。イブン・アラビーはそこに「大きな秘密」（sirr kabīr）、つまり、見かけは平凡な文句の背後に深遠で貴い真理を見る。

　そこに大きな秘密がある。ムーサーが本質定義（ḥadd dhātī）をせよと要請されたとき、神の「行為」（fiʿl）[8] で答えたことを考えてみるがよい。

別の言葉を用いれば、ムーサーは、（神の）本質定義を、神が事物の形態と結ぶ（本質的）関係と同一視する。[9] 神は事物の形態によって自らを世界のなかに顕現させ、事物の形態は〔逆に〕神のなかに姿を現す〔という側面から見れば、神と事物の形態に本質的関係がある〕。したがってムーサーの答えは、「諸世界の主とは何か」との問いに答えて、「最高のもの——天——から最低のもの——地——まで諸世界のあらゆる形態を己れのなかに出現させるのが神、あるいは、神がさまざまな形態のなかに顕れる、そうした形態が神である」と言ったのと同じことになる。(『叡智の台座』ムーサー章第二五、三一七頁／二〇八頁)

クルアーンが伝えるところによると、そうした答えは神を知らない者か、神について表層的な知識しかもたない者の答えであることをファラオが暴露し始める。そうすることで己れがムーサーよりも優れるのを臣下の前で証明しようとする。これに対してムーサーは神が「東と西、および東と西のあいだにあるものの主《あるじ》である。もっともあなたたちにはおわかりになるまいが」(第二六章第二八節)と念を押す。

イブン・アラビーは己れの存在論の象徴的表現となるようムーサーの第二の発言を解釈する。彼が言うに、東とは太陽が出る処であり、神的顕現が帯びる、眼に見える物質的側面を象徴する。また西は太陽が沈み、我々の眼から見えなくなる処であり、絶対者の自己顕現が帯びる、眼に見えない側面(ghayb)を象徴する。さらに神的顕現の帯びる可視的側面と不可視的側面という二つの形態はそのまま二つの神の名、〈外在者〉(al-ẓāhir)と〈内在者〉(al-bāṭin)に対応する。眼に見える顕現は物質的で具体的なものたちの世界(ʿālam al-ajsām)となり、眼に見えない顕現は非物質的で精神的な世界(ʿālam al-arwāḥ)の生起に繋がる。「東と西のあいだにあるもの」は当然のことながら、純粋に物質的なものでも純粋に精神的なものでもない形態を指すことになる。それは、イブン・アラビーが〈想像〉段階のアムサール(amthāl)、つまりイマージュ群と呼ぶものである(『叡智の台座』ムーサー章第二五、三一七頁／二〇八—二〇九頁)。[10]

ここでイブン・アラビーは己れが決定的に重要だと考える事実に眼を向けさせる。つまり、ムーサーの二つの回答のうち最初の答えに「もしあなたたちに確乎たる信仰があるならば」〔クルアーン第二六章第二四節〕という条件節が附されていることである。[11] この条件節は、答えが確信《ヤキーン》（yaqīn）をもつ者に向けられることを示す。確信をもつ者とは「開示（kashf）の徒、〔神と〕一つになるとき得られる直接知（wujūd）を有する徒[12]」（『アフィーフィー注』三二〇頁）を言う。このとき、最初の答えでムーサーは真の「識者」が確信することをたんに確認したにすぎない。ではムーサーがたんに確認したといま言ったその確信の内容とは何か。カーシャーニーはその問いに次のように答える。

事の真相は次のとおり。神の本来の在り方を訊ねる問いに対して、いかなる関係ももちこまずに直接答えることはできない。だからムーサーは（神の）マーヒーヤについての問いに直接答えず、（神が顕現するという）行為を述べた。そうすることで、絶対者があらゆる境界、限定を超えること、絶対者が全体を己れ自身のうちに包括するのでいかなる類の下にもなく、どんな種差によっても特定されないのを示唆した。

このようにムーサーは絶対者を定義するかわりに「主権」（rubūbiyah）の実相を説く。（神を説明するかわりに）神に帰属するものを説明することで済ませた。その説明とは、より高位次にある精神的なものの世界に、より低位次にある物体の世界に、そして、二つの世界のあいだにある、限定づけ、関係、属性全てに、「主として君臨すること」、そうした「主権」が帰属するものこそ神であるということだった。神はありとあらゆるものに主権をもつがゆえに〈外在者〉であり、神はありとあらゆるものに内在する本質（huwīyah. 文字どおりには「彼性」）であるがゆえに〈内在者〉であるとムーサーは言った。なぜなら、神は、どのような認識経験の形態で捉えられたものであれ、そうしたありとあらゆるもの、の本質であるからだ。この仕方でしか、即ち、神をありとあらゆるものに関連づけるか、あるいは或る特定のものに関連づけるかするのでないと、神の定義は不可能だということをムーサーは明瞭にしたのだ。或る特定のものに関連づける例はムーサーによる「（神は）あなたたちの主、あなたたちの父祖の主」という言葉に見える。（『カーシャーニー注』ムーサー章第二五、三一八頁）

こうした性格をもつ最初の回答と対照的に、第二の回答にはそれと異なる条件節「もしあなたたちが理解するなら」〔クルアーン第二六章第二八節〕が附される。より精確に言うなら、その条件節は「もしあなたが己れの理性をどのように用いるかを知っていれば[13]」になろう。この条件節が示すのは、あらゆるものを理性（ʿaql）で解する者、換言すると、理解する際に事物を「括り制限してしまう」者に第二の回答は向けられることである。そうしたひとたちを「一括りにして境界づけ制限する」（ahl ʿaql wa-taqyīd wa-ḥawr）者たち[14]とイブン・アラビーは呼ぶ。己れ自身の理性、つまり形式的な境界づけを附加する能力が造り出す議論により、それだけで真理を摑もうとする者たちである。

第一の回答と第二の回答の要は、問われている対象（つまり絶対者）を〈在る〉世界の本質と同じものとして見ることにある。言い方を換えると、ムーサーは、絶対性の状態にある絶対者を無駄に説明するよりも、自己を露わにした側面における絶対者を説明しようとした。邪まな意図は別にして、問うたファラオと、以上のように返答したムーサーは各々が各々の仕方で正しかった。ファラオがムーサーに「神とは何か」と訊ねたとき、ムーサーは、ファラオが哲学的論理学的な神の「定義」を訊ねていないのを知っていた。だからこそ、ムーサーはかくのごとくに回答したのだ。もしファラオが定義を問うているとムーサーが考えたなら、その問いに全く答えず、質問自体が誤りだとファラオに指摘したであろう〔『叡智の台座』ムーサー章第二五、三一八頁／二〇八—二〇九頁〕。

イブン・アラビーにとって、絶対性の状態にある絶対者は「絶対的神秘」（ghayb muṭlaq）であり、絶対者を表現しようとすれば絶対者が顕れた側面で見るしかないことを、以上の議論で明瞭にしえたと思う。では、顕れ出た側面で絶対者そのものを見ることは少なくとも可能か。〈知られておらず知ることもできないもの〉が知られまた知りうる〈何か〉に変わるだろうか。その問いには然《しか》りと答えざるをえない。「知られることを望む」ので「隠された宝」は己れを開示するとハディースに記されるので、自己顕現とは、まさに絶対者が知りうるものとなること、知られるようになることを言うのでなければならない。

他方で、この側面での絶対者はもはや絶対者そのものでない。すでに、己れを開示した限りでの絶対者となっているからである。イブン・アラビーの世界観では、〈在る〉の世界は物体（ajsām. 単数形は jism）と非物質的で精神的な存在者（arwāḥ. 単数形は rūḥ）の二つから成る。これら二範疇はともに絶対者が自己顕現したときに帯びる形態である。その意味で、物体であれ、精神的存在者であれ、あらゆるものが各々の仕方で絶対者を開示する。しかしながら、これらの事物が透かし見ることのできない厚いヴェールとなって絶対者を覆うという側面が確実にある。そのとき絶対者は己れをそれらの背後に隠し、己れ自身を不可視とする。「光と闇の七万ものヴェールで神は自らを隠した。もし神がヴェールを取り去れば、神顔の放つ燦々たる光が、それを見ようとする被造物の眼を直ちに破壊してしまう」と有名なハディースが語るように。

イブン・アラビーはこのハディースに言及して、それを次のように解する。

> このハディースで神は己れを闇のヴェール――物質的なもの――と光（のヴェール）――繊細で精神的なもの（で隠されている）――と表現する。世界が「粗い」ものと「繊細な」ものからなるがゆえにであるが、そのため世界は世界自身に対してヴェールとなる。したがって世界は、絶対者が直接己れ自身を見るようには絶対者を見ることができない[15]。
>
> このように、決して取り去りえないヴェールに世界は永遠に覆われている。その上、己れが創造者を必要とするがゆえに、己れが創造者と違い区別されるのだと知り（あるいは意識し）、その知（や意識）が（さらに覆い《ヴェール》となる）[16]。（世界は、創造者を必要とするものの）絶対者の存在に固有の本質的必然性に参与できず、決してそれに達しえない。

この理由により、直接知覚という認識方式では絶対者は永遠に知りえないままでありつづける。どの時々刻々と在る者［ḥādith. 字義的には「生起したもの」］もそれ（つまり絶対者の本質的必然性）に関わりえないか

らだ。（アーダム章第一、二八頁／五五頁）

ここで再び永遠の逆説に出会う。物質的であれ精神的であれ、世界のなかの事物事象群は、一方で、〈神の自己顕現〉の多様な形態であるものの、他方で、神の（完全な）自己顕現を妨げるヴェールとして働く。それらが神を包み隠すのでひとは神を直接見ることができない。

後者の意味合いで、クルアーンは絶対的絶対者との関係から被造世界を「彼ら」(hum) なる代名詞で名指す。フムは文法的に「不在の代名詞」(ḍamīr al-ghā'ib) であり、実際に眼の前にない何かを表示する語である。言い換えると、創造されたものたちは絶対者の眼の前に在らぬ。そして精確には、この「不在」こそが「緞帳」である。クルアーンにたびたび登場する「彼らは覆う者たちである」(hum alladhīna kafarū) との文言がイブン・アラビーの解釈によれば、まさにこの「不在」という状況を意味する。クルアーンの中でカファラ (kafara) という動詞はアーマナ (āmana. 信じる) と対置され、「信に背く」「信仰をもたない」ことを言う。だが、語源的にこの動詞は「覆う」の意をもつ。イブン・アラビーはこの語源の意味でその語を理解し、アッラズィーナ・カファルーを「不信仰者たち」でなく、「覆う者たち」の意に解する。こうしてアッラズィーナ・カファルーは「不在」なるがゆえに己れ自身という緞帳の後ろに絶対者を隠す者たちを指す表現となる（イーサー章第一五、二二八頁／一四八—一四九頁）。

この眺望のなかで、全世界は絶対者をその背後に隠す「ヴェール」(ḥijāb) だ。だから世界に〈在る〉を帰属させる者たち[6]は絶対者を数々の限定された形態に囲い込み、絶対者そのものを厚いヴェールの背後に押しやる。例えば、キリスト教徒は「神とは、マルヤム (Maryam. マリア) の息子であるメシア (masīḥ) のことだ」（クルアーン第五章第七二節）と主張する。そのとき彼らは絶対者を或る個別的形態に限定し、絶対者の絶対性を見失う。こうして彼らは自らを絶対者の前から不在にする。そしてメシアという個人の形態によって絶対者を覆ってしまう。そうした者たちがカーフィル（kāfir）、つまり「覆う者たち」（そこから派生して「不信仰者たち」）なのはこの意味においてだ（『カーシャーニー注』イーサー章第一五、二二九頁）。

イブン・アラビーはそれと全く同じことを別の興味深い仕方で説明する。ここでの鍵概念は〈神の自己顕現〉（tajallī）。用いるのは鏡の比喩である。鏡の比喩はイブン・アラビーがもっとも好むイマージュの一つだと附記しておく。

絶対者は「知られるために」己れを世界の内に顕す。だが、己れを顕すとは言え、厳密には、個体それぞれの要請に従い、己れを顕す。個別的存在者が個々にもつ、「備え」（isti'dād）という本性、の要請に呼応して、個体それぞれに適切な形態で絶対者は己れを顕現させるのであって、それ以外の形態で自己顕現することは絶対にない。そして絶対者が己れを顕す場、つまり個体、がたまたま意識を有する人間であるなら、その人間は、直観によって、自らを開示した絶対者を己れ自身の内に見る。だが、己れ自身の内に見る絶対者は、結局のところ、その者自身の「備え」により限定されて、或る特定の形態を帯びた絶対者なので、その人間が己れ自身の内に見い出すのは、絶対者のなかに映し出された己れ自身の像、形態（ṣūrah）にすぎず、その人間が絶対者そのものを見ることは決してない。己れ自身の像が神の鏡のなかに映し出されるのが見えるとその者の〈理性〉が語るかもしれない。だが、推論にもとづいてこうした意識をもったとしても、鏡そのものを実際に見ることはできない。その者が見るのは己れ自身だ。

〈神の本質〉（dhāt）が己れを顕すのは、その自己顕現が起こる場のもつ「備え」が要請する形態においてである。それ以外の仕方で自己顕現が起こることはない。

したがって〈神の自己顕現〉の起こる場が、絶対者の鏡に映し出された己れの形態より他の何かを見ることはない。絶対者そのものを見ることはない。いや、絶対者の内に己れの像を見ていることは十分承知しているけれども、絶対者そのものを見ることができないのだ。

経験世界で、鏡を見る者と同じ事態が生起している。あなたが鏡のなかにさまざまな像や己れ自身の像を見ても鏡自体は眼に入らない。鏡のなかにそれらの像や己れ自身の像を見るにすぎないのを十分わかっていながら〔鏡は眼に入らない〕。（シース章第二、四〇頁／六一頁）

こうして、鏡に映る形態が眼に入るというまさにその理由により、それらの形態や像が我々の視界と鏡を隔て、鏡を我々の眼から隠すヴェールの働きをする、という奇妙な事態に我々は直面する。


神の顕現する場（が偶々ひとであった場合、そのひと）が、己れの見ているものが実は何なのかを知りうるように、神は自身の本質的自己顕現〔li-tajallī-hi al-dhātī〕にふさわしい象徴としてその（鏡の）象徴を提示した〔つまり、現実世界に造り出した〕。（ひとの側の）想い描きと（神の側の）自己顕現（との関係）を示すにこれほど適切な象徴はない。

（もし疑いがあるなら）あなた自身が、鏡のなかに映る像を見ながら、鏡の本体を見ようと試みるがよい。そうしたことはできないはずだ、絶対に。鏡のなかに映し出された像にそうしたことを試みる者はせいぜい、鏡のなかに見える像が、見ているひとの視覚と鏡本体のあいだにあると主張するくらいのもの。これが（普通の知性の）至りうる限界である。〔シース章第二、四〇―四一頁／六一―六二頁〕

このように、鏡のなかの像が鏡そのものを覆う「ヴェール」として振舞うとの眺望は、普通のひと――事物を己れの知性で解する者のこと――の至りうる最高の知〔から抜かれる眺望〕である。だが、普通の次元を超えた理解力をもつ者にはこれより一段上の眺望があるとつづけて指摘するのをイブン・アラビーは忘れない。事の最深の真理は、例えば『マッカ啓示』ですでに己れ自身で開陳した見解がそれだとイブン・アラビーは言う。

ここで言う「最深の真理」をカーシャーニーは次のように解する。

絶対者の鏡のなかに見えるのは見ている者自身の姿であって、絶対者の姿ではない。確かに、絶対者の鏡のなかに見えるのは、己れをそのひとの眼に顕した〈絶対者の本質〉に違いない。だが、この自己顕現は（そのひとの）姿を帯びて行われたのであって、（〈絶対者の本質〉が）そのまま顕れたのでない。

しかしながら、〈絶対者の本質〉（という鏡）のなかに見える姿は、絶対者とそれを見る者のあいだのヴェールなのでない。反対に、それこそが、そのひとの姿を帯びて己れを顕した［との限定を附されるものの、］〈純粋一性〉（aḥadīyah）段階の〈本質〉である。鏡（という象徴）に関して、そこに見える像は鏡とそれを見ているひととのあいだでヴェールとして機能すると主張する者の眺望は実に浅い。（『カーシャーニー注』シース章第二、四一頁）

そしてカーシャーニーは、直接的ヴィジョンや「開示」体験においてのみこうした深い理解が得られると附言する。そのことをもう少し理論的に、より簡潔に説明すると次のようになろう。

絶対者の鏡に映し出される像には二つの異なる側面がある。まず、その像とは、場の「備え」が要求するのに応じて、絶対者が特定の形態を帯びて自己顕現したものである。だが、他方で、いかに場の要請に従って個別化されるとはいえ、神が自己顕現した〈形態〉でもある。映し出される像がヴェールとして機能するのは、普通のひとの精神的な眼が第一の側面で塗り固められているからだ。第二の側面が深遠な「開示」体験を通じてひとの意識にのぼると、映し出される像はヴェールであるのを止める。そしてひとは己れ自身の像だけではなく、己れ自身の形態を帯びた〈絶対者の形態〉を見始める。

これがひとのこころの達しうる極限だとイブン・アラビーは主張する。

もしあなたがこれを味わったなら、被造物に許される極限を味わったことになる。だからそれより上を望んではならぬ。それより上の段階に至ろうと無駄な努力をしてはならない。これより上の段階はないのだから。これを超えればたんなる無だけだ。（シース章第二、四一頁／六二頁）

ここで言う「極限」は完全人間固有の段階だと言ってよい。完全人間ですら、絶対者をありのままに、つまり絶対性の状態で、知ることのできる精神的段階をもたない。だが、そのようなひとは、絶対者が己れを彼と彼以外のすべてのものに顕した、その状態での絶対者を直観することができる。「人間が絶対者をどの程度まで知ることができるのか、どのようなかたちで知ることができるのか」という問いに対する最終的な答えがこれだ。

〈神の本質〉（dhāt）と〈純粋一性〉（aḥadīyah）が完全に一致し、全く同じものを指すとすれば、つまり、〈実の在り方〉がもつ最高の形而上学的な段階としての絶対性の状態にある絶対者を指すのだとすれば、完全人間のもつ形而上学的可能性に関して到達しうる唯一の必然的結論はこれであろう。だが、理論的にはまだ可能性が残される。イブン・アラビーの学派のなかの著名な幾人かの哲学者たちに随って、〈実の在り方〉の最高の次元を二つの形而上学的層次、(1)絶対的絶対者を示すザートと、(2)同じく絶対的絶対者ではあるものの、自己顕現に向かう絶対者との意味でザートより低い段階にあるアハディーヤ、に分けるならば、確かにザート段階の絶対者は依然として知られもせず知りえないが、忘我状態にある完全人間は、感覚に鮮明に現れる形態として己れを顕現させる直前の、絶対者である限りの絶対者、アハディーヤの段階にある絶対者を知りうるはずだ。

注

（1）なお、イブン・アラビーが別の文章（一八八頁）で「もの」（shayʾ）という語を指して、その語に同じアンカル・ナキラートを用いると注記しておく。アンカル・ナキラートという語で、「もの」がいかなるものをも包括する不確定な概念であることが言い表される。

（2）この箇所でもまた本書のそれより他の箇所でも、絶対性の段階にある絶対者を概念的に分析する場合には、カーシャーニーやカイサリーに代表される、形而上学的なザートの段階をアハディーヤの段階と全く同一だと考える伝統に私は従う。だがザートとアハディーヤを区別する者（たとえばジーリー）も存在することを指摘しておかなければならない。ザートとアハディーヤを区別する場合、ザートが絶対的な絶対者にあたり、アハディーヤは形而上学的に次の段階を表す。この区別によると、アハディーヤの段階で初めて絶対者が自らをタジャッリーの究極の源として顕現せしめる。

（3）印刷本はこの箇所に明らかな欠落がある。私は bal huwa bi-iʻtibār al-ḥaqīqah [ʻaynu-hu, wa-] ghayru-hu bi-iʻtibār al-taʻayyun と読む〔原注には bal huwa bi-iʻtibār al-ḥaqīqah [ʻaynu-hu, wa-ghayru-hu] bi-iʻtibār al-taʻayyun とあったが、著者による補いは wa-ghayru-hu より前だけなので修正した〕。

（4）〈在る〉(Being) と〈在らぬ〉(non-Being) を己れのうちに包摂する、外延の広い概念が存在しないからである。

（5）*Kleinere Schriften des Ibn al-ʻArabī: Nach Handschriften in Upsala und Berlin zum ersten Mal herausgegeben und mit Einleitung und Kommentar versehen*, von H. S. Nyberg, Leiden: E. J. Brill, 1919, p. 15 et sqq.

（6）Māhīyah は「それは何か」を意味する Mā hiya? から造られた語で、ギリシア語の to ti ēn einai という表現に対応する。

（7）イスラーム哲学では一般的に二種類のマーヒーヤ、「何であるか性」があることは銘記しておくべきだろう。(1) 特殊な意味でのマーヒーヤと (2)「一般的な意味」でのマーヒーヤである。前者は定義によって表示される「何であるか性」であり、後者は存在論的な「本来的在り方」である。存在論的な「本来的在り方」とは、そのものをいま在るかたちに在らしめているものである。

（8）「主権」を行使する振舞いのこと。イブン・アラビーの哲学体系では、それは、世界に起こる具体的現象のなかに（神が）自己顕現するという振舞いを意味する。

（9）神と、神の現れた象《かたち》との関係に言及して神の定義に換えた。

（10）ただしイブン・アラビーはこの文章でたんに「東と西のあいだにあるもの」とは神が全知である（bi kull shayʼ ʻalīm）ことを意味すると述べるに止める。

（11）アラビア語原文は in kuntum mūqinīn. 最後の語は語根 Y-Q-N から派生したもの。同じ語根から yaqīn が派生する。yaqīn は最終的な確信を意味する。

（12）アラビア語原文は ahl al-kashf wa-al-wujūd. ここでのウジュード（wujūd）という語は「存在」を意味するのでなく、神秘体験のうえでワジュド（wajd）の段階に接続する特定の段階を指す。ワジュドの段階で神秘家は「自己滅却」（fanāʾ）という精神状態にある。その状態で神秘家は個人の自我意識を失っている。一方、ウジュードの段階では、絶対者のなかで「存続する」（baqāʾ）状態にある。後者の状態でのみ神秘家が本当の意味で神を「見る」（wajada）。

（13）アラビア語原文は in kuntum taʿqilūn. 最後の語は「理性」と訳した ʿaql と同語根である。

（14）理性や知性で解することを意味する ʿaqala というアラビア語動詞の語源は、ラクダが勝手に動きまわらないように畳んだ脚を腿と括ること。

（15）我々は「事物」を通じて初めて絶対者を見ることができる。だが他方で、我々が実際に、また直接に見ているのは「事物」なので、事物が我々の眼と絶対者のあいだに立ち塞がることになる。したがって、我々が絶対者を見ると言っても、間接に見るのであり、直接には、絶対者を直接見るのを妨げる事物だけを見る。

（16）我々が存在するためには、どの瞬間にも〈創造主〉が必要であると我々は感じている。しかしまさにこの感覚自体が、我々と絶対者の隔たりないし区別を意識させることになる。

第三章　人間の自己知

絶対者そのものが不可知であること、「開示」(kashf) や「味識《あじわい》」(dhawq) という神秘体験においてすら絶対者そのものは漆黒の神秘であるのがここまでの論述で明瞭になった。普通の状況下で絶対者が知られうるのは、絶対者が自己を顕現させた形態においてである。全く同じことを少し言葉を換えるなら、絶対者が「神」の段階まで降りて初めて、ひとは絶対者を知りうる、と表現しうる。次に分析するのはこの認識の構造だ。どのように、そしてどこで絶対的に不可知な何かが「神」として現れるのかが中心的問いとなる。

この問いに答えて、「己れ自身を知る者は己れの主を知る」(man ʻarafa nafsa-hu ʻarafa rabba-hu)[1] という有名なハディースに拠りつつ、絶対者を知る唯一正しい方法は我々が己れ自身を知ることだとイブン・アラビーは強く主張する。絶対的に顕現していない状態にある絶対者そのものを無駄に知ろうとするのを止めるべきだ。我々は我々自身の深みへ帰り、或る特定の形態に身をやつした絶対者を知覚するべきだ。このハディースがイブン・アラビーに訴えるのはそれである。

イブン・アラビーの世界観においては、我々自身だけでなく、我々を取り巻くすべてのものが神の自己顕現した形態だ。その限りで客観的に見れば、我々は、我々を取り巻く事物と較べて本質的な違いがあるわけでない。だが、主観的にはかなりの違いがある。我々の立場から見れば、我々の外側に在り、我々を取り巻く全てのものは外から眺めうるだけの「もの」だ。それらの内側に入り込み、それらのなかで脈打つ神の生命を内側から感じ取ることはできない。我々が為しうることは、我々の自己意識により我々自身の内部に入り込み、そこに進行する自己顕現という神の振舞いを内側から経験する、それに尽きる。この意味において、「我々自身を知ること」が「主を知る」ための第一歩たりうる。己れを神の自己顕現した形態だと意識できる者だけがさらに歩を進めて、宇宙のあらゆる処で脈打つ神の生命の秘密を深く掘り下げる立場にある。

しかしながら、己れ自身を知ったからといって必ずしも絶対者を究極に知りうるわけでない。そのことを考慮し、人間が自己知により絶対者を知る方法をイブン・アラビーは二つに大別する。最初の方法は「(「あなた」が)「あなた」である限りで(把握しうる)絶対者を知ること」(maʻrifah bi-hi min ḥayth anta)、第二の方法は「(「あなた」が)「あなた」である限りで、ではなく、「あなた」が「〈彼〉」である限りで「あなた」を通じて(把握しうる)絶対者を知ること」(maʻrifah bi-hi min ḥayth huwa lā min ḥayth anta)〔2〕である。

第一の認識法は、「あなた」、つまり被造物から神を推し量る方法である。より具体的には、まず「あなた」の被造的本性に特有の性質を意識し、次に絶対者の像からそうした不完全な性質〔1〕を剝ぎ取り、それと正反対の性質を絶対者に帰属させるという推論過程を経て、絶対者についての知を獲得する。たとえば、己れのうちに存在論的可能性〔つまり、存在しないこともあり得るという可能性〕を見て、絶対者にそれと反対の存在論的必然性〔存在しないことがあり得ないこと〕を帰属させる。己れのうちに「貧しさ」(iftiqār)、根本的に己れ以外のものを必要とする性質を見い出し、絶対者にその反対の「豊かさ」(ghinà)、絶対的自己充足性を帰属させる。〔3〕また、己れのうちに不断の「変化」を見て、絶対者に永遠なる恒常性を帰属させるなど。この類の知は哲学者や神学者に特有であり、確かにそれは「己れ自身を知ることで、己れの主を知る」ことだが、極めて低い次元の知にすぎないとイブン・アラビーは言う。

第二の認識法でも「あなた」を通じて「彼」を知る。だが、この場合「あなた」ではなく、明確に「彼」に力点が置かれ、絶対者が直《じか》に自己顕現した形態としての「己れ自身」を知ることで絶対者——何らか個別化した形態の絶対者ではあるが——を知る。それは、個別的な形態に己れを顕した神として己れ自身を意識し、神を知る認識過程である。その認識過程をイブン・アラビー自身の記述に拠って分析しよう。そこには基本的な三段階が区別される。

第一段階では、ひとが絶対者を己れの神として意識する。

〈神の本質〉からすべての関係（つまり、神の〈名〉と神の〈属性〉）が取り除かれたなら、それは神（ilāh）[4]でない。むしろ（〈本質〉のうちに見える）これらの（可能的）関係を現実のものと〔して〈本質〉を神と〕するのは我々自身である。この意味で、神としての絶対者に我々が根底において依存するがゆえに[5]、我々が絶対者を「神」にするのである。だから、我々自身が知られなければ絶対者は知られえない。「己れ自身を知る者は己れの主を知る」という預言者の言葉はこのことを指す。人々のなかでもっともよく神を知る者の言葉である。（『叡智の台座』イブラーヒーム章第五、九〇頁／八一頁）

この文章が意味するのは次のことである。絶対者そのものの在り方は絶対者、ただそれであるだけなので、己れを無限にさまざまな形態に顕現させる可能性が絶対者になければ、それは、知られず知ることもできない〈何か〉に永遠に留まる。「名」や「属性」として一般的に知られるものは、絶対者が自己顕現するためのこれらの無限に多様化した可能的形態を神学的に表現したにすぎぬ。言い換えると、絶対者が世界と結ぶ無数の関係を整理したのが〈名〉や〈属性〉だ。

これらの関係が絶対者それ自体のうちに留まる限り、そうした関係は可能態に（in potentia）あり、現実態に（in actu）ない。具体的形態をもって我々被造物のなかに実現して初めてそれらの関係が「現実のもの」となるのであるが、〈名〉は、物質的個体に直に実現するのでなく、まず〈神の意識〉のなかに恒常原型として現れる。反対側から見れば、我々の個別的本質（つまり、原型）こそが絶対者を現実化させる。そして、この仕方で現実化した絶対者が「神」である。だから、我々が神の自己顕現する最初の対象あるいは自己顕現する場となることで「我々（つまり、我々の恒常原型）が絶対者を「神」にする」のだ。以上が「我々が我々自身を知らなければ、神は決して知られない」という言葉の哲学的意味内容である。

幾人かの賢者――アブー・ハーミド・ガザーリーもその一人であるが――は、世界に言及せずとも神は知られうると主張する。だが、それは誤りである。確かに（世界に言及せずとも）永遠の〈本質〉を（概念的に）知ることはできる。しかし〈本質〉が神として顕れる対象〔maʾlūh〕（つまり、世界）が知られなければ、その〈本質〉が「神」として知られることはない。その対象だけが「神」を指示するものだからである。（イブラーヒーム章第五、九〇頁／八一頁）

カーシャーニー注がこのことを明確にする。

イブン・アラビーはこの文章で次のことを意味する。「神であること」（ulūhīyah）という属性で規定された〈本質〉は、それが「神」として顕れる対象がなければ知られえない。……確かに、〈在る〉という概念そのものから、永遠であり永久に在りつづける〈本質〉に相当する〈必然的存在者〉が存在することを我々の〈理性〉は（推論によって）知りうる。〈本質〉段階の神は絶対的に自足している〔諸世界を必要としない〕からだ。だが、〈名〉の主体と目されたときはそうでない。その場合、〈彼〉が神として顕れる対象だけが、〈彼〉が神であるのを指し示すものである。（『カーシャーニー注』イブラーヒーム章第五、九〇頁）

創造された全世界が絶対者の自己顕現に他ならないことを知る。この知はイブン・アラビーが次のように描く第二段階に属す。

第一段階の後に「開示」体験が起こり、それにより、(世界でなく)絶対者自身が、己れを、そして絶対者が(世界に対する)神であることを、指し示すのがわかる。これが第二の段階。(この段階で)世界は、世界にある事物事象の恒常原型の形態を帯びて絶対者が自己顕現したものに他ならない(こともわかる)。絶対者が(つねに)自己顕現しているのでなければ、原型が〔現実世界に〕存在しえないのに対して、絶対者の側は、原型自身の実の在り方〔ḥaqā'iq〕とその状態に応じてさまざまな形態を帯びつづけてゆく。

我々が絶対者を神と知る(第一段階の)後に招来されるのはこの段階である。(『叡智の台座』イブラーヒーム章第五、九〇—九一頁/八一—八二頁)

第一段階では、絶対者は、知られず知ることもできない〈何か〉でなく、「我々の神」であった。だが、神である絶対者と、絶対者が神として顕れる対象としての世界とのあいだにどうしても超えられない裂け目があった。二者を現実に繋ぐ唯一の絆は、我々＝世界が自存するのではなく、本質的に神に依存するという意識、神としての絶対者と相関する我々こそが〈神の名〉と〈神の属性〉を指し示し、そのことによって間接に我々が絶対者を指し示すという意識であった。

第二段階では、神と世界のあいだにあるそうした裂け目が消える。今や、己れが絶対者そのものの自己顕現したものだと我々は気づく。この地点から振り返れば、(第一の段階で)神と、絶対者が神として顕れる対象とのあいだの、指し示す・指し示される関係だと考えられたものが、絶対者の自己顕現した側面と隠れた側面とのあいだの、指し示す・指し示される関係だとわかる。この状況をより哲学的に表現したカーシャーニーの注釈を引こう。

己れ自身によって存在し、何ら他のものを必要としない、そうした〈必然的存在者〉が在らねばならない。神の導きに拠り〈理性〉はこの結論に至る。そのとき、幸運に恵まれれば、〔1〕世界そのものの本質の形態〔ṣuwar. つまり、世界内の諸個体が帯びるさまざまな形態〕を帯びて、己れを顕すのは、この実《リアル》の〈必然的存在者〉なのだ、と理性は直観できるかもしれない。

そうであれば次に、〔2〕この〈必然的存在者〉の最初の顕れが、〈神の意識〉にあるあらゆる恒常原型の形態が予め組み込まれている〈一つの実体〉〔jawhar wāḥid〕ないし〈一つの個体〉〔ʿayn wāḥidah〕(2)としての自己顕現であるのを理性は悟る。そして、そうした恒常原型が〈必然的存在者〉から独立して存在するのでなく(3)、〈必然的存在者〉のなかで永遠の存在をもつことも理性は悟る。

〔3〕〈必然的存在者〉が〈名〉をもつその数だけ、あるいはむしろ、〈必然的存在者〉が個別的限定相を帯びるその相の数だけ、〈必然的存在者〉の全ての〈属性〉がこれら恒常原型に帰属させられる〔原初の状態で〈必然的存在者〉と恒常原型が〈一つの個体〉であるからだ〕。かくして、原型を通じてのみ〔〈必然的存在者〉の〕さまざまな〈名〉が(〔世界の形態のなかで眼に見えるかたちで〕実際に)区別されうるし、そして、原型が〔〈必然的存在者〉によって世界内に形態を帯びて〕現れることを通じてのみ〈神性〉(つまり、〈必然的存在者〉が神として在ること)が〔世界の形態のなかに眼に見えぬかたちで〕その姿を現す。なお、〔「かくして」以下の〕これら全ては、世界において起こる〔ことについて述べた〕。

事態がこのような仕方であるので、絶対者は、世界の形態に(眼に見えるかたちで顕れる)〈外在者〉であり〔1より〕、かつ世界を構成する個別の本質〔つまり、恒常原型〕の形態に(眼に見えぬかたちで顕れる)〈内在者〉である〔3より〕。

だが〔絶対者はこのように〈外在者〉と〈内在者〉という二神名を帯びるのだが〕、(さまざまな形態を帯びて)現れるのは、つねに同一の〈個体〉である〔2より〕。こうした次第で、絶対者は己れを指し示すものとして振舞う。

以上に述べたことにより、(第一の段階で)絶対者が我々の神だと知った後に、(第二の段階で)次のことを知る。原型の実の在り方と〔そうした原型の〕さまざまな状態に応じて、絶対者が多く類に分かたれ、さまざまな形態を帯びるのは、結局のところ、原型の実の在り方やそれらのさまざまな様態がみな、（さまざまな形態を帯びた）絶対者そのものに他ならないことに由来づけられることを。（『カーシャーニー注』九一頁）

この興味深い一節でカーシャーニーは「最初の顕れ」（al-ẓuhūr al-awwal）という語句を用いる。これは絶対者の最初の自己顕現のこと。そして「最初の顕れ」とは絶対者が「一つの実体」として顕現することだと彼は言う。この発言は、イブン・アラビー形而上学の極めて重要な一点、つまり自己顕現（tajalliyān）が二類に大別されることを示唆する。その二類の自己顕現とは、(1)眼に見えない自己顕現（tajallī ghayb）と(2)眼に見える自己顕現（tajallī shahādah）である（『叡智の台座』シュアイブ章第一二、一七七頁／一二〇―一二一頁）

(1)の自己顕現は〈本質〉が己れの内側に自己顕現することである。その自己顕現において絶対者は己れを己れに開示する。言い換えれば、それは絶対者の自己意識が最初に顕れたものである。この意識の内容は、事物・事象が外界に現実態としてある以前のそれらの恒常原型――〈神の意識〉に事物・事象が存在するときの事物・事象の永遠なる形態――から成る。後に詳しく見るが、イブン・アラビーは絶対者のこの類の自己顕現を「もっとも聖なる発出」（al-fayḍ al-aqdas）と呼ぶ。ちなみに彼は「発出」（fayḍ）[6]をつねに「自己顕現」（tajallī）と同義に用いる[4]。

これは〈本質〉の（直接的）自己顕現（tajallī dhātī）であり、それの実の在り方は眼に見えぬことである。この自己顕現によって「彼であること（彼性）」〔huwīyah〕が実現する[5]。「彼であること」を絶対者に帰属させうるのは、（クルアーンで）絶対者が己れ自身を「彼」という代名詞で表現するからだ。（この段階の）絶対者は常にまた永遠に己れ自身にとっての「彼」でありつづける。（シュアイブ章第一二、一七七頁／一二〇頁）

「彼」という語は「不在」を言い表す代名詞だとイブン・アラビーが考えることを指摘しておかねばならない[7]。

このことから、すでに自己顕現したとはいえ、自己顕現という行為の主体がいまだ「不在」、つまり他からは見えぬままであることがおのずからに導かれる。さらに、その主体が「彼」という三人称で呼ばれるので、この地点での絶対者がすでに己れを二つに割り、最初の「己れ自身」と異なる何かを第二の「己れ自身」として確立していることも導けよう。しかしながら、これらの事態は絶対者自身の〈意識〉内部で生起するにすぎない。この段階で絶対者が「彼」であるのは己れ自身に対してだけであって、他の誰かに対して「彼」なのではない。絶対者の〈意識〉はいまだ不可視の世界（ʿālam al-ghayb）だ。

(2) 第二の自己顕現、タジャッリー・シャハーダはそれとは違う。タジャッリー・シャハーダとは、〈神の意識〉内容である恒常原型が、可能態にある段階を脱して「現実の」外界に現象するのを言う。原型が具体的形態をもって〔世界のなかに〕実現するのをそれは意味する。第一の自己顕現と区別し、この第二の自己顕現をイブン・アラビーは「聖なる発出」（al-fayḍ al-muqaddas）と呼ぶ。こうして実現する〈在る〉の世界が感覚経験の世界（ʿālam al-shahādah）となる。

ひとが「己れを知ることでその主を知る」という認識形態の第二段階についてはこれで十分に説明された。これ以降はすでに区分された三段階のうちの最終段階、第三の段階に眼を向けよう。

イブン・アラビー自身が第三の段階を簡単に記す箇所をまず引こう。

これら二つの段階につづいて、最後の「開示」が起こる。我々の姿が絶対者のなかにあって、我々全てが絶対者のなかで互いに〔絶対者がそうする仕方で〕己れを開示しあうように〔お前には〕見えよう。我々は互いに〔上文の絶対者を識るような仕方で〕識り、そして我々は互いに区別されている。〔イブラーヒーム章第五、九一頁／八二頁〕

いささか謎めいたこの発言は次の説明で十分に理解できよう。この精神的段階に達したひとの眼には尋常ならざる麗しい光景が映る。そのひとは、あらゆる存在者が絶対者の鏡に現れるのを、そしてそれらが互いに他のもののなかに現れるさまを見る。そこでは、これらの事物・事象はみなそれぞれの独自性を保ちながら互いに溶けあい相即する。これがまさに「開示」(kashf) 体験である。
それとの関わりでカーシャーニーが「開示」体験を二段階に分けるのを指摘しておく。

絶対者のなかに「自己滅却」(fanāʾ) した状態で最初の「開示」が起こる。その状態では、見る者と見られる対象はともに絶対者単独に他ならない。この「開示」を「収斂」(jamʿ) と言う。第二の「開示」は、「自己滅却」の後の「持続」(baqāʾ) である。被造世界にあるさまざまな形相がこの精神的状態で姿を現す。絶対者そのもののなかで、互いにそれらは姿を現しあう。かくして、ここでは〈実の在り方《リアリティー》〉があらゆる被造物を映しだす鏡の役割を担う。そして、無数にある事物・事象の形相を通じて〈一つ〉の〈在る〉が己れを多に分化させている。そのような（鏡の）本体が絶対者であり、（その鏡の内に現れる）形相が被造物である。そこに見える被造物は互いに識り、互いに区別される。（『カーシャーニー注』イブラーヒーム章第五、九一頁）

第二の「開示」体験〔これまでに三段階に分けて説明したなかの第三段階〕により開眼した者のなかには「完全」(kāmil) な状態に至る者もいるとカーシャーニーはつづけて言う。そうしたひとは、「被造物の姿が絶対者を隠さず、創造された〈多〉を絶対者の〈一〉の深みにおいて見る者」である。またこうしたひとは「完全な者たち」(ahl al-kamāl) であり、〈神の尊厳〉(jalāl. つまり絶対者が多として現象する側面) がその眼から〈神の美しさ〉(jamāl. つまり絶対者が形而上学的に〈一〉であるという側面) を奪い去ることなく、また神の美しさが神の偉大さを覆い隠さない者だ。カーシャーニーの解釈によると、第一の「開示」で〈美しさ〉(jamāl) が知られ、第二の「開示」では「尊厳」(jalāl)が明瞭になる。[8]だからこそ、いずれの場合でも神秘家がどちらかに片寄る危険がある。そのことを併せ考えれば、カーシャーニーが最後に語ることを取り分けて強く主張せねばならない。

第一の「開示」は〈美〉だけをもたらし、それを体験する者は〈美〉しか見ない。……したがってそうしたひとは〈美〉というヴェールに覆われ、〈尊厳〉を見ることができない。

しかし他方で、第二の「開示」を経験したひとのなかにも、〈尊厳〉というヴェールに覆われて〈美〉を見ることのできない者がいる。彼らはこの段階での(事態について)被造物を絶対者から区別されたものと想像し表現しがちである。その結果、被造物を見ることでヴェールができて絶対者を見ることができなくなる。(『カーシャーニー注』九一頁)

これと同じ状況をイブン・アラビー自身がそれと違う仕方で簡潔に説明する。

我々のなかには、我々(つまり、現象した〈多〉)についてのこの(至高の)知[6]が絶対者のただなかで生起すると知る者(つまり、「完全な者たち」)がいる。だが、或る者(つまり、完全でない神秘家)は、我々(つまり、現象した〈多〉)についての知が我々に生起するこの〈現前〉(つまり、「バカー」体験で開示される存在論的次元)(が帯びる本当の性質)に気づかない。[7]私がこの無知に陥らぬよう神に救いを求めるばかりだ。(『叡智の台座』イブラーヒーム章第五、九一頁/八二頁)

ここで、イブン・アラビーが「己れ自身を知る者は己れの主を知る」というハディースをいかに解釈したのかをまとめて結論としておこう。

イブン・アラビーはまずひとが己れを知ることがその主を知るための絶対的必要条件だと強く主張し、ひとは己れを知って初めて〈主〉を知りうると言う。

イブン・アラビーの用語法において〈主〉（rabb）は何らかの特定の〈名〉によって自らを顕現させた絶対者を意味するのであって、如何なる限定をも、そして如何なる関係をも超越した〈本質〉を指すのでないことがここでは重要である。したがって、「己れ自身を知る者は己れの〈主〉を知る」という格言は、純粋〈本質〉の状態にある絶対者を自己知によって知りうると言うのではない。何を為そうが、いかに「開示」体験が深かろうが、〈主〉の段階に止まらざるをえない。人間の認識の限界がそこにある。

しかるに、反対側から眺めるならば、〔限界があるとされた〕人間の認識は絶対者を知ろうとする際に驚くほど広大な領域を視野に収めうる。己れを開示する絶対者が、その活動の最終段階において、我々が住む世界そのものとなるからである。「世界のあらゆる部分が、己れの存在論的基盤である、己れの〈主〉を指し示す」（『叡智の台座』ムハンマド章第二六、三二七頁／二一五頁）のだ。さらに言えば、人間こそが世界のあらゆる部分のなかでもっとも完全である。もし世界のこのもっとも完全な部分が、己れを知ることにより、自己意識でもって己れを知るなら、絶対者が己れを世界に顕すその限りにおいて、絶対者を可能な限り知りうるのは理の当然である（「アフィーフィー注」三二五頁を参照）。

ここまで論述を重ねたが、重要な問題がなおも残るように思われる。人間は本当にそれほど深く己れ自身を知りうるかとの問題である。しかしながら、これは相対的な問題であって、「己れ自身を知る」という文を厳密な意味で捉えるなら、答えは否定的になろう。だがより緩やかな意味にとるなら、答えは肯定的になる。イブン・アラビーが言うように「知りうると言うも正しく、知りえぬと言うも正しい」（『叡智の台座』三二七頁／二一五頁）。

注

（1）「可能的」・「偶有的」存在者としての被造物に特有のあらゆる属性のこと。

（2）これは、すでに説明した原初の純粋〈一性〉状態にある絶対的〈一〉とは別もの。ここで言われる〈一〉は、全ての名が現実に分化する前の段階で、統合され含まれる形態である。簡単に言えば、それは、〈神の意識〉が一まとまりになったもので、そのなかに、世界に存在する事物事象の原型がみな、〈神の知〉の対象の形態において存在している。

（3）原型は、世界の事物・事象が予め組み込まれた〈神の意識〉内容に他ならない。だからそれらは〈神の意識〉の外には存在しえない。

（4）したがって「発出」（fayḍ, emanation）という語が、通常新プラトン主義哲学で語られる発出と同じ意味をもつと考えてはならない。

（5）「もっとも聖なる発出」の結果、絶対者は自らを「彼」として確立する。神が〈彼〉として確立すると、神の〈彼〉意識の眼に見えない内容として、あらゆるものどもの恒常原型もまた成立する。

（6）「我々についての（至高の）知」とは、前に言及された、互いが自らの固有性を保ちながら、互いに相即する異常なほどに麗しい光景を指す。

（7）〈神の美〉としてあらわれる形而上の〈一〉に劣らず、〈神の尊厳〉としてあらわれる現象した〈多〉は絶対者の一側面であることをこれは意味する。ファナーによって形而上の〈一〉を知ることに負けず劣らず、現象した〈多〉をバカーによって知ることは、絶対者を知ることである。

第四章　形而上の収斂と現象における拡散

これまでに明瞭になったことを次のように要約できよう。(1)絶対者には相反する二面がある。隠れた側面と自己を顕す側面である。(2)隠れた状態の絶対者は永遠に〈神秘〉、〈闇〉でありつづける。その秘密は最高度のカシュフ〔開示〕体験によっても明かされえない。(3)絶対者は「神」や「主」というかたちで己れを顕して初めて、普通の人間の認識対象になる。(4)隠れた側面と自己を顕す側面という二面のあいだに、ものが「存在するとも言えるし、存在しないとも言える」特殊な領域、恒常原型の世界がある。恒常原型の世界は普通のひとのこころには全く手が届かないが、恍惚状態の神秘家のこころには完全に手の届くところにある。存在論的立場から見られたイブン・アラビーの世界観のもっとも基本的な構造を以上の要約が提供してくれよう。

絶対者の隠れた側面は知られもしないし、思い描くこともできない。したがって当然のことながら、本書の残りの部分は絶対者が己れを顕す側面と中間の領域を対象とすることになる。だが、多少なりとも人間の理解が及ぶ範囲にあるこれら二領域を探索する前に、全く新しい視点から、絶対者の隠れた側面と顕れた側面が根本的に対立するのを考察せねばならない。その分析からイブン・アラビー思想の或る重要な局面が浮き彫りにされる。

イブン・アラビーは隠れた側面と自己を顕す側面を新たな視点からそれぞれタンズィーフ（tanzīh）とタシュビーフ（tashbīh）と呼ぶ。これら二つの用語は神学発生当初から極めて重要な役割を担った。タンズィーフ

（nazzaha という動詞から派生し、字義的に「汚れたものや不純なものから引き離しておくこと」を意味する）が神学で用いられると、「神があらゆる不完全さから絶対的に離れていると主張したり、考えたりすること」を意味する。タンズィーフが使用されるこうした文脈では、被造物とほんの少しでも似た性質があれば、それらはみな「不完全」とみなされる。

この意味からすると、タンズィーフとは、神が絶対的にまた本質的に被造物と較べようがなく、被造物のもつあらゆる属性を神が超えるとの主張である。要するに、神の超越性の主張。すでに見たように、絶対者そのものは〈知りえないもの〉であり、それに近づこうとするひとの努力は拒まれ、どんなに理解しようとしても遂には挫かれる。だから、正常な理性はおのずからにタンズィーフの主張に傾きがちである。それが、知られておらず知ることもできない絶対者を眼の前にした〈理性〉の自然な態度だ。

これに対して、タシュビーフ（shabbaha という動詞から派生し、「何かを何かと同じようなものだと考えること」を意味する）は神学で「神を被造物に擬える」ことを意味する。具体的には、クルアーンに「神は手や足を持つ」との表現があれば、それにもとづき、肉体的な性質、人間のもつ性質を神に帰するひとの神学的主張である。これが粗野な擬人神観に向かいがちなのは当然至極だ。

伝統的神学では、これら二つの立場はそれぞれ極端に主張されており、二つの立場は対極に配置され、何ら和することがなかった。ひとは「超越論者」（munazzih. つまり、タンズィーフを行使するひと）であるか、「擬人神観論者」（mushabbih. つまり、タシュビーフの立場を採り、「神が己れの眼で見たり」「己れの耳で聴いたり」「己れの舌で語ったりする」と考えるひと）であるかのいずれかでしかなかった。

神学での意味合いを少し残すものの、かなり原義に近い意味でイブン・アラビーはこれら二つの語を諒解する。要するに、彼の用語法に拠ると、タンズィーフが絶対者のなかの「絶対的である〔限定されずして在る〕」（iṭlāq）側面を意味するのに対し、タシュビーフは「境界づけられて在る」（taqayyud）側面を指す（「アフィーフィー注」三三頁参照）。二語はこの意味においては両立可能で、相補的だ。我々が選ぶべき唯一の正しい態度は、同時にかつ同程度に強調しつつ両者を主張することである。

時代的にムハンマドに先立つ預言者のなかではヌーフ（Nūḥ. ノア）がタンズィーフの立場を代表するとイブン・アラビーは言う。『叡智の台座』でヌーフを扱う章に「預言者ヌーフが体現する超越論者の叡智（ḥikmah subbūḥīyah）」[1] なる副題が附されるのはかなり示唆的だ。

クルアーンに拠れば、頑なでしかも放縦な偶像崇拝が広く行われた時代にヌーフが偶像の価値を否定し、公然と〈一なる神〉を崇拝するよう勧告した。イブン・アラビーから見れば、ヌーフは生涯一貫してタンズィーフの原理を主張した。一神教の主張である。表現を換えると、ヌーフは特定の歴史的状況のもとで為すべきことを行ったにすぎず、彼の態度はかなり真っ当である。ヌーフの時代には、人々のなかで多神崇拝が広く行われていたので、純粋で極端なタンズィーフの喧伝だけが人々を正しい信仰形態に戻す可能性をもっていた。それがヌーフをイブン・アラビーが正当化する理由だ。

だが、こうした歴史的考察をひとたび離れれば、神に対する人間の態度としてのタンズィーフは確実に一面的である。タンズィーフのみにもとづくいかなる信念も本質的に不完全で、完成していない。イブン・アラビーが「真理を知る人々の見解では、タンズィーフは神に境界を定め、神を限定することに他ならない」（『叡智の台座』ヌーフ章第三、五五頁／六八頁）と言うように、神を「純化」し、被造物といかなる関係も結ばない何かだとするならば、実際には限りなく広大で限りなく深い〈神的存在〉を限定することになるからだ。このイブン・アラビーの文章をカーシャーニーは次のように解する。

タンズィーフはあらゆる時間的生成物や自然物体から絶対者を区別すること、つまり、タンズィーフに許容されないあらゆる物質的なものから絶対者を区別することだ。だが、或るものが何か別の他のものから区別された場合、その或るものは、その或るもののもつ属性によってその他のものと相容れない。このとき、その或るもの（他から区別されたもの）は必然的に何らかの属性で限定され、何らかの定義で範囲が画定されなければならない。この意味で、タンズィーフは境界を画定するに等しい。

ここで主張される内容の要諦は次のとおり。神を「純化」するひとは、物体がもつあらゆる属性から神を「純化」しようとする。そうすることで（知らず識らずのうちに）神を非物質的で精神的なものと「同化」（tashbīh）せしめる。では、「限定」（taqyīd）そのものから神を「純化」させるとどうか。その場合ですら、「非‐限定」（iṭlāq）〔つまり、限定されないという性質〕で神を「限定」することになろう。しかし実際には、神は「限定」と「非‐限定」という二つの足枷《かせ》から「純化」されている（つまり超越している）。神は絶対的な絶対者なのであって、そのどちらによっても限定されないし、どちらかが撥無されることもない。（『カーシャーニー注』ヌーフ章第三、五五頁）

イブン・アラビーはここで挑戦的に言う。「極端なタンズィーフを支持し主張するのは、無知な者か、神に対する適切な振舞い方を知らない者かのいずれかだ」と。

「無知な者」が誰か、具体的な例をイブン・アラビーが挙げることはない。バーリー・エフェンディーをはじめ幾人かの注釈者は、この語がムスリムの哲学者たちや彼らの説に盲従する者たちを指すと解する。バーリー・エフェンディーは、こうした者たちを「神の法を信じず、彼らの理論が要請するままに、神が己れに帰属させた属性をすべて否定し、神を「純化」しようとする者」(2)だと言う。

「神に対する適切な振舞い方を知らない者」についてはイブン・アラビー自身の注記がある。彼らは「神の法を信じるが（つまり、ムスリムであるが）、神を「純化」して、タンズィーフの枠を超えない者」のことである。彼らの振舞いが不適切なのは、「彼らが神と預言者にそれと知らずに嘘をつく」からである。この言葉が指すのは、おそらく神の〈本質〉に〈属性〉が存在することを否定した悪名高いムウタズィラ派神学者であろう（「アフィーフィー注」一二頁参照）。彼らは信者でありながら、己れの理性の力を行使することによりこうした極端な考えをもち、遂にはクルアーンやハディースで明確に言及されるタシュビーフの側面をまるで無視するに至った。

中断したヌーフの物語に話を戻そう。ヌーフに象徴されるこの種のタンズィーフは〈理性〉に特有の、そして特徴的な態度である。カーシャーニーはこれを「〈理性〉によるタンズィーフ」（al-tanzīh al-ʻaqlī）と呼ぶ。〈理性〉はその本性上、絶対者が可感的形態を帯びて顕れることを認めない。しかしそうすることでかなり重要なことを見落とす。少し前に見たように、絶対者を可感的形態から「純化」することで、結局は、絶対者を限定するばかりか、あれほど嫌ったタシュビーフに陥ることになりかねない、これが見落とされた重要なことだ。

「（絶対者が可感的形態を帯びて）眼の前に現れるといつも〈理性〉が論理的推論に拠り（その像）を追放する。〈理性〉は論理的推論をそれほど熱心に用いる」とのイブン・アラビーが作った詩の一節に附注して、カーシャーニーは言う。

> この詩の一節の意味はこうだ。（絶対者が）可感的形態で己れを顕す（tajallī）といつも、〈理性〉が論理的推論に拠りそれを拒絶する。だが、本当のことを言えば、それ（つまり、感覚で捉えられるかたちで現象したもの）は感覚世界の段階でも、それ自体としても（つまり、感覚的に現象したものとしてばかりでなく、絶対者が己れを己れとして顕現させた在り方としても）実の在り方《リアリティー》である。〈理性〉がそれを可感的対象から「純化」するのは、そうせねば（絶対者が）或る特定の場所に居たり、或る特定の方向にあることになるからだ。〈理性〉は（絶対者が）そうした（限定）を超えると判断する。だが、〈理性〉が絶対者から「純化」して撥無した不純物を絶対者が超越するのと同じく、「純化」そのものをも超越する。こうした仕方で「純化」することはそのまま絶対者を精神的な〔非物質的な〕存在者と同じものにし、それによってその絶対者を限定することだからだ。そうするなら絶対者は限定された何かになってしまう。

絶対者は或る方向にあるとともにその当の方向になく、位置を占めるとともに位置を占めない、いずれもに超越するのが真実だ。絶対者は感覚、理性、想像、表象、思考に由来するあらゆる限定を超越する。（『カーシャーニー注』イスハーク省第六、一〇八頁）

ヌーフが象徴するこの類のタンズィーフ、〈理性〉によるタンズィーフ以外に別類のタンズィーフがあるのをイブン・アラビーは認める。それは「味識《あじわい》」によるタンズィーフ（al-tanzīh al-dhawqī）であり、前に言及した預言者イドリースが象徴する。

二類のタンズィーフは二つの神名に対応する。一つはスッブーフ（subbūḥ）。この神名についてはすでにこの章冒頭で述べた。もう一つがクッドゥース（quddūs）「もっとも聖なる者」である。[3]両者ともタンズィーフであるが、ヌーフの象徴するタンズィーフは、同等の者を絶対者から「純化」し〔多神崇拝を否定し〕、不完全さに繋がるすべての属性から「純化」する。だが、他方で、第二のタンズィーフはこの類のタンズィーフに加え、絶対者から「可能的な」ものたちの性質（「可能的な」ものたちが到達しうる最高の完全性をも含む）や物質と連関するあらゆるものを引き剝がすのは言うまでもなく、絶対者について考え想像しうるいかなる「限定的」性質をも引き剝がす（『カーシャーニー注』イドリース章第四、七三頁）。

第二類のタンズィーフは、「引き剝がし」（tajrīd）を極限にまで行い、絶対者に最高度の超越性を賦与することだ。イブン・アラビーによると預言者イドリースがこのタンズィーフを文字通り体現した。イドリースの神秘的人物像をそうしたタンズィーフの象徴としてカーシャーニーは次のように活写する。

> イドリースは己れを極限まで「引き剝がし」（つまり、イドリースは絶対者から可能的なものや物質的なものを「引き剝がす」だけではなく、己れ自身からもそうした要素をすべて「引き剝がした」）、己れを「精神的存在」とした（tarawwuḥ）。その結果、遂に純粋精神となった。かくして、彼は己れの肉体を棄て去って天使たちに交ざり、天圏の霊と一つになって聖なる世界へと昇った。〔……〕それにより、彼は普通の自然

> の成りゆきを完全に超えた。(『カーシャーニー注』イドリース章第四、七三―七四頁)
>
> ヌーフは普通の欲望をもつたんなる普通の人間として地上で生活し、結婚して子を持ったとカーシャーニーはつづける。それに対してイドリースは純粋精神となった。
>
> イドリースからすべての欲望が消え、彼の本性は精神的なものとなった。精神的な性質が肉体がおのずからに有する性質に取って代わった。精神修養に熱心に励んだ末にその本性が変化し、純粋で雑じり気のない〈知性〉(ʻaql mujarrad)へと変貌を遂げたのだ。そしてその後、第四天〔つまり、太陽天圏〕に昇った。(『カーシャーニー注』イドリース章第四、七四頁)

神話風に語らないなら、ヌーフのタンズィーフは、ありとあらゆる肉体的な限定を伴いながら生きる普通の人間のもつ〈理性〉が行うのに対し、イドリースのタンズィーフは、肉体的状況とかけ離れたところにある純粋〈知性〉ないし神秘的〈覚醒〉が行うとの意味になろう。

〈知性〉が肉体の縛りから完全に解き放たれたなら、〈知性〉は論理的思考という人間に本性上備わる能力としてでなく、或る種の神秘直観として働く。だからそうした〈知性〉の活動が「味識《あじわい》」〔ザウク〕のタンズィーフと称される。だが、イブン・アラビーの世界観ではどちらのタンズィーフも一面的であって完全ではない。タシュビーフと組み合わさって初めて、ひとが絶対者に対して採る正しい態度となる。すでに何度か指摘したように、それは、絶対者そのものが絶対的な〈超越者〉であるばかりでなく、絶対者自身が世界に対して世界のなかで〈自己開示〉することに由来する。

絶対者にはありとあらゆる被造物のなかに〔つまり、個々の被造物の姿を帯びて〕顕れるという側面がある。

かくして絶対者は、〈知性〉で捉えられるありとあらゆるもの〔kull mafhūm〕に己れを顕す〈外在者〉だが、他方で同時に、己れをあらゆる〈知性〉〔fahm〕から隠す〈内在者〉でもある。ただし、「世界は、「外在者」という神名（が具体的に顕現したもの）としての、絶対者の〈形態〉であり、かつ、絶対者の〈彼であること（彼性）〉[1]〔huwīyah〕だ」〔つまり、我々に見えているものは〈彼であること〉なる、絶対者の一側面、にすぎぬ〕と考える者のこころには〔〈内在者〉としての絶対者は〕隠されない。（『叡智の台座』ヌーフ章第三、五六頁／六八頁）

よりはっきりと分節化してカーシャーニーがこの文章を再現する。

> 絶対者がありとあらゆる被造物のなかに顕れるのは、その特定の被造物の「備え」（つまり、本性的性質）に応じてである。この意味で、絶対者とは、個々の知性の「備え」に応じて、知性で捉えられるありとあらゆるものに顕れた〈外在者〉だ。そして、それ（つまり、個々の知性がもつ「備え」）がそれぞれの知性の限界でもある。……
>
> だが、（絶対者は）〈内在者〉でもある。（そして〈内在者〉である限りの絶対者）は知性そのもののもつ「備え」に設けられた境界を超えており、知性はそれを捉えることができない。おのずからにもつそうした境界を知性が思考で超えようとするなら、つまり、知性の理解から隠れている何か（を理解しようとするなら）、際限なき理解力をもつ実の賢者〔ʿārif〕以外の者のこころは脇道に逸れてしまう。際限なき理解力をもつ実の賢者とは、思考を巡らすことなく、神の事柄を神の視点から理解しようとするひとのこと。彼らが理解する限り何も「内側」にない（つまり、何も隠れていない）。かくして、そうしたひとは、世界が絶対者の〈形態〉だ、ないし、世界は絶対者の〈彼であること〉——〈外在者〉という神名のもとに己れを外側に顕現させた絶対者——の内側の実の在り方〔彼は外在者だ、と言うときの「彼」〕だと知る。なぜなら、絶対性の状態にある〈神の実の在り方〉（ḥaqīqah）は、或る限定された相のもとにその「絶対性」そのものを限定して

見ない限り、それは〈彼であること〉たりえないからだ。クルアーンで「彼は神、〈一〉〔aḥad〕である」〔第一一二章第一節〕と言うのがその一例だ。〈神の実の在り方〉である限りの〈神の実の在り方〉は、（可能的に）ありとあらゆる神名で限定されてゆくことになるものの、完全に如何なる限定をも超える。（『カーシャーニー注』ヌーフ章第三、五七頁）

絶対者は、世界のありとあらゆるものが各々にもつ「備え」に応じて、個々のものに己れを顕現させるだけでなく、ありとあらゆるものの「精神」（rūḥ）、つまり「内側」（bāṭin）でもある。これが〈内在者〉という神名の意味だ。イブン・アラビーの存在論体系において、絶対者が、ありとあらゆるものの各々の「精神」ないし「内側」を成すとは、絶対者がその当のものの原型（ないし、本質）の内に己れを顕現させることに他ならない。それは或る類の自己顕現（tajallī）であり、外側への自己顕現にいささかも劣るものではない。したがって、この眺望から見れば、絶対者は内側にも外側にも己れを顕現させる。

（絶対者は）内向きに言えば、外側に（現象世界に）現れた事物・事象の「精神」〔rūḥ〕である。この意味において、「内在者」である。〔なぜ「精神」なのかと言えば〕そうした「精神」が世界の現象的形態と結ぶ関係は、（人間の）霊魂〔rūḥ〕が、それの支配する身体と結ぶ関係と同じだからだ。(4)（『叡智の台座』ヌーフ章第三、五七頁／六八頁）

この側面から見た絶対者は、ありとあらゆるものに自己顕現しており、逆に、ものの側は、絶対者がさまざまな多なる「限定された」形態を帯びて顕れたにすぎない。だが、この事態に幻惑され、あまりにも〔絶対者とものとの〕「同化」（タシュビーフ）を強く主張するなら、タンズィーフ〔「純化」〕だけに傾いたときに犯すであろう過ちと同じく、一面的にしか観ないという過ちを犯すことになる。「絶対者を〔ものと〕「同化する」者は、絶対者を「純化」する者に劣らず絶対者を境界づけ、限定することになる。そして絶対者を知らないということになる」（『叡智の台座』ヌーフ章第三、五七頁／六九頁）。カーシャーニーは次のように言う。

絶対者を〔事物・事象と〕「同化する」ひとは、絶対者を或る境界づけられた形態に封じ込める。この観方によれば、或る定まった境界内に封じ込められたものが被造物である。これら定まった境界（つまり、具体的な事物・事象）の総体は確かに絶対者に他ならないものの、絶対者そのものでないのがこれからわかる。なぜなら、すべての個別的限定作用のうちに己れを顕わした〈一つの実の在り方〉は、これら境界づけられたものたちの総体と異なるからである。（『カーシャーニー注』ヌーフ章第三、五七―五八頁）

カーシャーニーが言うように、タンズィーフとタシュビーフを組み合わせて神と相対するとき、そのときに限り、絶対者を「実に知る者」（ʿārif）とみなされうる。だが、イブン・アラビーがこう述べるとき、一つ条件を附ける。つまり、タンズィーフとタシュビーフを組み合わせるときには必ず、概括的な仕方、大まかな仕方〔ʿalā al-ijmāl〕でそれが為されねばならないという条件である。というのも、それ以外の仕方でタンズィーフとタシュビーフを組み合わせることは不可能だからだ。したがって「実に知る者」すら絶対者を知るのは概括的な仕方で知るに止まり、具体的で詳細な部分〔ʿalā al-tafṣīl〕を全く知らない。このことは、ひとが己れ自身を知るときのことを考えれば、簡単に理解しうる。己れを知っているときでも、そのひとは己れ自身を概括的にしか知りえない。一つも漏らさず己れ自身の細かいところまですべてを網羅するといった具合に己れ自身を包括的に知ることはできないし、世界の具体的な詳細すべてを包括的に知ることもできない。だが、まさにこれら詳細なすべての形態のうちに絶対者の自己顕現が実現する。したがってタシュビーフは必ず粗く概括的なかたちにならざるを得ず、具体的で特定された仕方ではタシュビーフを行使しようがない（『叡智の台座』ヌーフ章第三、五八頁／六九頁）。

絶対者がすべてのなかに、つまり、我々の外に存在するものと我々の内に存在するものすべてのなかに己れを顕現せしめることについて、イブン・アラビーはクルアーンの一節を引き、次の解を与える。

（クルアーンのなかで）神が言う。「我れは、我れ自身の徴[5]を、地平線のなかにも、彼ら自身のなかにも見せるだろう。するとこれぞ〈実の在り方〉〔ḥaqq〕だと彼らに明瞭にわかろう」（第四一章第五三節）。「地平線のなかに」という表現はお前自身の外にあるものすべてを指す。[6]他方、「彼ら自身のなかに」なる表現はお前の内的本質〔ʿayn〕を指す。[7]そして「これぞ〈実の在り方〉だ」は、お前が絶対者の外的な形態であり、かつ絶対者はお前の内に潜む精神でもある、との意味合いで、それは〈実の在り方〉だと言う。したがって、お前が絶対者に対して在る関係は、お前の身体の形態がお前に対して在る関係に等し〔く、絶対者がお前に対して在る関係は、お前の身体を支配するお前の精神が、お前の身体に対して在る関係に等し〕い。（『叡智の台座』ヌーフ章第三、五八頁／六九頁）

この文章の要諦はすでに述べた考え方と同じ。つまり、このことに関して選びうる正しい道はタンズィーフとタシュビーフの結合だということだ。絶対者を把握するとき、たんにタシュビーフに拠るならば多神崇拝に陥る。タンズィーフだけを主張すれば、創造された世界全体から神性を撥無してしまう。正しい態度は次のことを受け容れることである。「あなたは〈彼〉でない（つまり現象世界は絶対者と違う）、いや、お前は〈彼〉である。そしてお前は、〈彼〉を具体的に存在する事物・事象のなかに絶対的に限定されない何かとして、しかし限定された何かとして見るのだ」（ヌーフ章第三、六〇頁／七〇頁）。ひとたび、この至高なる直観知を獲得したなら、「収斂」(jamʿ. 文字通りには「集めること」）か、「拡散」（farq. 文字通りには「分けること」）か、いずれの立場でも全く自由に採ることができる（イスマーイール章第七、一二〇頁／九三頁）。ジャムアとファルクという二つの語についてカーシャーニーは次の注を附す。

「収斂」の立場を選ぶとは、被造物に眼もくれず、絶対者だけを注視することだ。この態度が正当化されるのは、〈在る〉が絶対者だけに属し、いかなる〈在る〉も絶対者そのものだからである。(「拡散」の立場とは) 絶対者のうちに被造物を見ることだ。つまり本質的に〈一〉なるものがそれぞれのものの〈名〉と限定作用によって〈多〉に拡散しゆくさまを見ることである。(絶対者が) 被造物として限定され、創造された世界の「これ性」[2] [hādhīyah] (つまり、具体的に境界づけられてあること) に絶対者のもつ「彼性」が包み込まれているという点から見れば、「拡散」の立場が正当化される。(『カーシャーニー注』イスマーイール章第七、一二二頁)

カーシャーニーが解説する「収斂」と「拡散」の区別は、イブン・アラビー存在論の核心に触れる重要な区別である。すでに我々が知るように、この区別は一般的にタンズィーフとタシュビーフという語で表現される。「収斂」と「拡散」の区別と相互関係を少し別の角度からより詳細に調べてみよう。

「〈彼〉に似た者は何もなく、〈彼〉は全てを聴く者、全てを見る者である」(Laysa ka-mithli-hi shay'un, wa-huwa al-samī'u al-baṣīru. クルアーン第四二章第一一節) という、よく知られ、引かれることの多いクルアーンの章句からイブン・アラビーは出発する。この文言を彼は独創的に解釈する。神に対する正しい態度を採ろうとするなら、タンズィーフとタシュビーフを組み合わせねばならない。この解釈はあらゆる側面からそのことを明瞭にする。

文法的に二つの解釈をこの章句が許容することにまず注目しよう。その転回点は二番目の語句カ・ミスリヒ (ka-mithli-hi) にある。この語句は実際にはカ (ka)「…のように」、ミスリ (mithli)「…に似ている」、ヒ (hi)「〈彼〉」の三語が複合される。

最初の語、カ (ka)「…のように」が構文的に (1) 虚辞であり、類似性、同等性を意味するミスリ (mithli) と組み合わさってそれ自体の意味を喪うと解するのか、(2) 虚辞でなく、mithli と結びついても独自の意味を保つと解するのか、の二通りの解釈がある。

もし(1)を選ぶなら、この章句の前半部は〈彼〉に似た何ものも存在しないことに力点が置かれつつ、「〈彼〉に似たものはない」を意味することになる。換言すると、タンズィーフをもっとも断定的に強く主張する文言になろう。その場合、章句の後半「そして〈彼〉は全てを聴き、全てを見る者である」はタシュビーフを表現すると理解される。「聴く」も「見る」も優れて人間の特性だからである。こうした仕方で、章句全体はタンズィーフとタシュビーフを組み合わせとなる。

もし(2)の選択肢を採るなら、章句の前半は、〔kaの代わりにmithlaを入れた〕laysa mithla-mithli-hi shayʾと同じこととなり、「〈彼〉に似た何かと類似するものはない」との意味になる。この解釈を採った場合、「〈彼〉に似た何か」がまず心の中に生まれ、その次に（〈彼〉に似た）ものに類似したものたちの存在がその範疇ごと否定される。〈彼〉に似た何かがまず確立されている以上、それはタシュビーフを主張していることになる。その場合、章句後半はタンズィーフを主張するはずだ。この後半部分の解釈の根拠は次のことにある。代名詞で示された主語huwa（彼）が文の先頭に置かれ、つづく尊称samīʿ（聴く者）とbaṣīr（見る者）がal-（英語のtheに相当する）という定冠詞で限定される。したがって、この文章の構造は〈彼〉が〈在る〉の世界全体のなかで、唯一samīʿであり、唯一のbaṣīrであるのを意味することになる(8)。この解釈でも我々は再びタンズィーフとタシュビーフの組み合わせに出会う。

以上の説明を念頭に置けば、省略が多くわかりにくい次のイブン・アラビーの表現もかなり容易に理解しうる。

> laysa ka-mithli-hi shayʾと言うことで神は己れを「純化」し、wa-huwa al-samīʿ al-baṣīrと言うことで神は〔ものと〕「同化」する。神はlaysa ka-mithli-hi shayʾと言うことで「同化」し、あるいは「己れ自身を二分化させ」つつ、wa-huwa al-samīʿ al-baṣīrと言うことで「純化」し、「己れを一とする」。（『叡智の台座』ヌーフ章第三、六〇頁／七〇頁）

これと関連づけて、重要なことを思い起こさねばならない。それは、イブン・アラビーの概念構造のなかで、タンズィーフとタシュビーフが各々或る類の「境界づけ」(taḥdīd) だったことだ。イブン・アラビーの見るところ、クルアーンでも、ハディースでも、タンズィーフを表現しようとするのであれ、タシュビーフを表現しようとするのであれ、神が己れ自身を「境界づけ」て表現するのをしばしば眼にする〔ヌーフ章第三、五九頁／一一一頁〕。神ですら己れに境界を定めずして、己れを言葉で表現することはできない。例えば「玉座にどっしりと座っている」〔クルアーン第七章第五四節〕、「最下天に降りてくる」「天にいる」「地上にいる」「彼らが何処に行こうと共にいる」など、これらの表現は、どれも神を境界づけて限定を加えることを免れない。また、神が己れ自身についてタンズィーフの意味を込めて「〈彼〉に似たものはない」〔第四二章第一一節〕と言ったとしても〔ka を虚辞と解した場合〕、やはり神が己れ自身に境界を設けることになる。なぜなら、限定されたあらゆるものから区別されるものは、その当の区別そのものによって、限定される、つまり「限定されたものとは全く異なる何か」として区別されるからだ。「完全に限定されていないこと自体、或る類の限定である」ことにそれは由来する。

したがって、タンズィーフはタシュビーフに劣らず「境界づけること」だ。タンズィーフであれタシュビーフであれ、単独で絶対者を余さず完全に描写しえないのは明瞭だ。だが、厳密に言えば、タンズィーフとタシュビーフを組み合わせても、この難点が完全に解消されるわけでない。なぜなら、いかなる仕方で組み合わせようと、限定は限定のままだからだ。だが、絶対者に関わる境界づけのなかでもっとも根柢的でもっとも包括的なこれら二つの境界づけを組み合わせることで、我々は人間に可能な極限にまで絶対者に近づきゆく。

ひとが絶対者に相対するときに採択する二つの基本的な態度のうち、すでに指摘したように、ヌーフがタンズィーフを代表する。当時広く行われた偶像崇拝と戦うため、彼はタンズィーフだけを強調した。偶像崇拝者側が不満と怒りの声を挙げるのも当然である。ヌーフの叫びは結局聞きいれられない。「だが、もしヌーフが人々に対して二つの態度を組み合わせて臨んだならば、彼らもヌーフの言葉に耳を傾けただろう」〔ヌーフ章第三、六一頁／七〇頁〕。カーシャーニーはこの点を次のようにみる。

ヌーフの時代の人々は神名の多様さだけに注目した。〈多〉に覆われ〈一〉に気づかなかった。かくも過度にタシュビーフに傾いたことに鑑みて、ヌーフはタンズィーフだけを強く主張した。もし、厳密な一性、全きタンズィーフを振りかざさず、神名の多様さをも主張し、〈一〉である〈多〉、〈一性〉である〈多性〉を受け容れさせようとしたなら、〈一であること〉に〈多であること〉の衣を着せたなら、また（我らの預言者）ムハンマドのようにタシュビーフの態度とタンズィーフの態度を組み合わせたなら、ヌーフの時代の人々も喜んで彼の言に耳を傾けただろう。彼らは偶像崇拝に慣れ親しんだのでタシュビーフにすぐ応じたであろうし、彼ら自身の内奥はタンズィーフに感応したであろうから。〔『カーシャーニー注』ヌーフ章第三、六一頁〕

この文章から明らかなように、イブン・アラビーの概念構造のなかでは、ヌーフの時代に崇拝された偶像が「神の名の多様さ」にそのまま通ずる。つまり、偶像はさまざまな神の名が帯びる具体的な形態にすぎない。この意味で、偶像はそれだけで聖なるものだ。ヌーフの時代の人々が犯した偶像崇拝の罪は何なのか。それは彼らが崇拝した偶像が〈一〉の自己顕現した具体的形態だと気づかず、それらをそれぞれ独立した神として崇拝したことである。

ヌーフの唱導した絶対的タンズィーフをイブン・アラビーはフルカーン（furqān）と呼ぶ。フルカーンはクルアーン用語でもあるが、イブン・アラビーは原義に立ち返り、この語を用いる。(9) フルカーンは彼の体系のなかでキー・タームの役割を担いうる語だ。

イブン・アラビーの解釈によると、フルカーンは「分離」を意味するF-R-Qという語根から派生した語である。少し前に言及した、全く同じ語根から派生した「拡散」という側面（farq）を指して彼はこの語を用いると思われるかもしれないが、実際には、「拡散」と正反対の意味で用いる。ここでの「分離」とは、絶対者が自己顕現して分岐した側面から、〈一性〉の側面を厳格に「分離すること」を意味する。したがってフルカーンとは厳格な絶対的タンズィーフであり、ごく僅かのタシュビーフも許さぬ妥協なきタンズィーフの立場だ。

ヌーフは厳格なタンズィーフを人々に説くものの、人々はヌーフの言葉に耳を貸さない。クルアーンによると、そのときヌーフは神の前で、信ずるこころなき民に対する不満をぶちまける。「私は昼も夜も人々に呼びかけました。しかしながら、私が勧告しても彼らは離れゆくばかりです」（第七一章第五―六節）と。

この章句をそのまま読めば、ヌーフは人々が頑なに信仰へ向かわないことに不満を述べ、彼らの罪深き態度を激しく責めるかに見える。彼が純粋な一神教をいくら説いても、人々は彼の言葉に耳を閉ざすばかりだとヌーフは言う、そうした読みが通常の解釈である。

だが、イブン・アラビーはかなり独創的に解釈する。あまりに独創的なので、普通の知識をもつひとにはかなりの衝撃を与えるだろうし、呆れさせることにもなろう。いかに解釈したのかは次の文章に見える。

> 人々が彼の言うことに耳を貸さなかったのは、もし彼の勧告を喜んで受け容れたなら、何を受け容れたことになるのかをよく知っていたからだとヌーフは言わんとする。（表面的には、ヌーフの言葉は痛烈に批判するように見える）が、「まことに神を知るひと」には、ヌーフが批難口調でありながら、その実、人々を讃えるのがよくわかる。彼ら（つまり、神を実に「知る」人々）の理解では、ヌーフの勧告が最終的にフルカーンへと誘うことになるから、ヌーフの言うことに耳を貸さなかったのだ。（『叡智の台座』ヌーフ章第三、六一―六二頁／七〇頁）

もっと単純に言えば、この文章は、(1)ヌーフは表面的に人々を批難するが、(2)実は彼らを讃えていると主張する。彼らの態度が称讃に値するのは、ヌーフが彼らに呼びかけたことは純粋で厳格なタンズィーフに他ならないのを彼らが（本能的に）知っていたからであり、そうしたタンズィーフが神に対する正しい態度でないのを知っていたからだ。厳格な、そして極端なタンズィーフは絶対者そのもの、絶対的に不可知な絶対者そのものにひとを導く。絶対的に知られず知ることもできない何かを人間は崇拝しえようか。

ヌーフがもっと実践的であって、人々を正しい信仰形態へと本当に導こうと望んだなら、タンズィーフとタシュビーフを組み合わせていただろう。タンズィーフとタシュビーフを程良く組み合わせることをイブン・アラビーはクルアーン（qurʾān）と呼ぶ。[10] クルアーンこそが神に対する唯一の正しい態度なのだ。

（宗教的に）正しい道はクルアーンであって、フルカーンではない。たとえ、フルカーンがクルアーンに含まれるとしても、クルアーンの立場を採る者はフルカーン（への誘い）に耳を貸してはならない（当然のことである）。クルアーンはフルカーンを含意するが、フルカーンはクルアーンを含意しない。（ヌーフ章第三、六二頁／七〇頁）

イブン・アラビーの理解するヌーフと人々との関係は複雑な内部構造をもつのがわかる。今見たように、表面的にはヌーフが、信仰をもたないと言って、人々を批難するものの、心中では彼らを讃える。彼らがこの重要な問題に関して正しい態度を採るからである。他方、人々は無意識のうちに、実の意味での、また深い意味での純粋な一神教とは、ヌーフの唱導するタンズィーフが陥るような、或る一つの側面へ神を還元することでないのを知っている。神が自己顕現した、世界のなかのありとあらゆる具体的な形態のなかに、〈一〉なる神を見い出し崇拝することこそが実の一神教だと知っているのだ。だが、表面的には、ヌーフの勧告を受け容れず、伝統的な偶像崇拝に固執するというあってはならぬ誤りを犯した印象を与える。

イブン・アラビーは、ヌーフとその人々とのこの関係を（双方向的な）マクル（makr）[3] と呼ぶ。マクルは語義的に「策略」「ごまかし」「欺き」を意味し、イブン・アラビーの用法は「彼らは大きな策略を廻らし欺こうとします」というクルアーン第七一章第二二節の章句にもとづく。アフィーフィーがかなり明快にこの状況を解する。

タンズィーフによって神を崇拝するようヌーフが人々に呼びかけた。そのときヌーフは彼らを欺こうとした。より一般的に言うと、そうした仕方で神を崇拝するよう呼びかける者は誰でもマクルを行使し、欺くことになる。なぜにこれがマクルか。いかなる宗教をもつにせよ、何を崇拝するにせよ、タンズィーフを勧告された人々は、実際に神を崇拝するからである。（偶像崇拝をするひとですら）外界に或る形態を帯びて己れを顕わした絶対者を崇拝する。

神をこのようなかたちで崇拝する偶像崇拝者に対して、〔タンズィーフによって神を崇拝するよう呼びかけ〕偶像を崇拝せずに神だけを崇拝せよ、と言うなら、偶像崇拝者が（偶像のように）神以外の何かを崇拝するかの如き印象を与える。だが、実際に、この世に神「以外」のものはない。

ヌーフの呼びかけた人々がヌーフの勧告に抗して「お前たちの神を棄てるな。〔ワッドも、スワーウも、ヤグースも、ヤウークも、ナスルも棄ててはならない〕」〔クルアーン第七一章第二三節〕と互いに声を掛け合ったとき、彼らの側もまたマクルを用いる。これもマクルであるのは明瞭だ。〔彼らがこう言うのは〕彼らが偶像崇拝を止めたなら、神を崇拝する度合いがその分だけ減るからである。だが、偶像は絶対者の数ある自己顕現の一形態にすぎない。（「アフィーフィー注」三九頁）

イブン・アラビーのために、クルアーンの別の箇所をこの問題で注目するよう、アフィーフィーは正しく指摘する。「〈彼〉より外のものを崇拝してはならぬとあなたの主は定めた」というクルアーン第一七章第二三節から、通常に理解される「神以外の何ものも崇拝してはならぬ」との意味ではなく、「あなたが何を崇拝しようと、神以外の何かを崇拝していることにならない」との意味を汲むべきだとアフィーフィーは言う（「アフィーフィー注」三九頁。『叡智の台座』六七頁／七二頁も参照）。

　ヌーフが神への崇拝を呼びかけたことがなぜにマクルになるのか。それを説明するためにイブン・アラビーは「始まり」(bidāyah) と「終わり」(ghāyah) という二語を用いる（ヌーフ章第三、六六頁／七一―七二頁）。彼はまず偶像崇拝に「始まり」の段階と「終わり」の段階を区別するが、最終的にこれら二つの段階は全く同じものだと主張する。「始まり」とは、ヌーフの民が偶像崇拝に陥った段階を指す。その段階にいる彼らを指してヌーフは信仰心がないと批難する。ヌーフは彼らに対して、この段階を去り、神を崇拝するというヌーフに望ましい段階、つまり「終わり」の段階へと移るべきだと強く勧告した。しかしながら、「始め」の段階においてヌーフの民はすでに、偶像を通じてであるものの、神より外の何かを崇拝したわけでない。だから厳密には、第一の段階を去って第二の段階へと進めとヌーフが勧めることに全く意味がない。「始まり」と「終わり」の区別がないのに無理に区別したところにヌーフのマクル〔欺き〕がある。

　カーシャーニーが言うように、「すでに神とともにいるのに、なぜ神に向かえと忠告しうるか」。神を崇拝するのを止めて、神だけを崇拝せよと偶像崇拝者に言うのは、詰まるところ、実際に神を崇拝するひとに、神を崇拝することを止めよと言い、神をいま一度、崇拝せよと言うに等しい。これは無意味であり、むしろ性《たち》が悪いと言ってよい。そうした勧告は絶対者が自己顕現した側面を人々から覆い隠すからである。

　より理論的には、これまでに見た偶像崇拝に潜む秘密は、絶対者について言えば、〈一〉と〈多〉が同居しうるという問題として理解しうる。絶対者が同時に〈一〉でありかつ〈多〉であることには何の矛盾もない。人間が本質的に一つであることに喩えながら、カーシャーニーはこの事態を巧みに説明する。[11]

（語のまことの意味において絶対者そのもの以外のものは存在しないのだから、「まことに神を知る者」は）〈多〉なる形態のうちに神の顔だけを見る。これらの形態のなかに己れを顕すのは〈彼〉であるのを知るからだ。したがって、（何を崇拝しようと）神だけを崇拝しているのである。

この事態は次の仕方で理解されよう。〈一〉のなかの、〈多〉なるさまざまな形態は、天使のように感覚で捉えられない霊的（精神的）なものであるか、天や地、またその両者のあいだにある物体のように感覚で捉えられるものであるかのいずれかだ。前者は人間の体にある精神的諸能力に喩えられよう。後者は人間の四肢や器官に喩えられよう。だが、人間のなかに多が存在することは人間が個々に一つであるのを妨げない。（同様に、神のなかに〈多〉が存在することは神が〈一〉であるのを妨げない）。（『カーシャーニー注』ヌーフ章第三、六七頁）

以上すべてのことから導かれる結論は、何を崇拝しようとも、それを通じて唯一の神を崇拝することになるので偶像崇拝には何ら誤りがない、ということだ。それならば、偶像崇拝に耽るすべての偶像崇拝者は正しいか。それは、別途、考えねばならない問題だ。偶像崇拝はそれ自体、何ら責められるべきでないが、大きな危険に晒される。彼の崇拝する対象が神の顕れた形態だと気づき、偶像を崇拝することで神を崇拝するのだとわかれば、偶像崇拝は正しい。だが、この根柢的事実を忘れ去るなら、己れ自身の想像力に欺かれる可能性がある。たとえば、木片や石といった偶像に本当の神性があるとみなし、神と独立して存在する神として、あるいは神と並ぶ神として、崇拝し始めてしまう。この地点に至れば、その態度は、タンズィーフを全く欠く純粋なタシュビーフである。

したがって、イブン・アラビーの見解では、偶像崇拝に対するにも相対立する二つの態度がある。一つは高位の（a'lā）人々に特有の偶像崇拝、もう一つは低位の（adnā）人々に特徴的な偶像崇拝である。イブン・アラビーは言う。

「知者」は彼の崇拝の（まことの）対象が誰かを知る。また、その崇拝の対象が特殊な形態を帯びて（彼の）眼の前に現れることも知る。「拡散」と「多性」が、可感的形態をもつ（人間の）身体の器官（四肢）と、（人間の）精神的形態をもつさまざまな非身体的能力に喩えられることもわかる。だから、あらゆる崇拝の対象が〈神そのもの〉だともわかる。

これに対して、「低い位次にある」人々は、崇拝する対象が何であれ、それに神的性質があると想像する。こうした（誤った）想像をしなければ、誰が石など崇拝するか。だから（神は）この類のひとに言った。「それらの名を挙げよ（つまり、あなたがたが崇拝するものを名を挙げて指し示せ）」（クルアーン第一三章第三三節）と。もし実際に彼らが対象に対してその名で呼ぶとしたら、石や木、あるいは星と呼ぶであろう（彼らの偶像は実際に石や木や星なのだから）。だが、もし彼らが「誰を崇拝するのか」と問われたなら、「神〔ilāh〕だ」と答えるだろう。だが「アッラー〔Allāh〕だ」とは答えないだろうし、また「唯一の神〔al-ilāh〕だ」とすら答えないだろう。[12]

反対に、「高い位次にある」人々は、想像力が惹き起こす、こうした眼晦ましの犠牲にならず、（偶像を眼前にして）「これは、神的顕現の一つの具体的形態だ。だから尊重せねばならない」と自らに言う。このように彼らは眼前の一つの事象に（神的顕現を）限定しない（つまり、彼らはありとあらゆるもの一つ一つを特殊な神的顕現の形態として見る）。（『叡智の台座』ヌーフ章第三、六七頁／七二頁）

ヌーフの勧告を受け容れなかった人々の態度に敢えて判断を下すなら、或る面で正しく、或る面では誤りと言わざるをえない。（無意識のうちにであるが、）神的顕現の外面的形態を真に神だと彼らが考えたのは正しい。だからこそ彼らは偶像を投げ捨てることを決然と拒んだ。だが、己れ自身の想像に欺かれ、偶像各々を独立して存在する神だと考え、さらには「小さな神々」（『カーシャーニー注』六七頁参照）を「大きな神」であるアッラーと対置させる。それが誤りである。

イブン・アラビーによると、イスラームにおいてのみタンズィーフとタシュビーフが理想的に組み合わされる。本当のクルアーンはムハンマドとその共同体の信仰において歴史上初めて登場した。このことについてイブン・アラビーは次のように言う。

> クルアーンの原理を純粋に主張したのはムハンマドと彼の共同体だけだ。彼の共同体こそが「これまで人類に現れた最善の共同体である」〔クルアーン第三章第一一〇節〕。〈彼と彼の共同体だけが〉「〈彼〉に似た者は何もない」（laysa ka-mithli-hi shayʾ）と述べるクルアーンの一節〔第四二章第一一節〕（の二面を実現した）。なぜなら（彼らの立場は）ありとあらゆるものを〔あるいは、二つのものを〕一つに統合したからだ。[13]（『叡智の台座』ヌーフ章第三、六二頁／七〇頁）

すでに見たように、ヌーフは人々に「昼も夜も」呼びかけたとクルアーンは記す。対して、ムハンマドは「昼も夜も」呼びかけることはせず、「昼間の夜に、夜間の昼に呼びかけた」（ヌーフ章第三、六三頁／七一頁）。明らかに「昼」はタシュビーフを象徴し、「夜」はタンズィーフを象徴する。昼の光はそれぞれの個物のもつ特性を露呈させるが、夜の闇はそうした特性を隠すからである。この解釈におけるムハンマドの立場は、タシュビーフとタンズィーフを完全に融合するように見える。

それではヌーフは完全に誤っているのだろうか。イブン・アラビーはこの問いに、肯定と否定、二つの回答をもつ。確かに、ヌーフは表面上タンズィーフだけを説いた。〈理性〉の次元で考えれば、すでに見たように、純粋なタンズィーフは最終的に絶対者を純粋精神と同じものとみなしがちだ。この意味でのタンズィーフは「〈理性〉に拠るタンズィーフ」であり、否定されねばならない。だが、ヌーフ自身にとって、タンズィーフはこうしたものでなかった。決して論理的思考の結果でなく、預言者のもつ奥深い体験にもとづくタンズィーフであった（ヌーフ章第三、六四頁／七一頁）。ヌーフの民がそのことに気づかなかったにすぎない。ヌーフの唱導するタンズィーフを、通常の推論手続きによって到達しうるタンズィーフと同じだと彼らはみなした。実のタンズィーフはこの類の論理的タンズィーフとまるで違う。イブン・アラビーによると、正しいタンズィーフはイスラームで初めて主張された。絶対的に〈不可知なもの〉だけを認め、さまざまなものからなる現象世界を否定し去ることでそれはない。〈神の属性〉各々が世界のなかの具体的な事物に実現しながら、ありとあらゆる〈属性〉が一つとなると意識しうるひと、そうしたひとの経験にもとづいて立てられるのが、実のタンズィーフである。簡潔に言えば、実のタンズィーフとは、この世の事物を通じてそれらを超えた〈一〉なる神を覗き見ること。神が本質的にもつ〈一〉の意識にもとづくので、これは、紛れもない「純化」(タンズィーフ)だ。だが、このタンズィーフはタシュビーフを含意するのであるから、確実に、たんなる論理的・知性的「純化」でない。

イブン・アラビーの見解に拠ると、ムハンマドの行使したタンズィーフは世界と全く連関しない絶対的絶対者へ人々を誘うのでない。そうではなく〈慈しみあまねき者、アッラー〉つまり、世界の究極基盤たる絶対者、あらゆる〈在る〉を創造する源である絶対者へと誘う。あらゆる神名のなかで特にこの文脈で〈慈しみあまねき者〉(al-Raḥmān) が選ばれることに注目せねばならない。イブン・アラビーにとって〈慈しみあまねき者〉はすべての神名を統合し包摂する、もっとも包括的な〈名〉である。こうした機能を担うので、〈慈しみあまねき者〉がアッラーと同義となる。カーシャーニーがこのことを明瞭にする。

〈慈しみあまねき者〉はあらゆる神名を包摂する〈名〉だ。だから、全世界はその〈名〉のもとにある。そのとき、この〈名〉とアッラーなる〈名〉のあいだに違いはない。以上のことは注目すべきことだ。それはクルアーンでも明瞭にされる。「アッラー(なる名で〈彼〉)に呼びかけよ、あるいは〈慈しみあまねき者〉(なる名で〈彼〉)に呼びかけよ。どちらの〈名〉で呼びかけようと(同じことだ)。(どちらで呼びかけても)ありとあらゆる〈美名〉は〈彼〉のものなのだから」(クルアーン第一七章第一一〇節)。

この世のいかなるひとも何か一つの神名の〈主性〉のもとにある。或る特定の〈名〉の〈主性〉の下にあるものは、その〈名〉の僕《しもべ》だ。だから、神の使徒（ムハンマド）は、こうしたさまざまな〈名〉が分裂する状態から出でて、〈慈しみあまねき者〉あるいはアッラーなる〈名〉のもつ統一的地平へ参入するよう人類に呼びかけたのだ（『カーシャーニー注』ヌーフ章第三、六六頁）。

バーリー・エフェンディーは加えて次の指摘をする（『カーシャーニー注』ヌーフ章第三、六七頁の注）。ヌーフの場合と違い、ムハンマドとその民のあいだに相互に「欺く」（makr）という関係はない。ムハンマドの側にも、共同体の側にも、マクルを用いる理由がないからだ。エフェンディーはさらにつづける。ムハンマドは確かに〈一〉なる神を崇拝するよう人々に勧めた（これは表面的には純粋なタンズィーフと考えられてしまう）。だが、ムハンマドは〈彼であること〉の側面にある絶対者に人々を向かわせたのでない。別の言葉を使えば、ムハンマドは、人々が崇拝する偶像を無条件に否定したのでない。ムハンマドは人々に、偶像を（あるいは世界にあるいかなるものでも）正しく崇拝するにはいかにすればよいか、つまり、偶像は神が己れを顕した多くの形態だと教えた。イスラームのタンズィーフには、正しいタシュビーフも含まれるのだ。

〈理性〉の力だけで絶対者を知ろうとすれば、タシュビーフの余地なきタンズィーフへと至らざるをえない。反対に、〈想像力〉（つまり何かを具体的に想像することで考える能力）だけを用いれば、純粋なタシュビーフに陥る。この類のタンズィーフやタシュビーフは個々を取り上げれば不完全であり、現実に害を持ち至る。「開示」体験によってこの事態の実相を見たときに限り、タンズィーフとタシュビーフが完全性を帯びうるのである。

もし〈理性〉が他のものとの関わりなしにそれだけで働き、己れ自身の認識の力だけで知を獲得するなら、〈理性〉が神について獲得した知は、タンズィーフ的知であって、タシュビーフ的知でない。

だが、神が〈理性〉に（絶対者のタシュビーフの側面にあたる）神の自己顕現についての（真の）知を与えるなら、〈理性〉のもつ神についての知は完全になる。そのとき〈理性〉は、用いるべきところでタンズィーフを用い、用いるべきところでタシュビーフを用いる。この状態における〈理性〉は、自然的事物の眼に見える形態のなかに、また元素が織り成す形態のなかに絶対者自身が広く行き渡るのを見る。このとき絶対者そのものと一体化した形態だけが〈理性〉の眼に映る。

こうした知が、啓示宗教の持ち至る（神についての）完全な知だ。〈想像〉はこの知にもとづき、（すべてのものについて）己れの判断を下す（つまり、〈想像〉は己れのタシュビーフの観方で〈理性〉に拠るタンズィーフに修正を加え、〈理性〉と共に働く）。（『叡智の台座』イルヤース章第二二、二七七頁—二七八頁／一八一頁）

この文章でイブン・アラビーの言わんとする内容を次のように纏めることができる。普通の状態において、タンズィーフは〈理性〉の産物であり、タシュビーフは〈想像〉(wahm)の産物である。だが、「開示」体験がこころのなかに完全な知を造り出すと、〈理性〉と〈想像〉が完全に調和し、タンズィーフとタシュビーフが神についての完全な知のなかで結ばれる。ただし、こうした状態にある〈理性〉と〈想像〉のうち、〈想像〉の方が必ず強い支配力(sulṭān)をもつ。

この過程で、いかに〈理性〉が働き、いかに〈想像〉が〈理性〉を支配して、最終的にタンズィーフとタシュビーフが完全に結合されるのか。そのことをバーリー・エフェンディーが見事に解明する。

〈理性〉がタンズィーフを判断するのと同じように、〈想像〉はタシュビーフの判断を下す。〈想像〉がそうした判断を下すのは、こころのなかの出来事であれ、自然界の出来事であれ、すべての形態に絶対者が浸透し貫通するのを目睹するからだ。このとき〈想像〉は、〈理性〉において確立したタンズィーフに特有の（完全に純化された）形態にある絶対者を眺める。そして、（理性の行う排他的な）タンズィーフを主張することが実は絶対者を限定すること、絶対者を限定することが（或る類の）タシュビーフになること（つまり、完全に純化された絶対者もまた絶対者が帯びる特殊な「形態」であること）を確認する。だが、〈理性〉は、己れの行使するタンズィーフそのものが、絶対者からタンズィーフによって除かねばならないと己れが考えた形態の一つだと気づかない。（『カーシャーニー注』イルヤース章第二二、二七八頁の注）

バーリー・エフェンディーによるこの解説は次のイブン・アラビーの議論を解きほぐしてくれる。

だからこそ、〈理性〉よりも〈想像〉がひとのなかで大きな支配力をもつ。[14]というのも、〈理性〉が極限に至ったとしても、そのひとはなお〈想像〉が行使する支配から自由でなく、〈理性〉で掌握したものを〔〈想像〉によって〕表象せねばならぬからだ。

したがって、〈想像〉こそが、（〈在る〉の）もっとも完全な形態、つまり人間のなかの至高の権威（sulṭān）だ。そしてこのことはあらゆる啓示宗教で確証されてきた。啓示宗教はタンズィーフとタシュビーフを同時に行使してきた。（〈理性〉が）タンズィーフを確立したところに〈想像〉に拠るタシュビーフを行使する。また〔逆に〕（〈想像〉が）タシュビーフを確立したところに〈理性〉に拠るタンズィーフを行使する。タンズィーフがタシュビーフと切り離されず、タシュビーフはタンズィーフと切り離されない、この仕方でこそ全体に有機的連関がもたらされてきた。神が〈彼〉自身をタンズィーフとタシュビーフを用いて描く「〈彼〉に似た者は何もなく、〈彼〉は全てを聴く者、全てを見る者である」とのクルアーンの一節（クルアーン第四二章第一一節）が語るのはこうした事態である。……

別の章句で「お前の〈主〉、彼らが思い描くことから遠く離れて立ち、偉大な力をもつ〈主〉、に栄光あれ」（クルアーン第三七章第一八〇節）と神は言う。神がこう言うのは、〈理性〉により獲得するもので人々が〈彼〉を形容しがちだからだ。だから、神はここで、彼らがタンズィーフを行うことで〈彼〉を限定してしまうがゆえに、彼らが行うまさにそのタンズィーフから己れ自身を「純化」する。こうしたこと〔何にでも限定作用を施してしまうこと〕が起こるのは、〈理性〉がその本性上、この類の事柄を諒解するに十分でないことに由来する〔『叡智の台座』イルヤース章第二二、二七八—二七九頁／一八一—一八二頁〕。

注

（1）subbūḥīyah という形容詞は subbūḥ もしくは sabbūḥ の派生形である。subbūḥ や sabbūḥ は神名の一つで、大きくは「栄光あれと讃えられる者」のこと。sabbaḥa という動詞は、subḥāna Allāh（「神よ。あらゆる不完全さ、あらゆる不純さを完全に超えたところに在れ」）と叫び、神を「讃える」ことの意。

（2）『バーリー・エフェンディー補注』『カーシャーニー注』ヌーフ章第三、五七—五八頁。バーリー・エフェンディーの注釈は現在使用するカイロ版『叡智の台座』にある。

（3）ヌーフの体現する叡智をイブン・アラビーは「スッブーフ性を帯びた叡智」と呼び、イドリースが象徴する叡智は「クッドゥース性を帯びた叡智」と呼ぶ。

（4）ここで加えて、イブン・アラビーは、絶対性の段階にある絶対者が定義を許容せぬだけでなく、自己顕現した側面においても定義を許容しないと指摘する。絶対者そのものが定義不可能であるのは本書第一部第二章で十分に説明した。だが、自己顕現した側面においてでさえ絶対者は定義されえない。今しがた見たように、この側面から見た絶対者は外側においても、内側においても、あらゆるものだからである。もし定義しようとするなら、その定義は、世界にあるあらゆるものすべての定義を含むのでなければならない。だが、ものは無限にあるので、そうした定義は決して与えられない。

（5）「我れ自身の徴」とは「我れの属性」のこと（『カーシャーニー注』ヌーフ章第三、五八頁）。

（6）「それら〔地平線のなかにあるもの、つまり外のもの〕の限定づけ（ta'ayyunāt. 絶対者の「限定づけ」とみなされる性質）がお前の限定づけと違う限りにおいて」（『カーシャーニー注』ヌーフ章第三、五八頁）とカーシャーニーは解する。本質的には、外界にある事物・事象と「お前自身」とが必ずしも区別されずともよいのであるが、「お前自身の外側にあるすべてのもの」つまり、外界の事物・事象に固有の限定づけられ方が、「お前自身」つまり、内的世界に特有のそれと違う何がしかの側面があることを、この文章は意味する。

（7）「つまり、あなた自身のうちに神の〈属性〉によって顕れたもの。この顕れがなければ、あなたは世界に存在しなかった」（『カーシャーニー注』ヌーフ章第三、五八頁）。

（8）つまり、誰かが何かを見たり、聴いたりするとき、実際にそのひとが見たり、聴いたりしているわけでなく、神自身がひとの姿を帯びて、見たり、聴いたりしているとの意。

（9）その語源が何であれ、フルカーンという語はクルアーンのなかではクルアーンそのものを指す。しかしイブン・アラビーはそれと全く異なる意味で用いる。

（10）イブン・アラビー哲学における術語としてのクルアーンは「クルアーン」という聖なる書の書名でない。クルアーンを「集める」という意味をもつ語根 Q-R-ʾ からの派生語と彼は考える。

（11）〈一〉と〈多〉の問題は特に本書第一部第七章で扱う問題である。

（12）こうした人々には、それぞれの偶像が「神」に見える。それぞれが独立した神性をもつように見えるのである。彼らは、自分たちが結局は偶像の姿のなかに〈一〉なる神を崇拝していることに気づかない。

（13）つまり、「収斂」（jamʿ）のうちに「分離」（farq）があることを主張し、「分離」のうちに「収斂」のあることを主張する。そうすることで、相対的な視点からは〈一〉が〈多〉であり、実の在り方においては〈多〉が〈一〉であると主張する（『カーシャーニー注』ヌーフ章第三、六二頁）。

（14）この文脈では、〈想像〉（wahm）という語を、表象（taṣawwur）にもとづいて具体的な想像物を通じて思考するこころの能力の意でとらなければならない。

第五章　形而上学的混乱

前章で明瞭にしたように、イブン・アラビーの概念構造において、ひとが神に対して採る唯一正しい態度は、タンズィーフとタシュビーフを程良く組み合わせることにある。この組み合わせは「開示」という神秘直観のもとで初めて実現する。

いまだ「開示」体験によって照明されぬ〈想像〉の導きに従うなら、誤った類の偶像崇拝に間違いなく陥る。その類の偶像崇拝では、本当に独立し自存する神としてそれぞれの個別的な偶像が崇拝されることになる。そうした神は、ひとのこころのなかに創り出される根拠なき像《イマージュ》にすぎない。その結果、粗野なタシュビーフとなり、タンズィーフの段階に決して至らない。反対に、〈想像〉の助けを借りず、〈理性〉の導きだけを頼りに神に近づこうとするなら、排他的なタンズィーフに必ずや傾《かし》ぐ。そのとき、己れ自身を含めた世界のありとあらゆる現象に脈打つ〈神的生命〉を見失う。

タンズィーフとタシュビーフを併せもつ正しい態度とは、簡潔に、〈多〉のなかに〈一〉を見て、〈一〉のなかに〈多〉を見ることだ。〈多〉を〈一〉と見る、〈一〉を〈多〉と見ると言い換えてもよい。この類の対立物の一致（coincidentia oppositorum）が実現した状態をイブン・アラビーは「混乱」（hayrah）と呼ぶ。事の性質上、これは、形而上学的混乱である。なぜなら、ひとが世界に見ているその当のものの本性によって、〈在る〉が〈一〉なのか〈多〉なのかを決し定めることを妨げられるからである。

クルアーンの或る章句を独創的に釈すことでイブン・アラビーは「混乱」という概念を解しようとする。問題の章句は「彼ら（つまり偶像）は多くの人々を惑わせました」（第七一章第二四節）だ。多くの偶像の存在が人々の眼には、絶対的な〈一〉が己れの働きを通じて実際に〈多〉に分化する不思議な光景に映り、彼らは混乱する。イブン・アラビーはこの章句をそう解する（『叡智の台座』ヌーフ章第三、六八頁／七二頁）。

この文脈での偶像とは、世界に見える形態がさまざまに多化することを言う。カーシャーニーが指摘するように、それらを「統一（tawḥīd）の眼で」見ようとすれば、つまり、タンズィーフを心掛けて見るならば、〈一〉が自己顕現するときに、自己顕現する場と結ぶ関係に応じてその〈一〉が分化するさまを眼《ま》の当たりにし、困惑し混乱する。

クルアーン同節は「（神よ）不正義の民（ẓālimīn）をますます道から外れさせてください」との文章で締め括られる。なお、この節全体はヌーフの口から出たものとされる。

この第二の文章もイブン・アラビーはかなり独創的に解釈する。実際には独創的どころでない。ザーリム（ẓālim）についてクルアーンが伝えるのと正反対の意味をこの節から捻りだすからである。イブン・アラビーはまず、ザーリムという語が、クルアーンに繰り返し現れるザーリム・リ・ナフスィヒ（ẓālim li-nafsi-hi）「己れ自身に対して不正義を働く者、悪を行う者」と同義だと言う。クルアーンの実際の用法に従うなら、「己れ自身に悪を行う者」は、神の命に背く頑なな不信仰者を指し、強情に多神崇拝にしがみつき、地獄へと駆り立てられる者のこと。だが、イブン・アラビーの解釈によると、ザーリム・リ・ナフスィヒは現世の楽しみから身を慎み、神に「自己滅却」（fanāʾ）することに身を捧げた「己れ自身に悪を行う者」となる。[1]

この解釈はクルアーンの別の章句に由来する。第三五章第三二節に「彼らのうちの或る者は己れ自身に対して不正義を働き、また或る者は穏健である。そしてその他の者は神の許しを得て互いに善いことを行って生きる」と見える。この章句から通常考えられる序列とは正反対に、イブン・アラビーは「己れ自身に対して不正義を働く者」を人間の三つの位次のうち最上位に置き、彼らこそが「人々のなかで最良にして、神に特別に選ばれた者[2]」だと言う。

カーシャーニーはこれと関連づけて、「これらの人々は同一の位次にあって、彼らはみな楽園で暮らすことになろう」とのハディースをティルミズィーの『サヒーフ集[1]』から引用し、このハディースの内容は、クルアーンの前掲章句に言及される三つの位次の人々を指すと言う。ハディースが明示的に述べるように、これら三つの位次の人々が楽園に行くことに違いはなく、その意味で同一の段階にある。しかし、だからと言って三つの位次に序列がないわけでないとカーシャーニーは考える。彼によると最高の位次は「己れ自身に対して不正義を働く者」であり、中間の位次が「穏健な者」、最低の位次が「互いに善いことを行って生きる者」である。だが、なぜこの序列ができるかを説明するカーシャーニーの文章に説得力が全くない。アフィーフィーが指摘するように、「己れ自身に対して不正義を働く者」を、自己滅却のなかで「開示」体験をする神秘家とし、「穏健な者」を「中道を維持する者」〔「アフィーフィー注」四〇頁〕とするのが我々にとって得策である。そうであれば当然のこと、最後の「互いに〔善いことを行い〕生きている者」は神秘的訓練のかなり初期の段階に留まる者を意味する。

いずれにせよ、イブン・アラビーにとって重要なのは「己れに対して不正義を働く者」が最高位を占めること、それも形而上学的混乱状態にあることによって最高位を占めることだ。先に引用したクルアーンの章句の後半部分を解釈する際にそれが大きな意味をもつのを簡単に見て取れる。その箇所でヌーフは「不正義なる者たち」がもっともっと「道から外れゆく」よう神に請う。

こうした諒解によると、ヌーフは神に対して、最高の位次の人々がもっと形而上学的「混乱」に陥るよう請うたことになる。他方、常識的でスタンダードな解釈では、最悪の位次の人間たちに、つまり頑迷な偶像崇拝者たちに神の呪いあるようヌーフは請う。

全く同じ趣旨で、この類の「混乱」を見事に描くとイブン・アラビーが見る別の箇所がクルアーンにある〔第二章第二〇節〕。その箇所は、神や神を信じるひとを騙し、誑《たぶら》かそうとする邪な人々を神がいかにあしらうかを描く。そうした人々には死の闇が定められる。そこでは時折、恐ろしい雷が鳴り響き、稲光が「彼らの視力を奪わんばかりである」。「照らされているあいだは光の中を歩くが、いったん暗闇になると彼らは立ち止まる」。イブン・アラビーの解釈により、通常の理解からほど遠い新たな意味がこの章句に与えられる。イブン・アラビー自身はこの章句をたんに引用するだけで何も説明を挿れないものの、「混乱」という彼自身の考え方を支えるために彼がこのクルアーンの章句を参照することから、言わんとすることは明瞭である。師に代わり、カーシャーニーがそのことを明確に述べる。

この章句は彼らが「混乱状態」にあるのを描く。〈純粋一性〉(aḥadīyah) の光が現れたときに、彼らは「歩く」、つまり彼らは神の道を歩く。他方、闇が訪れて神がヴェールの陰に隠れ、(〈純粋一性〉に) 代わり〈多〉が現れて視界が妨げられたなら、彼らは「混乱し」立ち止まる。(『カーシャーニー注』ヌーフ章第三、六九頁)

この「混乱状態」には必ず循環運動がつきまとう。イブン・アラビーの言うように「混乱状態にある者は円を描く」(『叡智の台座』ヌーフ章第三、六九頁／七三頁)。そうした者の「歩み」は神の自己顕現が作り出す円をそのまま反映するのでそうならざるをえない。絶対者自身が円を描く。絶対者は〈純粋一性〉という原初の状態から発し、具体的存在者の地平まで「下降し」、万物・万象のなかに己れを多化させる。そして最後にもともとの未分化状態に「上昇し」て帰還する。[2] そうした過程が、絶対者が円を描くことだ。「混乱状態」にある者も同じく円を描く。「神とともに神から神へ向かって歩む。彼の道行きは神自身の動きと同一である」(『カーシャーニー注』ヌーフ章第三、六九頁)。

この円運動は、神という軸 (quṭb)、中心 (markaz) をめぐるとイブン・アラビーは見る。ひとは中心を経めぐるだけなので、彼と神との距離は、神が〈純粋一性〉の状態にあろうが、〈多〉の状態にあろうが変わらない。言葉を換えれば、そのひとが、原初の〈純粋一性〉状態にある絶対者を見ようが、無限にある具体的個物に多化する絶対者を見ようが、絶対者そのものからつねに同じ距離を保つ。反して、神秘的ヴィジョンにヴェールが被され、真理が見えぬ者、そうしたひとは「まっすぐな道を歩くひと」だ。神が己れから遠く隔たると想像し、神を遠くに求める。彼は自分自身の想像力に欺かれ、自分自身が想像した神に至りつこうと無駄な努力をする。そうしたひとの場合、「から」（min. つまり出発点）と「へ」（ilā. つまり最終到達点）とのあいだに決定的な違いがある。当然のことながら二地点間に無限の距離が横たわる。最終到達点が己れからかなり遠くにあるとそのひとは想像する。そして神から隔てられると己れが考えるその距離自体が己れが勝手に想像した距離である。神に近づきたいとの願いと裏腹に、無限に延びるまっすぐな道を歩むので神からますます遠ざかる。

円を描きながら歩むひと、さらにはまっすぐな道をひたすら前に歩むまた別のひととのイマージュで表現される考え方それ自体が以上のように相当の深みをもつ。だが、クルアーンの前記章句の解釈だと考えれば、クルアーンの実際の文章から汲みうる意味から確実に離れる。己れの考え方の決定的証拠として挙げる別の章句をイブン・アラビーが解釈する際に（『叡智の台座』ヌーフ章第三、六九—七〇頁／七三頁）、その奔放さがさらに著しい。まず「己れ自身に不正義を働く者ども」という語句に直につづく第七一章第二五節。この箇所は「過ち（khaṭīʾāt）ゆえに、彼ら（不正義の者ども）は〔水に投げ込まれて〕溺れさせられ、火に投げ込まれる。そして神以外に彼らを助ける者のないことを悟る」と読める。

ハティーアート（khaṭīʾāt）という語は、「誤る」「過ちを犯す」との意味をもつ Kh-Ṭ-ʾ という語根から派生し、「過ち」あるいは「罪」を意味する。通常決まりきった意味で用いられる語だ。しかし、イブン・アラビーはこの語根の構造を全く無視し、この語が Kh-Ṭ-Ṭ という語根から派生すると主張する。この語根は「線を引く」「印を付ける」を意味する。この解釈によれば「彼らの犯した過ちゆえに」（min khaṭīʾāti-him）との文言が「彼ら各々が個人的にもつ、己れを際だたせる特徴ゆえに」との意味になる。そしてイブン・アラビーにとってこれは「彼ら自身のもつ個人的限定性」（taʿayyunāt）、つまり「それぞれの人間の自我」に他ならない。

「彼らの自我ゆえに」、つまり、確乎たるものとして己れの自我をもつのでいったん海に「溺れ」なければならない。その後で初めて、彼らは「自己滅却」（fanā'）という精神的状態に引き挙げられうる。

彼らが溺れるこの海こそが「混乱状態」であり、「神についての知」[3]〔ilm bi-Allāh〕を象徴するとイブン・アラビーは言う。カーシャーニー注に次のように見える。

（この「海」＝「混乱」）はあらゆるものに浸透し、さまざまな形態で己れを顕す〈純粋一性〉に他ならない。これがひとを「混乱せしめる」のは、〈純粋一性〉が個体各々に己れを限定しながらも、全体としては己れを限定しない、つまり限定されないと同時に限定されるからである。（『カーシャーニー注』ヌーフ章第三、六九頁）

クルアーンの前記章句のうち「彼らは火に投げ込まれる」という文章について、イブン・アラビーは、この火刑は水の中で起こる、つまり彼らが海のなかにいる状態で起こると簡潔に述べるにすぎない。その意味内容を再びカーシャーニーが解する。

この「火」は〈神顔〉の放つ光の輝きに恋い焦がれる愛（'ishq）の火のことである。その火はあらゆる定まった形、あらゆる個別的本質を「神についての知」の海のただなか、真実の〈生命〉〔hayāt haqīqīyah〕のただなかで燃やす。真実の〈生命〉とは、あらゆる生命が灯される源であるとともに、あらゆるものがそのために滅ぶものでもある。〈生命〉や〈知〉に「溺れ」たり「焼かれ」たりする光景を眼の当たりにするほど「混乱」することはない。そうした状態は「自己滅却」でありかつ「自己持続」である。（同上）

それゆえに「神以外に彼らを助ける者のないことを悟る」。神が己れを己れの〈本質〉のままに聖者たち[4]に顕現させたとき、彼らはすべてが焼き滅ぼされ、神しか残らなかった。そのとき神こそが、唯一の「助ける者」、唯一の「生かす者」だった。神だけが彼らを助けうる立場にあり、その結果「彼らは〈彼〉のうちに永遠に滅却した」。つまり、神のうちに滅却することがそのまま〈彼〉のなかに生きることだったのだ。これこそが「自己滅却」(fanāʾ) と表裏を成す「自己持続」(baqāʾ) の意味である。

彼らを海のなかで滅ぼす代わりに、彼らが溺れるのを神が救い出し、〈自然〉の岸辺に連れ戻したとしよう(つまり、限定され、固定化された世界に彼らを連れ戻したとする)。そうならば、彼らがあれほど高い位次を得ることはなかったであろう(つまり、彼らは「現実の」自然世界のなかに生き、個人の自我意識のために神によりヴェールで覆われていたであろう)。

ただし、これは或る一側面だけに即した真理だと[3]イブン・アラビーは付け加える。「より厳密に言えば、(「溺れる」も「焼かれる」も「助ける」もあり得ない。なぜなら)あらゆるものは(始まりから終わりまで)神に属し、神と共にある(からだ)。いやむしろ、すべてが神なのだ」と。

これまでに論じたクルアーンの章句に接続する〔第七一章第二七〕節で、ヌーフがつづけて神に言う。「本当に、もしあなたが彼らをそのままにしておかれたなら、彼らは必ずあなたの僕《しもべ》たちを惑わせるでしょうし、罪深き不信仰者しか生み出さないでしょう」と。

「彼らは必ずあなたの僕たちを惑わせるでしょう」との句は、イブン・アラビーによれば次のことを意味する(『叡智の台座』ヌーフ章第三、七一頁/七四頁)。「彼らはあなたの僕たちを混乱させる。そしてあなたの僕たちを奴隷状態から連れ出し、いまは彼らの眼から隠されている彼らの内面にある真実、〈主〉であるという状態に導く。(もしこれが起これば)己れ自身を奴隷だと思っていた者は己れを〈主〉とみなすようになる」。カーシャーニーはここに言われる「混乱」が真の形而上学的混乱ではなく、「悪魔の混乱」(hayrah shayṭāniyah) だと言うが、明らかに言いすぎだ。イブン・アラビーは依然として、同じ形而上学的混乱を語るのであって、もし〈在る〉の

〈神秘〉を知る者が民を教導するなら、人々の側も最終的には、元来己れで考えていたようにたんなる奴隷ではなく、同時に〈主〉であるという反語的事実がわかると主張する。

章句の後半部「罪深き不信仰者しか生み出さないでしょう」にイブン・アラビーが施す解釈は常識的に思考するひとにさらなる衝撃を与える。しかし、この解釈はイブン・アラビーのこころのなかでかなり自然で、明々白々な解釈だと憶えておかねばならない。

私が「罪深い」と訳したアラビア語はファージル（fājir）。この語は「不法な、したがって罪深い行いをする」を意味するF-J-Rという語根から派生し、意味のよく定まったクルアーン用語だ。ところがイブン・アラビーはこの語をF-J-R語根の別の意味、「放水口を開ける」「水に捌け口を与える」から派生させ、この文脈では「露わにする」（iẓhār）との意味で捉える。したがって、ファージルは「罪深き行いをする者」でなく、「ヴェールに覆われたものを露わにする者」を意味する。イブン・アラビーの用語法によれば、ファージルとは絶対者を露わにする者である。無論、そのひとが絶対者の顕現する場であればこそ、絶対者を露わにしうる。

ここで「不信仰者」と訳された第二の語のアラビア語はカッファール（kaffār）である。「神に感謝の意を表さないひと」、つまり「不信仰者」を意味するカーフィル（kāfir）の強調形だ。しかし、既述のように〔第二章〕、イブン・アラビーはこの語を語源から掘り起こして意味を摑んで、「覆う」「包む」の意味を汲む。したがって、この文脈でのカッファールは「感謝の意を表さない」「不信仰者」ではなく、絶対者を「覆う」者、つまり己れ自身の具体的に限定された形態というヴェールの背後に絶対者を隠す者となる。

さらには、ファージルとカッファールが二人の異なる人間に言い及ぶのでなく、同一人物を指すことを押さえておかねばならない。このとき、章句の意味は「これらの人々はヴェールに覆われたものを露わにし、それと同時に顕れたものをヴェールで隠すだろう」となる。その結果、この異常な光景を見るひとは「混乱」に陥る。

だが、この類の「混乱」に陥ることは、本当の「知」へと至る第一段階にすぎない。そしてここで問題となる「混乱」には形而上学的基礎づけがある。以下では、イブン・アラビー自身の記述に沿いつつ、このことをより理論的な語彙を用いて考察しよう。

＊

イブン・アラビーの世界観では全世界が絶対者の自己顕現する場であるので、世界のありとあらゆる事物・事象は絶対者の自己限定した結果であることを何よりも強調せねばなるまい。だから、矛盾を統合することでしか〈在る〉の世界の真相を摑めない。相矛盾する事物・事象を同時に肯定して初めて、我々は世界の実相を理解しうる。このとき、「混乱」とは、相矛盾する事物・事象が同時に存在するのを見たときに我々のこころに生起する印象に他ならない。

イブン・アラビーは存在論的矛盾の基本的形態をいくつか詳しく描き出す。対立物の一致を説明する彼自身の文章は、彼の世界観にあるいくつかの主要な側面を明瞭にするうえで重要であり、また大きな価値をもつ。ここでは二つのもっとも基本的な矛盾を採りあげて考察しよう。

「内側」（bāṭin）と「外側」（ẓāhir）が相互連関しつつ顕れる、世界のなかの事物のもつそうした性質が第一の矛盾である（『叡智の台座』五八頁／六九頁）。たとえば「人間」を定義するならば、その定義のなかで人間の「内側」と人間の「外側」を組み合わせねばならない。「人間は理性的動物である」という一般的に受け容れられた定義はそのような組み合わせから成る。「動物」が人間の身体、「理性的」は身体を支配する精神であるので、前者が人間の「外側」、後者は人間の「内側」になるからである。人間から精神を取り去れば、もはや「人間」でなく、たんに人間に似たかたちをした石や木片のごとき何かであろう。そのようにかたちだけが似たものは比喩的にしか「人間」と呼ぶにふさわしくない。

身体に精神がある限りで人間が人間であるように、世界という外面的形態の内側に〈実の在り方〉や絶対者がある限りで「世界」が「世界」としてある。

世界のさまざまな形態（つまり、経験世界にある事物）が絶対者と離れて存続することは全くありえない。したがって神として在ること／神性（ulūhīyah）という本質的属性は比喩でなく、本来的に世界に帰属する。それは人間の例に見えるとおりだ。「人間」を実際に生きるひとと考える限りで、それ（つまり、精神＝「内側」と身体＝「外側」との複合）が人間の定義となるのと同じである。（『カーシャーニー注』ヌーフ章第三、五九頁）

さらに言えば、世界の「内側」が〈実の在り方〉であるばかりではなく、世界の「外側」も〈実の在り方〉である。すでに述べたように、世界の「外側」は本質的には神が自己顕現した形態だからである。この意味からして、世界の「内側」も「外側」も神性と連関させて定義されねばならない。

このことをはっきりさせた後に、イブン・アラビーはつづけて「外側」が「内側」を讃える（thanā'）という不思議な性質を語り始める。「人間の「外側」をなす形態がその舌でつねに「内側」の精神を讃えるのと同じように、世界のさまざまな形態が神の特別の計らいにより世界の内面的精神を称讃する」。いかにして人体の形態が自らの舌で内側にある精神を称讃するのか。カーシャーニーが次のように説明する。

人間の身体がもつ形態は、その運動〔や感覚作用〕に拠って、また己れの特性や完全性を外に表現することに拠って、その精神、つまり霊魂を称讃する。（これが「称讃」である理由は次のとおり。）身体の器官それ自体を見れば（生命なき）物体であり、精神がなければ、身体の器官は動くことも感覚することもできない。また、身体の器官に、寛大さ、気前よさ、気高さ、廉恥、勇気、正直、誠実などの美徳はない。そもそも「讃える」とは（誰かの、あるいは何かの）善いことを口に出して言うことなので、身体の器官は、精神のもつ美徳を（行為を通じて）表現する（ことで精神を讃える）。

全く同じように、世界にあるさまざまな形態は、それらの形態自身のもつ性質、完全性によって、また実際にはそれらから出てくるすべてのものによって宇宙の内側にある精神（つまり、宇宙の内部にある〈実の在り方〉）を「讃える」。このようにし世界はそれ自身の「内側」と「外側」によって讃えているのである。
（『カーシャーニー注』ヌーフ章第三、五九頁）

だが、我々は通常この事実に気づかない。世界のあらゆる形態を完全に知るわけでないからだ。この宇宙論的「称讃」に用いられる言語を我々は理解できない。「それはちょうど、トルコ人がインド人の言葉を理解しないのと同じだ」（同上）。矛盾する性質をこの現象が内包するのは、世界の「外側」が「内側」を称讃すると言うものの、厳密には「外側」も「内側」も絶対者そのものに他ならないことに由来する。このとき我々は、称讃する者と称讃される者が究極に同一だと結論づけざるをえない。

絶対者が正反対の形態を帯びながら己れ自身を称讃する。いま描写したばかりのこの現象は、より深遠な普遍的事実が端的にわかる一具体例にすぎない。絶対者が人間の視点からは対立物の一致というかたちでしか把握しえないことがここで言う、より普遍的な事実である。イブン・アラビーは「対立するものたちを統合することでしか神は知られない」という、九世紀バグダードの有名な神秘家アブー・サイード・ハッラーズ[5]の言葉を引いて己れの見解の傍証とする。

ハッラーズ——彼自身が絶対者の数ある顔の一つであり、絶対者が己れ自身を語る数ある舌の一つである——は「相反するものたちを同時に神に帰属させることでしか神は知られえない」と言った。したがって絶対者は〈最初の者〉でありかつ〈最後の者〉、〈外在者（外側の者）〉でありかつ〈内在者（内側の者）〉である。絶対者は（自らを内側に隠しながら）外側に出でた者に他ならず、他方で外側に出でたまさにそのときに自らを内側に隠す者に他ならない。

絶対者そのもの以外の何かを見る者は存在しない。それでいて、神がその者に対して隠れつづける、そうした者も存在しない。絶対者は己れ自身に対して〈外在する〉（つまり、自己顕現する）し、己れ自身に対して〈内在する〉（つまり、己れを隠す）。絶対者とはアブー・サイード・ハッラーズという名で呼ばれる者でもあるし、彼以外の時々刻々に在る者の名で呼ばれる者でもある。

〈外側〉が「私」と言うとき、〈内側〉はそうでないと言う。また〈内側〉が「私」と言うとき、〈外側〉はそうでないと言う。このことはありとあらゆる対立項に当てはまる。あらゆる場合に、何かを語るひとはそれを聞くひとと同一である。預言者（ムハンマド）が「そして彼らの魂が彼らに語ったこと」と言うが、その言葉はここで述べた事態を指す。ムハンマドの言葉の内容は明瞭だ。魂は語る者として在ると同時に、己れの語ることを聞く者としても在り、また己れ自身が言ったことを知る者でもある。これらすべてにおいて、本質そのものが一つでありながら、さまざまな側面を帯びる。これを知らないことはありえない。ひとはみな己れ自身、つまり絶対者が帯びた或る形態の内側、でそれを看取しうるからだ。（『叡智の台座』イドリース章第四、七八頁／七七頁）

カーシャーニーは師のこの根本的なテーゼに次のように注記する。ありとあらゆるものの存在論的源泉、存在論的基盤は絶対者であって、世界のありとあらゆるものは同一の本質が帯びるさまざまな形態にすぎないと。現象世界がこれほどまでにさまざまに分化するのは、神名がそれだけ多彩であるからに他ならない。神名とは、神が己れを顕す際の基本的な形態、あるいは原型としての形態である。

絶対者以外に何も存在しない。ただ〔その唯一の〕絶対者がさまざまな形態を帯び、〔さまざまな形態が〕互いに優劣をもつにすぎない。〔そのように〈存在〉が多化し、優劣を生むのは〕多くの神名が外側に顕れたり、内側に隠れたりし、また〈必然〉（wujūb）の性質が〈可能〉（imkān）の性質に相対的に優ったり、逆に〈可能〉

の性質が〈必然〉の性質に優ったりすることに応じて異なった側面を採るからである。さらに言うなら、或るものは精神性が優り、他のものは物質性が優るといった具合だからだ。（『カーシャーニー注』イドリース章第四、七八頁）

「〈外側〉が「私」と言うとき、〈内側〉はそうでないと言う……」というイブン・アラビーの文章をカーシャーニーは次のように解する。

それぞれの神名がそれ独自の意味内容を主張する。だが、或る神名の主張する内容が直ちに、それと対立する別の神名により否定される。後者もまた独自の内容をもつからだ。このように世界のあらゆる部分は、己れ自身の性質を顕すことによって己れ自身が「私である」と主張する。だがしかし、その部分と対立する部分がたちどころに、前者の主張を覆し、前者の「私である」との主張を意味なきものとする。前者が顕すものと反対の性質を後者が顕すからだ。

このように、二者は己れ自身の本性に応じて所有するものを主張し、もう一方がそれに（否定的に）答える。だが、（大元を見れば）主張する側も答える側も全く同一である。イブン・アラビーは預言者（ムハンマド）の（よく知られた）言葉に言及してこの事態を描こうとする。この〔イスラームの〕共同体が犯した過ちつまり「彼らの身体が実際に為したことと、実際に行ってはいないが彼らの魂が（やれと）言ったこと」に対して神がいかに赦しを与えるかをこの預言者の言葉は説明する。〔この言葉がイブン・アラビーの意図に即すのはなぜかと言えば〕どんなひとでも、そのひとの魂が（悪事を）唆し、それをしてしまおうと思いながら、別の動機から思いとどまることがあるからである。この場合、そのひと自身が、己れの魂の語ること〔つまり、唆し〕を聞く者である。そして、そのひとがそれを行うのを躊躇《ためら》うなら、己れ自身のなかに相矛盾する性質がともに機能するのを自覚するだろう。

このとき、そのひとは「語る者」であると同時に「聞く者」である。「命令する者」であると同時に「禁ずる者」である。さらに、そのひとはこれらすべてを知る者でもある。そのひとの内面にある本質は同一であるが、たとえば、理性、想像、嫌悪、欲求といった自身のもつ、行動を支配する原理や能力に拠り（已れ自身のなかにこれら相矛盾する性質をみな兼ね備え、発現せしめる）。そうしたひとは、さまざまな神名から生じるさまざまな性質と側面をもつ絶対者の似姿（それらは本質的には一つである）である。〔『カーシャーニー注』イドリース章第四、七八―七九頁〕

「内側」と「外側」の関係は〈一〉と〈多〉の関係と近い。実際、根柢においてこれら二種類の矛盾対立関係は全く同じである。なぜなら、絶対者（あるいは世界）は、〈一〉であるが〈多〉である、また〈多〉であるが〈一〉である、という格率が、まさに、無限の多様性をもち、さまざまに異なる事物が世界にあるのは、唯一の〈在る〉、すなわち絶対者、がそれだけ多くの現象的形態を帯びることに由来するという事実に拠るからだ。二種類の矛盾対立関係が異なって（見える）のは、それぞれの関係に対して我々が少しずつ違う視点を採るからである。

これから考察する第二の矛盾関係にイブン・アラビーは二つの異なる説明を与える。一つは数学的に、他方は存在論的に解明される。この問題の「数学的」側面をまず扱おう。

〈一〉が多なる事物のなかに現れ、多なる事物が究極には〈一〉、あるいは絶対者に還元しうるという形而上学的事実は、「一」というあらゆる数の元となる数と〔二、三、四といった〕それ以外の数との関係と構造を同じくする。

さまざまな数は「一」（を繰り返すこと）で順次作り出される。このとき「一」が数を生む。他方、（「一」より外の）数は「一」を分割する。そのとき（「一」とその他の数とのあいだには一つの本質的な違いがある。）それは数えられる何かによって（「一」以外の）「数」が「数」たらしめられるということだ。（『叡智の台座』イドリース章第四、七九頁／七七頁）

存在論的には、唯一の〈本質〉が具体的な限定作用やさまざまな程度の違いによって分化することこそが、多くの事物が互い違いに無限に込み入った仕方で絡み合うように見える原因であるのはすでに見た。だが、この現象の基本構造は極めて単純である。こうした事態は、イブン・アラビーの言うように、「一」から無限に数が生じるのと同じだ。彼の見るところ、数学的な「一」はあらゆる数の究極の起源である。そして〔「一」以外の〕数のそれぞれは「一」が己れをさまざまな形態で顕したその一形態に他ならない。

「一」そのものは数でなく、あらゆる数の源、基盤である。各々の数は「一」の現れでた象《かたち》であり、「一」が繰り返されて産み出される。（それはちょうど、一つの〈本質〉が「己れを繰り返して重ねるうち」（mutakarrir）、さまざまな仕方で自己限定を行った結果が世界に見える事物・事象となるのと同じだ）[4]。このように「一」を繰り返して作り出される数は「一」のたんなる集まりでなく、一つの独立した実の在り方（haqīqah）であるのが重要な点である。カーシャーニーが「二」を例に説明する。

「一」が〔これまでと〕別の仕方で己れを顕現させる（tajallī）[5]と、「二」と呼ばれる。「二」は「一」と「一」が集められたものに他ならない。だが集められたそれぞれの「一」そのものは数でない。このとき、（二つの「一」が）集められる構造が一つであり、二つの「一」の集まり――これが「二」と呼ばれる――も一つの数となることに注目せねばならない。だから〔「二」のもつ〕形相が一つ、質料が一であり、（二つの「一」の）集まりもまた一つだ。つまり〔「二」とは〕〈多〉のかたちを帯びた「一」である。こうして「一」が己れを二つの異なる形態で顕すことによって（「二」という数）を生み出す。同じことがたとえば「三」にも言える。「三」は「一」と「一」と「一」である。そして「三」が一つであるという構造は、「二」の場

合と全く同じだ。（『カーシャーニー注』イドリース章第四、七九頁）

このようにすべての数の各々は、「一」が己れに特有の限定作用に従い、また数列のなかで占める位置に従って己れ自身を顕現させる、そのときの特殊な一形態である。

以上の仕方で生ずる数は、知性の対象（ḥaqā'iq ma'qūlah. 文字通りには「〈理性〉で把握される実の在り方」）と呼ばれ、外界、現実世界に存在しないとみなされるのに注目せねばならない。数は我々のこころのなかにしか存在しない。それらが外界に存在すると言われるのは、数えられる対象にそれらが認められるからにすぎない。イブン・アラビーが前掲文で、「数」は数えられる何かによってのみ現実化すると言うのはこのことを意味せねばならない。そしてこの事態はそっくりそのまま〈在る〉の世界の存在論的構造に対応する。

カーシャーニーは「数えられる何か」（ma'dūd）を、〈多〉として己れを顕現させ、己れを分化させる〈一つの実の在り方〉と解する。だが、これは明らかに誤った解釈である。この文脈でのマアドゥードは、或る具体的な形態で超越的な「一」を発現させながら外界に存在する或る具体的な対象を指さねばならない。数学的秩序と存在論的秩序のあいだにある対応関係を見れば、「一」は〈一つの実の在り方〉、つまり絶対者に相当する。また「知性の対象」の状態にある数は、恒常原型に相当する。そして最後に「数えられるもの」は経験世界にある事物に相当する。バーリー・エフェンディーがこの対応関係の構図を見事に抽き出す。

銘記せよ。「一」は、絶対者の実相そのもの、一なる内的本質（'ayn）を象徴的に表している。一方、数は、（絶対者という）実相が己れ自身のもつさまざまな側面や関係に従いさまざまな形態をとって自己顕現する、そのときの神名の多様さに当たる。（ここで言われる神名の多様さ）は、〈知〉（つまり神の意識）のなかの恒常原型の多様性である。最後に、「数えられるもの」は、この世界にあるさまざまな具体的なもの、つまり、神的顕現の被造物としての形態――これなしには神名の性質も、恒常原型の状態も（具体的な姿を

帯びて外界に）顕れえない――に相当する。（『カーシャーニー注』イドリース章第四、七九頁）

「数えられるもの」をこのように理解して初めて、イブン・アラビーによる次の文章の内容を精確に摑むことができる。

「数えられるもの」は非存在と存在をともに帯びる。同一のものが知性の対象として存在するものの、感覚の対象としては存在しないことがありうるからである。(6) だから「数」と「数えられるもの」の双方がなければならない。

だが加えて、こうした事態を惹き起こし、この事態により成立する「一」がなければならない。(7)（そして、「一」とさまざまな数との関係は次のように捉えられよう。）〔たとえば「九」や「十」、それ以下の数、もしくはそれらより多い無限にある数といった〕数列のあらゆる段階（つまり、それぞれの数）はそれ自体で一つの実の在り方である。（したがって、それぞれの数は自存する単体であって、）たんなる集まりではない。だが他方で、数を「一」が集められたものとみなさねばならない側面が確かにある。「二」は一つの実の在り方である（が、「一」と「一」を集めたものである）。「三」は一つの実の在り方である（が、「一」と「一」と「一」を集めたものである）等々とどこまでも我々は数列をつづけうる。それぞれの数はこのように一つ（つまり、独立した実の在り方）なので、それぞれの数の本質はそれ以外の数の本質と異なる。だが、（「一」が）「集まる」ことに関してはみな同じである（つまり、いわば種を包摂する類、を同じくする）。こうして、我々は、それぞれの数がもつ本質に即して、さまざまな段階（つまり、独立した数としてそれぞれがかけがえのないものとして在る、そうしたさまざまな数が存在すること）を認めると同時にそれらが全体として一つだということも認める。(8) したがって、それ自体を見たとき我々が否定せねばならないと考えた、まさにその当のものを肯定せざるをえないのである。(9) 数の性質について私が以上に述べたこと、つまり数を否定することが同時に数を肯定することだと理解できたなら、創造者と被造物が区別されているにも拘わらず、タンズィーフ状態の絶対者がいかにして同時にタシュビーフ状態の被造物なのか、も諒解するはずだ。事の真相は、我々がここで被造物である創造者と、創造者たる被造物を見ていることである。さらには、この状況がみな、唯一の〈本質〉（ʿayn）から生じるということである。いや、それは唯一の〈本質〉に他ならないと同時に、それは多なる本質でもある。（『叡智の台座』イドリース章第四、八〇―八二頁／七七―七八頁）

経験によってこのパラドクスの存在論的な深さを諒解した者の眼には、普通の者には決して真実だと信じられない異常な形態を帯びて世界が立ち現れる。そうした経験の要は、普通の知覚や思考のヴェールを超えたところにある「本来の事態」（amr）に入り込むことである。このことを説明するため、イブン・アラビーはクルアーンから二つの具体的例を挙げる。最初の例は、イブラーヒームが己れの子イスハーク（Isḥāq. イサク）を神に捧げようとした事件であり、第二の例はアーダム（Ādam）がハウワー（Ḥawwāʾ. エヴァ）と結ばれる場面である。

（イスハークは父イブラーヒームに言った。）「我が父よ、命ぜられたとおりになさってください」（クルアーン第三七章第一〇二節）と。子（イスハーク）は本質的に彼の父と同じだ。そうであるならば（イブラーヒームが己れの息子を犠牲に捧げるヴィジョンのなかで己れ自身を見たならば、）父が見たのは己れが己れ自身を犠牲に捧げることに他ならなかった。「我れは大きな犠牲で彼（イスハーク）を贖った」（第三七章第一〇七節）。途端に、（以前は）人間の姿をして（つまり、イスハークの姿で）現れたものが今度は仔羊の姿で現れた。〔それと同じように〕「父」だったまさにその者が「子」の姿を帯びて、より精確に言うと「子」の資格〔ḥukm〕で現れたのだ。

（アーダムとハウワーに関して、クルアーンでは次のように言われている。）「（お前たちの主は）それ（つまり、アーダムという最初の霊魂）から、その配偶者を創造した」（第四章第一節）。このことは、アーダムが己れ自身と婚姻関係を結んだことを示す。このようにして彼から妻と子が出現した。実態〔amr〕は一つなのだが、それが多なる形態を帯びるのだ。（『叡智の台座』イドリース章第四、八二頁／七八頁）

この文章について、カーシャーニーが重要な哲学的説明を加える。絶対者の自己限定に関して、カーシャーニーが「普遍的自己限定」(al-ta'ayyun al-kullī)、つまり種の次元での自己限定と、特殊な「個別的自己限定」(al-ta'ayyun al-juz'ī) を区別することに特に注目すべきだ。これら二つの自己限定は原型の存在論的地平と具体的個物の地平にそれぞれ対応する。

「実態は一つなのだが、それが多なる形態を帯びる」とは、本当は唯一の〈本質〉がさまざまに己れを限定するに従い、多くの本質群に多化することだ。

この自己限定には二種類ある。一つは「普遍的自己限定」。この自己限定に拠って〈純粋一性〉の段階にある〈実の在り方〉が、例えば「人間」になる。もう一つの自己限定は「個別的」自己限定であり、この自己限定によってイブラーヒームになる。したがってこの場合、(唯一の〈本質〉が) 普遍的自己限定を通じて「人間」になる。そして個別的自己限定を通じてイブラーヒームに、また別の個別的自己限定を通じてイスマーイールになる。[10]

以上の説明にもとづけば、(イブラーヒームと呼ばれる個人としてのイブラーヒームではなく) 個体となるより前の「人間」としてのイブラーヒームが「大きな犠牲」を捧げたとき (つまり仔羊を息子の代わりに捧げたとき)、己れ自身を犠牲に捧げたのだ。(イブラーヒームが犠牲として捧げた仔羊は、もしいまだ何ら自己限定していない絶対者の次元で考えるなら) 実際には彼自身だったからである。(それが仔羊の姿で現れたのは) 絶対者が己れ自身を別の普遍的な自己限定で[11] (仔羊へと) 限定し、個別的自己限定で (イブラーヒームが犠牲に捧げた当の仔羊に) 己れを限定したからである。したがって同じ一つの〈実の在り方〉が、二つの異なる自己限定を通じて、人間の姿で現れ、さらに仔羊の姿で顕れたのだ。一度目は種の階層で、二度目は個物の階層で。

種として限定された階層では、「人間」は父でも子でもありうるので、（イブン・アラビーは）父と子の本質が異なると言うのを避け、「資格」（ḥukm）の違いを指摘するにとどめ、「より精確に言うと、子の「資格」で」と言った。イブン・アラビーがこう述べたのは、「人間」としては、二者のあいだに本質の違いが全くないからである。違いが生じるのは、それぞれ「父であること」「子であること」を附加して見る場合である。

同じことはアーダムとハウワーにも言える。両者とその子供たちは「人間であること」に関しては全く同じである。

したがって絶対者そのものは一つであるが、種的自己限定、個別的自己限定といったさまざまな自己限定に即して言えば多である。これらの自己限定は本来の〈一性〉〔waḥdah〕と矛盾しない。結論として我々は次のように言う。（絶対者は）多なる形態を帯びた〈一〉なのだと。（『カーシャーニー注』イドリース章第四、八二頁）

カーシャーニーがここで〈一〉と〈多〉という矛盾する関係をアリストテレス流の類‐種‐個体を用いながら呈示するのは注視に値する。イブン・アラビーの世界観に実際にこうした解釈を許容する哲学的側面が備わるのを否定はできない。だが、イブン・アラビーにとって〈一〉と〈多〉の問題は第一次的に経験の問題である。個人的に〈存在一性（存在が一つであること）〉（waḥdat al-wujūd）を経験しない限り、いかなる哲学的説明もイブン・アラビーの思想を十全に論ずることはできない。たとえば「アーダムは自分自身と婚姻関係を結んだ」という命題は、その経験へと還元されない限り、我々の〈理性〉を混乱させ、狼狽させつづけるだろう。

結局のところ、哲学的解釈は神秘直観の生《なま》の内容への補足にすぎない。生の内容そのものは哲学的言語で伝達されえない。いや、直接、神秘直観の内容を伝える言語的手段など存在しない。こうした基本的な事実があるにも拘わらず、あえてそれを表現し描写しようとするなら、比喩やアナロジーを使った言語に頼らざるをえない。事実、イブン・アラビーはその目的のために多くの比喩を用いる。特に〈一〉と〈多〉の関係を説明する比喩を二つ挙げてみよう。

最初の比喩は、身体が有機的一体性をもつにもかかわらず、身体の器官が多様だということである。

これらの形態（つまり無限にある現象世界の形態）はザイドのもつさまざまな肉体の器官に比すことができる。一人の人間としてのザイドは、一個人としての実の在り方である。だが、彼の手は彼の足でないし、頭でもないし、目でもないし、眉でもない。だからザイドは〈一〉たる〈多〉なのだ。形態としては〈多〉であり、個人としては〈一〉である。

同様に、「人間」が本質的に〈一〉であることは間違いないが、ウマルがザイドやハーリドやジャアファルと同じでないことも明らかである。「人間」が本質的に一つであるにも拘わらず、「人間」の具体例が無限に多である。したがって、ひとは本質的には〈一〉であるが、形態に即しても（つまり特定の個人がもつ数々の器官に関して）も、また個別具体例に即しても〈多〉である。（『叡智の台座』イルヤース章第二二、二八一頁／一八三―一八四頁）

第二の比喩は、雨後に雑草の繁茂する比喩である。これは「お前は大地が生命なく〔涸れはてる〕のを見るだろう。だが、我れがひとたび水を降らすなら、大地は震え、膨らみ、あらゆる種類の麗しい植物の雌雄を萌えさせる」というクルアーン第二二章第五節にもとづく。イブン・アラビーは言う。

「大地が震える」という表現で示されるように、水[12]は大地の生命や運動の源である。「大地が膨らむ」とは、大地が水の活動を通じて孕むことを言う。「あらゆる種類の麗しい植物の雌雄を萌えさせる」とは〔大地が子を産むことを指し〕、大地は、大地に似たもの、つまり大地と似た「自然の」ものたちしか生まないことを意味する。[13] 大地はこうした仕方で「二重性」という性質を己れが産出したものから獲得する。[14]

同様に、〈在る〉という状態にある絶対者は多なる性質とさまざまな個別的名を己れ自身から現れた世界によって獲得する。その存在論的性格ゆえに、世界は神名が実現するよう請う。その結果、神名は（こうした仕方で生じた）世界により「二重化」し、〈多〉が一つであること（つまり、さまざまな神名が本質的に一つであること）が〔多である〕世界と対置される。[15] したがって（大地と植物を較べるなら、大地は）唯一つある実体で、（アリストテレスが言うところの）「質料」(hayūlā) に似た一つの本質である。本質的に一つであるこの実体が、そのなかに現れるさまざまな形態、己れに含むさまざまな形態において多なのだ。

同じことが、己れ自身から顕れたさまざまな自己顕現の形態を伴う絶対者にも当てはまる。だから絶対者は世界にあるさまざまな形態が現れる場としての役割を担いながら、知性の対象としては一つでありつづける。この神の教えがいかにすばらしいかを見よ。その秘密を神は己れの僕《しもべ》のなかでもお気に入りの者だけに明かす。（ムーサー章第二五、三〇九頁／二〇〇頁）

現象界にある〈多〉がみな、絶対的〈一〉が己れを顕現させた際の個別的な形態であるという包括的な存在論的主張は、イブン・アラビーの世界観にとって極めて重要である。その主張が彼の思想のなかで中心的かつ基本的位次を占めるばかりでなく、より具体的なさまざまな領域に生起する多くの問題にまで広範囲に影響を及ぼすからだ。この考え方が特殊な問題に適用された興味深い例として、ここでは人類史上に現れた宗教、信仰に関わるイブン・アラビーの観方を論じたい。

世界のなかのさまざまな人々がつねにさまざまな神を崇拝し、現在も崇拝しつづけているという観察事実がまず出発点として与えられる。だが、もし世界のなかのあらゆる事物が絶対者が多様に自己顕現したものにすぎないなら、さまざまな神もまた絶対者が己れを顕現させたさまざまな特殊形態と考えなければならない。

あらゆる神は究極的に同一の神である。だが、その同一の神を各々の邦、各々の共同体が、各々或る特定の仕方で信じ、崇拝する。イブン・アラビーはそれを「さまざまな宗教的信仰において作り出された神」と呼ぶ。さらにこの論を極端にまで推し進め、各人はそのひと自身の神をもち、そのひと自身の神を崇拝する、だからそのひとが他のひとの信仰する神を否定するのはおのずからの在り方だと主張する。各人がそのように己れの神として崇拝する神は、その特定の人間の〈主〉(rabb)である。

実際には、あらゆるひとは同一の神を〔その神の〕さまざまな形態を通じて崇拝している。ひとが何を崇拝しようと、間接的に神それ自体を崇拝する。これが、多神教や偶像崇拝の本当の意味内容である。そしてこの意味で、すでに見たように、偶像崇拝は何ら咎められるべきところがない。

この点をより身近に感ぜしめるため、イブン・アラビーは、あらゆるムスリムが認めるべき信仰箇条に言い及ぶ。復活の日、神が信者たちの前にさまざまな形で現れるとの信仰箇条である。

> あなたが本当の信者ならば、神が復活の日に(次々とさまざまな形態で)現れることを知るはずだ。まず或る形態を採ると、〈彼〉は〔神だと〕認知される。次に別の形態を採ると、〈彼〉は〔神でないと〕否定される。そしてさらに〈彼〉は〈彼自身〉を別の姿に変える。すると再び〔神だと〕認知されるだろう。こうした過程全体を通じて〈彼〉は〈彼〉のままだ。どんな形態で現れようと〈彼〉であり、それ以外ではない。だが他方で確かにこの特定のかたちはあの特定の形態と同じでない。

したがって、この事態において、同一にして唯一なる〈本質〉が鏡の役割を担うと考えることができよう。ひとがその鏡を覗き込み、そのひとの宗教に特有の、しかし神にとっては或る特定の、像をそのなかに見るならば、それを〔神と〕認め、問題なく受け容れるだろう。だが、そのひとが、己れが受け容れるのと別の宗教に特有の神の像を見るならば、そのひとはそれを〔神でないと〕否定するだろう。この事態は、ひとが鏡のなかに己れ自身の像を見て、次にそのなかに他人の像を見つけ出すときの状況と類比的である。いずれの場合も、鏡は一つの実体なのに、そこに映し出される像がそれを見るひとの眼に数多く映る。だが、鏡を見るひとがその鏡のなかにすべてを包括する同一にして唯一なる像を見ることはできない。(16)（『叡智の台座』イルヤース章第二二、二八一―二八二頁／一八四頁）

ここに語られる真理自体はかなり単純だ。神がいかなる形態で鏡に現れようと、それはつねに神が特殊な形態で現象したものである。そしてこの意味であらゆる像（つまり、神として崇拝されるあらゆる対象）は究極に神自身に他ならぬ。だが、この単純な事実に〈理性〉の手は届かない。〈理性〉はこの類の事柄に極めて無力であり、この現象の実相を〈理性〉の働きである推論が摑むことはできない（イルヤース章第二二、二八四頁／一八五頁）。それを為しうるのは実の「知者」（ʻārif）に限られる。この特殊な状況下で〈一〉と〈多〉の逆説的関係に潜む神秘を奥底まで理解しうるこの実の「知者」をイブン・アラビーは「〈瞬間〉の崇拝者」（ʻābid al-waqt）(17)と呼ぶ。この言葉は、あらゆる瞬間に現れるあらゆる神の自己顕現を〈一〉の特殊形態として崇拝する者を言う。

事の真相を知る者は、普通の人々が神と崇拝するさまざまな形態を「見かけ上」否定する態度を見せる。（しかし、この否定的態度は見せかけにすぎない。実際は、彼らが自らのなかでその類の崇拝を否定することはない。）高度な精神的な知識をもつがゆえに、彼らは〈瞬間〉の命ずるままに振舞うからである。〔……〕この意味で彼らは「〈瞬間〉の崇拝者」である。（ハールーン章第二四、三〇一頁／一九六頁）

高い精神性を有するそうした者の意識のなかでは、各〈瞬間〉が神の顕現する偉大な「時」である。絶対者は、ありとあらゆる瞬間に、この〈属性〉やあの〈属性〉を帯びて自らを顕現させる。この角度から見られた絶対者はつねに新たな顕現を行ってやまず、瞬間瞬間にその姿を変えつづける。(18)また本当の「知者」の側は、このつねに変わりゆく神の自己顕現の過程に柔軟に対応しつづける。もちろん、そうすることで実の「知者」が表面に現れた変転するさまざまな形態を崇拝するわけではない。そのつねに変わりゆく形態を通じて、永遠に変わらず変わりようもない〈一〉を崇拝するのだ。

さらに、実の「知者」は、彼らだけではなく、偶像崇拝者ですら（無意識のうちに）偶像を超えて神を崇拝していることを知っている。「知者」がそのことを知るのは、彼らが偶像崇拝者のうちに、偶像崇拝者の意識的なこころと独立に働く、神の自己顕現のもつ偉大な力（sulṭān al-tajallī）があるのを見抜くからだ（ハールーン章第二四、二四七頁／一九六頁）。

もし、これを知るにも拘わらず、「知者たち」が表面上、偶像崇拝を否定する態度を採るならば、それは、彼らが預言者ムハンマドの足跡を辿ろうとするからだ。預言者ムハンマドが偶像崇拝を禁じたのは、人々の理解が浅く表面的であるがゆえに、〔もし偶像崇拝を禁じなければ〕偶像の「形態」だけを崇拝して、「形態」を超えたところに達しないと知っていたからだ。その代わりに、人々が曖昧で一般的な姿でしか知ることができず、決して（具体的な姿では）見ることができない、そのような〈一〉なる神だけを崇拝するようムハンマドは説得した。偶像崇拝に対する「知者たち」の態度はこのムハンマドの態度に忠実に倣う。

もともとの出発点に戻ろう。我々は、「混乱」（ḥayrah）の問題を論じつつ、この章を開始した。いまや、我々は「混乱」本来の性格を理解し、〈在る〉の存在論的構造が実際にどの程度の「混乱」なのかを見るによりふさわしい立場にある。ここでその問題を簡単に考察することが本章にふさわしい結論となろう。

明らかに互いに異なる無限の事物・事象、それらのいくつかは正反対のものであるが、それらはそうした違いが在るにも拘わらず同一である。ひとがそれに気づいたとき、狼狽し当惑せざるをえない。この「混乱」は〈在る〉の形而上の深さに眼を見抜いた者にとって至極当然の状態だ。

しかし、よく考えれば、ひとのこころがこうした「混乱」に陥るのは、理解の表層的次元より下にまだ深くは潜入していないからだと気づくだろう。〈在る〉が〈一つであること〉をそれ相応の深さで経験した聖者のこころのなかでは、もはやいかなる「混乱」も起こる余地などない。イブン・アラビーがこれについて述べた文章を引こう。

「混乱」が生ずるのは、ひとのこころが分極するからだ（つまり、一方で〈一〉へ、他方で〈多〉へといった具合に正反対の二方向へと分極するからだ）。しかし（「開示」体験により）私がたったいま説明したことを知る者は、いかにさまざまなものが在ると知っても、もはや「混乱」に陥らない。なぜなら、そうした違いは場がもつ性質に由来するのであり、それぞれの場はものの永遠の原型そのものだ（と知るからだ）。絶対者は、永遠の原型の違い、つまり、自己顕現する際のさまざまな場の違いに応じてさまざまな形態を帯び、ひとが絶対者を捉える際の特定の側面がそれに応じて変化してゆく。事実、絶対者はこれらの側面の各々を受け容れ、これらの側面の各々が絶対者に帰属する。しかしながら、絶対者が（或る特定の自己顕現の形態を帯びて）己れを顕現せしめる場がなければ、何も絶対者に属性として帰属することはない。そしてこれがなければ（〈在る〉世界のなかには）何もない。[19]（『叡智の台座』イドリース章第四、八三頁／七八―七九頁）

この記述をもとに、カーシャーニーが形而上学的「混乱」について最終的判断を下す。形而上学的「混乱」とは精神的発展段階の最初期に見られる現象にすぎないとカーシャーニーは言う。

「混乱」は、いまだ〈理性〉が働きつづけ、思考というヴェールの残る初期段階だけに生じる状態だ。しかし「開示」が成就し、無媒介の直観的認識が純化されれば、「全知なる者」（ʻālim）という神名の本質的な要請に従い、原型のもつさまざまな形態に己れを顕現させる〈一〉を目睹する。このとき急激に知が増大し、「混乱」が除かれる。[20]（『カーシャーニー注』イドリース章第四、八三頁）

注

（1）「アフィーフィー注」四〇頁（『叡智の台座』五七頁／七二―七三頁）。

（2）クルアーン第三八章第四七節「私にとって彼らは本当に人々のなかで最良、神に特別に選ばれた者である」に言及する。

（3）神名の次元から見てそうだということである。神名の次元においてのみこれらの程度の違いが現れる。

（4）括弧内は『カーシャーニー注』ヌーフ章第三、六九頁。

（5）数学的「一」が多化するという事態が、絶対者が〈多〉のうちに「己れを顕す」と描写されるのと同じように、「自己顕現」（tajalli）という語を使い記述されることは特記すべきだろう。

（6）何かが、「数」としては、感覚の次元で非存在であり、知性の次元でだけ存在する。その同じものが「数えられるもの」としては感覚の次元で存在するということ。換言すれば、「数」を可感的で具体的な形態で「数」として存在させているのは「数えられるもの」だということである。同じことは、原型と、その原型が可感的形態を帯びて実現したもの、との関係にも当てはまる。

（7）「数」と「数えられるもの」以外にも、必ず、あらゆる数とあらゆる「数えられるもの」の究極の源となる「一」があるはずだということ。しかし、このように「数」を惹き起こし、確立させる「一」は、それと同時に、「数」によって具体的なさまざまな形態のなかに惹き起こされ、確立されるとも言える。

（8）つまり、それぞれの数が一つであること（つまり、独立していること）を認めるとともに、すべての数が一つであること（つまり、同じであること）をも認めるということ。

（9）それだけを眺めたとき各々の数に関して否定したもの、それをあなたが肯定するということ。より具体的には次のように説明できる。各々の数に「一」が内在することをあなたは認めるだろう。「一」はあらゆる数に共通する要素であり、この点から見れば、或る意味で類である。しかし他方、「一」がもともとのかたちで各々の数に内在するわけではなく、それぞれの場合で何らか個別化されたかたちで内在することもあなたは知っている。このとき「一」は類と区別される種と考えられよう。したがって、「一」が各々の数に内在しながらも、その「一」はもはや絶対的な「一」でない。そしてこのことは、絶対者がそれぞれの事物に顕現するときの存在論的状況と一致する。個々の事物に顕現したときの絶対者も絶対的な絶対者でないのだ。

(10)

- 絶対者
  - 普遍的自己限定 ──「人間」
    - 個別的自己限定　イスマーイール
    - 個別的自己限定　イブラーヒーム
  - 普遍的自己限定 ──「仔羊」
    - 個別的自己限定　あの羊
    - 個別的自己限定　この羊

(11) 絶対者が「人間」として自己顕現するのとは異なる別の種的自己顕現によって、という意味。

(12) イブン・アラビーにとって「水」は宇宙論的な生命を象徴する。

(13) 大地は「大地と似た」ものしか産まない、つまり大地自身の複製しか産まないという考え方の象徴的な意味は、究極的には世界にある事物がその存在論的基盤である絶対者と全く同じ性質をもつということだ。

(14) 大地から萌え出る多くの草木は大地と全く同じ性質をもつので、大地をいわば「二倍にする」ということ。

(15) この文章は難解で、カイロ印刷本とアフィーフィー本とで読みがかなり違う。アフィーフィー本は fa-thabata bi-hi wa-khāliqi-hi aḥadīyah al-kathrah（「したがって〈多〉が一つであることは、世界とその創造者の両者によって確立する」）と読むが、私はカイロ印刷本の fa-thunniyat bi-hi wa-yukhālifu-hu aḥadīyah al-kathrah で読んだ。

(16) 彼が実際に鏡のなかに見るのは、つねに、鏡の前に偶々あった特定の対象が鏡に映った特定の像だということ。彼はすべての特定の像を一つにまとめた普遍的な像を見ることなどできない。

(17) カーシャーニーの言うように、「時」（waqt）という語はこの文脈では「今」、あるいは次々と実現しゆく各々の瞬間を指す（『カーシャーニー注』ハールーン章第二四、三〇一頁）。

(18) イスラーム神学の原子論的形而上学と似た見解である。

(19) 〈在る〉の世界に見えるさまざまな側面（aḥkām）は永遠なる原型が現実化した多なる形態である。逆に、永遠の原型は、絶対者が自己顕現した多なる形態である。この意味で、ありとあらゆるものが究極には絶対者である。そしてそこに「混乱」の余地はない。

(20) 後で詳しく見るが、原型は、〈神の意識〉のなかにある限りでのこの世の事物の永遠で本質的な形態である。原型が「〈神の意識〉に」生じるのは〈全知〉という〈属性〉の要請に従ってのことである。

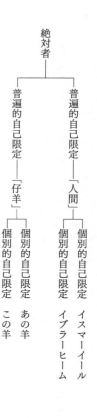

第六章　絶対者の影

前章では、絶対者と世界との独特な関係が論ぜられた。そして絶対者と世界がいかにして矛盾的に同一であるのかを見た。究極において二者は同一である。だが、そのことは、絶対者と世界が何か単純素朴な同一性のもとにあるのを意味せず、むしろ、それらが同一であると同時に対蹠的に対立することを意味する。被造物は、その本質において神以外のものでないが、被造物のもつ特定の形態においては、神と同一であることからはるかに遠く、むしろ神から無限に隔たる。

これまで見たように、イブン・アラビーはこの矛盾する事態をさまざまなイマージュで語ろうとする。「影」(ẓill) はそうしたイマージュの一つである。彼はこの比喩を用い、「世界は絶対者の影である」という根本命題で己れの見解を表現する。絶対者の影としての世界は絶対者の或る形態である。ただし、そうした世界は絶対者より下の位次にある。

> 次のことを知れ。通常「絶対者以外のもの」と言われるもの、つまりいわゆる「世界」、と、絶対者との関係は、影とその影を作り出すひととの関係に喩えうる。この意味で、世界は神の「影」だ。(『叡智の台座』ユースフ章第九、一三八頁／一〇一頁)

厳密には、イブン・アラビーの思想に「絶対者以外のもの」が存在しないことを掲文に附記すべきだろう。最後の文はたんに一般的表現を用いたにすぎない。(1) だが、一般的表現に全く根拠がないわけでない。哲学的にも神学的にも、世界は神名が具体的に現れた象《かたち》であり、神名は或る意味で〈神の本質〉と対立するからだ。この点から見れば、世界は確かに「絶対者以外のもの」である。イブン・アラビーの議論はつづく。

（世界を絶対者の影だと言うのは）世界に存在（つまり、感覚で捉えられる具体的な存在）を帰属させることと全く同じことだ。影は、感覚に捉えられる何かとして確かに存在するのだが、ただしそれは影の現れる場として何かが在るときに限るからだ。(2) 影の現れる場がなければ、影は、感覚で捉えられる形態で存在せず、たんなる知性の対象に留まる。その場合には、むしろ、影が帰属させられる者のなかに影が可能態のままに留まっている。（同上）

この現象の構造をカーシャーニーは以下の注釈でさらに明快に解する。

影が生ずるには、必ず (1) 影を投げかける背の高い物体、(2) 影の落ちる場、(3) 影がはっきりできるほどの光の三つがなければならない。「物体」はまことの〈在る〉、つまり絶対者に、影の現れる「場」は可能的なものたちの原型的本質に相当する。もし「場」がなければ、影は感覚知覚で全く捉えられず、種《たね》に内在する木のように知性の対象に留まるだろう。それと同じく、影は、影を投げかける「物体」のなかに可能態として留まる。

「光」は〈外在者〉という神名に対応する。

世界が絶対者の〈在る〉と全く連関しなければ、「影」は存在しなかったであろうし、存在せぬ原初の状態――この原初の状態は、可能的なものたちが〈存在賦与者〉（これが可能的なものたちを本来の意味で存在する状態へと持ち至る）と全く連関しない状態、つまり、可能的なものたちがそれ自体として考えられたときに特有の状態である——にとどまったであろう。なぜなら、「影」が存在するためには、その影を投げかける「物体」と「影」とが実際に連関するとともに「場」が必要となるからである。だが他方、神は「神より外に何も存在しないときでも存在した」し、神は、そうした状態で、いかなる意味においても世界を必要とせず、完全に自足していた。（『カーシャーニー注』ユースフ章第九、一三八頁）

我々が「世界」と呼ぶものに「影」が直接映し出されるのでなく、〔世界の〕事物の原型に「影」が映し出されることがカーシャーニーの解釈から明らかになる。別の仕方で言うと、「世界」が存在すると我々の常識が普通に考える次元よりも高い次元で「世界」がまず存在する。絶対者の影が原型に落ちて初めて世界が生まれるのだが、厳密には、原型それ自体は「世界」でなく、「世界の現れる場」だ。

だが、影は光の働きなしに現れない。これが「〈光〉」（nūr）という神名のある理由である。

「世界」と呼ばれる神の「影」、この「影」の現れる場が、可能的なものたちの原型的本質だ。[3] これら原型に影が（まず）拡がる。〈在る〉を原型に投げかける者の〈在る〉が実際に拡がる分だけ影が感覚知覚で捉えられる。だが、「光」なる神名によって初めて影が認識しうるのもまた確かだ。（『叡智の台座』ユースフ章第九、一三八／一〇一―一〇二頁）

地上に落ちる事物の影が暗く黒みがかった色を帯びると言われるのを指摘せねばならない。これには象徴的意味合いがある。まず第一に、我々が関わる特殊な事例において、「影」の源泉が、〈神秘〉、つまり絶対的に知られず知られえないことを、そして第二に、影の黒さが、影とその源泉のあいだに隔たりのあることを象徴的に言い表す。この問題についてイブン・アラビーは次のように言う。

可能的なものたちの原型的本質の上に延びる「影」は、不可知の〈神秘〉(ghayb) の（最初に）顕れた形態（のなかに見える）(4)。

あらゆる影が黒さを帯びるのを見たことがないか。この事実は、影に或る種の秘匿性〔何かが隠されていること〕が内在するのを示す。その秘匿性は影を投げかける物体と影とが隔たることに由来する。だから、物体が白くとも影は黒色を帯びる。（同上）

例によって、この文章の意味するところをカーシャーニーがより存在論的用語を多用しつつ再構成する。

原型は暗い。原型が〈在る〉の光から離れて在るからである。原型自身の暗さと全く異なる性質をもつその光が原型の上に拡がれば、原型自身の「〈在らぬ〉」という暗さ (ẓulmah ʻadamīyah) が〈在る〉の輝きに働きかけ、光の本性が闇に転ずる。別の仕方で言うと、〈在る〉の光がこうした仕方で秘匿されるのは、影を投げかける物体との関係でその影が秘匿性を帯びるのと同じだ。相対的な〈在る〉と絶対的な〈在る〉との関係は、影と、影を投げかける物体との関係と全く同じなので、絶対的〈在る〉が、可能的なものたちの原型的本質によって限定されないならば、絶対的〈在る〉は眩いばかりに光り輝くだろう。だが、光があまりに強すぎて誰もそれを見ることができない。

このとき、限定という闇に覆われた者に、世界を見るも絶対者は見ないという事態が起こる。「暗闇のなかに取り残されるので、彼らは何も見ない」（クルアーン第二章第一七節）からである。だが、限定というヴェールを払い除けた者は絶対者を目睹する。闇なるヴェールを引き裂き、闇に抗して光を身に帯びる、つまり、「影」に抗して〈本質〉を身に帯びるからだ。だが、闇によっても光から妨げられず、光に因っても闇から妨げられぬ者は、被造世界の黒さや闇のただなかで絶対者の光を目睹する。（『カーシャーニー注』ユースフ章第

九、一二九頁）

絶対者から原型が離されてある距離こそが原型の暗さを作り出すことをイブン・アラビーは次の文章で強く主張する。

山がそれを見る者から遠く離れてあるとき、その山は黒く見える。その山が実際にはそのとき感覚知覚に見える色と相当に違う色であるかも知れないのに。そうした経験をしたことがないか。この現象は距離だけに起因する。同じことが空の青さにも当てはまろう。事実、発光体以外の何であれ、その物体と見るひととのあいだに距離的に大きな隔たりが在る場合は感覚知覚に同様の効果を持ち至る。

可能的なものたちの原型的本質についても全く同じ状況が見られる。原型的本質もそれら自体が発光するわけでないからだ。（それらが発光しないのは）それらが存在しない（maʻdūm）ことに由来する。確かに、それら原型的本質は、全くの非存在と純粋な存在とのあいだにあって存在論的に中間の位置にあるものの、原型的本質自体が〈在る〉をもつわけでない。〈在る〉は〈光〉そのものだからである。（『叡智の台座』ユースフ章第九、一二九頁／一〇二頁）

距離が視覚に惹き起こすもう一つの重要な効果はありとあらゆる対象を実際の大きさよりもかなり小さく見せることだ。イブン・アラビーにとって、これもまた深い象徴的意味をもつ。

だが、発光体であったとしてもそれから距離を取ると小さく見える。これが感覚に距離の惹き起こすもう一つの効果だ。かくして、見える大きさより実際にはかなり大きく、かさがあるのに、感覚器官は（遠くの発光体を）相当に小さく知覚する。例えば、太陽は地球の百六十倍の大きさをもつと学問的に証明されているが、実際には（円形の）盾ほどの大きさにしか見えない。これもまた距離が作り出す効果である。影が感覚されるのとちょうど同じ分だけ世界が知られる。他方、影を投げかける対象が知られないのと同じ分だけ絶対者は知られない。

したがって、（感覚され、知られる）「影」が（絶対者の）「影」である分だけ絶対者もまた知られる。だが、「影」に含まれる対象の本質的形態が知られないその〔不可知の〕分だけ、絶対者もまた知られないままである。

だから、絶対者は或る意味で我々に知られ、それとは別の意味では知られないと我々は主張する。（ユースフ章第九、一二九―一四〇頁／一〇二頁）

この比喩において、絶対者は「影」の源泉である。そして「影」、つまり世界、が知られるのと同じ分だけ絶対者は我々に知られる。同じ比喩を使いつづけるなら、「小さく黒い」〔発光体である太陽の小ささと発光体でない山の黒さ〕何かと同じ仕方で絶対者は我々に知られると言うに等しい。この「小さく黒い何か」は、通常、我々の神、我々の〈主〉と考えられる何かである。だが、この「影」を投げかける実の〈何か〉は決して知られない。イブン・アラビーは己れの議論の根拠としてクルアーンの諸節〔第二五章第四五―四六節〕を引く。例によりそれらを独特な仕方で彼は解する。

「お前の〈主〉が如何に影を延ばすか、お前は見たことがないか。だが、〈彼〉が望むなら、それらを静止させることができる」〔第二五章第四五節〕。「静止」という語は「神のうちで可能態のままとどまりつづける」ことを意味する。（この節で）神が言わんとするのは、絶対者がその本性上、可能者たち（つまり原型たち）に己れを顕現させるときには必ずまずその「影」が（それらの上に）現れるということだ。だが、（こうした状態にある）「影」（それ自体）は、対応する具体的事物が現象世界に現れることにより（現実化する）、

そうした状態に至らないままの可能者たちと何ら違いがない。（同上）

絶対者が己れ自身を原型のなかに（さらにはそれによって具体的事物のなかに）顕現させようと「望む」と、まず一つの暗い「影」が原型の上に現れる。〈神的〉自己顕現は、その「影」が現れないことには始まらない。しかしこの段階で、神が望むなら、「影」は「静止」されるであろう。つまり、「影」は永遠に可能態にとどまり、さらに進んで具体的事物の次元に至ることはない。この場合、「影」は、外界に対応する実の在り方をもたない原型と同じように可能的であるにすぎない。イブン・アラビーはつづける。

「そして我れは太陽を、それを指し示すものとした」（第二五章第四五節）。（このように〔絶対者が延ばす〕「影」を指し示すものとされた）太陽は、前に言及した「〈光〉」という神名である。そのこと（つまり、「影」を指し示すものが〈光〉に他ならないこと）を感覚が証する。光がなければ影が存在しないからである。[1]「そして我れは容易くそれを己れに引き寄せる〔qabaḍa〕」（第二五章第四六節）。神は〈己れ自身〉に「影」を引き寄せる。「影」が神自身の投げかけた〈彼の〉「影」だからだ。かくして、すべてのものは神から現れ、神へと帰還する。すべてのものが他ならぬ神だからだ。

　お前が知覚するものはみな、可能的なものたちの原型的本質によって現れた絶対者の〈在る〉である。全く同じものが、それを絶対者の〈彼性〉〔huwiyah〕とみなせば、絶対者の〈在る〉であり、形態がさまざまに異なるとみなせば、可能的なものたちの原型的本質である。

　形態がさまざまに異なっても「影」という名がつきまとうように、形態がさまざまに異なっても「世界」という名がつきまとう。「絶対者以外のもの」という名も同じである。

〔…は〕「影」であると〔言うときのその「影」〕の本質的一性に即して言えば、それは絶対者だ。絶対者が〈唯一〉であり〈一つ〉だからである。だが、形態が多であることに即せば、それは世界である。[5]（『叡智の台

座』ユースフ章第九、一四一―一四二頁／一四二頁）

要するに、原型の上に拡がった「影」は、根源的一性の側面と多様である側面という二つの対立する側面から眺めうる、とこの文章は主張する。事実、この世にある物理的影と同じく「影」は一つだ。そしてこの側面から見れば、「影」はその源泉の方を向く。いやむしろ「影」は、〈神的純粋一性〉(aḥadīyah) が直に投影されたものなので、絶対者そのものだ。しかし、第二の側面に眼を向けると、同じ「影」がすでに多化しており、具体的事物の世界に顔を向けている。そうした「影」は、むしろ世界そのものだ。

こう考えると、我々が通常理解する意味における世界は実には在らぬ。そうではなく、想像力が作り出したものである。

私がいまお前に述べたことが真実であるならば、世界はそれ自体として見れば、いかなる現実存在ももたぬ幻想だ。そして、これが想像の意味内容である。換言すれば、世界はあたかも独立して絶対者の外に自存する何かであるように見えるがそうでない。影はそれを投げかける物体と密に結ばれ、この結びつきから絶対に逃れえない。通常、お前が感覚知覚経験をするときにそのように見えないか。

影がこの結びつきから逃れえないのは、何ものも己れ自身から離れることができないからだ。（ユースフ章第九、一四二頁／一〇三頁）

世界はこうした仕方で絶対者の「影」であるから、決して解きえぬ直接的な仕方で絶対者に結ばれる。世界のあらゆる部分は絶対者の或る特定の側面であり、限定された状態での絶対者だ。ひとは世界の一部であるが、それと同時に、意識をもつためかなり特殊な部分である。だから、ひとは「影」が絶対者に結ばれる関係を己れのうちで深く知りうる立場にある。そして、この存在論的連関をどの程度意識するかによりその者の「知」度が決まる。このことからおのずからにいくつかの「知」の段階が導かれる。

> お前自身の本質（ʿayn. お前の原型的本質）を知れ。お前が（具体的存在としては）誰なのか、お前の〈彼性〉が何なのかを知れ。いかにしてお前が絶対者に結ばれるのかを知れ。また、どの側面でお前が絶対者であり、どの側面でお前が「世界」や、「他者」つまり絶対者と違う何かであるのか、を知れ。
> かくして、「知者たち」にさまざまな段階が生ずる。或る者は単に「知者」だが、別の或る者はより高度に「知者」だ。（ユースフ章第九、四二頁／一〇三頁）

この文章に附されたカーシャーニー注が「知者」の段階をより具体的に描く（『カーシャーニー注』ユースフ章第九、一四三頁）。最低の位次は、限定され多化した側面しか見ない者の位次だ。彼らは被造世界を見るものの、それを超えて何かを見ることはない。第二の位次は、被造世界においてさまざまな形態に顕現した〈在る〉の〈純粋一性〉（aḥadiyah）を目睹する者のそれ。彼らは絶対者を目睹する（が、被造世界を忘れさる）。第三の位次の「知者」は二側面を二つながらに目睹する。彼らは一つの〈実の在り方〉のもつ二側面として、被造物と絶対者を目睹する。第四の位次は、さまざまな側面や関係に応じて己れを多化させる一つの〈実の在り方〉——〈本質〉において「一」であり、〈名〉において「すべて」である〈実の在り方〉——として、全体を目睹する者のそれだ。こうした者こそが神について実の知をもつ神の徒である。そして、カーシャーニーは、「自己滅却」（fanāʾ）・「自己持続」（baqāʾ）に連関づけて、絶対者だけを目睹し、被造物を見喪うのが「自己滅却」と「収斂」に支配される者であるのに対して、被造物に絶対者を目睹し、絶対者に被造物を目睹する者は、「自己滅却」後の「自己持続」の状態で完全な視野を得て、「収斂」後の「拡散」という視点を得る者だと言う。

イブン・アラビー自身は、これらの精神的段階を、本来、色をもたぬ光が色の着いたガラスを通過してさまざまに色づくことに喩える。

絶対者と、小さかったり大きかったりしながら、さまざまな程度に純粋である個別的な「影」との関係は、光と、それを見る者の眼とのあいだに置かれたガラス片との関係に喩えられるかもしれない。ガラス片を光が通るとき、光それ自体には色がないのにガラスの色を帯びる。つまり（色のない光が）視覚に色あるものとして見えるにすぎない。これは、お前自身の実の在り方とお前の〈主〉との関係を言い表すに適切な比喩だ。

ガラスが緑色であることに由来して光が緑色になると言うなら、お前は正しい。このことはお前の視覚が証する。だが、光が緑色はおろかその他いかなる色でもないと言うなら、それも正しい。今度は論理的推論に拠って生ずる結論にお前は従っている。お前のその判断は〈理性〉の正しい働きにもとづいている。ガラスに相当する「影」を光がいかに通り抜けるかを見るがよい。ガラス（は「影」であるが、）透明性をもつがゆえに光の性質を帯びた「影」だ。[6]

それと全く同じように、我々のうちの一人が己れのなかに絶対者を実現させたなら、その絶対者の〈姿〉は、他の者のなかに現れる絶対者の〈姿〉よりも明瞭に現れる（己れのなかに絶対者を実現させた者には二つの位次がある）。第一の位次は、絶対者について〈啓示〉が教えるように、[7] その者の聴覚、視覚、その他の機能や身体の器官が絶対者そのものとなる者のそれである。だが、その場合でも「影」そのものがまだ（光で照らされるその者の「自我」というかたちで）そこにある。「彼の聴覚」、「彼の視覚」等の語句中人称代名詞がその者を指し示すからである。第二の（つまり、より高い）位次にある者にはこうしたことがない。この第二の位次にある者は、他のどの者よりも絶対者の〈在る〉に近い。（『叡智の台座』ユースフ章第九、一四三―一四四頁／一〇三―一〇四頁）

見たところ、第二の位次の者をこれ以上詳しくイブン・アラビーが説明することはない。彼らが他の者よりも絶対者に近いと述べるだけで彼は満足する。他方、カーシャーニーがより明確に、そしてより精確にこれを叙述する。

> 第一段階にある者は、彼自身の属性を脱ぎ棄てて絶対者の属性に「己れを滅却し」、その結果、絶対者が彼の属性に替わる、そうした者のこと。第二段階の者は、己れ自身の本質を脱ぎ棄てて絶対者の〈本質〉のなかに（「己れを滅却し」）、その結果絶対者が彼の本質の位置を占める、そうした者のことだ。
>
> 第一段階にある者は、「絶対者が彼の聴覚であり、彼の視覚である……」に言及される者である。……己れ自身の属性をもって活動し、彼らが（おのずからに）もつヴェール（人間の属性という覆い）に被われたままの（普通の）信者よりそうした者は絶対者に近い。その者の（神に対する）態度は「義務以上の行為による近さ」(qurb al-nawāfil) と呼ばれる。しかしながら、彼の「影」そのもの、即ち、自我〔annīyah〕[2] という相対的存在、がまだ彼のなかにある。また絶対者の顕れがその者に目睹されるのはその者自身の属性を通じてである。「彼の聴覚、云々」という語句のなかの人称代名詞が「影」という個別的存在を指すからだ。
>
> こうした神への近さよりも神に近いのは、「義務行為による近さ」(qurb al-farā'iḍ) である。この近さを体現するのは第二の位次の者だ。この第二の範疇に属す者は、己れの本質に関しては全的に「己れを滅却し」、絶対者のなかに「持続する」。絶対者がその者を通じて聴いたり、見たりする、そうした類のひとである。したがって、そうした者は絶対者自身の聴覚であり、絶対者自身の視覚である。いやそれどころか絶対者の〈姿〉である。「お前が矢を射たとき、お前が矢を射たのでなく、実に矢を射たのは神である」（クルアーン第八章第一七節）という神の言葉はそうした者に言及する。（『カーシャーニー注』ユースフ章第九、一四四頁）

二つの範疇に属する者はそれぞれ、己れ自身を絶対者のなかに実現させるのだが、第一範疇に属する者は、その「影」、つまりその者の存在、がまだその者に残存するという点で第二範疇に属する者に劣る。以上のことからそれは明瞭である。第一範疇に属する者から眺めれば、絶対者と世界は対置されており、この者の立脚点は「外在的」(ẓāhir)である。それに対して、第二範疇に属する者の立脚点は「内在的」(bāṭin)だ。

そして、世界は絶対者が己れの完全性すべてをもって己れを顕した「完全な姿」なのだが、絶対者よりも程度が低くならざるをえない。そのことも以上のことから説明がつく。

> 「男は女よりも上位にある」(クルアーン第二章第二二八節)と神が言うように女は男よりも下位にある。それと同じように、(神の)姿を象《かたど》り創られた者どもは、(いかに神の〈姿〉をしようとも本性上)、(神の)〈姿〉を象ってそれらを創りだした者〔神〕より位次が低い。神を世界から隔てるこの位次の違いがあるからこそ、神は、全世界から完全に独立する〔つまり、世界を必要としない〕し、第一次的な〈作用者〉である。〈〔神の〕似姿〉は二次的な作用者にすぎず、絶対者だけに存する本源的な第一次性をもたない。(『叡智の台座』ムハンマド章第二七、三三四頁／二一九頁)

注

(1) カーシャーニーが「一般的表現では(fī al-ʿurf al-ʿāmm)」と言う(『カーシャーニー注』ユースフ章第九、一三八頁)。

(2) イブン・アラビーは実際には「何か」の代わりに人称代名詞「誰か」を用いる。

(3) aʿyān al-mumkināt という表現はジャーミーにより aʿyān al-mumkināt al-thābitah fī al-ḥaḍrah al-ʿilmīyah と解される〔『ジャーミー注』二二九頁〕。

(4) 「〈神秘〉が(最初に)発現した形態」は、〈神の意識〉という形而上次元に他ならず、このレベルは〈神秘〉が最初に可視的形態を帯びる段階である(ジャーミー〔『ジャーミー注』二二九頁〕)。

（５）主要な注釈者たちの大半は掲文後半に関してかなり違った解釈をする。注釈者たちがḥattāという接続詞を「…するために」（kay あるいは li-kay）の意に解するのに対して、私が「…までは〔…しない〕」（until）の意に解することに違いが由来する。彼らの解釈に拠ると「己れの「影」を作り出すために可能的なものたち（つまり、原型）に己れを顕現させるなどということは絶対者の本来的在り方に即せばありえない。もしそうだとすれば〔己れの「影」を作り出すために可能的なものたちに己れを顕現させるのだとすれば〕（一旦作り出された）その「影」がこの経験世界にいまだ実現せぬ残りの可能者たちと同じだということになってしまうのだがそうではない」と読むことになろう。このように解釈すると、「影」を投げかけられた原型が、いまだ何ら実の在り方を獲得せぬ原型〔いまだ原型たらざる原型〕と存在論的に違う地位を直ちに獲得するとの意味合いが生ずる。だが、こうした意味合いは文脈に適さないと思う。

（６）カーシャーニーは言う（『カーシャーニー注』ユースフ章第九、一四四頁）。「〈命令〉の世界（つまり、精神世界）で純粋な〈精神〉と非物質的な〈知性〉に絶対者が己れを顕現せしめるとき、その自己顕現は光の性質をもつ。絶対者がこの純粋に精神的な領域で帯びる形態は光からできた「影」だからである。それは透明でいかなる暗さも内部にもたない。他方、色づいたガラスを通り抜ける光が象徴するのは、身体の構造によって色づいた霊魂の形態を帯びて現れる絶対者である。理性的霊魂（al-nafs al-nāṭiqah. つまり、ひとの霊魂）それ自体は身体的なものでないが、身体の要素によって不透明になり色づけられる」。

（７）神自身が一人称で語る有名なハディース（ḥadīth qudsī）に言及する。「僕《しもべ》（つまり、信者）は我れが彼を愛するようになるまで、義務以上のことを行って已まない。実際に、私が彼を愛したなら、私は、彼が聴くときの聴覚となり、彼が見るときの視覚となる」。

第七章　神の名

イブン・アラビーの哲学的世界観とは、端的に言って、神が自己顕現する（tajallī）という世界観である。これまでに見たように、絶対者がその絶対的な状態に留まる限り、「世界」と呼びうるものは何一つ、存在の状態にはありえない。そのときには世界は不在であるので、「世界観」という語そのものが一切の意味を喪失する。世界の側では、タジャッリーの原理は「備え」（あるいは存在論的傾向）であり、同じこのタジャッリーの原理は絶対者の立場から見れば、〈神の名〉から成る。この章では特にタジャッリーの問題を神名と直に関わる側面から扱いたい。

イスラーム神学では、〈名〉（ism）が「名指される対象」（musammā）と同一か否かが基本的論題の一つだ。この神学的問題に、〈名〉は「名指される対象」と或る意味で同一であるが、別の意味で互いに異なるとイブン・アラビーは答える。

〈名〉が「名指される対象」と同一なのは、あらゆる神名が一様に絶対者を指し示す限りにおいて、それら神名が、「名指される対象」（つまり、絶対者の〈本質〉〔dhāt〕）に他ならないからである。それぞれの神名は絶対者が自己顕現する際の或る特定の側面、或る特定の形態にすぎない。この意味において、それぞれの〈名〉は〈本質〉と同一である。別の言葉を遣うと、一切の神名は「関係の実の在り方」（ḥaqā'iq al-nisab.『叡智の台座』スライマーン章第一六、二三四頁／一五三頁)、つまり〈一〉なる〈実の在り方〉が世界と取り結ぶさまざまな関係である。これを考慮に容れれば、神名はみな、神的自己顕現なる現象により惹き起こされたさまざまな特定の関係という視点から見られた〈神の本質〉そのものだ。

絶対者が世界と取り結びうる関係は無限にある。イブン・アラビーに特有の術語を用いるなら、神的自己顕現がもつ形態は数において無限である。したがって神名も無限にある。しかしながら、神名をいくつかの基本的な〈名〉に還元して、分類することもできる。たとえば、クルアーンは九十九の神名を記載すると一般的に考えられている。[1]

これらの〈名〉は、数において無限であれ、有限であれ、それらが指し示す〈本質〉から独立したものとしてそれら自体を考察することもできる。言い換えると、神名を独立した多くの属性とみなすことができる。こう考えるならば、それぞれの〈名〉は独自の「本質」(ḥaqīqah)をもち、それによって他の〈名〉から区別される。この眺望を採用すれば、〈名〉は「名指される対象」と異なる。

イブン・アラビーは西方の有名なスーフィーであるアブー・カースィム・イブン・カスィー(一一五一年没)に言及しつつ、以上の事態を説明する。

アブー・カースィム・イブン・カスィーは『脱履〔くつを脱ぐこと〕』〔*Khal'*〕のなかで「一つ一つの神名は、自らにあらゆる神名をになうとともに、あらゆる神名の性質のすべてをもつ」と述べる。その言葉の意味はこれまで私が述べたことと同じだ。イブン・カスィーがそう語るのは、一つ一つの〈名〉が〈本質〉を指し示すとともに、その当の〈名〉がその名とされる或る特定の意味、その〈名〉が要請する或る特定の意味を表示するからだ。〈本質〉を指示する限りで、一つ一つの〈名〉はあらゆる〈名〉を包含する。だが、己れに固有の意味内容を指示する限りでは、「主」「創造者」「かたちを与えるもの」などの他の〈名〉から区別される。つまり、〈名〉は〈本質〉に関して言えば「名指される対象」と同じであるが、その〈名〉のもつ

特定の意味内容に即せば、「名指される対象」と同じでない。（イドリース章第四、八五頁／七九―八〇頁）

したがって、神名のもっとも顕著な特徴はその二重構造――それぞれの神名が二つの表示内容をもつこと――にある。各々の〈名〉は、唯一の〈本質〉を表示し、指示するとともに、他のいかなる〈名〉も共有しないそれ固有の意味内容や実の在り方を指し示す。

第一の側面から見れば、個々の〈名〉は他の〈名〉と全く同一である。それらがみな同一の〈本質〉を指示するからだ。これから言えば、互いに矛盾するかに見える〈名〉であっても（たとえば、「すべてを許す者」と「復讐する者」、「外在者」と「内在者」、「最初の者」と「最後の者」）、互いに同一である。

第二の側面から見れば、それとは反対に、それぞれの〈名〉は独立した何か、独自の存在基盤をもつ何かだ。それぞれの〈名〉は他のすべての〈名〉から己れをはっきりと分ける。「外在者」は「内在者」と同じでない。「最初の者」が「最後の者」からどれほど離れていることか。

いかなる意味でそれぞれの〈名〉が他の〈名〉と同一であり、またいかなる意味でそれぞれの〈名〉が他の〈名〉と違うのかが（以上の説明で）明瞭となったであろう。他の〈名〉と同一であるという点から見たそれぞれの〈名〉は絶対者だ。他の〈名〉「以外のもの」として在るという点から見たそれぞれの〈名〉は、或る特定の像として現れた絶対者（al-ḥaqq al-mutakhayyal）である。〈己れ〉によってしか指し示されず、その存在が〈己れ〉によってしか確立されず、その存在が〈彼〉そのものによってしか確立されない神に讃えあれ。（イドリース章第四、一四五頁／一〇四頁）

「特定の像として現れた絶対者」、つまり世界、はすべての神名が具体的に実現したその総体に他ならない。神名は、絶対的状態にある絶対者を指示するものに他ならないから、結局のところ、絶対的状態にある絶対者は己れ以外のものによっては指示されない。絶対者は己れによって己れを指示し、その具体的な存在が絶対者そのものによって確立される。イブン・アラビーはこの構造のもつ美しさ、偉大さを称讃してやまない。

我々は〔本書第一部〕第五章で〈一〉と〈多〉の関係を論じた。本章の主題に即すなら〈一〉と〈多〉の関係は次のようにまとめられる。〈多〉は、神名の要請に従って実現した絶対者のさまざまな形態である。〈多〉は、「特定の像として現れた絶対者」、つまり神名がもつ特定の形態のもとで「想像される」絶対者である。この点から見て、〈一〉とは、すべての神名が指し示し、すべての神名がそこへ帰りゆく〈本質〉(dhāt) である。これに関連づけて、イブン・アラビーは「世界の名」(asmāʾ al-ʿālam) なる興味深い表現を遣う。この言い回しは神名 (al-asmāʾ al-ilāhīyah) と表裏する（ユースフ章第九、一四五頁／一〇四—一〇五頁）。

> 〈在る〉の世界に実際に存在するのは「一性」(aḥadīyah)（という語）で表示される何かだけだ。他方、想像のなかだけに存在するものは「多」(kathrah)（という語）で表示される。したがって、「多」に拘泥する者は、世界、神名、「世界の名」の側に立ち、「一性」の立場を採る者は絶対者の側に立つ。ここでの絶対者とは、全世界から完全に独立した〈本質〉と考えられた絶対者であって、〈神性〉（つまり神であること）の相や現れでた象《かたち》の相のもとにある絶対者でない。（ユースフ章第九、一四六頁／一〇四—一〇五頁）[2]

〈本質〉状態の絶対者は完全に「独立している」、つまり世界を全く必要としない、とイブン・アラビーはこの文章で述べる。世界を必要としないとは、神名を必要としないことと同義であると注記せねばなるまい。前に見たように、神名は絶対者が被造物に相対したときの関係であった。神名は、被造物ゆえに、また被造物のためにある。対して、〈本質〉それ自体は、そうした遠心的関係を離れて存在しえないような何かでない。神名を必要とするのは絶対者でなく、創造された世界である。イブン・アラビーは言う。

〈本質〉は、世界から完全に独立するので、〈本質〉に帰属すべき神名をも超越する。神名は〈本質〉を指し示すだけでなく、〈本質〉と異なる個々別々の「名指される対象」[1]をも指し示すからである。このことは、神名が惹き起こす結果〔世界〕を見ると明瞭にわかる。（ユースフ章第九、一四六頁／一〇四—一〇五頁）[2]

こうした多性へと向かう神名の遠心的側面を見れば、神名ははっきり絶対者と区別された「他者」である。そして絶対者はそれら神名から「独立」した状態を維持する。しかし、〈本質〉へ向かう神名の求心的側面を見れば、あらゆる神名は究極に一つである。なぜなら絶対者にあらゆる神名を還元しうるからである。この第二の側面において、神名の次元にある絶対者は、絶対的状態にあるときと同じく一つである。

絶対者はこうした相異なる二つの意味で〈一〉である。

我々（の存在を、つまり現象世界を）要請する神名の次元にある神の〈一性〉は、多の〈一性〉（aḥadīyat al-kathrah）である。我々から、そして〈名〉からさえ完全に「独立する」という意味での神の〈一性〉は、本質の〈一性〉（aḥadīyat al-ʻayn）である。これら二つの側面が同じ〈一〉との名で呼ばれる。（ユースフ章第九、一四七頁／一〇五頁）

ここで言われる「多の〈一性〉」は「収斂」の〈一性〉（aḥadīyat al-jamʻ）とも呼ばれる。これはイブン・アラビーの世界観でかなり重要な役割を担う。これまで見たなかでもそうであったし、これからより詳しく見てゆくなかでもそうである。簡単に言うと、それは、本質的に〈一〉である絶対者のなかに多性が可能的に存在することを認める立場だ[3]。

ここまで見てきたのは、絶対者である限りの絶対者が神名を必要としないこと、および神名を必要とするのはむしろ被造物の方だということだった。この後半部の言明、つまり世界が神名を必要とする、との表現は、より哲学的には、〈名〉に因果性（ʻilliyah や sababīyah）が在ると言い換えられるかもしれない。この視点から見れば、神名は世界の存在する「原因」（ʻillah ないし sabab）だ。世界の何ものも神名なしに存在しないという意味で世界は神名を必要とする。

世界が本質的に多くの原因を必要とすることに疑いを容れる余地はない。世界が必要とする原因のなかで最大の原因は絶対者である。だが、世界が必要とする原因として絶対者が働きうるのは神名によってのみである。

ここで言う神名とは、世界が（原因として）必要とする〈名〉のすべてのこと。その〈名〉が世界そのものの一部である場合もあるし、絶対者そのものである場合もある。いずれにせよ〈名〉とは神なのであり、それより外の何ものでもない。（ユースフ章第九、一四八頁／一〇五―一〇六頁）

イブン・アラビーの見解では、世界は本質的に絶対者を原因とせねばならないが、そのとき、絶対状態にある絶対者を必要とするのでなく、「創造者性」「主性」といったさまざまな側面を伴った絶対者を必要とすることをこの文章が明瞭にする。別の言葉を遣うと、〈名〉の次元にある絶対者こそが世界の存在する「原因」である。引用文後半部に関して、カーシャーニーの次の解説よりその文意を明確にするものはない。

神名こそを、世界は（原因として）必要とする。（二つの例が区別される。）必要とされる〈名〉が、それを必要としているものと類似する場合が第一の例である。例えば、「子」が存在し、養育され、生存しつづけるために「父」を必要とするのを思い浮かべればよい。この場合に必要とされるものは絶対者の〈名〉

〔「養育者」などという名〕が帯びる具体的な形態、つまり事物の具体的顕れに他ならない。第二の例は、〔直接に〕絶対者そのものが必要とされる場合である。例えば、「子」が自ら自身の姿形や性質をもつために絶対者、〈形を与える者〉、〈創造者〉を必要とすることを思い浮かべてみよ。この例は己れ自身と似た何か（例えば「父」）を必要とする第一の例と異なる。

しかしながら、いずれの場合でも、必要とされる〈名〉は「アッラー」という〈名〉に他ならない。第一の例では（必要とされるのが「アッラー」という〈名〉に他ならないことが明瞭でないかも知れないが、次のように考えればわかりやすくなる）。「父」が〔現実に「子」の〕原因であることは、「父」の恒常原型に備わるわけでない。「父」の原型が（現実には）存在しないからである。「父」が現実に存在して、何がしかの振舞いをし、力を発揮するからこそ「父」が〔「子」の〕原因であるという事態が生ずる。だが、〔「父」の〕存在は本質的に見て、或る自己顕現の場に己れを顕した絶対者に他ならない。行為・姿・力・能力・養育・存続させること――これらはみな存在することでおのずと生ずる――は絶対者とその〈行為〉の（具体的形態を帯びたもの）〈属性〉に他ならない。「父」にもともと帰属するのは、絶対者を受け容れること、神の自己顕現の場となることだけである。お前がすでに知るように、たんに受け容れるだけのものに本当の現実活動は備わらない。本当の活動が帰属するのは、自己顕現の場（としての受容者）のなかに己れを顕現させる〈一〉だけである。（絶対者自身が原因である）第二の例は説明するまでもあるまい。（『カーシャーニー注』ユースフ章第九、一四八―一四九頁）

さしあたり、この議論の要点は次のようにまとめられる。世界が神を直接必要とする第二の例では、神が世界の「原因」である。しかし世界のなかにある事物が互いに因果関係において必要とし合う第一の事例でも、あらゆるものの究極の「原因」はまたしても神だ。例えば、「子」が「父」を必要とする場合でも、「父」を媒介として働くのは神という原因である。

これまでの記述で、この世のあらゆるもの、この世に起こるすべてのことは神名の現実化、言い換えると、神名と呼ばれる或る特定の相対的側面によって絶対者が自己顕現すること、だと我々は確認した。そこから導き出される結論は、世界に事物が生起する、その分だけ多くの神名があるということである。この意味での神名は数において無限である。

〈神名ら〉が無限であるのは、〈神名ら〉が〈神名ら〉から出で来るものによって知られ、〈神名ら〉から出で来るものが無限だからだ。[4] しかしながら、〈神名ら〉は限られた数の根柢的〈諸名〉(uṣūl. 文字通りには「根」)に還元しうる。そうした根柢的〈諸名〉は、〈神名ら〉の「〈母ども〉」だ。或いは、そうした根柢的〈諸名〉は、あらゆる〈名〉の「現前群」(つまり、基本的側面群[3])だと言ってもよい。

〈神名ら〉と呼ばれるこれらの連関群や相対的側面群全てを受け容れる唯一の〈実の在り方〉(ḥaqīqah)が存在する。これが事の真相だ。そして、この同一なる〈実の在り方〉は、無限に姿を現すに至る〈神の諸名〉の各々が、他の〈神名ら〉からその各々を区別する、各々に固有の実の在り方をもつよう、要請する。〈名〉とは、個々の〈名〉を区別する、この実の在り方であって、ありとあらゆる〈名〉に共通する何か(つまり〈実の在り方〉)ではない。この状況は、〈神の賜物〉がみな一つの源に由来するにも拘わらず、それぞれが個別的にもつ性質で互いに区別されるのと類比的だ。

これがあれと違うのは明瞭である。こうした違いは、各々の〈名〉が個々に区別されて在ることに由来する。神的世界は広大だが、何一つ繰り返されることがないのはこの仕方においてだ。これが真に根柢的な事実である。(『叡智の台座』シース章第二、四七頁/六五頁)

この引用からわかるように、ここでもまた、〈一〉が〈多〉であり、〈多〉が〈一〉であるとの基本命題に我々は連れ戻される。ここではその命題が神名を主題に解釈されるにすぎない。〈多〉、つまりさまざまな神名が、

〔世界に〕一つとして同じものがないことを見定める視点を提供する。〔世界に〕一つとして同じものがないのは、世界には「何一つ繰り返されることがない」からである。たとえ「同一物」であっても実際には二つの瞬間で同じでない。⑤ 一般的に言って、通常同じだと考えられるどんなものでも実際には「同じ」でない。それらはたんに「互いに似る」(shabīhān) にすぎぬ。無論、「互いに似ること」は「互いに異なること」(ghayrān) を意味する(『叡智の台座』シュアイブ章第一二、一八四頁／一二四―一二五頁)。だが、〈本質〉から見れば、互いに似るものたちだけでなく、互いに大きく異なるものたちもまた互いに同一のものとなる。

真理を知悉した聖者は「一」〔或る特定の一つと言われる何か〕のなかに多を見る。それと同じく、(それぞれの) 神名の本質が異なり、多であるにしても、すべての神名が同一の〈実体〉を指示することをその聖者は知る。これ (神名の相違) は〈一〉という実相のなかに考えられる多 (つまり、可能態でのみ存在する多) にすぎない。この (頭で考えられただけの多) は、(〈一〉が世界に) 自己を顕現させるときに、一つの〈実の在り方〉のなかで眼に見える可感的な多に変わる。〈第一質料〉(hayūlā) があらゆる「形相」の内部構造に入り込む際に〈第一質料〉に起こる事態を考えれば、この状況がよく理解されよう。「形相」は多であり、互いに異なるにも拘わらず、すべての「形相」が究極には「質料」という同一の実体に還元される。このようにして「己自身を知る者はその己れの〈主〉を知る」。(〈主〉が) 己れ自身に擬えてそのひとを創造したからである。否、〈主〉こそが、そのひとの〈彼性〉〔つまり、自己同一性〕であり、その人の真の在り方だからだ。(シュアイブ章第一二、一八四―一八五頁／一二四―一二五頁)

あらゆる神名がただ一つの〈実の在り方〉を指し示す。この意味で、あらゆる神名は一つである。このことは右の引用文に見たとおりである。だが、それはそのまま、神名がみな同じ次元にあることを意味しない。反対に、次元の高低、程度の違いが神名のあいだに見られる。そして、神名のあいだの次元の高低がそのまま世界にある事物のあいだの位次の高低に相当する。イブン・アラビーの見解では、〔世界にある〕事物が存在論的に要請することに神名の存在が依存するのだから、当然である。イブン・アラビーはこの神名のあいだの次元の違いを次のように説明する。

それ（つまり絶対者）以外に何もない。[6] しかしながら、世界のなかに「より高い」「より低い」が存在するように見える。そのことを説明するために、区別を明示する言葉を我々は用いざるをえない。区別を明示する言葉を用いることで初めて、元来（「知」そのものは）一つだけれども、（例えば）このひとはあのひとに較べて「より」知ある者だと言える。[7] これは（〈属性〉のあいだに同じく優劣があることを）意味する。（例えば）その対象の数から考えれば、〈（神の）意志〉は〈（神の）知〉に劣る。（スライマーン章第一六、二三四頁／一五三頁）

〈意志〉と〈知〉はともに神の〈属性〉であり、その点では一つである。しかし〈意志〉は〈知〉よりも次元が低い。だが〈力〉よりは次元が高い。一般的に言って、「意志」が働き始めるのは、何かを「知った」後だからである。また「意志」は「力」に先立つと同時に、「力」よりも広い範囲を覆う。さらに全く同種の優劣があらゆる神名のあいだにある。全ての神名が指し示すもの、つまり〈本質〉は比較と関係を絶した超越的な高みにある。しかし〈神の本質〉以外のものたちには優劣があり、或るものは「より高く」、或るものは「より低い」。〈本質〉のもつ超越的な高さについてイブン・アラビーは言う。

〈超越者〉（al-ʻalī）〔と呼ばれる対象〕それ自体を考えるならば、存在するありとあらゆるものとともに、非存在の状態にある関係性[8]をも包括する（絶対的な）完全性（kamāl）をもつ。このように〈超越者〉はどのような性質であれすべての性質を必ずもつ。一般慣習上、あるいは〈理性〉で考えて、あるいは〈神の法〉

に即して「善」と考えられるものであっても、またそれらに即して「悪」と判断されるものであっても必ず〈超越者〉にある。このことはアッラーという〈名〉で表示されるもののなかだけに察せられる事態である。（イドリース章第四、八四―八五頁／七九頁）

この文章をカーシャーニーは次のように解釈する。

> 実質的で本源的な――相対的でない――高さをもつ〈超越者〉は絶対的完全性をもつ。その完全性は、あらゆるものがもつさまざまな完全性すべてを包含する。しっかりと存在する完全性であれ、非存在の状態にある完全性であれ、完全性であればすべてが包含される。或る完全性は可能な限りのあらゆる側面で「善」であり、また或る完全性は或る側面から見て「悪」である。後者は、いくつかの完全性がその本性上、相対的な性格をもち、或るものと関連づけられて見られれば「悪」であるという事態を思い起こせば理解できよう。たとえばライオンの勇猛さは餌食にされる動物にとって「悪」である。しかし、絶対的完全性にはどのような性質、どのような道徳的な性格や行為であっても一つとして欠けるものがない。そうでなければ、絶対的完全性が或る面では不完全だということになってしまう。
>
> このような本源的〈高さ〉や絶対的完全性は、あらゆる神名を集めた〈統合的一者性〉(wāḥidīyah) 次元への最初の自己顕現により限定された〈一〉にしか帰属しない。そしてこれは「最大の〈名〉」(al-ism al-a'ẓam) であり、アッラーや〈慈しみあまねき者〉(al-raḥmān) といった〈名〉で表示される。[9]（世界にある事物に）実効力をもつすべての神名がこの状態において一体であると考えられるべきであり、多であるという側面から考えられるべきではない。（『カーシャーニー注』イドリース章第四、八五頁）

こうした存在者は、あらゆる神名を一つにまとめた包括的全体としての神である。アッラーという〈名〉で表示されないもの、つまり神以外のものをイブン・アラビーは二種に分ける。(1)神的顕現の場（majlā. つまり tajallī の場）と(2)神のうちにある形相（ṣūrah）である。この文脈における「形相」は、〈神的本質〉を限定する、何であれ或る特定の〈名〉を意味する。[4]

「アッラーという〈名〉で表示されないもの」は、絶対者が自己顕現するときの場であるか、絶対者にある形相かである。前者の場合、個々の場のあいだに優劣があるのは至極当然である。後者の場合、そうした「形相」は（すでに見たように〈超越者〉に帰属する）自体的な完全性である。形相とはそれ（〈超越者〉そのもの）のなかに顕れたものだからである。だからアッラーという〈名〉で名指されるものに帰属するものはすべて形相にも属する。（『叡智の台座』イドリース章第四、八五頁／七九頁）

一見すると曖昧なこの文章の意味合いを以下のかたちで明瞭にしえよう。「神以外のもの」が神の自己顕現の場を意味する場合、〈一〉なる絶対者は、それが自己顕現する場が多であるのに応じてその分だけ、世界の具体的事物に見い出される。この場合、個物にさまざまな性質があるのに応じて絶対者はさまざまに異なる相を帯びる。そして、その自己顕現の多寡に応じて、具体的事物のあいだにおのずから優劣や程度の違いが生ずる。[10]だが、「神以外のもの」が神のうちにある「形相」を意味する場合には、絶対者そのものにさまざまな形相が見い出される。そのそれぞれの形相は、全体、つまり神のもつのと全く同じ本源的完全性をもつだろう。神が完全性をもつなら、それと同じ完全性を必ずそれぞれの「形相」がもつ。形相が他ならぬ神に現れているからである。[5]

存在者たちのあいだにこうした存在論的優劣はあるものの、全体を見れば、存在者間にはよく整った秩序がある。この存在論的秩序は神名のかたちづくる秩序に対応する。

この神学的な存在論的階層構造について二つのことを注記せねばならない。(1)高位の神名は低位の神名を暗黙のうちに包含する。それに応じて、高位の神名が自己顕現する場である高位の存在者は、それ自身のなかに低位の存在者どもを含みもつ。(2) 一つ一つの〈名〉は位次の高低に関係なく、或る意味で、あらゆる他の神名を含んでいる。そしてそれに応じて、世界の個々の部分はみな、世界の他の部分をすべて含む。イブン・アラビーは言う。

より高い位次を或る神名に割り当てるなら、そうすることで（暗黙のうちに、それより低い位次にある）あらゆる神名でそれを呼ぶこととなり、（より低い位次の神名に帰属する）あらゆる性質をそれに帰属させることになる。同じことが世界の事物にも当てはまる。より高い存在者は、それより低い存在者のもつ全てのものを包括する能力をもつ。

他方、世界のあらゆる部分は（実質的に）全世界である。つまり、世界のあらゆる部分がもつすべての本質を受け容れる能力を、あらゆる個々の部分はもつ。だから、例えば、ザイドが知においてアムルに劣るとの事態が観察されるからといって、そのことが、同一の絶対者の〈彼性〉がそのままザイドとアムルの本質であることを何ら妨げることはない。またそれと同時に、絶対者の〈彼性〉がザイドよりもアムルのなかでより完全にまたより顕著に現れることを妨げない。

こうした事態は、神名の位次が互いに異なりながら、個々の神名が絶対者に他ならないことに対応する。たとえば、「知者」としての神は、網羅する領域に関して言えば、「意志をもつ者」としての神や「力をもつ者」としての神よりも包摂する範囲が広い。しかしどの場合でも神は神である。（スライマーン章第一六、二三五頁／一五三頁）

数ある神名のうち最大であり、もっとも包括的かつ最高の力をもった神名は、「慈しみあまねき者」（raḥmān）である。この神名は「包括的な」（shāmil）〈名〉で、あらゆる神名を一つに集める。こうした集合体の次元にある絶対者がアッラーと呼ばれる。以下二つの章で、これら二つの神名を詳しく論ずることにしよう。

注

(1) 特定の属性。より具体的に言うと、世界のなかにあるさまざまな側面のこと。

(2) 神名が〈本質〉以外にも世界の特殊な側面を〈本質〉と違うものとして指し示す、そのことは、創造された世界そのものが神名の惹き起こす結果であることからはっきりと示されるということ。

(3) イブン・アラビーはここで二つの型のアハディーヤ (aḥadīyah) つまり〈一性〉を区別する。彼の用語法に従うなら、第一型の〈一性〉、つまり神名と〈属性〉が属す存在論的次元における多の〈一性〉は特に、ワーヒディーヤ (wāḥidīyah)「(多が) 一つになっていること」と呼ばれ、厳密には、絶対的で純粋な〈一性〉(aḥadīyah)、〈神的本質〉の〈一性〉から区別される。彼の体系にはさらにもう一つの基本的なアハディーヤの型があることを憶えておいた方がよい。それは「行為と結果の〈一性〉」(aḥadīyat al-af'āl wa-al-āthār) であり、預言者フードの名で象徴される。カーシャーニーは次のようにこれら三つの〈一性〉に言及する (『カーシャーニー注』ユースフ章第九、一四九頁)。「〈一性〉には三段階ある。一つは〈本質〉(dhāt) の〈一性〉である。……(この段階での神はアハド (aḥad)――数の意味が含まれていない〈一〉あるいは〈唯一〉と呼ばれる。) 第二の〈一性〉は神名の〈一性〉である。……これは〈神性〉の段階で、そのときの神はワーヒド (wāḥid)――数の意味での〈一〉と呼ばれる。第三の〈一性〉は〈主性〉(rubūbīyah) の〈一性〉、行為と結果の〈一性〉である」。最後の種類の〈一性〉は、我々がこの世界で何を為そうと、この世界で何が起ころうと、あらゆる事物が「まっすぐな道を歩いている」〔クルアーン第一一章第五六節〕ということを意味する。あらゆる事物は〈在る〉の法則に厳密に従いながら生起するのだ。なお〈在る〉の法則とは他ならぬ絶対者のことであり、あらゆるものはこの意味で〈一〉である。

〔訳注〕『叡智の台座』第一〇章はフード章「アハディーヤという叡智の台座」。アハディーヤの中でもカーシャーニーが第三のタイプと呼ぶものが主題となる。これまで本書第七章で主に論じられたのはフード章直前の第九章ユースフ章後半部分である。三つのアハディーヤをまとめて考えるならば、ユースフ章後半とフード章は連続性を有することになる。

右に引用されるカーシャーニーの言葉はフード章冒頭に置かれたカーシャーニーによるその章の解説中にある。

（4）「〈純粋一性〉としての〈本質〉は、そこから出てくるものひとつひとつとの関連でみれば、ある特定の〈名〉である。したがって限定作用が起これば必ずそこに〈名〉がある。〈〈本質〉と、世界にあるものどもとの〉関係は無限である。なぜなら受容体（つまり絶対者の自己顕現を受け容れるもの）とそれらがおのずともつ性質は無限だからである。こうして、神名は無限にあることになる」（『カーシャーニー注』シース章第二、四七頁）。

（5）これは「つねに新たな創造」（khalq jadīd）という考え方であり、後に詳しく論じられる〔「創造」を論じる本書第一部第一三章の特に第三節「永遠の創造」でこの「つねに新たな創造」が主題となる〕。

（6）あらゆるものは絶対者がある特定の神名を通じて自己顕現したものなので、世界に存在するものはみな絶対者に他ならないとイブン・アラビーは言おうとしている。

（7）この例はたんに「知」という一つの属性に程度の違いがあることを語っているだけだが、イブン・アラビーの目論見は、「知」と他の属性のあいだにも程度の違いがあると主張することにある。

（8）前に確認したように、関係性（nisab）それだけを見るならば本性上存在しない。

（9）アッラーが〈慈しみあまねき者〉と同一視されることについては、この章につづく二つの章を見よ。そこで特にこの問題が論じられる。

（10）例えば、あらゆる神名が或るもののなかに実現したとしよう。そのとき、それは完全人間となる。他方で、ほとんどの神名が顕現した場合、普通の（完全でない）人間となる。そしてそれよりもはるかに少ない神名しか顕現しない場合、無生物となる（『カーシャーニー注』イドリース章第四、八五頁）。

第八章　アッラーと主

イブン・アラビーが神についての思索をめぐらす際に中心となる要素の一つが、アッラーと〈主〉《あるじ》(rabb) とのあいだの神学的・存在論的差異である。前に言及したヌーフ章（クルアーン第七一章）において、ヌーフは神に呼びかける際に「我が〈主〉よ (rabb-i)」〔第七一章第五節、第二一節、第二六節〕なる表現を用い、「我が神よ (ilāhī)」と言わなかった。このことにイブン・アラビーは特別な意味合いを見い出す。

ヌーフは「我が〈主〉よ」と言い、「我が神よ」と言わなかった。〈主〉に確乎たる固定性 (thubūt) があるのに対し、神 (ilāh) が〈名〉においてさまざまであり、「日々新たな状態にある」からである。（『叡智の台座』ヌーフ章第三、七〇頁／七三頁）

アッラーと〈主〉の違い、および両者の関係についてのイブン・アラビーの考え方の要点がこの短い文章に見える。それは次のようにまとめられるだろう。

〈主〉が、或る特定の具体的な〈名〉で顕現した絶対者を指すのに対して、アッラーは、瞬間瞬間にさまざまな〈名〉に応じて己れ自身を絶え間なく変化させる絶対者を指す。その場その場の状況に適切な一つの特定の〈名〉あるいは〈属性〉によって境界づけられ、限定された絶対者の或る一つの特殊相を〈主〉がもつことを、

〈主〉に確乎とした「固定性」があると言う。それゆえ、〈主〉とひとのあいだにはかなり特殊な関係がある。つまり、ひとが神に祈り、そして祈願ないし嘆願するとき、その者は必ずその者の〈主〉に呼びかけざるをえない。病弱なひとは、神に向かって漠然と大まかに祈ることはせず、むしろ〈癒す者〉(shāfī)という「固定された」神に祈る。同じように、罪人が神の赦しを請う場合は、〈すべてを許す者〉(ghafūr)に嘆願する。そして何かを入手したいと望む者は、〈与える者〉(muʻṭī)に祈る(「アフィーフィー注」四二頁参照)。

この類の〈名〉それぞれのもとにあるこうした神は、或る特定の動機から祈る特定のひとの〈主〉である。だから、カーシャーニーは〈主〉を次のように定義する。「〈主〉とは、(祈る者が)必要とするものを〔要求し、〕手に入れうるような或る特定の〈属性〉を帯びた〈本質〉である。したがって、数ある神名のなかでも〈主〉は、或るひとが神に呼びかけるそのときにそのひとを動機づけた状況にもっとも適切な〈名〉だ」と(『カーシャーニー注』五七頁)。クルアーンの当の章句でヌーフが「我が〈主〉」と言うのはこれに由来し、この意味において、〈主性〉(rubūbīyah〔「主であること」〕)は、個々人が神と取り結ぶ、真の意味で個人的な関係を意味する。

この個人的関係もまた存在論的性格を有すると銘記せねばならない。クルアーン第一九章第五五節は、イスマーイール(Ismāʻīl. イシュマエル)が「彼の〈主〉に嘉しとされた」、つまり彼の〈主〉がイスマーイールに満足したと伝える。だが、もしイブン・アラビーの理解する特殊な意味で「彼の〈主〉」という語句を捉えるなら、イスマーイールだけでなく、ありとあらゆるものがそれの〈主〉によって嘉しとされるのを認めねばならない。イブン・アラビーは言う。

> 事実、あらゆる個々の在る者がその在る者の〈主〉に嘉しとされる。しかしながら、あらゆる個々の在る者がその〈主〉に嘉《よ》しとされることから、ａという在る者がｂという被造物の〈主〉に嘉しとされることが帰結するわけではない。なぜなら、あらゆる個々の在る者は、(絶対状態の〈主性〉に含まれるさまざまな型《タイプ》の〈主性〉)すべてのなかから或る特定の形態の〈主性〉を選び取るのであって、(あらゆる個々の在る者

が共有する）唯一の〈主性〉を選ぶのではないからである。あらゆる個々の在る者には（無限に多様な〈主性〉）全体から、特にその在る者に適した〈主性〉のみが与えられる。精確にはその〈主性〉こそがその存在者の〈主〉である。（『叡智の台座』イスマーイール章第七、一一六頁／九一頁）

「〈主〉（つまり、その在る者の〈主〉）は、その在る者に（おのずから）現れるものだけをその在る者に要求する。他方、在る者の側は、己れの「備え」をもつので、〈主〉がその在る者に（おのずからに）実現せしめようとする属性と行為だけをその〈主〉に要求する」とカーシャーニーは言う（『カーシャーニー注』九五頁）。言い換えれば、絶対者は己れを個々の在る者に顕すとき、或る特定の〈名〉によってのみ己れを顕すことができる。それは、その特定の在る者の「備え」が定めるおのずからの限定があるからこそ、そうしたかたちで自己顕現する。だが、両者のあいだに少しの不整合もありえないのであるから、そうした自己顕現はそのまま絶対者の意図であり、かつ受容者の望むことでもある。あらゆるものがそれの〈主〉に嘉しとされるということが意味するのはまさにこのことだ。

或るひととそのひとの〈主〉とのあいだにある祈りや嘆願という行為によって成立する個人的関係をイブン・アラビーはもはや語らず、彼の興味が明らかにこの問題の存在論的側面に移行したことを銘記せねばならない。そして事実、個々の在る者とその〈主〉との個人的関係には確かに存在論的側面が存在する。

イブン・アラビーが議論の出発点とした「祈る」という現象においては、個々の〈名〉が絶対者の或る特定の側面を表現するとみなされていた。だが、或る神名が実現するためには或る特定の在る者が必要とされる。そうしたかたちで要請される或る特定の在る者は、その〈名〉が自己顕現するための場だ。そして、或る特定の〈名〉が顕現するための場としての個々の在る者は、その文脈で絶対者と個人的関係を築く。個々の在る者は「祈る」場合と全く同じ個人的関係を保つものの、今度は、存在論的次元においてそうした関係が結ばれる。

このことから、個々の在る者、あるいは個々の事物は、どの特定の瞬間にも、数ある神名から一つだけ神名を選び取る、そして選ばれた〈名〉はその者のあるいはその事物の〈主〉として振舞う、という事態が導かれる。逆の方向から事態を見れば、同じことを次のように表現しうる。絶対者はいかなる在る者に対しても、元来の〈統合的一者性〉のままで、つまり、さまざまな神名が統合され一つとなっている状態で己れを顕現させることはないと。イブン・アラビーはつづけて言う。

> いかなる在る者も、〈一性〉〔aḥadīyah〕段階の絶対者と主‐僕関係を築くことはできない。だから、〈一性〉段階において神の自己顕現（tajallī）などありえないと真の聖者たち〔ahl Allāh〕が主張する。……[1]（イスマーイール章第七、一一六頁／九一頁）

〈統合的一者性〉段階の絶対者はあらゆる神名の統合である。だから、いかなる在る者もそれを収容できない。世界の個々のものでなく、世界全体だけが、あらゆる神名の〈統合的一者性〉を現実化せしめることができ、〈統合的一者性〉段階の絶対者の存在論的対応物となりうる。だが、イブン・アラビーは唯一の例外を認める。カーシャーニーの言うように完全人間がその唯一の例外である。[1] 普通のひとと違って完全人間は或る特定の神名を実現させ顕現させるのでなく、あらゆる神名を統合された状態で顕す。普通のひとの場合はその者の〈主〉に嘉しとされ、そのときの〈主〉とはその者の〈主〉なのであって、他の者の〈主〉でない。だから、普通のひとが絶対的な〈主〉（al-rabb al-muṭlaq）と直接の関係を築くことはできない。反して、完全人間は、彼の〈主〉としてでなく、絶対的な〈主〉としてその完全人間を嘉しとする〈一なる者〉のあらゆる属性と行為を己れのうちに実現させる。

カーシャーニーによる「絶対的な〈主〉」という表現は、「諸世界の〈主〉」（rabb al-ʿālamīn）というクルアーン中に見える用語に対応し、「〈主〉のなかの〈主〉」（rabb al-arbāb）やアッラーと同義語である。したがって、普通の場合、神名がもともとの統合状態のままで個々の存在者に決して実現しないとは、アッラーが特定の個人の

〈主〉になりえないと言うに等しい。

知るがよい。アッラーという〈名〉で名指される対象は〈本質〉に即して言えば純粋に一つであり（aḥadī）、さまざまな神名に即して言えば、統合されたもの（kull）である。あらゆる個々の在る者がアッラーに関わるときは、或る特定の形態を帯びたアッラーと関わるのであって、もともとの統合状態にあるアッラーに関わることはいかなる在る者にもできない。……

彼の〈主〉に嘉しとされる者には祝福がある。だが厳密には、彼の〈主〉に嘉しとされぬ者はいない。彼（あらゆる個人）がまさに〈主〉が〈主〉であることの根拠となるからである。こうしてあらゆる個々の在る者がその個々の在る者の〈主〉に嘉しとされる。あらゆる個々の在る者は幸福であり、祝福されるのである。（イスマーイール章第七、一一五頁／九〇頁）

この文章の後半は、各々の在る者とその〈主〉とが密接に相互連関すると主張する。[2] あらゆる個々の在る者が、本性上、その存在をその〈主〉に依拠するのは言うまでもない。だが或る意味では、その〈主〉が〈主〉として君臨する個別的な在る者のもつ受容能力（qābiliyah.『カーシャーニー注』九四頁）に〈主〉もまた依拠する。〈主〉は「君臨される」何か（marbūb）がなければ、〈主〉たりえないのである。イブン・アラビーはこれを明らかにするために、九世紀の有名なスーフィー神学者、サフル・トゥスタリー[3]が残した次の箴言に言及する。

「〈主性〉（〈主〉であること）には秘密がある。それはお前自身だ」。ここでサフル・トゥスタリーは（「お前自身」と言って）具体的に存在するあらゆる個別的に在る者に呼びかける。「もし仮にお前自身がなくなったならば、[2]〈主性〉そのものもなくなろう」と。サフルが「もし仮に」と言うのに注目せよ。その語は、そうした事態が実際に生起しえないことを意味する。言い換えると、これ（秘密）が決して消え去らないので

〈主性〉も決して消え去ることがない。どの在る者もその〈主〉のおかげで存在するが、実際にはあらゆる個々の在る者はずっと存在している（物質世界に存在しないとしても、少なくとも、物質的でない実の在り方で存在する）からだ。かくして〈主性〉は永遠に存在する。（イスマーイール章第七、一一五頁／九〇—九一頁）

一度ならず指摘したように、イブン・アラビー思想では、〈主〉が(1)「絶対的」（muṭlaq）次元と(2)「相対的」（iḍāfī）次元の異なる二つの次元で考察される。「絶対的」次元の〈主〉はアッラーである。他方、第二の次元の〈主〉は、或る特定の在る者の〈主〉、特定の〈名〉が実際に現れた形相である。〈主〉（rabb）という概念そのものから見ると「相対的」次元がその概念にふさわしく、「絶対的」意味での〈主〉が現れるのは極めて稀だ。カーシャーニーはこれを次のように説明する。

ラッブ（rabb）は精確に言うと相対的な語であり、〈主〉として君臨する対象（marbūb. 文字通りには「支配されるひと」）を必要とする。アラビア語のラッブは三つの意味で用いられる。(1)「所有者」、例えば、たとえばラッブ・ダール（rabb al-dār. 家の所有者）やラッブ・ガナム（rabb al-ghanam. 家畜の所有者）など。(2)「主人」、例えば、ラッブ・カウム（rabb al-qawm. 人々の主人）やラッブ・アビード（rabb al-ʿabīd. 奴隷たちの主人）など。(3)「養育するひと」、例えば、ラッブ・サビー（rabb al-ṣabī. 少年を養育するひと）やラッブ・ティフル（rabb al-ṭifl. 赤ん坊を養育するひと）など。

ラッブという語を相対的に用いないなら、全宇宙の〈主〉だけにこの語が適用される。この場合、〈〈主性〉の「対象」に言及せずに〉定冠詞を附してアッ・ラッブ（al-rabb）と言い、そうしたラッブはアッラーだけを意味表示する。アッラーにこそ前に挙げた三つの意味内容の〈主性〉が本質的な仕方で帰属し、アッラー以外のものには附帯的な仕方でのみ帰属する。「アッラー以外のもの」はそれ（つまり、正当にアッラーに帰属する〈主性〉）が現れる場にすぎないのだ。

したがって、〈主性〉は、唯一つのもの（つまりアッラー）だけに正当に帰属する性質なのであるが、（「相対的な」〈主性〉として）多なる形態を帯びて立ち現れる。（「相対的な」）〈主性〉が現れたひとは、その者自身の持ち物、奴隷、子供に対して裁量権が与えられるが、その与えられる裁量権の度合いに応じて、附帯的に〈主性〉をもつ。

自己顕現する場が異なるので、〈主性〉という属性にはさまざまな程度の違いが必ず生ずる。したがって、（自分の所有物に対して）大きな支配力を与えられたひとは当然のことながらそれ以外のひとより程度の高い〈主性〉をもつ。（『カーシャーニー注』ムーサー章第二五、三二〇―三二一頁）

ここまで、「絶対的」な〈主〉であれ「相対的」な〈主〉であれ、本質的に、〈主〉には〈主性〉を行使する対象が必要であることを確認した。つまり、ラッブはマルブーブなしに成立しえない。そして、〈主〉という語がまさに神に用いられる場合であってもこのことが当てはまる。すでに我々が知るように、他者を必要としないただ一つの例外は、絶対性の状態にある絶対者、つまり〈神の本質〉である。

神名は本質的に〈名指される対象〉と同一である。そして〈名〉は（究極的に）神に他ならない。（だが、〈名〉と神のあいだに違いが生ずる。なぜなら）（〈本質〉と違って）〈名〉は、〈名〉自らが提示する〔表示する〕さまざまな実相〔haqā'iq〕を求めて已まない（からである）。そして〈名〉の求めるそうした実相は世界に他ならない。したがって〈主性〉が主として君臨する対象（マルブーブ）を求めるように、〈神性〉（ulūhīyah. つまり、絶対者が神であること）もまた神として現れるべき対象（ma'lūh）を求める。そうでなければ、つまり、世界がなければ、（〈神性〉も〈主性〉も）自身の実相をもたない。

全く世界を求めないのは〈本質〉としての絶対者だけである。だが〈主性〉はそうした性質を自身の性質としてもたない。

それゆえ、〈事の真相〉（amr）には二つの側面がある。〈主性〉が要請する側面が一つ、〈本質〉が己れに要請する、世界からの完全なる独立性がもう一つの側面である。だが（さらに歩を進め、これら二つの側面を一つにできるかもしれない。なぜなら）真の在り方、本当には〈主性〉は〈本質〉そのものでもあるのだから。（『叡智の台座』シュアイブ章第一二、一七四頁／一一九頁）

こうして、「主」が、さまざまな関係性（nisab）を帯びたと想定される〈本質〉（dhāt）に他ならないことを我々は知るに至る。だが、これらの関係が〈神の本質〉に実際に存在するのでないことを忘れてはならない。〔〈本質〉に想定される〕さまざまな関係が多であるのは、人間のこころに固有の主観的な見方がさまざまであるのに対応して——人間のこころは本性上、それらを通して初めて〈神の本質〉に近づくことができる——多であるにすぎないのである。

図らずも、イブン・アラビーが〈神性〉（ulūhīyah）と〈主性〉（rubūbīyah）を区別するのを前掲引用文中に見ることができる。カーシャーニーの言うように、〈神性〉は、〈名〉の「現前」（存在論的地平）に相当する（『カーシャーニー注』シュアイブ章第一二、一七四頁）。そのときの〈名〉とは、神と考えられた絶対者のもつ〈名〉である。その地平において、（神としての）絶対者は、被造物から見れば、称讃、畏敬、恐れ、祈り、服従の対象である。他方、〈主性〉は、「行為（afʿāl）の現前」、つまり被造物を経綸したり、存続させたり、支配したりといった神の行為に関わる〈名〉が現れる地平である。

注

（1）この文章でイブン・アラビーは「一性」（aḥadīyah）という語をワーヒディーヤ（wāḥidīyah）の意で用いる。アハディーヤとは、すでにいくつかの文脈で述べたように、さまざまな神名に分化する前の絶対性状態にある〈本質〉（dhāt）なのだから、アハディーヤの次元においては外側へのタジャッリーが全くないのは言うまでもない。しかし、イブン・アラビーがこの文章で本当に言いたいのは、絶対者が、あらゆる神名を包括し一つとした神であるような〈統合的一者性〉（ワーヒディーヤ）の次元においてすら、いかなる在る者も〈統合的一者性〉がその全体をもって自己顕現する場となりえないことである。

（2）アフィーフィーは次のように言う（「アフィーフィー注」八七頁）。ザハラ（ẓahara.「現れている」「現れてくる」）という語はここでは通常の用法と正反対の意味をもつ。すなわち、ここではザーラ（zāla.「消え去る」「存在するのを止める」）の意で理解せねばならない。この語のこうした使用は古詩に多く見られると。

〔訳注〕厳密に言えば、アフィーフィーはカイサリーの解釈を引く。カイサリーが述べるように、*ẓahara* に *zāla* の意を汲む解釈は『マッカ啓示』にあり、「発見される」と言ったのはそれを考慮してのことである。『カイサリー注』六四四頁、『ジャーミー注』一九七頁。

第九章　存在論的な慈しみ

神名にはさまざまな位次の違いがあり、より高い位次の神名が、事実上、より低い位次の神名すべてを含むことが直前の二つの章から明瞭となった。もしそれが正しいならば、当然のことながら、この階層のなかに最高の位次にある〈名〉、つまり、あらゆる〈名〉を含みもつもっとも包括的な〈名〉があるはずだと想定される。事実、イブン・アラビーによればそうした〈名〉が確実にある。それは「慈しみあまねき者」(Raḥmān) である。その至高の〈名〉、その〈名〉のもつ性質、およびその働きについてイブン・アラビーの考え方を詳細に検討することをこの章にあてたい。

イスラーム思想の極めて初期の段階から〈神の慈しみ〉という概念は重要な探究課題であった。クルアーンの至るところで神が被造物に対して示す際限なき慈しみが強く主張される。神の〈慈しみ〉は実に「広く」、あらゆるものに及ぶ〔例えば「わが慈しみはあらゆるものに拡がる」クルアーン第七章第一五六節〕。イブン・アラビーもまた〈神の慈しみ〉が際限なく拡がると主張して已まない。「神の〈慈しみ〉が、実際の存在であれ、可能性であれ、あらゆるものに拡がることを知るがよい」(『叡智の台座』ザカリーヤー章第二一、二七〇頁／一七七頁)。

しかし、イブン・アラビーによる「慈しみ」(raḥmah) 理解には、この語が通常理解されるのと全く違う、或る重要な局面がある。通常の理解によれば、本質的に感情にもとづく態度をラフマという。思いやり、寛容、憐憫、慈しみといった態度がそれである。だが、イブン・アラビーにとってラフマはむしろ存在論的事実である。第一義的に、事物を存在せしめる行為、事物に存在を与える行為をラフマという。存在賦与としてのラフマには、無論のこと、存在を与える側の主体的で感情的な態度が倍音として加わる。

神は本性上「寛大さをもって溢れ出る者」(fayyāḍ bi-al-jūd)、つまり、神は際限なく万物に存在を発する。カーシャーニーの言うように「存在(wujūd)は、万物に拡がりゆくと言われる〈慈しみ〉が最初に溢れ出すものである」(『カーシャーニー注』ザカリーヤー章第二一、二七〇頁)。

そうした〈ラフマ〉理解は、クルアーンとイスラーム一般で重要な役割を担う神の倫理的性格の解釈にかなり特殊な彩りを添える。これは、神の「怒り」に関するイブン・アラビーの解釈に端的に見ることができる。

よく知られるように、クルアーンは神が〈慈しみあまねき〉こととともに、神が〈怒り〉の神であり、〈応報〉の神であることを強く主張する。クルアーンの神は正義の神である。善きことや敬虔な行為に対して無限の愛と思いやりをもって接するが、そのことが、誤ったことを行う者、神を信じることを拒み神に従わない者に容赦のない罰を与え批難するのを妨げるわけではない。

イブン・アラビーもまた神の怒り(ghaḍab)を認める。しかし彼にとって、ガダブは通常考えられる怒りの感情を言い表すのでない。その対立概念であるラフマと同じくガダブは存在論的性格をもった何かである。加えて、ラフマとの関連ではガダブはそれに従属する立場に置かれる。ガダブ自体が神の際限なきラフマの対象だからである。

〈怒り〉の存在そのものが、神が〈怒り〉に対して示す〈慈しみ〉から生起する。だから、〈慈しみ〉は〈怒り〉に先立ってある。(『叡智の台座』ザカリーヤー章第二一、二七〇頁／一七七頁)

この言葉には解説が必要であろう。この言葉についてカーシャーニーは次のように語る。

〈慈しみ〉は本質的に絶対者に帰属する。絶対者が本性上〈寛大な者〉(jawād) だからである……。だが、〈怒り〉は絶対者の本質に含まれない。反対にそれは、存在に伴うさまざまな結果と存在のさまざまな性質が完全に顕れるための受容性が、或るものたちから欠落することに由来する否定的性質にすぎない。或るものたちが〈慈しみ〉の受容性を欠けば、（その或るものに）現世でも来世でも〈慈しみ〉が現れない。ものの側が受容性を欠くがゆえに〈神の慈しみ〉がこの類のものに横溢しない事態が、その特定のものと関連して〈怒り〉と呼ばれる。……

したがって、絶対者に即して見れば、〈慈しみ〉が〈怒り〉に先立つのは明白である。〈怒り〉は、〈慈しみ〉を完全なかたちで（受け容れるよう期待される）場の側が実際には受け容れないことに他ならないからである。（『カーシャーニー注』ザカリーヤー章第二一、二七〇頁）

我々が「悪」(sharr) と呼ぶものが何か実体をもち、何か実際に存在すると通常は想像される。しかし、「悪」それ自体を見ると、純粋な非存在 (ʿadam) であって、純粋に否定的な意味においてのみそれは存在する。つまり、〈神の慈しみ〉が或るものに働きかけるとき、そのものの側が、本性上、〈慈しみ〉を在るべき姿で受け容れられないという意味においてのみ「悪」は存在する。別の言葉を使うなら、〈慈しみ〉（つまり、存在）を十全に受け取れないがゆえに十全に存在を実現させえない、もののもつ否定的状況のことを「悪」と言う。

〈神の怒り〉の対象となる事物、より哲学的に言うなら、適切なかたちで存在しえない事物と違って、存在を適切に受け容れることのできる残りの事物はみな、神に存在を要求する。そしてこの要求に応えて起こる神の働きが〈慈しみ〉である。そうであれば、当然のことながら、〈慈しみ〉は存在可能なあらゆるものに及ぶ。

あらゆる本質（ʿayn. つまり、原型の状態にあるすべてのもの）が神に存在を要求する。その結果、神の

〈慈しみ〉があらゆる本質に拡がり、それらを覆う。神の行使する〈慈しみ〉によって、そしてまさにそれによってのみ、神は、そのものが存在したいという（潜在的な）願いを（実際にその願いの起こる前に）受け容れ（つまり、よしわかったと認め）、それ（つまり、願い）に〔まずは〕存在を与えるからである。だから、我々は、神の〈慈しみ〉が、実際の存在であれ、可能性であれ、あらゆるものに拡がると主張する。

（『叡智の台座』ザカリーヤー章第二二、二七一頁／一七七頁）

原型の状態のあらゆるものは、すでにその状態で、実際に存在したいとの願い（raghbah）を密かに抱く。その願いがたんなる可能性の状態にとどまるときから、神の〈慈しみ〉がその存在論的な願いに拡がり、その願いに存在を賦与する。こうして実現した願いが、そのものの「備え」（isti'dād）となる。カーシャーニーによるこの文章の解釈は哲学的に極めて重要である。

潜在状態の恒常原型は（神の知の対象として）思惟される存在でしかない。それら自身だけでは現実に存在しない。それらは実際に存在することを望み、そのことを神に要求する。原型がこうした状態に至ったとき、神が本質的にもつ〈慈しみ〉がそれら原型に拡がり、神の存在論的自己顕現を受け容れうる能力を与える。この受容性、存在を受け容れるための本質的「備え」こそが、実際に存在したいとの原型の願いそのものである。

このようにして、存在を受け容れるために原型自体がもつ本性上の傾向という形態をもって、本質的な〈慈しみ〉が原型に行使する最初の作用の結果が現れる。この傾向が「備え」と呼ばれる。存在するための「備え」を原型がもつ以前においてすら、「もっとも聖なる発出」を通じて「備え」そのものを存在せしめることで神は原型に〈慈しみ〉を行使している。「もっとも聖なる発出」（al-fayḍ al-aqdas）とは、〈不可視〉の領域で起こる本質的自己顕現のことである。このように、原型の「備え」は、そっくりそのまま、それ（原型）に対して行われた〈神の慈しみ〉の結果である。なぜなら、厳密には、それに先立って原型には存在がないからである。あったとしても自分自身の「備え」を要求することだけである。（『カーシャーニー注』ザカリーヤー章第二一、二七一頁）

〈神の慈しみ〉の働きは、これまでしばしば言及した絶対者の自己顕現の一過程に他ならないことがこの文章からわかる。〈慈しみ〉は存在賦与であり、イブン・アラビーの概念枠において、絶対者が世界の事物に存在を与えることはそのまま、絶対者がこれらの事物に自らを顕すことだったからである。

いま引かれた文章で、〈慈しみ〉の現れる第一段階は、いまだ実際に存在しないものに存在するための「備え」を与えることだとカーシャーニーは言う。そして、この段階は、神の自己顕現理論においては「もっとも聖なる発出」に対応するとも言う。しかしこの発言はいささか誤解を招くかもしれない。過度に単純化して全体を提示するからである。したがって、イブン・アラビー自身が〈神の慈しみ〉について語る言葉に即して、〈神の慈しみ〉が顕れる過程を詳細に再検討せねばならない。だが、不幸にも、これは『叡智の台座』でもっとも難解な箇所の一つである。まず全文を引用し、それからそれを三つ〔(2)、(3)、(4)〕に分けることにしよう。私見では、この三つの部分がそのまま、〈慈しみ〉が順を追って現れる三段階に対応する。

(1) 多数ある神名はそれぞれが「もの」である。そしてそれらはみな究極的に一つの単一な〈本質〉に還元される。

(2) 〈慈しみ〉が拡がる最初の対象は、その〈本質〉（ʿayn）の「もの性」（つまり、或るものが「何か」だと認知されるための存在論的に見て第一次的な実の在り方）であり、その〈本質〉が〈慈しみ〉から〈慈しみ〉そのものを生み出す。したがって〈慈しみ〉が拡がる最初の対象は〈慈しみ〉自身である。(3) 次に（第二段階での〈慈しみ〉の対象は、）さきほど述べた（〈名〉の）もの性である。(4) そして（第三段階では）際限なく生成しつづけるあらゆる存在者のもの性である。それらにはこの世の存在者もあるし来世での存在者もある。実体もあれば偶有もある。複合体もあれば単純体もある。（『叡智の台座』ザカリーヤー章第二一、二七一―二七二頁／一七七頁）

〈神の慈しみ〉が現れる第一段階はこの文章の(2)が言及する。以下のように分析的に表現すれば状況がよりわかりやすくなろう。

絶対的絶対者の底、あるいは底知れぬ〈闇〉に、〈慈しみ〉の最初の兆し、いわば予感[1]が現れる。しかしながら、〈慈しみ〉が確乎として自らを顕すまで、その〈慈しみ〉は非存在（ʻadam）なので、それに「存在」を与える何かが必要である。その何かとは、その〈慈しみ〉に先立つ別の〈慈しみ〉である。しかし〈神的慈しみ〉に先立つ〈慈しみ〉は存在しえない。したがって唯一の可能性は、〈神的慈しみ〉が己れに対して〈慈しみ〉を行使することであろう。〈慈しみ〉に対する、自らへの〈慈しみ〉が〈慈しみ〉の現れの第一段階である。

神の存在論的自己顕現（tajallī）から見ると、同じ状況を「存在」の兆す最初の現れと表現することができよう。「存在」の兆し（あるいは可能性）が絶対的絶対者のなかに現れることとは、とりもなおさず、絶対者が己れを「存在」として意識するようになることを意味する。それは絶対者の己れ自身への自己顕現である。すでに言及された「発出」と関連づければ、この段階は絶対者の「もっとも聖なる発出」の始まりに相当する。

前記引用文の(2)はこの現象を理論的に構成しようとする。(2)は「〈慈しみ〉の最初の対象は、〈本質〉（つまり、絶対的〈神の本質〉）のもの性（shayʼīyah）であり、その〈本質〉は己れ自身の〈慈しみ〉で〈慈しみ〉を存在に至らしめる」ことであり、それは、〈絶対的に知られず知りえないもの〉自身の〈慈しみ〉が初めて顕現することで、〈絶対的に不可知なもの〉が「もの」（shayʼ）に変化するとの意味をもつ。そして、「もの性」、つまり絶対者が己れを「もの」として顕す際の存在論的身分――この存在論的身分は自己顕現のあらゆる段階のなかでもっとも一般的でもっとも不特定である――を絶対者が獲得するとは、そのまま、「自己対象化」の過程がすでに絶対者そのもののなかに生起し始めたと言うに等しい。絶対者の側における自己意識の現れがこれであり、それを世界の側から見れば、存在の夜明けに先立ってある曙光の現れである。この状態では絶対者以外のものがいまだ全く存在しない。だが、すでに存在賦与神学的に言えば「創造」がそこには確実に働いている。

〈慈しみ〉が現れる第二段階は、〈名〉あるいは恒常原型のもの性が確立する段階であり、前記引用文では(1)と(3)がそれに言及する。前段階では〈慈しみ〉が〈絶対的に知られず知りえないもの〉を「もの」に変化させたが、この段階では、〈慈しみ〉があらゆる〈名〉に拡がり、それらの〈名〉に存在を与える。〈名〉はそれにより「もの性」を与えられて「もの」となる。

タジャッリーの側面から見ると、第二段階は「もっとも聖なる流出」が完成する段階に相当する。第一段階と違い、第二段階は感覚経験の対象となる外界により近づいている。しかし、この段階にあってもタジャッリーは外側へのタジャッリーでいまだなく、〈不可視のもの〉の内側で起こる出来事にとどまる。ここでの〈不可視のもの〉(ghayb)が原初の純然たる未分化状態を離れるのは、さまざまな事物の本質的形態がすでにはっきりと見分けうる状態になったからである。〈不可視〉の闇のなかにある事物の形態(ṣuwar al-mawjūdāt)が神名である。そしてすでに見たように、これら本質のなかに顕れることで絶対者が己れに己れを顕現させる。〈神の意識〉が姿を現す最終的な形態がこれであり、こうして〈もっとも聖なる流出〉が完成する。

〈神の意識〉の内容を担うこれら本質的形態が、最初の「自己限定作用」(taʻayyunāt)である。これら「自己限定作用」は、創造された世界と関わりつつ〈本質〉のなかに現れる。そしてこの段階で生起する「もの性」は恒常原型の在り方に他ならない。したがって、その「もの性」は第一段階の「もの性」と違う「もの性」である。この段階のあらゆる存在者は、第一段階に特有の本質的一性は保つものの、同時に、可能的に互いに分けうる数多の本質がなす全体との意味合いももつからである。そして、この段階で働く〈慈しみ〉は神名の〈慈しみ〉(raḥmah asmāʼīyah)と呼ばれ、〈本質〉の〈慈しみ〉(raḥmah dhātīyah)と呼ばれる第一段階で働く〈慈しみ〉から区別される。

〈慈しみ〉の現れる第三段階は前記引用文の(4)に記される。神名を存在させた（第二段階の）後に、〈名〉が具体的に実現するものとしての現実個体を〈慈しみ〉が生起させる。ここで〈慈しみ〉の存在論的活動が完成し、タジャッリーもまた最終段階に到達する。術語的に前出の「もっとも聖なる発出」（al-fayḍ al-aqdas）から区別してこれを「聖なる発出」（al-fayḍ al-muqaddas）とイブン・アラビーは呼ぶ。以上のように、〈慈しみ〉は、〈神の本質〉から始まり、最終的に現象した現実としてのあらゆる可能的存在者にまで及び、全世界を覆う。

〈在る〉の世界全体を覆う〈慈しみ〉の活動は、或る特定の部分に起こるのでもなく、あれとこれとを差別するわけでもないと銘記すべきだろう。それは字義通りあらゆるものに拡がる。〈慈しみ〉の活動がいかなるものかを理解するに際して、「慈しみ」（raḥmah）という語から連想される人間の振舞いを思い浮かべるべきでない。

或る目標を達成したとか、或る目的に適う何かを行ったことを考慮して、そのうえで〈慈しみ〉の働きが起こるわけではない。適合しようが、適合しまいが、〈神の慈しみ〉はありとあらゆるものを存在で覆う。（『叡智の台座』ザカリーヤー章第二二、二七二頁／一七七頁）

このように無差別にまた無償で行われる〈慈しみ〉をイブン・アラビーは「無償の贈り物としての〈慈しみ〉」（raḥmat al-imtinān）と呼ぶ（二七六頁／一八〇頁）。この〈慈しみ〉は全くの無償である。特に何かに適うので与えられるのでなく、無作為に与えられる。何か善いことをなした、その報酬として贈り物が与えられるのではない。カーシャーニーが定義するように、「無償の贈り物としての〈慈しみ〉」は、例外なく全てに行き渡る本質的〈慈しみ〉である（『カーシャーニー注』ザカリーヤー章第二二、二七六頁）。どのようなものにもその〈慈しみ〉が拡がる理由はただ、その〈慈しみ〉が何かの行為に対する報酬ではないことにある。したがって、「もの性」の性質をもつものはすべてこの〈慈しみ〉を享受する。

この意味での〈慈しみ〉は「存在」と同義である。「慈しみ」を施すことは、無償の贈り物として「存在」を与えることを意味する。イブン・アラビーにとって「我れの〈慈しみ〉はありとあらゆるものを覆う」とのクルアーン第七章第一五六節の文言はこれを意味する。それは、絶対者がいかなる差別もなくあらゆるものに存在を与えることである。

それと対照的に、人間の本性に根ざす慈しみに近い「慈しみ」もある。何かの行為が為された代償として行使される〈慈しみ〉である。この〈慈しみ〉は同じくクルアーンの章句「お前の〈主〉は、己れ自身に〈慈しみ〉と書いた」（第六章第一二節）に由来づけられる。この〈慈しみ〉は差別的に施される、つまり、各人が実際に何を為したかに応じて施される。存在論的に言えば、各個体がもつ「備え」に応じて施される〈慈しみ〉である。

したがって、二つの異なる〈慈しみ〉（raḥmatān）がある。それに従い「慈しみある者」にも二つの意味が与えられる。アラビア語では、これら二つの意味は二つの異なる〈名〉で区別される。第一の意味では〈ラフマーン〉（al-Raḥmān）、第二の意味では〈ラヒーム〉（al-Raḥīm）である。ラフマーンとは、「無償の贈り物としての〈慈しみ〉」を施す者との意味をもつ〈慈しみある者〉であり、ラヒームの方は、「義務の〈慈しみ〉」を施す者との意味をもつ〈慈しみある者〉である。[1]

しかしながら、第二の〈慈しみ〉は（あらゆる存在者に存在を与える）第一の〈慈しみ〉の特殊事例にすぎないので、ラヒームという〈名〉はラフマーンという〈名〉に包摂される。イブン・アラビーはこれを次のように説明する。


（〈慈しみ〉には二種類ある。）「無償の贈り物としての〈慈しみ〉」と「義務の〈慈しみ〉」はそれぞれラフマーンとラヒーム（という〈名〉）に相当する。（神が）無償で〈慈しみ〉を与えるときにはラフマーンという〈名〉のもとに与える。他方、神が（〈慈しみ〉で報いなければならないと）自らに義務を課すときには、ラヒームの名のもとに行われる。

この類の「義務」は「無償の贈り物」の一部なので、ラヒームはラフマーンに包摂される。僕《しもべ》たちが善き行い――クルアーンに述べられる善き行い――を為したことへの報酬としてこの類の〈慈しみ〉が彼らに拡がりゆくように、神は「已れ自身に〈慈しみ〉と書いた」のだ。この類の〈慈しみ〉は神に課せられた義務である。その義務は僕たちに対して行うよう神が已れ自身に課したものであって、僕は善きことを行うことによってこの類の〈慈しみ〉を受けるに値するものとなる。（『叡智の台座』スライマーン章第一六、二三一―二三二頁／一五一頁）

各個人は已れがどの善き行為であれ、それを為せば、この類の〈慈しみ〉を受けるに値することをこの「義務の〈慈しみ〉」が意味するかに見えるかもしれない。だが、イブン・アラビーにとってそうした理解は表層的でしかない。真理を知る者から見れば、実際に善きことを行うのは人間でない。本当の行為の主体は神自身である。

この状態のひと（つまり、十全な意味で「義務の〈慈しみ〉」を受けるに値するひと）は、誰が（彼が為した善き行いの）本当の行為者であるかを已れの内奥において知る。善き行いは人間の身体の八つの部分[2]に分配される。そして神こそがその各部分の〈彼性〉（つまり、深奥の実相）だと神は明言する。これから見ると、本当の行為主体は神に他ならない。人間に属するのはその人間の表面的な形態だけである。神の〈彼性〉そのものが人間に内在する（と言うとき）、それ（〈彼性〉）が神の〈名〉の一つのなかに（つまり、物理的にある人間のなかにではなく、神名の一つが帯びる具体的形態としての人間のなかに）内在すると言うに等しい。（二三二―二三三頁／一五一―一五二頁）

「無償の贈り物としての〈慈しみ〉」に関して憶えておくべきもっとも重要な点は、それが例外なくすべてを覆うことである。そのとき、さまざまな神名自体もこの類の〈慈しみ〉の対象となるのは至極当然である。

> 「我れの〈慈しみ〉はありとあらゆるものを覆う」（クルアーン第七章第一五六節）と神が宣言した時、神は「無償の贈り物としての〈慈しみ〉」を全ての境界づけの上に据えた。だから、その「無償の贈り物としての〈慈しみ〉」は全ての〈神名〉――（〈神的本質〉を境界づける）全ての各々に相対的な限定群の諸々の実の在り方までも覆う。我々（つまり、世界）に（存在を賦与するまさにその行為に）よって神はあらゆる〈神名〉に「無償の贈り物としての〈慈しみ〉」を示した。したがって、我々（世界）は神名――〈主性〉に帰属するさまざまな関係（つまり、絶対者が「〈主〉」として在るがゆえに生ずるさまざまな関係）――に〈慈しみ〉が行使された結果である。（二三四頁／一五三頁）

「無償の贈り物としての〈慈しみ〉」のもつこうした普遍的で、何の条件も附されない無差別的性質は、イブン・アラビーの存在論のなかでも事物の価値に関わる部分に深刻な影響を与えざるをえない。簡潔には、「善悪を超えて」というフレーズにイブン・アラビーのこの問題に対する立場が集約される。

すでに見たように、この意味での〈慈しみ〉はあらゆるものに存在としての存在だけを与える。そして、創造されたさまざまな形態のなかに絶対者が自らを顕現させることにより、そうした存在賦与は行われる。この存在論的働きは、それ自体を見るならば、道徳的判断と一切関わらない。別の言葉を使うと、〈慈しみ〉の対象が善（khayr）であろうと、悪（sharr）であろうと、本質的には少しの違いもない。普遍的な〈慈しみ〉の働きによって存在が賦与された後に、評価の対象となる善悪その他の性質を事物が帯びるにすぎない。善悪その他が実際に現れるのは、「義務の〈慈しみ〉」が働いた結果である。なぜか。この類の性質を事物が帯びるのはものそれ自体が帯びる性格に由来するからだ。

「無償の贈り物としての〈慈しみ〉」は存在賦与である。さらに、与える存在は、存在としての存在であって、善としての存在、悪としての存在には関わらない。これは、イブン・アラビーの主要なテーゼの一つである。簡潔には、ありとあらゆるものが絶対者の自己顕現であり、〈慈しみ〉はこの意味において全てに拡がり、全ては「まっすぐな道」(sirāṭ mustaqīm)の上にある。そしてこの段階において善悪の区別はない。

実に、神には「まっすぐな〈道〉」がある
〈道〉は其処に在り、何処ででも眼に入る
〈道〉の実の在り方は、大きなものたちにも小さなものたちにも
真理を知らぬ者どもにも、真理を知る者にも内在する
神の〈慈しみ〉がありとあらゆるものを覆うと言われるのはこのためだ
取るに足らず卑しかろうと、気高く堂々としていようと、その〈慈しみ〉が覆う

だから、「地上にいる一頭の動物ですら、その前髪を神は捕らえている。わが〈主〉は「まっすぐな〈道〉」の上にいる」(第一一章第五六節)(とクルアーンに言われる)。その場合、地上を歩くあらゆる生き物が〈主〉のまっすぐな〈道〉の上にいるのは明らかである。これから見れば、「神の怒りをかう者たち」(第一章第七節)はいないし、「〈道〉を踏み外す者ども」(同上)もいない。「怒り」も「〈道〉を踏み外すこと」も二次的に生ずるにすぎない。究極には(あらゆる二次的区別の現れに)先立つ普遍的な〈慈しみ〉へとありとあらゆるものが帰着する。(『叡智の台座』フード章第一〇、一四九—一五一頁/一〇六頁)

神自身が、個々の動物すべての前髪を摑み、まっすぐな〈道〉へと導く。このことは、存在者としてのあらゆるものがそのままで善であり、以前に見たように、神によって実際に嘉しとされているのを意味する。

こうした仕方で、神自身の導きによって神のまっすぐな〈道〉をありとあらゆる者が歩む。しかしそれと同時に、個々のものはそれ自身に特徴的な性質をもつ。つまり、それぞれは個々にそれ特有の行動をさまざまに行いつづける。それらの行為は、それぞれの存在者が帯びる、人格的な〈主〉として機能する或る特定の神名が具体的に顕れた行為だ。別の言葉を使えば、あらゆるものは、〈慈しみ〉の存在論的活動によってまっすぐな〈道〉に置かれたのちに、第二の段階として己れに固有の性質を発揮し始める。その当のものは或る特定の神名が具現化したものであり、その特定の〈名〉が帯びる特性（khuṣūṣīyah）に応じて、そのものの特性が発揮される。

（クルアーンの描くところによると）絶対者以外のあらゆるものは地上を歩く動物である。「動物」と呼ばれるのはひとえに精神（rūḥ）[2]をもつからだ。

しかし、自分だけの力だけで「歩き回る」者はいない。ただ二次的に「歩き回る」だけである。実際には、まっすぐな〈道〉を歩む（その動物の〈主〉）の運動に従って歩いている。しかし、〈道〉の側はその上を歩む人々（動物）がいなければ道となりえない。（一五一頁／一〇六頁）

このように、あらゆるものが第一義的には、つまり存在者としては、善でも悪でもないと言うのは根本的には正しい。しかしながら、存在は、絶対者のもつ根柢的な〈慈しみ〉が直截に顕現したものであり、その意味では、あらゆるものが本質的に「善」（ṭayyib）である。どのようなものであれ、それが存在するというそのことに関しては善である。ひとが己れの主観的相対的視点から何かを好み、または嫌う場合に限り、善悪の区別が生ずる。イブン・アラビーにとって、「善」と「悪」は絶対的でなく、全くの相対的なものである。これをイブン・アラビーは次のように説明する。

ニンニクの「悪しさ」〔khabīth〕について、預言者〔ムハンマド〕がかつて「その臭いが私は嫌いだ」と言った。だが、彼は「私はニンニクが嫌いだ」と言ったのでない。当のニンニクそのものに嫌われるべきいわれがないからだ。嫌われるのはただニンニクの外見〔外臭〕である。

こうした不快さは慣習に由来するのか、つまりそのひと自身の本性や目的に合致しないことに由来するのか、それとも〈法〉規定〔sharʿ〕に由来するのか、それとも、望むような完全性を当のものがもたぬことに由来するのかのいずれかだ。私が今列挙した項目以外に原因はありえない。

世界にあるものたちが、善（つまり望ましきもの）〔tayyib〕と悪（つまり望ましくないもの）〔khabīth〕の二つの範疇に分けられるので、預言者（ムハンマド）は善を好み、悪を嫌う性質を帯びるよう造られた。

預言者は、天使たちを描いて、（彼らは人間どもの出す）悪臭〔屁〕に悩まされるとも言う。（人間がなぜに悪臭を放つのか。それは）人間が本来的にもつ元素構成〔mizāj〕特有の腐りやすさに由来する。ひとは「黒泥から成る土塊を捏ねて形にすることで創造された」（クルアーン第一五章第二六節）。だからひとは不快な臭い〔屁〕を出す。天使は己れの構成上、その臭いを嫌う。バラは、甘い香りがするのだが、糞ころがし〔juʿal〕はバラの香りを不快に感ずる。糞ころがしにとっては、バラが甘い匂いを発することはない。それと同じく、本性上、その元素構成が糞ころがしに似る人間は、真理を不快とみなし、嘘偽りを心地よく思う。「嘘偽りを信じ、神を信ぜぬ者ども」（クルアーン第二九章第五二節）との神の言はこのことに言及する。さらに神が「彼らは敗者だ」（同上）と言う時、「敗者たち」〔khāsirūn〕の語を己れ自身を見失った者たちの意味で用いて、神はそうした者どもを途に迷う者として描く。彼らは善悪を見分けることができず、したがって善悪の分別を全く欠くからだ。他方、神の〈使徒〉（ムハンマド）のこころには、ありとあらゆるものに関して当のものの善だけを好む、そうした愛が吹き込まれている。精確に言うなら、〔もともと、もの自体に善悪の区別があるわけではなく〕例外なくありとあらゆるものが（本質的に）善だ。

しかしながら、ありとあらゆるものに善だけを見い出し、何ものにも悪を見い出さない、そうした内部構成（をもつ者）がいると想像できるか。「いや、そんなことは不可能だ」と私は言う。世界がそこから生起する〈基盤〉――この語で私は絶対者を言う――にすら（善と悪の対立）を我々は見い出すからだ。（神としての）絶対者が何かを好んだり、何かを嫌ったりするのを我々は知る。そして悪とは嫌われる何かであるに過ぎず、善とは好まれる何かに過ぎない。世界は、絶対者（つまり、好むと好まないをもつ者）を象《かたど》って創造され、人間は、これら二つのもの（絶対者と世界）を象って創造されたのだ。

したがって以上のことから、全てのものに関して或る側面（つまり善か悪かのいずれか）だけを認識判断する、そうした元素構成を誰ももつべきではないことが導かれる。だが、ただ味覚〔dhawq〕（によって惹き起こされる主観的印象／主観的判断）ゆえに、悪いとされた何かが悪いのであって、味覚（で惹き起こされる主観的印象／主観的判断）を除外して考えるならば、その悪いとされたものは（本質的には）善い。そのことを十分に弁えて、どんな悪しきものにも善い要素を見分ける、そうした元素構成をもつ人間は確かに存在する。[3]そうした者の場合には、善いという認識判断が圧倒的であって、悪いという認識判断を完全に忘れ去る。これは十分に可能ではある。しかし、世界つまり〈在る〉〔kawn〕の領域から完全に悪を撥無することはできない。

神の〈慈しみ〉は、善なるものも悪なるものも覆う。悪しきものはいずれも己れを善いとみなし、（他のものにとって）善なるものがその悪しきものには悪く見える。〔絶対的に〕善きものはこの世界に存在せず、或る視点から見れば、そして或る元素構成から見れば、〔善きものは〕悪しき何かに転化する。同様に、〔絶対的に〕悪しきものもこの世界に存在しない。（『叡智の台座』ムハンマド章第二七、三三九―三四〇頁／二二一―二二二頁）

そうした高みから眺めれば、宗教的な意味での善悪、つまり「従順」（ṭāʻah）と「反逆」（maʻṣiyah）すらも、究極には全く同一のものがもつ二つの側面にすぎない。ムーサーがファラオの前で杖を投げた逸話が帯びる象徴的意味合いを例にイブン・アラビーはこのことを説明する。

「それからムーサーは杖を投げた」（第二六章第三二節）。ファラオが傲慢にもムーサーに従わず（ʿaṣā）、ムーサーの呼びかけに答えることを拒絶した際の（ファラオの精神、もしくはファラオ本来の在り方）を杖（ʿaṣā）が象徴する。「そしてそのとき杖は見紛うことなき蛇〔thuʿbān mubīn〕に変わった」（同上）、つまり杖が眼に見える形としては蛇（ḥayyah）に変わった。（ここに引用されたクルアーンの一節は）悪しきことである反逆が、善きことである服従に変わったのを意味する。（『叡智の台座』ムーサー章第二五、三二〇頁／二一〇頁）

ファラオの眼前でエジプトの宮廷お抱えの魔術師たちと対決した際、ムーサーは手にしていた杖を床に投げた。アラビア語でアサー（ʿaṣā）と表記される杖は、音が同一であることによって、イブン・アラビーのこころのなかで、動詞アサー（ʿaṣā）（「反逆する」「服従しない」を意味する）と連合し、「不服従」の象徴となる。杖は、ファラオがムーサーに服従せず、ムーサーの呼びかけに答えなかったことを象徴する。

杖は投げ捨てられると、たちどころに蛇に変わった。「蛇」を意味するアラビア語のハイヤ（ḥayyah）[4]は再びイブン・アラビーのこころに、よく似た音声構造をもつハヤー（ḥayāh）、つまり「生命」を想起させる。この文脈での「生命」は、〈実の在り方〉の深層構造にひとが直接触れることから生ずる精神的な生命を意味する。そしてイブン・アラビーにとってハヤーは神に対する「従順さ」を意味する。

このように、ムーサーが起こした奇跡は、ファラオが本性上もっていた反抗的な魂が従順で素直な魂に変えられたことを象徴的に表す。従順な魂と反抗的な魂という二つの魂があるのではない。カーシャーニーが注釈するように、魂そのものは「同一の実体」である（『カーシャーニー注』二六一頁）。ただし、それが文脈に応じて善になったり悪になったりするにすぎない。同一の実体が二つの異なる側面を見せ、二つの様態で現れてくるのだ。

ムーサーの杖そのものは同一である。しかし、或る時には杖として、また或る時には蛇として現れる。特定の状況に応じて、つまり、それをどのような視点で眺めるかに応じてその変化は起こる。同様に、ファラオが何をしようと、その行為そのものは善でも悪でもない。変わるのはその性質だけである。そのようにしてファラオの同一の行為が時に反抗的になり、時に従順になる。

> 「神は悪しき行為を善き行為に変えるだろう」（クルアーン第二五章第七〇節）という神の言葉に応じて、これらの事態が生起した。神のこの言葉は行為の性質に関わり（行為の本質に関わるのでない）。このとき、相異なる性質が互いに区別される個体として同一実体〔jawhar〕のうちに現れてくる。この例に即して言うなら、一つの実体が杖として、そして蛇〔ḥayyah〕、クルアーンに言う「見紛うことなき蛇〔thuʿbān ẓāhir〕」として現れる。〔杖であり蛇であるそれは〕蛇としては、他の蛇をすべて飲み込んでしまい、他方、杖としては、他の杖を飲み込んだのだ。[5]（『叡智の台座』ムーサー章第二五、三二〇頁／二一〇頁）

イブン・アラビーは同じ考え方を今度は神学的視点から〈神の意志〉（mashīʾah）の問題として展開する。この世に生起することはすべて、為される行為はすべて、一つの例外もなく〈神の意志〉による。この意味で、善と悪、正義と不義の区別はありえない。ありとあらゆる現象は、その実際に生起したさまそのままに、〈神の意志〉の直接の結果である。あらゆることがそのように起こるのは神がそうした意志をもったからである。

こうした立場は〈聖法〉の立場と全く違う。〈聖法〉は彼此の区別をし、一方を認め、他方を認めないという立場を表明する。「悪い」ひとが何か「悪い」ことをすれば、そのひとの行為は明らかに〈聖法〉に反する。しかし、イブン・アラビーによるとそれは決して〈神の意志〉に反することでない。〈神の意志〉に反して何かが起こることは絶対にありえないからである。イブン・アラビーはこの問題を次のように語る。

> いまこの世で起こるあらゆる命令（つまり、具体的現象としてこの世で実際に起こっていること）[6]は実際には神の命令である。たとえ、〈聖法〉の名のもとに確立された或る特定の命令をそれが破ってしまうとしても〔それも神の命令である〕。その命令が本当に神の命令であったときに限り、実際に実行されるからである。

無論〈聖法〉そのものも〈神の意志〉であるが、その〈聖法〉に従ってこの世のあらゆることが起こるわけでなく、〈神の意志〉の定めたことに従ってあらゆることが起こる。神がそのように意志をもったおかげで〈聖法〉が実際に確立したのだが、〈神の意志〉が関わるのは〈聖法〉の確立までであって、〈聖法〉の望むことが本当に実現するかどうかにまでは関わらない。

したがって、〈意志〉こそが至高の権威である。アブー・ターリブ（・マッキー）が〈意志〉を「〈神の本質〉の玉座」とみなしたのはこれに由来する。

もしこれが正しいなら、〈意志〉から外れたことはこの世に生じないだろうし、〈意志〉によってしか、何かが〈在る〉の領域から取り除かれることもないだろう。〈神の命令〉[3]が「不服従」（あるいは「罪」）と呼ばれるものにこの世界で妨げられるなら、それは「媒介的」〈命令〉に関する事柄であって、「創造的」〈命令〉に関する事柄ではない。こと〈意志〉の〈命令〉（つまり、創造的〈命令〉）に関しては、神の〈意志〉に反して行為するなどできはしない。不服従は「媒介的」〈命令〉に対して起こる。（ダーウード章第一七、二五〇―二五一頁／一六五頁）

神の〈意志〉はタクウィーン（takwīn）、つまり「存在へともたらすこと」、あるいは「創造」だけに関わる。例えば、ひとが行為する場面では、〈意志〉が関わるのは或る行為が存在するようになるということ、ただそれだけである。〈意志〉は、その行為がどの個人によって起こるのか、その問題にまでは直接踏み込まない。[7]どの行為も必ず特定の個人を通して起こる。この意味で、あらゆる個人は、「責任ある」（mukallaf）ひと、〈聖法〉体系の範囲内で倫理的責任を負ったひとである。ひとの行為はすべて、この個人という「媒介」を経て「善」になったり「悪」になったりする。

事実、〈意志〉による〈命令〉は行為そのものが存在することだけに向けられる。「誰」がその行為をするのかに〈意志〉は関わらない。したがって、行為が起こらないということは絶対にない。しかし（その行為が実際に起こる）特定の場に即してみれば、その（同じ）行為が、時に〈神の命令〉に「従わない」と言われたり（つまり、その行為をするひとが所属する共同体の〈聖法〉がたまたまその行為を禁じていた場合）、時に「従順」だと言われたりする（つまり、そのひとの属する共同体がその行為を勧めていた場合）。そしてそれに応じて（同じ行為の）結果が罰であったり報酬であったりする。

これまで見てきたことが正しいなら、あらゆる被造物は、それらの種類がいかに異なろうと、ついには幸福に達する定めをもつはずである。神自身が「神の〈慈しみ〉はすべてを覆う」「〈慈しみ〉は〈神の怒り〉に先立つ」と言い、このことを表現している。「先立つ」とは前にあることである。したがって、すでに（否定的）判断を（本質的に）後に来るもの（つまり、〈怒り〉）によって下された或る特定のひとが、それより前にあるもの（つまり、〈慈しみ〉）に至りつくやいなや、それは彼に対して（新たな）判断を下し、その結果〈慈しみ〉がそのひとを支配することになろう。そうしたこと（奇蹟）が実際に起こるのは、それ（〈慈しみ〉）に先立つものが何もないからである。[8]

以上が「神の〈慈しみ〉は神の〈怒り〉に先立つ」という言葉の意味である。〈慈しみ〉に至ったひとにその〈慈しみ〉が決定的な影響を与える。それが（あらゆるものを待ち受ける）最終的到達点であり、すべてのものはその到達点に向かい走るからである。あらゆるものが必ずその最終的到達点に至る。だから、ありとあらゆるものが必ず〈慈しみ〉を獲得し、〈怒り〉を振り払う。（二五一―二五二頁／一六五―一六六頁）

以上の〈慈しみ〉の描写には、イブン・アラビーが普遍的〈慈しみ〉を二つの相異なる視点から同時に眺めることがはっきりと示される。「神の〈慈しみ〉はあらゆる存在者に浸透する」（Raḥmat Allāh fī al-akwān sāriyah. ザカリーヤー章第二一、二七三頁／一七七頁）という基本テーゼは、存在論的には、あらゆる存在者が神の存在賦与によって存在していることを意味する。またそのテーゼは同時に、あらゆるものが〈神の慈しみ〉のもとにあり、それゆえあらゆるものは本質的に祝福されて幸福な状態にあることをも意味する。

〈慈しみ〉が思い出す事物は幸福であり、祝福されている。そして〈慈しみ〉が思い出さなかったものはない。〈慈しみ〉が何かを思い出すことは、そのまま、〈慈しみ〉がそれを存在させることと同義である。したがって、存在するあらゆるものは〈慈しみ〉の恩恵を受けている。

友よ、不幸な状態にある人々を眼にしたからといって、また、一度ひとがそこに投げ込まれると決して逃れえない来世の責め苦を信じるからといって、私の言ったことが真実でないと思ってはならない。〈慈しみ〉は第一義的にあらゆるものに存在を与えるのだということを何にもまして知らなければならない。地獄の責め苦でさえそれに向けられた〈慈しみ〉によって存在をもたらされるのである。（二七三―二七四頁／一七八頁）

いま引用した箇所に直接つづく文章で、イブン・アラビーは〈慈しみ〉によってもたらされる二種類の結果を区別する。(1)〈慈しみ〉の〈本質〉によって惹き起こされる存在論的結果と(2)ひとの求めに応じて惹き起こされる結果がそれである。この区別は、「無償の贈り物としての〈慈しみ〉」と「義務の〈慈しみ〉」の区別に関してすでに我々が論じたことに対応する。ただし、今度は少し異なる視点からそれが考察される。

〈慈しみ〉の結果には相異なる二つの側面がある。第一の側面は、〈慈しみ〉自らの本性的要請に応じて作り出される結果に関わる。〈慈しみ〉があらゆる個別的本質（'ayn. つまり原型）を存在させることがその内容となる。〈慈しみ〉がそれを行う際には、目的をもってそうするわけでなく、目的なしにそうするわけでもない。またその行為が適切であるか否かを考量して、それを行うわけでもない。〈慈しみ〉の対象となるのは、あらゆる存在者が実際に存在する前の本質、つまり、いまだ恒常原型の状態にあるものだからである。

したがって、（例えば）〈慈しみ〉は絶対者を、さまざまな宗教（i'tiqādāt）のなかで「創作された」（それが実際に存在する前であっても）ものとして、恒常原型の一つとして（つまり可能的存在者として）見る。そして〈慈しみ〉は自分自身でそれに対して存在を与えるというかたちで〈慈しみ〉を与える。この理由により、〈慈しみ〉がすべての存在者を存在させるために自らに慈しみを与えたあとにまず最初に〈慈しみ〉の対象となるのは、さまざまな宗教のなかに「作られた」絶対者であると私は主張したのだ。

第二の種類の結果は、（被造物の側が）「求めること」〔su'āl〕により惹き起こされる（が、そこには二種類の「要求」がある）。（真理から）隔てられたひとは、そのひと自身の属する宗教（が与える特定の形態）の絶対者を思い浮かべながら、その絶対者に〈慈しみ〉を見せるよう要求する。それに対して、「開示された」人々〔ahl al-kashf〕は、神の〈慈しみ〉が自分たちのなかにあるよう要求する。彼らはアッラーの名を唱えながら、〈慈しみ〉を要求して、「アッラーよ、我々に〈慈しみ〉を見せてください」と言う。そして（絶対者はその返答として）彼らのなかに〈慈しみ〉を内在させることでそれに答える。（これら聖者たちのなかに内在するようになった）〈慈しみ〉は彼らのなかでその効力を発揮するようになる（つまり、彼ら自身が〈慈しみ〉の所有者となり、「慈愛あまねき者たち」として機能し始める）。（二七四頁／一七八頁）

重要であるにも拘わらず難解な文章においてイブン・アラビーが何を言わんとするかを精確に摑むよう努めねばならない。〈慈しみ〉の二つの作用のうち、一つ目は理解するに難くない。その種の〈慈しみ〉の作用が、すでに我々がラフマーン型の〈慈しみ〉として論じた〈慈しみ〉の存在論的活動に関わり、イブン・アラビーのもっとも基本的なテーゼの一つを指すからである。その根本テーゼは、絶対者の〈本質〉が、それぞれの事物に永遠に定められた可能性に呼応して、それぞれの事物特有の形態で自らを顕現させることにより、あらゆる存在者が存在を獲得するというものであった。

ここでイブン・アラビーは一般的理論的に考察することを離れ、極めて個別的な場合に考察を限定する。イブン・アラビーの共同体がもつ伝統的宗教の枠内で、信者とその信仰の対象とがいかに連関するのかという問題である。イブン・アラビーは論ずる。〈慈しみ〉の働きは、まず〈慈しみ〉自身に現れる。〈慈しみ〉はまず自分自身に存在論的（つまり、何かを存在させる）〈慈しみ〉を行使する。これにつづき、〈慈しみ〉はそれぞれの宗教のなかで「創作された」絶対者に存在を賦与する。

信者自身が「存在者」である限り根柢において恒常原型である。そうである以上、必ず存在論的〈慈しみ〉の対象となるのは言うまでもない。だが、これら信者たちの信仰の対象、つまり、彼らの神もまた元来は恒常原型であって、しかもそうした神の原型は信者たちの「原型」に含みこまれている。それゆえ、彼らもまた当然ながら存在論的〈慈しみ〉に働きかけられているのでなければならない。言い換えると、〈慈しみ〉の数多の対象として信者たちを存在させたのと全く同じ〈慈しみ〉の働きが、信者たち自身のなかに「創作された」絶対者を存在させるのである。

こうした存在論的〈慈しみ〉の活動と対照的に、或る特定の個人がそのひとの〈主〉に何かを求めるのに呼応して〈慈しみ〉が作り出すものに〈慈しみ〉の第二の側面は関わる。このときその特定の個人はたんに個人的な目的からそうした要求を行う。〈慈しみ〉のこの側面は、個々の「求める者」によって要求されたものに応じてさまざまな様態を帯びる。

イブン・アラビーは〈慈しみ〉を「求める者」（ṭālibūn）を二つの集団に分ける。(1)「ヴェールで覆われた」人々と(2)「開示された」人々である。(1)に属すひとは己れの〈主〉に「私に〈慈しみ〉をお与えください」「これを与えてください」「あれを与えてください」と願う。イブン・アラビーの見解では、こうした嘆願は実相を知らないがゆえに為す愚かな行為である。神の〈慈しみ〉は、恒常原型のかたちで永遠の昔から定まっていることだけにもとづき発動する。どんなに彼らが神に嘆願しようとも、そのひと自身（他のひとの場合も同じ）の恒常原型は決して変えることができない。

反対に、第二の集団は通常では考えられないことを要求する。彼らがその嘆願をとりわけて個別的な〈主〉に向けることはない。あらゆる神名を包括し一つとなったその一点としてのアッラーに向かって彼らは嘆願する。

彼らは「アッラーよ、我々に〈慈しみ〉をお与え下さい」と叫ぶ。この言葉は、字面通りに、「慈しみぶかい」ひとが他の人間に対して慈しみを見せるようなかたちで〈慈しみ〉を見せてくださいと彼らが神に頼んでいるのではない。アッラーという〈名〉が内包する普遍的な〈慈しみ〉を彼らが主体的に意識しうるよう彼らは神の計らいを望む。〈慈しみ〉の対象（marḥūm）という受動的状態を超越し、ラーヒム（rāḥim）、つまり慈しみを与える者の立場に己れを置くことが彼らの願いである。そうすることにより、いわば自分自身の属性としてあらゆる神名を意識することができる。

この望みが実現すると、これらの人々のなかで〈慈しみ〉が彼ら自身の個人的属性として力を発揮し始め、彼らのそれぞれがマルフームの状態からラーヒムの状態へと向かう。イブン・アラビーによると、〈慈しみ〉がこうした仕方で働くことは、つまり、或る性質が現れ、実行力を真に発揮することは、その性質のもつ非物体的内容（ma'nà）が或る特定の場に内在する時に限られるからである。

> こうして、それ（つまり、特定の場に内在する、〈慈しみ〉の非物体的本質）が真の意味でラーヒムとして機能する。彼が直接関わるひとに神が〈慈しみ〉を見せるときには、〈慈しみ〉を与えること〔〈慈しみ〉を内在させること〕でのみ〈慈しみ〉を見せる。この〈慈しみ〉が彼らに（彼らの主体的状態として）確立すれば、彼らは「味識《あじわい》」で〈慈しみ〉を実際に己れ自身の性質として発動させている感覚を経験する。〈慈しみ〉が（この意味で）思い出すひとにとっては、彼自身が〈慈しみ〉の主体である。したがって、こうしたひとは（マルフームという受動形の名で呼ぶよりは）能動形の名〔fā'il〕、つまりでラヒーム〔慈しみある者〕あるいはラーヒム〔慈しみを与える者〕で呼ぶ（ほうが適切であろう）。（二七四―二七五頁／一七八頁）

そうしたひとは、〈慈しみ〉が主体的な状態として己れ自身のなかに発動するのを意識するとイブン・アラビーは言う。彼はもはや、〈慈しみ〉を見せられる、〈慈しみ〉の対象でない。むしろ、〈慈しみ〉を他の存在者に見せる「主体」となる。いまやそのひとは「慈しみある者」と呼ばれるにふさわしい人間である。〈慈しみ〉を同化させ、個人的に変容する。後に完全人間の問題を扱う際にこの変化がもたらす重大な帰結を探索することにしよう。

ここまで、我々は、イブン・アラビーが「慈しみある者」（ラフマーン）という神名について思考を展開するさまを辿り、この〈名〉の概念的中核をなす〈慈しみ〉（ラフマ）の構造の解明に努めてきた。

次に考察すべきは、いかにして〈慈しみ〉が絶対者から発するかという問題である。イブン・アラビーは「息を吐き出す」との極めて大胆にして鮮やかなイマージュを用いてこの問題に対する彼自身の見解を言い述べる。ある程度の時間、息を止めると、胸に込められた空気が耐え難い苦しみを生みだすことは皆が経験する。ぎりぎりのところにまで達し、もはや息を止めていられなくなると、内側にとどめられた空気が一度にすべて吐き出される。胸に溜まった息が強引に外に出ようとし、終には爆発的に噴出する。ひとの胸から空気が噴出するように、絶対者の深みに圧縮された存在が〈慈しみ〉の形態を帯びて絶対者から噴出する。これをイブン・アラビーは「〈慈しみあまねき者〉の息吹」（al-nafas al-raḥmānī）と呼ぶ（ムハンマド章第二七、三三五頁／二一九頁）。

〈慈しみ〉の息吹が噴出する直前の状態を同じく印象的なカルブ（karb）という語を用いてイブン・アラビーは表現する。カルブは「荷を積みすぎる」「一杯にする」との意味をもつ語根〔K-R-B〕から派生した語であり、例えば、食べ過ぎたときの胃の状態を表現するのに用いられる。つまり、内側に込められたものが過剰にあるために惹き起こされる爆発寸前の異常な緊張状態をカルブと言う。

中が一杯に詰まったこの状態〔karb〕ゆえに（つまり、内部が極度に緊張している状態を緩めるために）絶対者は息を吐き出す。その息吹が〈慈しみある者〉という名に結ばれて（「〈慈しみある者〉の息吹」と呼ばれる）のは、〈慈しみある者〉（という名の下にある絶対者）がこの息で以て〈神的関係群〉（つまり、〈神名群〉〉に〈慈しみ〉を示し、世界のさまざまな形態が存在に至らしめられることを〈神的関係群〉が要求するのに答えるからである。（フード章第一〇、一六一頁／一一二頁）

すでに見たように〈慈しみ〉は存在賦与を意味するので、〈慈しみある者〉の息が「噴出する」とは、〈在る〉の顕現、あるいは〔観方を変えると〕世界の事物を存在させる神の行為を象徴的に表現する。イブン・アラビー独特の心象世界に即して言うならば、実際に存在する世界に神名が迸り出ること、とこの現象を活写することができよう。この心象風景においては神名が絶対者のなかでまず強度に圧縮されている。内部圧力が極限にまで達したとき、神名は絶対者の根柢から「迸《ほとばし》り出る」。世界のさまざまな形態を帯びて神名が実現しゆく存在論的過程をイブン・アラビーはこのように活き活きと描き出す。これが外側にある存在者として世界が誕生する瞬間である。バーリー・エフェンディーはこの存在論的過程そのものをより平明に説明する。

外界に存在する前の〈名〉は絶対者の〈本質〉のなかに隠されてあり、みな外に存在する世界へとまさに飛び出さんばかりである。この状態は、ひとが息を堪える状態に喩えられる。ひとのなかに閉じ込められた息が外側に飛び出そうとし、そのことでひとはひどく圧迫される感じを受けて苦しむ。……ちょうどひとが息を吐かなければ圧迫感に苦しむように、〈名〉の要求に応じて世界を存在させなければ、絶対者も圧迫され苦痛を感ずるだろう。（「バーリー・エフェンディー補注」一六一頁）

バーリー・エフェンディーはこれに注記して、神が「息を吐く」（tanaffus）という現象は、神が「在れ（kun）」という語を世界に発するのと同じだと述べる。そして「神が息を吐く」とは「神が自らの〈内側〉にあったものを「在れ」という言葉で〈外側〉に出し、かつて〈内側〉にあった神自身が〈外側〉に存在するようになる」ことを意味すると言う。

イブン・アラビーの世界観において、〈慈しみ〉の「息吹」は過去の或る時点で一度に起きたのでなく、反対に「溜め込まれた息」つまり、絶対者に内包された〈名〉が外に出ようとする己れの圧力により噴出する過程が途切れなくつづく。これをしっかりと確認せねばならない。そして、この途切れなく起こる過程は現世を存続せしめる。アリストテレスの術語を用いてこの事態を表現すれば、事物はつねに可能態から現実態へと変化しつづける。それは、絶対者の〈在る〉が全体として被造物の〈在る〉へ永遠に流れ出す途切れることなき過程である。こうした仕方で、真の意味での、そして絶対的な〈在る〉(al-wujūd al-ḥaqīqī)が一時も休むことなく自らを相対的な〈在る〉(al-wujūd al-iḍāfī)へと変化させつづける。イブン・アラビーから見れば、この存在論的変容——彼はこれを「発出」(fayḍ)と言うことがある——は、絶対者の内に閉じ込められた存在論的可能性に由来する内部圧力が引き鉄となって起こる、〈在る〉のおのずからの必然的運動である。この恒常的変容、つまり「息を吐くこと」がなければ、〈在る〉は限界を超えて圧縮されて、我々が息を止めることで耐え難い苦しみを味わうのと構造的に同じ状況に絶対者の〈本質〉が陥る。

ここまで神名を中心に「〈慈しみあまねき者〉の息吹」という現象を解釈したが、この現象は〈主性〉(「主《あるじ》で在ること」rubūbīyah)を軸として諒解することもできる。すでに見たように、「〈主〉」が、神名次元の絶対者の特定化された形態だからである。絶対状態の絶対者は完全に「独立」し、他の何ものも必要とせず、己れの外側に何かを求めることもない。だが、〈主〉としての絶対者は己れが〈主〉として在るための対象を必要とするので、マルブーブ(marbūb)なしに〈主〉としての絶対者は在りえない。

マルブーブ(「主が君臨する対象」)とは存在した状態の世界に他ならない。したがって、世界のなかにある事物に〈主〉は存在を与えなければならない。これと全く同じ事態を、〈主〉としての絶対者は本質的に僕《しもべ》に気遣う者なのだと宗教的な用語を用いて表現することができる。

〈在る〉が互いに対立するさまざまな関係[4]に分かれている地平において、神は自身について「僕たちへの気遣い（shafaqah）」をもつことと描写する。なお、この言葉は（有名な）ハディースに見える。（絶対者が）「〈慈しみ〉の息吹」によって最初に吐き出すのは〈主性〉である。これが実現するのは世界に存在を与えることによる。なぜならば、世界は本質的に〈主性〉や（他の）全ての神名により求められたものだからである。この側面から〈慈しみ〉があらゆるものを覆うこと……がはっきりとわかる。（『叡智の台座』シュアイブ章第一二、一七五頁／一一九頁）

したがって、「〈慈しみあまねき者〉の息吹」は、物質的に在るものたちの世界と精神的に在るものたちの世界双方に拡がる〈在る〉の原理であり基盤である。この存在論的身分にある「〈慈しみある者〉の息吹」をイブン・アラビーは〈自然〉（ṭabīʿah）とみなす。

この視角から見ると、「息吹」は（アリストテレス的な第一質料の意味での）実体（jawhar）であり、そのなかにあらゆる形態の〈在る〉――物質的なものも精神的なものも――が顕れる。この意味で、必ずそのなかに顕れてくるあらゆる形態に先立って〈自然〉が存在する。

限定された形態を伴って〈自然〉から生ずるあらゆるものに〈自然〉は先立って在る。だが実際には、〈自然〉とは「〈慈しみあまねき者〉の息吹〔al-nafas al-raḥmānī〕」に他ならない。その質料的実体〔つまり、〈第一質料〉〕を通じて「息吹」がとりわけ物質世界に流れ拡がることで、最高の形態から最低の形態まで世界のあらゆる形態が「息吹」〔あるいは、〈第一質料〉〕のなかに顕れる。光の性質を帯びた精神的なものたちの〈在る〉や、〔実体と異なる在り方をする〕属性を通じても「息吹」は流れ拡がるが、それは別の類の「息吹」の拡がり方である。[5]（『叡智の台座』ムハンマド章第二七、三三五頁／二一九頁）

この文章に沿いながら事態を説明すれば次のようになろう。神の「息吹」が、質料的実体、つまりさまざまな物理的形態を受け容れる〈第一質料〉(hayūlā) に浸透し、物質世界のなかにさまざまな物体を存在せしめる。また「息吹」は、それと同時にさまざまな精神的実体にも浸透し、〈光〉の性質を帯びた精神、つまり非物質的なものたちを、前者とは別の類の〈第一質料〉である精神的な〈自然〉を通じて流れ拡がることで存在せしめる。さらに偶有をもたらす〈自然〉を介しても「息吹」は流れ拡がり、それによって実体の内属性として存在するさまざまな偶有を在らしめる。

絶対者による存在賦与を〈慈しみあまねき者〉の「息吹」とみなすことは、イブン・アラビーの頭にたまたま浮かんだたんなる比喩では決してない。それは本質的比喩である。イブン・アラビーの見解では、その存在論的現象のあらゆる重要な側面が息を吐くという生理現象と一致し、息を吐くという人間の行為を特徴づける基本的属性が類比的に神の「息吹」に当てはまる。イブン・アラビー自身の記述にもとづきつつこれを考察していこう。

> 絶対者は己れに「〈慈しみあまねき者〉の息吹」を帰属させる。何かが或る属性によって性格づけられる場合は必ず、その或る属性が在ることでおのずと存在する性質のすべてがその当の何かに帰属する。さて（我々の論題に関して言えば）、動物が息を吐くという場合に、その息を吐くという属性に何が附随するのか、我々はよく知っている[6]。だから〔それからの類推により〕、神の息吹が世界にあるさまざまな形態を受け容れる〔ことがわかる〕。世界のさまざまな形態との関連で言うなら、神の息吹は〈第一質料〉として働く。そして（この身分における〈神の息吹〉）こそ、我々が〈自然〉と呼ぶものである。（イーサー章第一五、二二〇頁／一四三―一四四頁）

したがって、四元素、四元素から生じるあらゆるもの、〔四元素を超えた〕より高位の精神的存在者、七天の聖霊などがみな〈自然〉の「形態」であることがわかる（二二二頁／一四四頁）。

したがって、四元素は〈自然〉の形態（つまり、〈自然〉が特定の仕方で限定されたもの）である。また元素よりも上にある者、つまり（位階秩序において）七天よりも上にある「より高位の聖霊」も〈自然〉の形態である。さらに四元素から生まれたものもまた〈自然〉の形態である。ここで（「四元素から生まれたもの」とは）七天球と（その運動を支配する）精神を言う。それらは元素の性質をもつ。それらは元素の霧[7]からなり、元素の霧から生じるからである。

七天の各々に生ずる天使は同様に元素からなる。よって天に属する天使はみな元素的であるが、天球を超えたところにいる天使は（元素的ではなく、たんに）〈自然〉に属するにすぎない。この理由により、天使たちは相争うと神は言う[9]。〈自然〉そのものがその本性上、対立する極に分かれる傾向にあることがこのことを説明するだろう。さまざまな神名、つまり〈神の〔被造物に対する〕関係〉のあいだに本質的な対立があるのも、元を辿れば「〈慈しみあまねき者〉の息吹」が惹き起こしたのである。このような（分極化という特性を全く帯びない〈神の本質〉のうちにすら、（神名次元において）本質的独在性という特性が現れているのを知らないか[8]。このような仕方で、世界が創造者を象って創られる。このとき「創造者」は（〈本質〉ではなく、）「〈慈しみあまねき者〉の息吹」である[9]。……〈神の〉息吹（の性質）を知ろうとするならば（一八五頁／一四五頁）、世界を知るよう努めなければならない。（預言者の言うように）「己れ自身を知る者は、（そのひとのなかに自らを顕現させる）その〈主〉を知る」からだ。（なぜか。その理由は次のように説明できよう。）世界は「〈慈しみあまねき者〉の息吹」のなかに現れる。他方、神は、神名の〔世界での〕対象物が顕れていないことによって惹き起こされた内部圧力を、その息吹によって神名から吹き飛ばす。（神は、神名の〔世界における〕対象物を現象せしめることで神名の感じる内部圧力の苦しみを和らげる。）同時に、神はそうすることで、つまり「息」のなかに存在させたものによって、〈慈しみ〉を自分自身に対して示す[10]。かくして〈神の〉「息吹」が最初にもたらす結果が神自身のなかに（神名の顕現というかたちで）現れる。

この段階のあと、全ての神名に「息が吹きかけられながら」事態は進行し、ついに〈在る〉の最終段階（つまり、世界）へと至る。（二二二―二二四頁／一四四―一四五頁）

イブン・アラビーは短い詩を掲げて結論とする。その第一連に次のようにある。

かくして、ありとあらゆるものが〈息〉の底に含まれる
日中の眩い光が夜明け前の暗がりのなかに含まれるように（二二四頁／一四五頁）

全世界はいまだ暗闇に覆われている。だが、それは真夜中の暗さではない。曙光はいつ現れてもいいように備えており、すでに可能的には在るからである。この一節に対してアフィーフィーは次のコメントを加える。「息吹」はあらゆる存在者の形態が顕れることのできる質料的実体（al-jawhar al-hayūlānī）を象徴する。質料的実体そのものは全くの闇であり、知ることは決してできない。しかし、すでに顕現した状態から眺めれば、宇宙のあらゆる形態をその闇のなかに微かに見ることができると（「アフィーフィー注」一九七―一九八頁）。

〈慈しみ〉（raḥmah）が、イブン・アラビーの思想構造を或る特定の仕方で特徴づける鍵概念の一つであるのは間違いない。〈慈しみ〉よりも重要度は少し劣るが、〈慈しみ〉に極めて近い内容をもつ鍵概念が〈愛〉（maḥabbah）である。〈神の愛〉は結局のところ〈慈しみ〉と同じものであるが、少し違う視点から捉えられる。神学的に言えば、〈愛〉は、神が世界を創造するときの根本的な動機であり、イブン・アラビー特有の存在論からすれば絶対者が自己顕現する原動力である。この章を終える前にこの概念を分析し、イブン・アラビーの哲学体系のなかでそれがどう位置づけられるかを論じておこう。

〈愛〉という概念がイブン・アラビーの思想のなかでなぜそれほどまでに重要な役割を担うのか。それには特

別な理由がある。神自らが有名なハディース〔伝承〕のなかではっきりとそう述べるからである。その伝承はイブン・アラビー哲学の出発点であり、基礎的な部分であり、中核であると考えられよう。そのハディースとは「〈私〉は隠された宝である。〈私〉は知られることを望んだ（aḥbabtu「愛した」）。だから〈私〉は被造物を創造し、〈私自身〉をそれらに知らしめた。するとそれらは実際に〈わたし〉を知った」。

このハディースが明瞭に語るように、〈愛〉（ḥubb）が絶対者を世界の創造へと駆り動かす原理である。この意味で〈愛〉は「創造の秘密」（sirr al-khalq）、あるいは「創造の原因」（ʻillat al-khalq）である。敢えてイブン・アラビーに特徴的な表現を用いれば、〈愛〉とは、底知れぬ〈闇〉の状態を絶対者が振り払って、あらゆる存在者の形態を帯びつつ己れを顕しゆく原因となる何かだとこの考え方を言い表せよう。

より一般的な言い方を用いれば、イブン・アラビーにとって〈愛〉はあらゆる運動（ḥarakah）の原理である。（例えば或るひとが何かを行うときのように）この世で実際に起こる運動はみな「愛」が原動力となる。我々のなかであるいは我々の周りに生起する出来事を説明しようとすれば、「愛」以外のさまざまな原因（いわゆる「近接原因」〔asbāb qarībah〕のこと）に眼を奪われがちである。例えば、我々が行うこれこれのことの原因はこれこれのもの（例えば、恐れ、怒り、喜びなど）だと我々はしばしば言う。そうした原因に眼を奪われると、本当の原因、つまり、あらゆる原因のなかでもっとも根柢的な原因を見落としている。真理を知るひとの眼から見れば、〈在る〉のあらゆる次元で生起する運動という現象がすべて「愛」によって惹き起こされる。「愛」の働きがなければ、あらゆるものは、永遠の静止状態、つまり非‐運動の状態にあるだろう。そして非‐運動（sukūn）とは他ならぬ非存在（ʻadam）を意味する（『叡智の台座』二五五―二五六頁／二〇三頁）。

この点から見れば、世界が非存在の状態から存在する状態へと変化したことは、〈神の愛〉に惹き起こされた大規模な存在論的「運動」である。イブン・アラビーは次のようにこの考え方を表現する。

> もっとも基本的な最初の運動は、世界が安らいでいた非存在の状態（つまり、原型の状態）から、存在の

状態へ変化しゆく運動だ。この理由ゆえに、存在の実相は休止した状態からの運動だと言われる。そして、世界が存在しゆく運動は〈愛〉の運動だ。使徒が（神自身の言葉をそのまま述べて）「〈わたし〉は隠された宝である。〈わたし〉は知られることを愛した」と言うことからそれがはっきりわかる。この愛がなければ、世界は具体的存在を以って現れることはなかったであろう。この意味で、世界が存在へと向かう運動は、それを存在させようとする〈愛〉の運動である。……

他方、世界の側は、原型状態で安らいでいたときに眺めた自らの姿のままに存在するのを目睹することを愛する。したがって絶対者と世界、どちらの側から考えようと、世界が原型の非存在状態から具体的存在へと運動することは〈愛〉の運動である。（ムーサー章第二五、三一二頁／二〇三頁）

これらはみな、究極的に、己れの〈知〉と〈存在〉が完全にあることを絶対者が〈愛〉することによる。絶対者が元の絶対性の状態に独りあったならば、その〈知〉も〈存在〉も完全な状態に到達しえない。イブン・アラビーはつづけて言う。

完全（kamāl）はそれ自体だけで愛される［に値する］。だが、神の己れの〈知〉は、神が完全に全世界から独立する限り（つまり、神が世界創造以前に独りある限り、最初から絶対的に完全な状態で）そこにある。だから、［その後に神の］〈知〉の度合いは一時的な〈知〉（ʻilm ḥādith）[11] だけによって完全となる。この一時的な〈知〉に関わるのは、世界のなかに存在するようになった時点での個別的対象である。したがって、永遠の〈知〉と一時的な〈知〉という二種の〈知〉により（神のなかに）〈完全性〉が実現し、これら二側面を通じて〈神の知識〉の度合いが完全になる。それと対応して、〈在る〉の度合いもまた（世界の創造によって）完全となる。［〈知識〉の場合と同様に］〈在る〉にも、永遠（a parte ante. 無始の永遠）の〈在る〉と、永遠でない〈在る〉、つまり一時的な〈在る〉があるからである。「永遠の」（azalī）〈在る〉とは、絶対者が自らとして〈在る〉ことである。他方、「永遠でない」〈在る〉とは原型世界の形態を帯びて絶対者が〈在る〉ことである。後者の〈在る〉は、その状態にある絶対者が（自らを多に分かち）互い違いに顕れるので「生成」（ḥudūth）と呼ばれる。このようにして絶対者は自らに対して世界のさまざまな形態をとって顕れる。そしてこのことが〈在る〉を完全へと導く。（三一二―三一三頁／二〇四頁）

イブン・アラビーは結論部において〈愛〉という概念と〈慈しみ〉の息吹という概念とを結ぶ。

だから、世界の運動は完全への〈愛〉から生まれたと理解すべきである。

神名の結果がないことによって神名どもが感じていた（圧迫されているという苦痛）を、絶対者が息で世界と呼ばれる実の在り方のなかに吹き飛ばし、和らげたのを知らないか。絶対者がそうしたのは、安らぎ（rāḥah）を愛したからである。安らぎは、高い位次の形態と低い位次の形態を通じてしか獲得されない。このようにして、運動が〈愛〉により惹き起こされ、〈愛〉によらない運動は世界にないと結論づけることが許されよう。（三一三頁／二〇四頁）

注

（1）したがってラフマ・イムティナーン（raḥmat al-imtinān）はラフマ・ラフマーニーヤ（al-raḥmah al-raḥmānīyah）と呼ばれ、ラフマ・ウジューブ（raḥmat al-wujūb）はラフマ・ラヒーミーヤ（al-raḥmah al-raḥīmīyah）と呼ばれることがある。

（2）なぜイブン・アラビーはここで絶対者以外のものが「精神をもつ」（dhū rūḥ）と強く主張したのか。バーリー・エフェンディーは次のように考える。あらゆるものは「神を讃える」〔musabbiḥ〕とクルアーンに見え〔たとえば第一七章第四四節、第五九章第二四節、第六二章第一節、第六四章第一節、第六八章第二八節など〕、「讃える」という行為は精神からしか生じない。だからイブン・アラビーは絶対者以外のものが「精神」をもつことを強調したのだと（一五一頁）。ただし、「精神をもつ」を「生命をもつ」の意でも解しうると私は考える。次章に見るようにイブン・アラビーの世界観ではあらゆるものが「生きている」。

(3)「命令」(amr) は〈意志〉(mashī'ah) とは違う。すでに見たように、後者は絶対的であり、その決定は覆らない。ここでは不服従など起ころうはずがない。〈命令〉には二種類ある。(1)媒介によるもの (bi-al-wāsiṭah) と(2)創造的なもの (takwīnī) である。(2)は何であれ、それが存在するようになることに関わり、〈意志〉と同じものである。しかしながら(1)は〈聖法〉(shar') と同じものであり、服従しないことがありうる。

(4)すでに確認したように、神名は、絶対者が世界のなかの諸々の事物ともつ関係である。そしてこの次元では、「内側のもの」-「外側のもの」、「最初のもの」-「最後のもの」といった〈名〉〔の対立〕に応じて、絶対者のなかに対立が生じる。

(5)「精神」あるいは非物質的存在者の場合、「息吹」は「精神的な質料」(hayūlà rūḥānīyah) を通じて、「偶有」の場合には、「偶有の質料」を通じて拡がる。

(6)例えば、人間が息をすると、その息は音や言葉を「受け容れる」。音や言葉の方は言語の「形相」である（『カーシャーニー注』二二一頁）。

(7)「霧」(dukhān)。「蒸気」とも訳され、古代中国の「気」に相当する。四元素の「霧」のうち、「精妙」なものは七天を支配する精神となる。他方、「粗い」ものは七天そのものになる。

(8)〈本質〉そのものは世界が現れようが現れまいが何の影響も受けない。しかしそれが神名のレベルにまで降りてくるや「独立したもの」となる。また「独立したもの」となるや、「(何かに) 依存したもの」と対立することになる。このことが絶対者そのもののうちに最初の分極化を引き起こす。

(9)このようにして作りだされた世界は、その直接の創造者である「〈慈しみあまねき者〉の息吹」の性質を反映させているはずである。神名が自らを分極化させているので「〈慈しみあまねき者〉の息吹」は分極化を要請する。したがって世界もまた対立するものどもに分かれていく。

(10)神名は結局のところ神自身なのだから、「神は自分自身に対して〈慈しみ〉を示し」ていることになる。

(11)イブン・アラビーが神のなかに「永遠の」(qadīm)〈知〉にくわえて、一時的に造り出された〈知〉を認めることに注意されたい。それによって彼は明確に大半の神学者に対抗する立場を採る。

第十章　生命の水

〈在る〉のどの次元にあるのであれ、ありとあらゆるものに神の〈慈しみ〉が拡がるのを前章で見た。またこれが、「存在する」と記述するに値するありとあらゆるものに絶対者の〈在る〉が拡がり、絶対者の〈形相〉が〈在る〉の世界全体を貫き流れることを言い換えたものだとも我々は知っている。このように一般化されたかたちでは、第四章においてタシュビーフというキー・ワードのもとで論ぜられた内容とこのテーゼの内容は同じである。本章においてその一般的な問題を或る特定の視点からもう一度考えてみたい。

特定されたこの文脈で議論の出発点となるキー・ワードはラティーフ（laṭīf）である。この語は大まかに「微細な」「淡い」「精妙な」との意味をもち、対義語がカスィーフ（kathīf）である。後者は「厚い」もの、「濃い」もの、「粗い」ものなど濃厚な物質性で特徴づけられる事物の性質を言い表す。これの意味論的対立項であるラティーフの方は、極限にまで希薄であり、したがって、自らを他のものたちに拡散させ、自由にそれらと混ざりながら、それらに浸透しうる、そうした物質性をもつ事物の性質をいう。ラティーフという語が神名の一つであることがイブン・アラビーにとって極めて重要な意味をもつ。

こうした特有の意味内容をもつラティーフ（つまり、〈精微なもの〉）という〈名〉は、非物質的で不可視であり、色が物質に染みわたっているように〈在る〉の世界全体に浸透し、拡がる〈実体〉（jawhar）としての絶対者を言い表す。無限に変化するこの〈実体〉はあらゆるものを貫き流れ、あらゆるものの実相をなす。あらゆる個体はその個体のもつ名で呼ばれ、「相異なる」ものとして互いに区別される。だが、こうした相違はたんに偶然そうであるにすぎない。全世界を貫き流れる不可視の〈実体〉から見れば、あらゆるものが究極的に同一である。イブン・アラビーに独特の仕方でこの点が説明されるので彼の言葉に耳を傾けよう。

(神は) 己れ自身について「実に、アッラーはラティーフだ」(クルアーン第三一章第一六節) と言う。或る特定の名によってこれこれと限界が定められた或る特定のものに、[1] それの内面的な実《リアリティー》の在り方として神が (内在する) のは、神のラターファ (laṭāfah. つまり、右に説明した非物質的流動性をもつとの意味において神がラティーフとして在ること) や神のルトフ (luṭf. つまり、寛大さの意味において神がラティーフとして在ること)[1] の結果に他ならない。各個体のもつ特定の名の帯びる、慣習に定められた意味内容で以て、神自身が言及される、そうした仕方で神はありとあらゆる個体に内在する。(普通は、)「これは天だ」「これは地だ」「これは木だ」「これは動物だ」「これは王だ」「これは食べ物だ」などと我々は言う。だが、これらのものたちの各々に存在する本質自体は唯一つだ。

アシュアリー派の神学者たちもこれと似た見解をもち、世界が全体としてただ一つの〈実体〉なので、世界にある事物はみな〈実体〉において同質だと主張する。これは私が本質は一つだと言うのと同じである。アシュアリー派の神学者たちはさらに、世界は (すべてのものが同質であるにもかかわらず)、偶有によって (さまざまなものに) 己れを分化させると言う。これもまた、(一つの〈本質〉が) 形態や関係によって自らを多様化させ、(事物が) 互いに区別されるという私の考え方と同じである。したがって、二つの理論のどちらにおいても、これがあれでないのは (つまり、個体が互いに区別されるのは)、「形相」(ṣūrah) や「偶有」('araḍ) や「自然の (元素) 構成」(mizāj)――これ (差異化の原理) を何と呼ぼうとかまわない――による。だが、他方で、「実体」に関してはこれはあれと同じである。だから、(「質料」としての)「実体」

そのものが（或る特定の）「形相」や「自然の（元素）構成」をもつ全てのものの定義のなかで明示的に述べられねばならない。

しかしながら、（私の立場とアシュアリー派の立場には根本的な違いがある。その違いとは即ち、ここで問題となる〈実体〉が）「絶対者」に他ならないと私が主張するのに対して、（アシュアリー派の）神学者たちは、〈実体〉と呼ばれるものは「実の在り方」〔真の意味であるもの〕に違いないが、「開示」や「自己顕現」の（理論を支持する）人々が理解する絶対的な〈実の在り方〉と同じでないと考える。

だが、これ（つまり、私が教示すること）こそが「神がラティーフとして在ること」の帯びる奥深い意味内容である。（『叡智の台座』ルクマーン章第二三、二九〇―二九一頁／一八八―一八九頁）

彼のテーゼとアシュアリー派の神学者たちの存在論が或るところまでは同じであるとこの文章でイブン・アラビーが認めることは重要である。この学派の神学者たちは、世界が本質的にたった一つの〈実体〉であり、個体間の違いはすべてたまたま在る属性によるとの立場を採る。だが、二つの派のあいだに基本的な違いのあることを強く主張するのをイブン・アラビーは忘れない。カーシャーニーの言うように、「アシュアリー派神学者は、世界のあらゆる形態のなかに〈実体〉がたった一つしかないと主張するが、世界に拡がる〈実体〉の本質が絶対者と異なるという本質的な二元性をも主張する」（『カーシャーニー注』二三九頁）。

「神はラティーフである」と述べた直後に「神はハビール（khabīr）である」とクルアーンは述べる。その文言は神があらゆるものについて情報をもつことを言い表す。イブン・アラビーにとってこの文言も格別の意味をもつ。世界に存在する外的事物と絶対者が連関することにラティーフが言及するのに対して、ハビールの方は、意識をもって在る者の「内側」つまり、意識と絶対者が連関することに言い及ぶ。絶対者は世界のなかで外側に存在するすべてのものに拡がるだけではなく、意識をもって在る者すべての内面を貫き流れ、意識の働きの実質をなすと言い換えられよう。

　絶対者は〈全知〉であり、絶対者の〈知〉は永遠である。だから、この意味で、例外なくすべての事物が永遠の過去から絶対者に知られている。だが、この類の永遠の〈知〉に加えて、絶対者は、意識を与えられたそれぞれの在る者の内側に浸透し、それら事物の個別の認識器官を通じて事物を知る。事態を反対側、つまり人間の側から眺めれば、ひとが自分で見たり聞いたりすると考えるすべての事物は、実際には、そのひとの内側にある絶対者がそのひとの感覚器官を通して見たり聞いたりしている。

　後者の〈知〉をイブン・アラビーは「絶対」〈知〉（ʻilm muṭlaq）と対照せしめて「経験」〈知〉（ʻilm dhawqī や ʻilm ʻan ikhtibār）と呼ぶ。彼によると、「我れ（神）は知るためにお前たちを試すことにしよう」とのクルアーン第四七章第三一節の文言がこの類の〈知〉に言及する。そうでなければ、神は（「絶対」〈知〉で）もともとあらゆるものを知るのであるから、「知るために」という神の言葉が全く意味をなさないことになってしまう。「経験」〈知〉に言及するからこそこの文言は有意味である。

　「経験」〈知〉は明らかに時間的（一時的）現象（ḥādith）なので、その〈知〉を獲得するには認識器官を必要とする。しかしながら、神は器官をもたないので、個々人のもつ感覚器官を通じて認識作用が起こる。だが実際には、ラターファという原理によってすでに知られたように、人間の器官として外側に現れたものも絶対者そのものの帯びる現れでた象《かたち》に他ならない。

> 神は（クルアーンのなかで）自分自身をハビールと特徴づける。ハビールとは、個人的経験で何かを知る者〔ʻālim ʻan ikhtibār〕をいう。このことは「我れは知るためにお前たちを試すことにしよう」というクルアーンの文言に通じる。そこに見える「知る」という語は個人的経験を通じて獲得されるこの類の〈知〉〔ʻilm al-adhwāq〕を指す。だから、神は（永遠に）あらゆるものをありのままに知るにも拘わらず、自らを（絶対的な仕方ではなく）「知を獲得する」と特徴づける。……そしてそうすることで神は「経験」〈知〉〔ʻilm al-dhawq〕と「絶対」〈知〉〔al-ʻilm al-muṭlaq〕を区別する。

> 「経験」〈知〉は認識能力により限定される。神は己れ自身について、彼がひとの認識能力であると言うことでこれを主張する。神は（ハディースで）「わたしがそのひとの聴覚である」と言う。聴覚はひとの感覚能力の一つである。「わたしはそのひとの視覚である」とも言う。視覚もひとのもつ別の感覚能力である。「またそのひとの舌である」とも言う。舌はそのひとの肉体の器官である。「そしてそのひとの手足である」と言う。こう説明しながら神はたんにひとの能力だけを述べるのでなく、身体の部分にまで言い及ぶ（とともに、自らをそれらと同一のものとする）。結局のところ、ひとはこれらの器官や能力に他ならないので、（このハディースによると）ひとと呼ばれるものの内側の本来の在り方は絶対者である。しかしながら、これは「僕《しもべ》」（つまり、ひと）が「主」（つまり、神）なのだと言うのでない。[2] さまざまな関係性〔nisab〕それ自体、〔つまり「僕性」（僕であること）、「主性」（主であること）など何か他のものに関連する性質〕はその本性上、互いに区別されるものの、関係性が帰属するもの（〈本質〉）は区別されない（つまり、分割されない）からである。あらゆる関係性にはたった一つの〈本質〉がある。そしてその一つの〈本質〉がさまざまな関係性や属性をもつ。（『叡智の台座』二九一―二九二頁／一八九頁）

この意味で、絶対者はあらゆるものに浸透し、貫き流れる。世界のなかのありとあらゆるものがそれぞれにもつそれ固有の本来の在り方（つまり、永遠の「備え」）が要請するままに、ありとあらゆるもののなかに絶対者が在る。絶対者の〈姿〉がさまざまな事物のなかにこのように行き渡らなければ、世界は存在をもたなかったであろう（二九頁／五五頁）。カーシャーニーの言うように、「可能的なものたちの基底は非存在である。他方、存在は神の〈姿〉である。……だからもし神が神の〈姿〉を帯びて、つまり、存在である限りの存在として顕れなければ、全世界はいまだ純粋な非存在のままでありつづけたであろう」からである（『カーシャーニー注』アーダム章第一、二九頁）。

存在論的に可能的な状態にあるあらゆるものが非存在というもともとの状態を脱し、存在の状態に移行するには、〈存在〉が浸透することを絶対的に要する。この事態をイブン・アラビーは、具体的な個体のもつどのような属性や性質も、何らかの〈普遍〉が個別化しなければ現実態として存在しえないとの考え方と類比的だとみなす（『叡智の台座』二九—三〇頁／五五頁）[3]。ついでながら、不用意にイブン・アラビーをプラトン主義者だとは決して言えないものの、彼の思考パタンにはプラトン化する傾向が顕著に見える。いま論ずる問題は彼の思考のその側面を示す好例である。カーシャーニーによる次の注がこのことを極めて明確に呈示する。

（イブン・アラビーはここで、）世界の存在がその本性上、〈存在〉という神の「姿」（つまり、本質的な実の在り方）に依存することを、「生命」そのもの、「知」そのものといった普遍的な実の在り方に個別的性質が依拠することに喩える。

例えば、ザイドという個人に「知」が存在するのは、普遍的な「知」そのものに依拠する。もし「知」そのものがなければ、この世界に「知者」はいないだろうし、「知者として在る」という性質は正当に何者かに帰属することがないだろう。あらゆる特定の個別的存在者は全く同じ仕方で絶対者の〈存在〉に依拠する。ここで言う〈存在〉とは絶対者の「顔」であり〈姿〉である。絶対者の〈存在〉を離れては、何ものも存在しないし、何ものについても存在するとは言われない。（『カーシャーニー注』三〇頁）

このように、絶対者の〈姿〉が浸透しない限り、「存在者」（mawjūd）と呼ばれないので、本性上、すべての存在者が絶対者を必要とする。あらゆる存在者の中核奥深くにこの絶対者を必要とする性質が潜むのであって、或るものが外面的に何かを必要とする日常の必要性とその必要性はわけが違う。内奥に潜むこの本質的に何かに依拠して在ることをイブン・アラビーはイフティカール（iftiqār. 文字通りには「何かが欠けること」、つまり「本質的必要性」）と言う（『叡智の台座』二四頁／五五頁）。

だが、絶対者の側から見れば、世界なしに絶対者が〈名〉や〈属性〉の次元で実現することはありえない。この意味において絶対者の側も世界を必要とする。したがって、イフティカールという関係性は双方向的である。世界は世界が存在することにおいて絶対者を必要とする。対して、絶対者が世界を必要とするのは絶対者が「顕れる」、あるいは「自己顕現する」ことに関わる。これをイブン・アラビーは詩の形で表現する。

我々（つまり、世界）は〈彼〉が我々に顕れるための場を〈彼〉に与える
他方、〈彼〉は（我々が外側に現れるために必要な存在を）我々に与える
だから、事態全体（つまり、〈在る〉）が二つに分かれる
我々が〈彼〉に（顕れを与えること）と〈彼〉が（我々に存在を与えること）に
（イーサー章第一五、二一九頁／一四三頁）

絶対者と被造世界のあいだにあるこの特殊な関係をイブン・アラビーは〈食べ物〉（ghidhā'）という、事態をありありと活写する大胆なイマージュを用いて描く[2]。なお、このイマージュ自体をイブン・アラビーはサフル・トゥスタリーに帰している。カーシャーニーは次のように言う。

絶対者は被造物が存在するための「食べ物」である。食べ物が、それを食べ、そこから栄養を摂取するひとを存続させ、生かしつづけるのと全く同じように、絶対者によって被造物が存在し、存続し、生きつづけるからである。……
絶対者の側から見ると、ひたすらに被造物のおかげで、絶対者の〈名〉、〈属性〉、〈固有性〉、〈関係性〉[3]が絶対者のなかに実際に姿を現すとの意味合いにおいて、現象世界にある個別的性質や被造物のさまざまな形相を絶対者は食べ、それらから栄養を摂取する。（『カーシャーニー注』イーサー章第一五、二一九頁）

世界や被造物が全くなかったとしたら、〈名〉や〈属性〉は存在をもたないだろう。さまざまな〈名〉やさまざまな〈属性〉といったあらゆる完全性を被造物が顕現せしめることで、〔被造物自身が〕「食べ物」となって絶対者を「養う」のである。

あなたは、（あなたの）固有性を通じて神の食べ物となる。だが、〈彼〉もまた、（あなたに与える）存在を通じてあなたの食べ物となる。この点から見て、あなたが（神に対して）働くのと全く同じ機能を〈彼〉は（あなたに対して）担う。だから、〈命令〉は、〈彼〉からあなたに下るとともに、あなたから〈彼〉にも向かう[4]。

確かに、あなたはムカッラフ（mukallaf. 責任ある）という受動態の語で呼ばれる（つまり、〈聖法〉の定める義務が「課され《ムカッラフ》」、道徳的に責任ある者としてあなたはこの世にいる）ものの、あなたが己れ自身の状態（つまり、恒常原型）とあるがままの姿を通じて「（これこれを）課し給え」と神に言って、神に要求したものしか神はあなたに課さない。（『叡智の台座』イブラーヒーム章第五、九四—九五頁／八三頁）

〈存在〉としての絶対者があらゆる被造物の食べ物であり、養分であるとのテーゼを理解するのは常識から見ても比較的容易である。だが、このテーゼの逆、つまり、被造物が絶対者の食べ物であるとのテーゼを簡単に受け容れるのはむずかしい。

栄養分〔arzāq〕はその栄養を摂取するひとを養う。生物の肉体に栄養分が行き渡り、最終的に栄養分が浸透しない場所がないところまで至ると、食べ物はそれを摂取したひとのあらゆる部分に分け入る。しかしながら、絶対者には部分がない。だから「食べ物」が行き渡るというのは、通常は神名と呼ばれる、神の存在論的立場（maqāmāt）すべてに浸透しゆくことである。そして（これらの立場が「食べ物」によって浸透さ

れると）それらの立場に拠ることで〈神の本質〉は実際に顕現する。（九六―九七頁／八四頁）

肉体のあらゆる部分に浸透し、完全に肉体組織に吸収されて初めて、食べ物は食べ物として機能する、つまり肉体を養うことができる。だから肉体が部分をもつことが食物が食物として働く条件となる。だが、「部分」という語を物質的な意味で理解するなら絶対者に部分はない。しかし、精神的な（非物質的な）意味でなら、絶対者にも「部分」がある。絶対者の精神的「部分」とはさまざまな神名である。この考え方には重要な含みがある。なぜなら、神名次元の絶対者が徹頭徹尾、被造物に浸潤され、また被造物が浸潤することによってのみ、絶対者に含まれるあらゆる可能性が具体的な存在となるとこの考え方は主張するからである。

したがって、タジャッリー、つまり神の自己顕現は、絶対者が世界のあらゆるものに浸透し、世界のあらゆる形態を帯びて自らを顕現させる一方向の現象では決してない。タジャッリーには同時に、世界のなかの事物が絶対者に浸透しゆく側面もある。しかしながら、実体として世界にある事物が絶対者に浸潤し、絶対者に吸収されるとまで考えるのは誤りで、その過程は純粋に非実体的なものだと理解せねばならない。同じことはもう一つの過程、絶対者が世界に浸透し、絶対者が世界の事物のなかに顕れる過程にも当てはまる。タジャッリーの過程に起こる二者の相互浸透は、〈実体〉としての絶対者と実体としての事物のあいだに起こるのでなく、それぞれの側の純粋な働きとして起こる現象である。イブン・アラビーのタジャッリーという考え方を理解するうえで私はこのことがもっとも重要だと考える。こう理解せねば、我々は粗雑極まりない唯物論に陥ることになるからである。

この節を終えるにあたり、この双方向の浸透がいかに起こるのかをイブン・アラビーが描写する詩を逐次解説を加えながら引用しよう。

したがって、我々は〈彼〉のためにあるのと同時に、己れ自身のためにある。これについて〔我々の側の論拠が確立されたように〕、我々の側の論拠によって確立された。（したがって、我々＝世界は、神のためにある

「食べ物」である。〈彼〉を具体的存在として維持するのは我々だからである。それと同時に、我々は己れ自身のためにある「食べ物」である。つまり、我々が己れ自身として在ることで、我々は己れ自身を維持する。）

私の〈在る〉より他の〈在る〉を〈彼〉がもつわけでない

　そして、我々が己れの存在を〈彼〉に負うのは、我々が己れ自身で存在を維持することと同義である

（私＝世界は〈彼〉が〈彼〉自身を〈在る〉の世界に顕現させる唯一の場である。〈彼〉が自己顕現する場となるためだけに我々＝世界は存在するにすぎない。他方で、我々は、限定された事物として己れ自身で存在するそれぞれ独立して在る者である。）

だから、私には〈彼〉と私という二つの顔がある

しかしながら、〈彼〉は（私の）私を通じて私をもつのでない

（具体的個別的存在者としての私は相対立する二つの顔をもつ。一つは、私の内奥の本質としての絶対者、つまり私の〈彼〉性〔〈彼〉であること〕である。もう一つの顔は、世界に向いた、私の外側の私性〔私であること〕である。私はその外側の私性によって、絶対者と区別される被造物である。こうして、あらゆる被造物が絶対者を通じて〈彼〉性と私性の両方を獲得する。他方、絶対者が世界から私性を獲得するわけでない。どの個別的被造物の私性もそれだけでは絶対者の私となりえないからである。）

そうであっても、〈彼〉は私のなかに〈彼〉自身を顕現させる場を見い出す

我々は〈彼〉にとって器のごときものである

（〈彼〉自身を私の私性のなかに顕現させることで、〈彼〉は〈彼〉の〈私〉性を彼自身のなかに確立する。）（『叡智の台座』九七—九八頁／八四頁）

以上の予備考察を終えたところでこの章本来の主題に戻ろう。〈神の生命〉が全世界に浸透することがその主

題であった。

イブン・アラビーの世界観では、「存在」(wujūd) とは第一義的に、また実質的に絶対者そのもの、しかも動的側面で捉えられた絶対者そのもの、つまり、〈働き《アクトゥス》〉としての絶対者であることはすでに見た。ここでの「存在」はたんにものが今そこにあるとの意味をもつだけのものでない。イブン・アラビーは〈働き〉としての絶対者を〈生命〉と同義とみなす際に特にこうした〈存在〉概念を強調する。

絶対者があらゆる存在者に拡がり浸透すると言うのは、〈神の生命〉が全体として〈在る〉の世界に拡がり浸透すると言うに等しい。全宇宙には広大な〈生命〉が永遠に脈打つ。だが、大多数の人々はこの脈動を感ずることができない。彼らにとっては世界のほんの一部だけが生命をもつ。ほんの少しの存在者だけが「動物」であったり、「生物」であったりする。それとは反対に、真理を見るひとの眼には世界のあらゆるものが「動物」(hayawān) と映る。

> 世界には生命をもつものしかない。だが、この世においては、或る人々の知覚からこの事実が隠されている。他方、来世では例外なく全てのひとにこれは明らかである。なぜなら〈来世〉は〈生命〉の館だからである。(スライマーン章第一六、二三五頁／一五四頁)

〈存在＝生命〉がありとあらゆるものに拡がり、ありとあらゆるもののなかを流れる。この事実の〈存在〉の側はすべてを簡単に見て取ることができる。あらゆる「事物」が存在するのをみなが諒解できるからである。しかし〈生命〉の側はそう簡単に看取することはできない。だからこそ、世界のあらゆるものが生きていると大多数の人々は考えない。これを見て取るには「開示」(kashf) という特別の体験を要する。

すでに見たように、自己顕現した状態の絶対者は一様でない。反対に、自己顕現する場に応じて絶対者は無限の多様性をもつ。したがって、〈存在〉や〈生命〉が実際にあらゆるものに拡がることは真実だとしても、均質にまた一様に拡がるのではない。〈存在〉や〈生命〉の拡がり方は、純粋（ṣafā'）であるか、濁って（kudūrah）いるか、個々別々にさまざまに異なる。元素（ʻanāṣir）[5]が混合される際に適正な元素比（iʻtidāl）からどの程度乖離するかにより、そうした違いが生ずると哲学者たちは理解する。適正な比で元素が混合された場合、その結果、動物が生まれると彼らは主張する。適正な比で混合されない場合、植物になり、適正な比からずっと離れる場合には鉱物（「無生物」）となる。

イブン・アラビーの眼から見ると、〈神の生命〉が純粋なのか、濁っているのか、その程度に応じて世界のなかのものたちに現れるという基本的な事実を知らない者がそうした理論を主張する。一般人は、視界から「ヴェール」がとり除かれる〈来世〉でだけ本来の事態を見るであろう。しかし「開示」の民は、すべてに拡がる絶対者の〈生命〉をもってあらゆるものが生きているのを、現世ですでに知る。

イブン・アラビーにとって、〈生命〉を表現するにもっとも適切な象徴は「水」である。水はあらゆる自然元素の元であり、すべての場所に流れゆき、世界の隅々にまで行き渡る。「〈生命〉の秘密は水のなかを流れる」（二一三頁／一七〇頁）のである。存在するありとあらゆるものは構成要素として水の元素をもつ。水がもっとも基本的な元素だからである。あらゆるものは「水」を含むからこそ生きている。そして「水」の元素は、〈働き《アクトゥス》〉としてあらゆるもののなかを貫き流れる絶対者の〈彼性〉の程度を違えてあらゆるものに含まれる。

アイユーブ（Ayyūb. ヨブ）に象徴される「〈不可視〉の叡智」を扱う章（二一三頁以下）の冒頭でこの意味での「水」にイブン・アラビーが言及するのは重要な意味をもつ。「〈不可視〉の叡智」と「水」の連関をアフィーフィーは次のように極めて適切に指摘する。イブン・アラビーにとり、〈不可視〉の世界についての「確信」（yaqīn）を獲得しようとするひとをアイユーブは象徴する。アイユーブの被る苦痛は肉体の痛みでなく、「確信」を得ようとして得られないひとの精神的な苦しみである。苦しみを取り除いてくださいとアイユーブが神に懇願すると、神は、足下の水のなかで自分自身を洗えと命ずる。あらゆる存在者を貫き流れる〈生命〉をここでの「水」は象徴し、「水のなかで自分自身を洗う」とは、「存在の水」に己れを浸し、そうすることで存在の実感を得ることを意味する（『アフィーフィー注』二四五頁）。

　このように、〈生命の水〉は永遠にすべてのもののなかを流れる。各個体は、それだけを見れば独自の存在者であるが、他のすべての存在者とともに無限の〈生命〉の海に浸っている。前者の独在する側面を見れば、あらゆるものがそれぞれ独りであり一つである。しかし後者における相即する側面を見れば、すべてを貫流する「水」のなかであらゆるものが自らの自己同一性を喪失している。

　このように、世界のあらゆるものは(1)己れ自身であるとの側面と(2)〈神の生命〉であるとの側面の二つの全く違う側面をもつ。第一の側面は、各々の個別的存在者のもつ被造物としての側面であり、イブン・アラビーはこれをナースート（nāsūt）[4]、「人間的側面（あるいは個人としての側面）」と呼ぶ。第二の側面は、各々の個別的存在者のなかにある絶対者の側面であり、彼はこれをラーフート（lāhūt）、「神的側面」と呼ぶ。

　イブン・アラビーによると「生命」には精神的な（非物質的な）性質がある。触れるものすべてを生き生きとさせることが「精神」のもつ本質的性質だからである。バーリー・エフェンディーの言うように、「生命」は「精神」のもつ第一の属性であって、「精神」は触れるものをみなこの第一の属性で感化する（『バーリー・エフェンディー補注』一七二頁）。

　　踏みしめるもの全てに生命をもたらす特性が精神〔arwāḥ. 単数形は rūḥ〕にはあることを知れ。ものに精神が触れるやいなや、そのもののなかに生命が流れゆく。（『叡智の台座』イーサー章第一五、二〇九頁／一三八頁）

　そしてイブン・アラビーの見解では、〈在る〉の全世界が〈普遍精神〉の直接の影響下にある。だから、存在するあらゆるものは一つの例外もなく〈普遍精神〉に触れており、そうであるがゆえに、あらゆるものは生きている。ただし、〈普遍霊魂〉の影響を被る仕方が、それぞれのもの固有の「備え」に応じてそれぞれ異なる。別の言い方をすれば、ものに現れる〈生命〉の強度が互いに異なる。しかし、すべてに拡がる〈生命〉のなかでそれらが「自分自身」を維持することにおいてはどれを見ても変わらない。

ありとあらゆるものを流れる（普遍的）〈生命〉は〈在る〉の「神的側面」（lāhūt）と呼ばれ、〈精神〉（つまり〈生命〉）の占める各々の場が「人間的側面」（nāsūt）と呼ばれる。「人間的側面」が「精神」と呼ばれることもあるが、それはそのなかにラーフートを含むからである。（二一〇頁／一三八頁）

ひとのなかでナースートとラーフートがとり結ぶ緊密な関係は、「パン生地」（ʿajīn）と「酵母」（khamīr）の関係に喩えられるかもしれない（一八九頁／一四九頁）。あらゆるひとは己れのなかに神の「酵母」のごときものをもつ。完全なかたちでそれが活性化されれば、そのひとの「パン生地」が完全にその「酵母」の支配下に置かれ、終には「酵母」と同じ性質をもつに至る。この状態を神秘主義の用語で「自己滅却」（fanāʾ）と呼ぶ。

注

（1）ラティーフ〔という形容詞〕には(1)「精微な」との意味と(2)「寛大な／恵みある」との二つの意味がある。(1)の意味での性質がラターファと呼ばれ、(2)の意味での性質はルトゥフと呼ばれる。

（2）「僕《しもべ》」の〈彼〉性（内的本質）を、「僕性」と関連づけられることから独立させて考えるなら、それは、〈神性〉や〈主性〉と関連づけられることから独立させて考えられた絶対者だということを意味する。もちろん、「僕」としての「僕」の本質、つまり「僕」が「僕性」と関連づけられて考えられたときの本質は「主」である限りの「主」でない。（『カーシャーニー注』二九二頁）

（3）「〔絶対者の〈姿〉がさまざまな事物にこのように行き渡っていなければ、世界は存在をもたなかったであろうことは、〕

（プラトンのイデアに相当する）普遍的で知性的な実の在り方（ḥaqāʼiq maʻqūlah kullīyah）がなければ、具体的個別存在者（mawjūdāt ʻaynīyah）の世界には決して何も現れないであろう〔ことと類比的である〕」（『叡智の台座』三〇頁／五五頁）。

（4）〈命令〉があなたの側から〈彼〉へと発せられるとは、絶対者が存在を人間に賦与する際に、〈彼〉は、原型によって永遠に定められた仕方から決して外れないという意味においてそうである。

（5）例えば、アブー・ハーミド・ガザーリー『哲学者たちの意図』（Abū Ḥāmid al-Ghazālī, *Maqāṣid al-falāsifah*, al-Qāhirah: Saʻādah, 1331 A.H., pp. 274–275）を見よ。

第十一章　絶対者の自己顕現

「自己顕現」（tajallī）という概念には何度も言及した。細部に亙り紙面を割いてこの概念を細かく論じ、分析したのは一度や二度でない。とりもなおさずタジャッリーがイブン・アラビー思想の中心に据えられるからである。実際、タジャッリーはイブン・アラビーの世界観の基層をなす。世界の存在論的構造をイブン・アラビーが考察するときはつねにこの概念が軸となり、これが軸となることで大規模な宇宙論体系が展開する。この中心概念に言及せねば、彼の世界観は少しも理解しえないだろう。つまりは、彼の哲学全体はタジャッリーの理論だと言える。したがって、我々はその世界観に関わるさまざまな問題を論ずることで、実際にはタジャッリーのいくつかの側面を明瞭とするよう努めてきたことになる。この意味で、この章の主題を既にかなりの程度我々は知っている。

タジャッリーそのものは、不可知の絶対者がより具体的形態を帯びて自らを顕現せしめる過程である。絶対者は特定の限定された形態を通じて己れを顕現させるので、自己顕現を絶対者の自己限定だと、つまり絶対者が己れの内部にさまざまな限界を画定しゆくことだと考えてよい。この意味での自己限定をタアイユン（ta'ayyun. 文字通りには「自らを或る特定の個別的実体とすること」）と言う。タアイユンはイブン・アラビー存在論のキー・タームの一つである。

自己限定が展開してゆけば、多くの段階と次元が生ずる。本質的にこれらの段階は無時間構造をもち、そうである限りにおいて「時間」の枠を超えて存続する。だが同時に、これらの次元はものの時間的構造のなかに入り込み、さらにそれに存在論的構造を与える。

いずれにせよ、この過程を描こうとすれば、否が応でもこの時間的秩序に従わざるをえない。イブン・アラビー自身も当然ながらタジャッリーをそうした仕方で描写する。だが、絶対者の自己顕現が時間軸のみに沿って起こると考えるのが誤りであるのと同じく、イブン・アラビーによる時間軸に沿った描写がたんに我々の言語構造に従っただけだと考えるのも誤りである。

絶対者の自己顕現は確かに二重構造を帯びる。絶対者の自己顕現は、歴史を超え、さらに時間をも超える現象でありながら、時間のなかに生ずる出来事でもある。これを、〈在る〉の構造に見える大いなる〈対立物の一致〉と表現しうるかもしれない。タジャッリー（絶対者→世界）は永遠の過去から反復され、未来に向かっても無限に繰り返されるので時々刻々に起こる出来事ではある。だが、全く同じ存在論的パタンが無限に反復されるがゆえに、更には、第一波が起こるとすでにそのとき第二波が起こり始めるといった具合に絶対者の自己顕現が同時進行するがゆえに、絶対者の自己顕現する過程全体は永遠で静的な構造をもつ。

動的でありかつ静的である絶対者のこの自己顕現は「諸層」（marātib. 単数形は martabah）と連関づけられて描かれる。まずは、カーシャーニーが「諸層」を如何に説明するかを見よう。

〈在る〉〔wujūd〕には、絶対者という唯一の〈実の在り方《リアリティー》〉（ʿayn）と、それ〔絶対者〕が現実化して在ること（ḥaqīqah）、すなわち現象した側面から見た〈在る〉しかないと言って、カーシャーニーは論を起こす。だが、それに続けて、〈在る〉の現象的側面は一層でなく主要な六層次あると付け加える。（『カーシャーニー注』ルクマーン章第二三、二九一頁）(1)

第一層次。この層次の〈在る〉にはまだいかなる限定も加えられていない。非限定（lā taʿayyun）の状態、境界されざる（ʿadam inḥiṣār）状態の「実の在り方」がこの層次を占める。言い換えると、いまだ自己顕現が全く生起しない状態である。〈在る〉が実の在り方の現れの一部ではなく、いまだ絶対的〈本質〉であるにすぎない。しかしながら、その後につづく存在論的段階全ての出発点であることを考慮すれば、実の在り方の現れの一部とも考えられる。形而上学的闇の状態にある〈本質〉そのものであるだけではもはやないのである。

第二層次。一切を包括する或る類の自己限定により〈在る〉の内部に「限定」が起こる。すべてを包括する自己限定は、大きく分けて二つのものを〔未分節のまま〕包括する。一つは(1)〈在る〉の神的側面に属する能動的限定（これが神名に相当する）。もう一つは(2)〈在る〉の創造された側面、現象した側面に属する受動的限定である。この段階での絶対者はいまだ〈一〉だ。〈一〉はいまだ実際に多に分かれていない。だが、微かな自己分節の兆しが見える。言わば、絶対者が可能的に分節した状態がこの層次にあたる。

第三層次。この層次は〈神の一性〉（al-aḥadīyah al-ilāhīyah）、〈アッラーの一性〉の段階である。そこではすべての能動的（fāʿilīy）、〔他を動かすという意味で〕他動的（muʾaththir）自己限定が統合的全体として現実化している。

第四層次。〈神的一性〉（第三層）が独立した自己限定へと、つまりさまざまな神名へと分化する層次である。

第五層次。この層次は、統一したかたちですべての受動的（infiʿālī）自己限定を包括する。生成する世界にある創造されたもの、可能的なものたちが統合されている。

第六層次。前の層次の統一性が実際の存在するものや属性に分化する。これが「世界」に相当する段階である。類や種、個体、部分、偶有、関係などはみなこの段階で現実のものとなる。

これら六層次の説明から察しがつくように、カーシャーニーは神の自己顕現を多層構造で示すことで、タジャッリーを静的、無時間的側面から描き出す。他方、イブン・アラビー自身はより動的に描くことを好む。幾度か言及したようにイブン・アラビーは二つのタジャッリーを区別する。「もっとも聖なる発出」（al-fayḍ al-aqdas）

と「聖なる発出」(al-fayḍ al-muqaddas) の区別がそれである。

プロティノスの用語である「発出」(fayḍ) をイブン・アラビーはタジャッリーの同義語として用うると指摘しておくべきだろう。しかし、プロティノスの世界観のように、絶対的〈一〉から一つのものが溢れ出し、また別のものが最初のものから溢れ出すといった具合に連鎖を形成するわけでない。イブン・アラビーにとって、「発出」とは、絶対者そのものが多少なりとも具体的なさまざまな形態を帯びて、それぞれの場合で異なるそれぞれの形態に適合する仕方で自己顕現することを言うからである。とりもなおさず、同一の〈実の在り方〉がさまざまに分節し、自らを限定し、直にさまざまなものの形態として現れることがそれである。

第一種の「発出」、「もっとも聖なる発出」を有名なハディースが描写することはすでに見た。そのハディースでは、絶対者そのもの、つまり絶対的に知られず知りえないものが「隠された宝」の状態を離れ、知られることを望んでいた。このことから、「もっとも聖なる発出」が絶対者にとっておのずからの本質的な動きであることがわかる。

「もっとも聖なる発出」は、絶対者の自己顕現のなかでも最初の決定的段階、絶対者が己れを他に顕現させるのでなく、己れを己れに顕現させる段階を言い表す。現代的には、絶対者のなかに自我意識が芽ばえることを言う。それに増して重要なのは、この種の自己顕現が永遠の過去から起こっていることである。ニコルソンが言うように「〈本質〉が己れに永遠に顕現する」[2] のである。

絶対者が己れに自己顕現する。これは絶対者の意識のなかにあらゆる可能的な存在者の形態が可能的に現れることを内容とする。別の表現を用いれば、無限にある存在者どもに可能的に分節されたものとして絶対者が己れを意識することである。ここで重要なのは、「可能的」という言葉である。ここに言う絶対者の意識が多に分かれる状態とは、ありうるという可能性しかいまだもたず、絶対者が実際にはいまだ多に分かれていない状態を言う。したがって、まだもともとの〈統一性〉は維持されている。いわば、可能的な〈多〉がいまだ実際には〈一〉の状態のもとにある。〈多〉の影すらない本当の〈一〉、アハディーヤの〈一〉〔純粋一性〕と対比されて、可能的に〈多〉であるこの〈一〉はワーヒディーヤ、〈一者性〉〔統合的一者性〕と呼ばれる。
〈一者性〉の地平にある〈多〉は絶対者の意識内容——神学者はこれを神の「知」と呼ぶ——としての〈多〉である。だから哲学的に言うならば、それらは、純粋な思惟の対象であって、現実の具体的存在者でない。それらは存在の〈受容者〉(qawābil)にすぎない。存在を受容して初めて現実の存在者となるべきもの、それがここで言う〈受容者〉である。この意味で、この地平の〈多〉は「可能的存在者」(mawjūdāt mumkinah)であり、「可能態にある存在者」(mawjūdāt bi-al-qūwah)である(『叡智の台座』一〇頁／四九頁)。

現実態としての存在者はこの次元にはいまだない。世界そのものがいまだ存在しない。だが、〔現実世界の〕事物となるべきものの形態が仄かに窺える。「仄かに窺える」と私は言った。この存在論的状況を仮に外から眺めているとすれば、そのように描きうると想像したにすぎない。実際には、またそれらに即してみれば、こうした形態は絶対者の意識内容であり、それゆえに〔我々から見て〕それ以上にはっきりと輪郭をもつことはない。だが、それらは語の十全な意味において「〔実《リアル》にあるという意味での〕実の在り方」(ḥaqāʾiq)であって、我々がこの世界で「現実」だと考える事物よりもそれらはもっと「現実的《リアル》」である。我々の視点から見れば、ぼんやりとまた漠然としているのは、それらが〈不可視〉(ghayb)の世界に帰属するからである。この〈思惟の対象〉(maʿqūl. ラテン語で intelligibilia)としての「実の在り方」をイブン・アラビーは「恒常原型」(aʿyān thābitah)と呼ぶ。「恒常原型」については次章で詳しく論ずる。

既に指摘したように、イブン・アラビーにとって「発出」(fayḍ)という語は「自己顕現」(tajallī)と全く同義である。また彼は「もっとも聖なる発出」を「本質的自己顕現」(tajallī dhātī)とも言い換える。後者をカーシャーニーは次のように定義する。

存在を受け容れるべく、〈知〉と〈名〉の〈現前〉(つまり、存在論的次元)、すなわち〈一者性〉(wāḥidīyah)

の〈次元〉にある恒常原型、そうした恒常原型の形態を帯びて絶対者が顕れることを本質的自己顕現と言う。絶対者がこの仕方で顕れるのは、絶対者が〈一性〉(aḥadiyah) の次元から〈一者性〉の次元へ降り来《きた》ること に他ならない。これが絶対者の「もっとも聖なる発出」であり、いまだ名をもたない純粋な〈本質〉が(神名の地平に) 自らを顕現せしめることである。だから、この自己顕現には (実際には) いかなる複数性もない。「もっとも聖なる」と言われるのは、可視世界に生起する自己顕現——それは、それぞれの場の「備え」〔受容形態〕に応じて神名が実現する自己顕現である——よりも聖なる度が高いからである。(『カーシャーニー注』アーダム章第一、一四頁)[1]

第二段階の自己顕現である「聖なる発出」は「可感的自己顕現」(tajallī shuhūdī) とも呼ばれる。具体的に事物事象が〈在る〉の世界の〈多〉がもつさまざまな無限の形態のなかに絶対者が自らを顕現せしめることを言い、常識的言語を用いれば、「聖なる発出」とは、我々が「もの」と呼ぶもの (実体だけではなく、属性、行為、事象も含む) を存在せしめることだと言ってよい。

イブン・アラビーに特有の視点から見れば、「もっとも聖なる発出」により生起した恒常原型が思惟の対象の状態を離れて感覚せられる事物に拡散してゆく、そして感覚世界を実際に存在せしめる、そうした内容を「聖なる発出」という語が言い表す。もっと平明なアリストテレス用語を使えば、「聖なる発出」は可能態にあるものを現実態へと移行させる存在論的過程との意味をもつ。イブン・アラビーの存在論は明らかに決定論的存在論である。世界に存在するものが帯びるその形態が、究極には永遠の過去から定まって在るものの結果だからである。カーシャーニーは言う。

神名を通じて生起する、可感的自己顕現は、それが顕現する場の「備え」〔許容量〕に応じて起こる。この種の自己顕現は神名が顕現する場である「受容体」に依存する。この点から見て、可感的自己顕現は本質的

自己顕現と全く違う。後者は何ものにも依存しないからである。(『カーシャーニー注』一四頁)

二つの自己顕現がいかに連関するかをイブン・アラビーは『叡智の台座』の重要な箇所で論ずる。その箇所はたまたま「こころ」(qalb) の成り立ちを主題とする。だが、我々はそれを何か別の主題に置き換え、二種の自己顕現を一般的理論的に説明する箇所と考えて差し支えない。

神には二つの型《タイプ》の自己顕現がある。一つは不可視の自己顕現〔tajallī ghayb〕であり、もう一つは可視の自己顕現〔tajallī shahādah〕である。

不可視の自己顕現において、(可視世界における) こころの在り方を決定する「備え」〔istiʻdād〕を神は与える。これは本質的自己顕現——その実の在り方が〈不可視〉である——に他ならない。この不可視の自己顕現は、神が己れを「彼」と (いう三人称代名詞で) 呼ぶことで[3]正当に神 (己れ自身を外側に対象として投影する限りの神) に帰属する「彼性」(huwīyah) (を構成する何か) に他ならない。神が永遠にこれからずっと「彼」であるのはこうした仕方においてだ。

「備え」がこころに現実化すると、それに呼応して、可視世界で可感的自己顕現が生起する。すると、こころがそれ〔「備え」に呼応する可感的自己顕現〕を知覚し、それ自身をこころに顕現せしめたそれ〔「備え」に呼応する可感的自己顕現〕の形態を帯びる。(『叡智の台座』シュアイブ章第一二、一七七頁/一二〇—一二一頁)

これまで述べられたことを理論的に一般化して次のようにまとめうる。絶対者の最初の自己顕現は恒常原型をもたらす。恒常原型とは、神名という形態を帯びて神が己れを顕わしたもの、つまり絶対者のなかに含まれる存在論的可能性であった。これらの原型は具体的に存在するのを待つ「受容体」でもあり、第二の型の自己顕現の場を提供する。それぞれの場 (maḥall) は或る一定の「備え」をもち、その「備え」は絶対者の最初の自己顕現が直截に働きかけたものなので、永遠であり不変である。絶対者ですらそれを変えたり修正することができない。それは絶対者が自らを顕現させた形態だからである。したがって、絶対者が個々の「受容体」を第二の（可感的）自己顕現の場とする際には、「受容体」のもつ永遠の「備え」と厳密に一致しつつ自己を限定しゆく。こうして絶対者は可感的自己顕現において無限にさまざまな形態をその身に帯びてゆく。そして、これらの形態の総体が現象世界となる。

こう説明すれば、第一の自己顕現と第二の自己顕現とのあいだに時間が経過するように考えられてしまうかもしれない。だが、実際のところ二者のあいだに先行・後続の関係があるわけでない。すべては同時に起こる。なぜなら、「備え」が事物の側に起これば（第一の型の自己顕現は永遠の過去からずっと起こりつづけるので、実際には既に「備え」は永遠の過去から存在している）、その瞬間に〈神の精神〉がそれに吹き込まれ、「備え」が具体的存在者として現れるからである。本章のはじめに指摘したように、二つの自己顕現の関係は時間的現象であると同時に無時間的であって時間を超えた構造をもつ。無時間的構造という側面から見れば、不可視界における自己顕現と可視世界における自己顕現は、〈在る〉を構成する二つの基本要素である。

注

（1）本書第一章も参照せよ。そこでカーシャーニーの多少異なる解が提示される〔三九頁〕。

（自己顕現において）神の踏む手順は、神が場を整えれば、どの場も〈神の精神〉の働きを受け取らぬことがないと言い表すことができる。この過程をそれに「息を吹き込む」（nafkh）と神自らが表現する。これは、発出――つまり永遠の過去から続き、未来永劫続きゆく恒久的自己顕現――を受け容れるための何らかの形態を帯びた「備え」が現実世界に立ち現れるに至ることだ。（アーダム章第一、一三頁／四九頁）

（2）R. A. Nicholson, *Studies in Islamic Mysticism*, Cambridge, 1921, p. 155, Note 1.
（3）クルアーンで神はしばしば自分のことを「私」のかわりに三人称「彼」で語る。

第十二章　恒常原型

「恒常原型」（ʿayn thābitah 複数形は aʿyān thābitah）という概念には多くの重要な側面があるので、その本質的構造を十分に解き明かそうとするなら、さまざまな視点から分析的に考察せねばならない。我々はこれまで「恒常原型」のもつ側面のほとんどに言及してきた。そのいくつかはかなりの紙幅を割いて論じたが、いくつかは軽く触れる程度で済ませた。したがって、この章ではそれらすべてをより体系的に扱うこととする。

一　原型の中間的性質

「恒常原型」に関してもっともよく知られるのは、それらが存在論的に中間に位置することである。かいつまんで言うなら、絶対性の極みにある絶対者と感覚的事物のある世界との中間に「原型」の地平が位置する。

このように存在論的に特殊な位置にあるがゆえに、能動的であることおよび受動的であることという二重の性質を原型はもつ。より高い位次にあるものに対しては受動的で、己れより低い位次にあるものに関係づけられれば能動的である。イブン・アラビーは恒常原型を語る際に、しばしばカービル（qābil「受容体」、複数形は qawābil）という語を用いて恒常原型が受動的であることを言い表す。〈神の本質〉のなかにある可能性にすぎない限りにおいて、それらは、何かを受け容れるべき「受容体」、何かの作用を被る「受容体」であって、〈本質〉

の内部構造によってそれら恒常原型のもつ性質は受動的に定められる。だが、恒常原型それだけを見るならば、恒常原型は自立した性質をもち、現実世界にある可能的なものたちの性質を決定する力を発揮する。個々の恒常原型は可能的なものたちのイデア的な実の在り方（ʿayn）である。可能的なものが現象世界で現実化するとは、可能的なもののそれぞれが、自らに対応する恒常原型に則して現実化することを言う。

〈在る〉の内部圧力が高まるので絶対者は「息を吐かざるをえない」ことを既に指摘した（神の〈慈しみ〉について述べた第一部第九章を見よ）。自らを外部に押し出さざるをえないことは絶対者のもつ性質である。この意味で、絶対者は静的〈一〉でない。己れを外部に押し出したり、己れを分節化するおのずからの性向が備わる動的〈一〉である。外から見ると、また現実的には、何の問題もなく〈一〉であるが、内部構造において、また可能的には〈多〉である。

絶対者が自らを外に顕現せしめる過程は、第一次タジャッリーであれ、第二次タジャッリーであれ、特定のパタンに従って行われると指摘せねばなるまい。第一次タジャッリーにおいては、絶対者が無作為に己れを分節化するのでなく、絶対者の内部構造において永遠の過去から定められている一定の経路を通じて分節化する。神学的に言えば、それらの経路は神名である。恒常原型は神名が本質的にもつ形態（ṣuwar）である。さらに言うと、その過程は神の意識のなかで生起するので、恒常原型は永遠に不可視界に存続する実の在り方（ḥaqāʾiq）である。

これらの実在は第二次自己顕現がいかに起こるかを決定する。第二次自己顕現とは、絶対者が外界にある具体的個物のなかに己れを顕現せしめることであった。この段階でも、絶対者は現象世界に無作為に己れを顕現せしめるのでない。絶対者がいかなる形態に自らを顕現せしめるかは、第一次自己顕現《タジャッリー》で創りだした永遠の実の在り方により決定される。例えば、原型の地平に馬と人間しか存在しないとしたら、馬と人間以外のものは我々の世界に存在しない。

この意味で、恒常原型は二面性をもつ。一つは、恒常原型が絶対者によって定められている側面である。恒常原型はそれに特有の存在形態を絶対者に負うからである。だが他方で、絶対者が現象世界にみずからを実現させる際には「恒常原型」が積極的にその仕方を定める。恒常原型がいかにその仕方を定めるかは後に詳述するので措く。ここでは、恒常原型がこれまでに述べられたようなかたちで中間的性質をもつことを示せば十分である。

恒常原型が中間的性質をもつことを端的に示す第二の重要な点は、恒常原型が「存在せざるもの（maʻdūm）」だということにある。

可能的なものたちの本質（つまり、恒常原型）に光が当たらないのは、それらが存在せざるものだからである。それらは確かに恒常的に在りつづける（thubūt）が、存在すると言われない。存在とは〈光〉のことだからである。（『叡智の台座』ユースフ章第九、一三九頁／一〇二頁）

イブン・アラビーが恒常原型を「可能的なものたちの本質」と呼ぶことも重要であるが、現在の論点に関わらない（この問題は本章第三節で論じる）。むしろ、ここでは恒常原型が「存在せざるもの」であることに注目したい。別の箇所でも同じようにイブン・アラビーは言う。

原型は本質的に「非存在」（ʻadam）と特徴づけられる。確かにそれらは「恒常的に在りつづける」（thubūt）が、非存在の状態でのみ恒常的に在りつづける。原型は存在の匂いすら嗅いだことがない。こうした仕方で、原型は永遠にその状態（つまり非存在）にとどまりつづける。ただし（それらが〔外界に〕存在するものたちのなかに現れると）多くの形態を帯びる。（イドリース章第四、七七頁／七六頁）

イブン・アラビーが原型を「存在せざるもの」だと断ずるのは、この文脈において「存在」（wujūd）という語を「外界に存在する」との意味で用いるからである。外界の存在、あるいは現象世界の存在から見れば、原型は存在しないものの「恒久的に在りつづける」。「恒久的に在りつづける」(thubūt)のは外界に存在するのと違う。象徴的に言えば、原型は「闇」である。存在のもつ明るい光にいまだ照らされないがゆえに、それは「闇」である。〈光〉としての存在は具体的に、また外界に存在する個体だけに帰属する。[1]

したがって、原型が絶対的な意味で存在せざるものだと主張することにイブン・アラビーの意図がないのは明らかである。原型が〈神の意識〉のなかにある恒久的な「実の在り方」なのは既に見た。概念がひとのこころのなかに存在すると言われるのと同じ仕方で原型は存在する。イブン・アラビーが言わんとするのはただ一つ、原型が時空間に定められる存在をもたないことである。この極めて特殊な意味において、神名もまた存在せざるものだと言わざるをえない。「多なる状態にある神名は、存在せざるものという性質をもった関係にすぎない」とイブン・アラビーは言う(七八頁/七六頁)。

だから、原型を存在せざるものとみなすのは厳密に言えば精確でない。より精確には、原型は存在するものでもなく、存在せざるものでもないと言うべきである。事実、前に言及した、短いが極めて重要な論考でイブン・アラビーは明示的にそれを語る。恒常原型の問題を扱うとき、その文章は『叡智の台座』よりも哲学寄りの立場を採ることに注意すべきである。

第三のもの[1]は存在とも特徴づけられないし、非存在とも特徴づけられない。また時々刻々たるものとも永遠なもの(a parte ante. 無始の永遠)とも特徴づけられない。しかし、つねにそして永遠の過去から〈永遠なもの〉とともにあった。……

存在するものでも存在せざるものでもない。……だが、世界の根源(つまり存在論的基盤)である。……この第三のものから世界が生起するからである。したがって、第三のものは世界にあるあらゆる実の在り方のもつ本質的な実の在り方である。他方で、第三のものは〈〔神の〕こころ〉のなかに存続する、思惟の対象として在る普遍的な実の在り方でもある。〈永遠なる者〉のなかに永遠なものとして現れ、時々刻々たるもののなかでは時々刻々たるものとして現れる。だから、これを世界だと言うも正しく、これを絶対者、〈永遠なる者〉だと言うも正しい。だが、世界でも絶対者でもなく、両者と異なると言うなら、それもこれらに劣らず正しい。ここまで述べたことは第三のものについてすべて真である。

したがって、第三のものは、時間のなかに生起すること（ḥudūth）と永遠性（qidam）をともに含むもっとも一般的な普遍性である。〔世界に〕存在する事物が多であるのに応じてみずからを多化する。だがそうであっても、存在する事物が分割されることによってそれが分割されるわけではない。むしろ思惟の対象が分割されることで現実に存在する事物が分割される。つまり、この第三のものは存在するものでも存在せざるものでもない。世界ではないが世界である。また「世界より他のもの」であるが、「世界より他のもの」ではない。（『円の描画』一六―一七頁）

この主張の要点は、「第三のもの」は、可能態としての世界であるものの、世界を実際に具体的に存在するとみなす視点からは、世界でない。むしろ、〈何かとして在るのではない〉（non-Being）絶対者である。

次にイブン・アラビーはアリストテレス流の哲学の観点からこの問題に取り組み、存在するとも存在しないとも言われえないこの「第三のもの」をハユーラー、第一質料と同定する。

……このものと世界との関係は木と、椅子、木箱、説教台、寝台など（の木から作られるさまざまなもの）との関係に喩えられる。また銀と、銀製の器や銀でできた洗顔桶、耳輪、指輪などとの関係にも喩えられよう。

こう比較することでこの（第三の）ものの性質と本質が明瞭になる。（木からできた家具と木とのあいだの）関係だけを取り上げよう。書見台が木からできるとき、木が〔削られて〕小さくなっているなどと思い描いてはならない。このようにこころのなかで第三のものがいささかも小さくなされていない状態を思い描かねばならない。木そのものは「木であること」を帯びた特殊な形態であることを知るがよい。（木片を思い描くのでなく、）「木であること」という、思惟の対象としての普遍的な実の在り方に思念を集中せしめるのだ。そのとき（木から実際に何かの道具を作り出しても）「木であること」そのものは決して小さくされないし、分割されもしない。反対に、「木であること」は椅子のなかでも、机のなかでも少しも損なわれず、本のままの完全性を保つ。例えば、木製の机に「木であること」という実の在り方以外に「長方形である」「角がある」「量がある」等多くの実の在り方が集まる。だが、そのことが「木であること」の内容を豊かにするわけではない。それら「イデア」のそれぞれが机のなかで完全性を保つのである。椅子や説教台についても同じことが当てはまる。

「第三のもの」とはまさにそれぞれ完全性を保つこれら「実の在り方」すべてである。だから、もしそれを好むなら、実の在り方のなかの実の在り方と呼んでもいいし、ハユーラー（hayūlā. ギリシア語でヒュレー）、〈第一質料〉や類の中の類と言い換えてもよい。そして「第三のもの」に包摂されるこれら実の在り方を「第一の実の在り方」「最高類」と呼んでもよい。（『円の描画』一九頁）

これと関連して指摘すべきことが一つだけある。原型が存在者でも非存在者でもないことに原型の中間的性質を見て取るだけでなく、イブン・アラビーは、「一時的」でもなく、「永遠」でもないことにもそれを見て取る。したがって、原型が永遠であると主張するからといってイブン・アラビーが「世界は永遠である（qadīm）[2]」との立場を採ると考えるのは誤りである。誤りと言わないまでも、少なくとも過度単純化である。

絶対者と現象世界のあいだにある中間のものを恒常原型が言い表すことから見れば、確かに、原型はその意味において「永遠」である。だが、〈神の意識〉の内容、〈神の知〉の内容として、原型が永遠の過去から絶対者と結びつく（muqārin）ことから見れば、「永遠」であることは第二次的、派生的なものにすぎない。これを考えれば、原型の永遠性は絶対者の永遠性と本質的に異なる。

一般的に言って、またこの類のものに関して特にそうであるが、中間に位置するものの本当の性質は言語で適切に表現することができない。したがって、イブン・アラビーのように「永遠でも一時的でもない。だが他方で、永遠でありかつ一時的だ」との不器用な表現に頼らざるをえない。この複合的な表現のなかから「永遠である」という句だけ取り出し、イブン・アラビーが世界永遠説を主張すると結論づけるなら、イブン・アラビーを不当に扱うことになろう。(3)

『叡智の台座』の或る箇所において、イブン・アラビーは、この世界では因果関係が絶対に変わらないという問題に連関せしめて、原型の「永遠性」-「一時性」を次のように論ずる。

いかなる仕方においても〔現実世界の〕原因は失効されえない。原因を要請するのは恒常原型だからである。原型において既に確立した形態においてしか〔現実世界の〕事物は実現しない。「神の言葉に変更はない」(クルアーン第一〇章第六四節)と言われ、「神の言葉」とは〔現実世界に〕存在する事物の原型に他ならないからである。原型が「永遠」と言われるのは、それらが恒久的に在りつづけるとみなされたときであり、原型が「一時的」と言われるのは、それらが実際に存在し〔この世界に〕現れているとみなされたときである。(『叡智の台座』ムーサー章第二五、三二一頁／二一一頁)

「永遠」と「一時的」とのあいだにあるという原型に特有の状態をこの文章は明瞭に示すのである。

二　普遍としての原型

イブン・アラビー思想における原型とは、神学的に言えば〈神の知〉のなかにある「実の在り方」だと前節に指摘した。言い換えると、〈神の意識〉のなかだけにある、恒常的にまた永遠に存在する思惟対象である。だが、スコラ哲学の立場より見ると、それらは〈個体〉のうえに立つ〈普遍〉である。原型と世界との関係は、〈普遍〉と〈個体〉の存在論的関係に精確に対応する。そして、神の自己顕現がいかに原型という定まった経路を通って外的世界に実現するのかという問題は〈普遍〉の個体化のそれに他ならない。

イブン・アラビー哲学のこの側面はかなりの程度プラトン的だと指摘せねばならない。この特定の側面において、恒常原型はプラトンのイデアを思い起こさせる。

スコラ風にこの問題を展開した重要な箇所が『叡智の台座』にある。〈知〉や〈生命〉などの〈神の属性[4]〉の哲学的側面をイブン・アラビーはその箇所で扱う。これまで論じられたことより、イブン・アラビーの〈属性〉論が原型論と同じであるのは明瞭であろう。

> 普遍的なもの（umūr kullīyah. つまり、プラトンのイデアに相当する普遍）はそれ自体のうちに実際の存在をもたないのだが、こころのなかには（つまり、第一次的には〈神の意識〉のなかで、第二次的に人間のこころのなかで）、間違いなく思惟の対象や知の対象（として存在する）、と我々は主張する。したがって、それら普遍的なものたちは「内在者」（bāṭin）でありつづけ、不可視の存在様態（つまり、〈不可視〉という地平における存在様態）を決して離れることはない。[5]（アーダム章第一、二〇頁／五一頁）

この文章をカーシャーニーは次のように言い換える。

「普遍的なもの」、〈生命〉や〈知〉のように本質的に質料をもたない（muṭlaqah）ものは〈理性〉〔ʿaql〕のなかだけで具体的存在〔wujūd ʿaynī〕をもつ。他方、外界では不可視の存在〔wujūd ghaybī〕をもつ。外界における存在は、質料をもたない思惟の対象が具体的個別的条件によって限定されたものに他ならないからである。だが、(外界に〈普遍〉が事物に実現したとしても) 質料をもたない〈普遍〉は思惟の対象の状態でありつづけ、なおも〈内在者〉という名のもとにある。〈普遍〉がその普遍性そのままに外界に存在することは決してなく、具体的に限定された仕方でのみ存在する。〈外在者〉の名が〈普遍〉に冠せられるのはただ具体的に限定された存在という状態を指してのことである。(『カーシャーニー注』アーダム章第一、二〇—二一頁)

イブン・アラビーはつづけて論ずる。

しかし (つまり、それらの存在は不可視であるが)〈普遍〉は具体的個別的存在をもつあらゆるものに力を発揮して強い効果を及ぼす。むしろ、個別化された存在——この言葉であらゆる個別的存在者を私は言う——は普遍に他ならない。それでもなお、普遍それ自体は純粋に思惟の対象たるのを決してやめない。したがって、具体的存在者として在るのを見れば、普遍は〈外在者〉であるが、思惟の対象として在るのを見れば、普遍は〈内在者〉である。であるからして、〈理性〉と不可分離の関係にあること、および純粋に思惟の対象であるのをやめて具体的存在の地平に存在しえないという、すでに述べられた特殊性をもつこれら「普遍的なものたち」(の領域) に、現に存在する具体的なものはどれも起源をもつ。(普遍がこの世界に実現した) 或る特定の具体的存在者が、時間に限定されたもの (例えば、通常の物体) であろうと、時間の限定を超えたもの (例えば、より高い次元の精神的存在) であろうとこの基本的状況は変わらない。普遍は、時間的なものと無時間的なものの双方に同じく関わるからである。(二一—二二頁/五一—五二頁)

この文章から誤って読み取られるかもしれないが、〈普遍〉と〈個体〉との関係は一方的でなく、この関係には、〈個体〉が〈普遍〉に決定力を行使する側面もある。いま見たように、a、b、c、dという個体のなかに現れても、〈普遍〉は永遠に同一のままでありつづける。だが、これら個体はそれぞれに特有な「本性」(ṭabī'ah)

をもつがゆえに、a、b、c、dのなかに〈普遍〉が現れると、〈普遍〉は逆にa、b、c、dの影響を被らざるをえない。別の言葉を使えば、それぞれのケースにおいて普遍はそのケースに特有の色に染まる。

今度は、「普遍的なものたち」が、具体的存在者が固有にもつ実の在り方の要請に応じて、具体的存在者によって実際に影響を被る。

例えば、「知」の「知者」への関係、「生命」の「生きている者」への関係を取り上げてみよう。「生命」は思惟の対象にしかならない実の在り方であり、「知」も同様であって、両者は互いに異なり区別される。さて、神について、「神は〈生命〉をもつ、神は〈知〉をもつ、だから神は「生きている者」であり、神は「知者」である」と言う。同じように天使についても、「天使は「生命」と「知」をもつ。だから天使は「生きている者」であり、「知者」である」と我々は言う。最後に、人間について、「人は「生命」と「知」をもつ。だから人は「生きている者」であり、「知者」である」と我々は言う。

三つの場合を通じて「知」の実の在り方は一つである。また「生命」の実の在り方も一つである。「知」の「知者」への関係も、「生命」の「生きている者」への関係も同じように一つである。しかしながら、神の〈知〉について永遠であると言うが、人間の「知」については一時的であると言う。個体に対して述語づけるときに思惟の対象としての実の在り方（「知」）に何が起きたのかをはっきりと確認するがよい。また思惟の対象が具体的個別的存在者にいかに結びつくかを確認するがよい。「知」が基体に内在することで影響を与え、その基体は「知者」と呼ばれる。それと同じように、「知」が帰属する基体は「知」に影響を与え、その基体が一時的存在者の場合には、その「知」が一時的なものになり、永遠の存在者の場合には、永遠なものになる。したがって二つの側面〔つまり、普遍と具体的存在者〕はそれぞれが他方に影響を及ぼし、他方から影響を被る。（二二頁／五二頁）

〈普遍〉を存在論的に位置づける際に、イブン・アラビーはそれを「非存在者」だと言う。物質世界においては〈普遍〉に具体的個別的存在が与えられないことをそれは意味する。だが、すでに明瞭となったように、〈普遍〉はたんに「無」なのではない。〈普遍〉にはそれ特有の存在形態がある。つまり、質料をもたない思惟の対象という存在形態である。

〈普遍〉は個別的なもののなかに実現する。そのとき当然のことながらその場に特有の色に染まる。だが、〈普遍〉はそれ単独で個体化するわけでない。互いに区別され、分割されるという個体の特徴をもつわけでない。よって、或る〈個体〉と或る〈個体〉との関係が具体的な物理的存在という強い結びつきに支えられて堅固であるのと反して、〈普遍〉と〈個体〉との関係は、前者よりも本質的な関係でありながら、より弱い関係である。その関係が本質的に「非存在的」関係、つまり思惟の対象にしかならない関係だからである。

これらの「普遍的なものたち」は思惟の対象であり、具体的物理的存在としては非存在なのだが、不可視の（だが、具体的個物に働く実際の）力〔ḥukm〕としては存在する。しかしながら、それらが個別的存在と実際に関係する際にそれらもまたその個別的存在から影響を被る。普遍的なものは〔個別的存在者から〕影響を被るが、個体間で区別されたり、分割されたりしない。それは（〈普遍〉に）全く不可能なことだからである。なぜなら、普遍的なものは、その当の普遍的なものによって特徴づけられるすべての個体のなかにそのままのかたちであり――例えば「人間性（insānīyah. 人間であること）」は人間という種に属するそれぞれの個体に現れる――、決して個体間で区別されないし、個体が多であるに応じて多となることもないし、思惟の対象であるのをやめるわけでもないからである。

よって、具体的存在をもつもの（つまり、〈個体〉）と具体的存在をもたないもの（つまり、〈普遍〉）に密接な双方向の結びつきがあるのは明らかである。ただしそれでもなお、普遍は「非存在」という本性のうちにある。だから具体的なものと具体的なものとの双方向の結びつきの方が理解しやすい。その場合には両者を結ぶ第三項がつねにあるからである。ここで第三項と言うのは具体的な存在である。これとは反対に、前者にはそうした結び目〔第三項〕がなく、結びつきは結び目〔第三項〕なしに成立する。当然のことながら、結び目のある関係の方がより強くより確かである。（二二一—二二三頁／五二—五三頁）

三　必然性と可能性

すでに見たように、イブン・アラビーは恒常原型を指して「可能的なものたちの本質」（aʿyān al-mumkināt）と呼ぶ。一見すると、ムムキナート（mumkināt）、「可能的なものたち」はこの世界にある具体的で個別的な存在者を指すように思える。己れのうちに存在根拠をもたないのだから、個体という具体的存在者が本質的に「可能的」なのだと考える限りでは、それは正しいだろう。だが他方で、個体は「可能的」なのでなく、「必然的」なのだと考えることもできる。それらが確乎とした形態をもって実際に存在するからである。このように考えれば、本質的に「可能的」であるのは〔世界にある具体的で個別的な存在者でなく〕原型である。前節で明瞭となったように原型は個体化せずに「思惟の対象」でありつづけるからである。

「知性が弱いために」「可能」（imkān）の範疇を認めない思想家がいて、存在論的範疇には「それ自体で必然」（wujūb bi-al-dhāt）と「他による必然」（wujūb bi-al-ghayr）の二つしかないと彼らは主張するとイブン・アラビーは言う。だが、その後につづけて、事の真相を知るひとは「可能」の範疇を認め、「可能」は結局のところ「他による必然」の一種なのだが、自らに特有の性質をもち、それによって第三の範疇を形成すると知っている、と言う（シース章第二、五二頁／六七頁）。

師の考え方を説明しつつ、カーシャーニーが「可能者」（mumkin）の概念を次のように分析する。すべての存在者は、その存在者の本来の在り方が存在と取り結ぶ関係に応じて二つの主要な範疇に分かれる。(1) その本来の在り方がそれだけで存在を要請するもの、(2) その本来の在り方がそれだけでは存在を要請しないものである

（『カーシャーニー注』五二頁）。

第一の範疇に属するのが「それ自体で必然なもの」、〈必然的存在者〉である。第二の範疇はさらに二つの範疇に分かれる。(a)その本性が非存在を要請するものと、(b)その本性がそれ自体では存在も非存在も要請しないものである。(a)は「不可能者」の範疇であり、(b)は「可能者」の範疇である。次にカーシャーニーは言う。

「可能者」は〈理性〉の地平に特有の存在論的側面（ḥaḍrah. 字義的には現前）である。それ自体を考えた場合、外界の存在より前にある状態である。例えば「黒」を取り上げてみよう。「黒」それだけでは〈理性〉の地平のみにあり、存在も非存在も要請しない。外界では、〔黒くする〕原因が存在するか、あるいは〔黒くする〕原因が存在しないかのいずれかが必ず附帯する。このとき原因が存在するのか、それとも存在しないのかのあいだに第三項があるわけでない。

原因が完全なかたちであるときには、もの（「可能者」〔黒さ〕）の存在が「必然的」となる。そうでない場合は、完全な原因がなく、ものの非存在が「必然的」となろう。（最初の場合には、「他による必然」であり、後者は）「他による不可能」である。したがって現実に存在する状態の「可能者」とは「他による必然者」である。しかし、それ自体、その本質に即して見れば、つまり実際の存在形態を離れて見れば、それは（いまだ）「それ自体で可能な者」である。（『カーシャーニー注』五二―五三頁）

「可能者」とはものが外界に現れるより前にもつ存在論的状態だとカーシャーニーは定義する。そのことから、〈普遍〉が本質的に、またそれ自体では「可能者」であることがわかる。外的存在に参入するより前の〈普遍〉それ自体は「〈理性〉のなかに存在する」、つまり純粋な、思惟の対象としてあるからである。カーシャーニーの説明からさらに次のことがわかる。〈普遍〉が個別化し、個体の形態をもって外的存在の領域に入ると、二つの特徴をもつようになる。本質上は、外的存在の状態にあってもいまだ「可能者」である。だが、外界に存在することから見れば、「他による必然者」であって、存在必然性とでも言うべきものをもつ。これが「一時的な存在者」(ḥādith または muḥdath)[6] と呼ばれるもの全ての本当の性質である。この存在論的変化を惹き起こすものは、つまり「本質的に可能なもの」を外界存在の領域に至らせ、「附帯的に必然なもの」へと変えるものは、「本質的に必然なもの」、絶対者でしかありえない。

確かに、時間的に始まりをもつもの(muḥdath〔一時的なもの〕)は(何らかの作用者によって)存在に至らしめられた何かであり、したがって、それが、己れを造る作用者を存在論的に必要とすること(iftiqār. 字義的には「乏しさ」)に疑問の余地はない。そうしたものが本質的に「可能者」であり、「可能者」の存在は他の何かから招来されるという事実にそれはよる。そうしたものを「始まりを与える者」に結びつけるのは〔「可能者」のもつ〕存在論的必要性である。

そうした本質的な仕方で「可能者」が己れの存在をそれに負う者(作用者)は、その存在が己れ自身で必然的であり、己れの存在を他の何ものにも負わず、したがって他の何ものも必要としない何かである。全ての一時的なものに己れ〔の力〕だけで他の助けによらず存在を附与し、その結果、一時的なものがそれに本質的に依拠するようになる、この何かはそうしたものでなければならない。

しかしながら、〔こうして〕「可能者」という存在に至ることは、その「必然者」によって本質的に要請されていることなので、「可能者」という存在に至ることは(この側面において)「必然者」から「必然性」を受け取る。さらに、己れを存在に至らしめた「必然者」に「可能者」が依拠することは本質的な事柄なので、必ず、「可能者」はその「必然者」の似姿で現れなければならない。その似姿はその「可能者」に所有されるあらゆる名や属性に及ぶが、唯一、本質的必然性(wujūb dhātī)だけは例外である。時間のなかに造られたものに本質的必然性は決して至りえないからである。だから、時間のなかに造られたものは、「必然的」存在者ではあるが、その「必然性」は己れのものでなく、それを他のものに依存する、ということになるの

である。(『叡智の台座』アーダム章第一、二三頁／五三頁)

四　原型の絶対的な力

原型は「恒常的」であり、「恒久的に在りつづける」(thābitah)。つまり、原型は永遠の過去に一挙に固定され、それ以降絶対に変わらず、不動である。クルアーン第一〇章第六四節に「神の言葉に変更はない」と言われる。原型は絶対に変わらないとは、或る意味で絶対者の活動が制限されることでもある。これは神に対する不敬に聞こえるかもしれないが、実際にそうなのではない。神学的に言うと原型に不変性を与えるのは神の意志に他ならず、よりイブン・アラビーの用語に近づけると、原型は絶対者自身の内部限定に他ならないからである。

原型の段階で決定づけられたものを〈神の意志〉が覆すことはできない。神がそれを為そうとすると考えることもできない。クルアーンは不信仰者を話題にしつつ、「しかし、もし神がそうした意志をもったなら、汝らはみな一緒に正しい道に導かれたことだろう」(第一六章第九節)と言う。これは、実際に起こったことと正反対のことを、つまり原型の次元で決定づけられたのと反対のことを神が意志しえたことを暗に示すかに思えるかもしれない。しかし、イブン・アラビーによるとそれはたんなる誤解である。(「もし神がそのような意志をもったなら」(fa-law shā'a) という節文のなかの)「もし」の意味をもつ小辞 (law) は文が反実仮想であることを示す。したがって、そのクルアーンの節はむしろ不信仰者を正しい道に導くという意志を神がもつのは不可能であることを示唆する(イブラーヒーム章第五、九二頁／八二頁)。

原型が「可能者」であることを前節で立証した。だが、たったいま見たのは、原型が動かしがたい固定性をもつことである。そのことに照らし合わせて考えるならば、原型のもつ「可能であること」が極めて特殊な性質をもつことを認めざるをえない。「可能者」は a であるか、あるいは非 - a であるかそのどちらにもなりうるもののことである。いま言及したクルアーンの章句に直接関連する例を挙げると、「可能者」としての人間は「信仰者」にも「不信仰者」にもなれる。つまり、神の「導き」を受け容れることもできるし、〈道〉から逸れることもできる。しかし、実際には最初から可能者がaとして現実化するのか、非-aとして現実化するのかは既に決定づけられている。例えば、もしaの方に向かうと定まっていたなら、その道行きを変えて、非-aとして現実化せしめることは神にすらできない。

理性的推論の次元では、「可能者」はそれ自体として見れば、或るものを受け容れることも、それと反対のものを受け容れることもできる。だが、論理的に可能な二つのもののどちらかが現実化されると、その「可能者」が原型の状態にあったときに定められていたのはその現実化した方だった（ことがわかる）。……したがって（クルアーンの前掲章句で言及される不信仰者たちに関しては）、神が実際にそうした「意志」をもたなかったこと、だから神がそうした人々を正しい道に導かなかったことは明瞭である。神がそうした仕方で「意志」をもつことは決してない。「もし神がこれこれの意志をもったら」という〔反実仮想でない条件〕文に替えても同じことである。いったい神がそうすることを想像できるか。そうしたことは決して起こりえない。そもそも神の意志は（永遠の過去から決め定められたことにしたがって）まっすぐに対象に届く。なぜなら、神の意志は神の知に厳密に従い、神の〈知〉は知の対象に厳密に従うからである。〈知〉の対象はあなたであり、あなたの状態である（つまり、個体と、恒常的にある原型として不変のかたちで定まっているその特性）。〈知〉がその対象に働きかけるわけでなく、対象が〈知〉に働きかける。なぜなら対象が〈知〉に対してその対象の本質が何であるかという情報を与えるからである。（九二―九三頁／八二―八三頁）

神は各々の個体を知る。それは、その個体の永遠なる本質を知ることに等しい。そしてその〈知〉にもとづいて〈意志〉を発動する。だが、すでに指摘したように、神が〈意志〉を発動するとは神が存在を賦与することである。だから、神がそうした仕方で存在を賦与するのは、神がそれぞれの事物の永遠なる本質を知っていることが前提となる。その結果、個体に与えられる存在は必ずそれぞれに異なった形態を帯びる。

だが別の様相もある。神がものに与える存在は、それが存在である限り、つねに同一である。存在としての存在はそれぞれのケースで決して異ならない。あらゆるものに対して同一の存在を神は与えるが、個体としての「受容体」の方は己れの特殊な性質に応じてさまざまなかたちでそれを受け容れ、存在をさまざまに実現せしめる。イブン・アラビーはその側面を次のように説明する。神は存在附与者にすぎない。個体としての存在様態を決定し、規定を加えるのはその存在を受け容れる人間である。人間はそれぞれ己れの原型にしたがって独自の色づけを存在に加うるのだと。

> 「己れの定められた立場〔maqām maʿlūm〕をもたざる者は我々のなかにいません」（クルアーン第三七章第一六四節）。これ（つまり、「定められた立場」）は、恒常原型の段階であなたがそうであった立場を指し、それに従ってあなたが存在へと至るところのものでもある。もし己れが存在をもつと主張する場合には、事態をこのように考えることができる。だが、もし存在が己れにでなく、絶対者に属すると主張する場合であっても、絶対者から来る存在に対して、あなたは〔いかなる存在として存在するかを決する〕決定力〔ḥukm〕を確実に行使する。もちろん、いったん現実存在となれば、究極の〈決定者〉は絶対者であるのだが、部分的には、存在に対してあなたの決定力が疑いもなく行使される。
>
> このように考えれば、絶対者に帰属するのは、存在をあなたに差し向ける働きだけである。他方、実際にその存在がいかに存在するかを決し定めるのはあなたである。だから誉れはあなただけに与えられ、批難もあなただけに向けられる。絶対者に与えられる誉れは存在を与えたことに対してだけである。それだけが、あなたがたでなく、絶対者の働きだからである。（九三―九四頁／八三頁）

このように思考を重ねるなら、イスラーム思想の枠組みにおいて数多の重大な問題を惹き起こす。もっとも顕著な例は倫理概念に関わる領域への響きであろう。

イブン・アラビーによると、すべての人間は、いまあるがままの状態で存在するだけで、未来においてもそれに変化がない。それぞれの恒常原型によって永遠の過去からそれぞれの人間が決定されて在るからである。世界のなかにいる誰であれ、善いひとだろうが、悪しきひとだろうが、信仰者だろうが、不信仰者だろうが、神の〈意志〉に逆らうことはない。神の使徒に従わないひと、「(使徒と)争うひと」(munāzi')を例にイブン・アラビーは次のように論ずる。

彼(つまり、神の使徒)と争うひとは、まだそのひとが存在せず、原型としてあったときの状態にそうだった彼自身の本質〔haqīqah〕から逸れたわけでない。非存在時の恒常原型の状態でもっていたもの以外には何も〔現実世界に〕生じてこないからである。だから(神の使徒と争うことで)己れの本質によって定められた境界を超えたわけでないし、(すでに定められていた)道で誤りを犯したわけでもない。

したがって、その振舞いを「争い」(nizā')と呼ぶのは、一般のひとたちの眼を覆うヴェールの産物であるたまたまのことに過ぎない。神が言うように「しかし、大多数のひとは知らない。彼らが現世の表面的なことを知るにすぎないことを。彼らは来世について全く知らない」(クルアーン第三〇章第六―七節)。したがってそれ(つまり、彼らの振舞いを「争い」と見なすこと)はあべこべ〔倒錯した言い方〕(つまり、ヴェールで覆われた人々が価値を転倒させたもの)にすぎない(一九一頁/一二八頁)。

「争うひと」についてのこの議論は世界のあらゆる現象に当てはまる。人間の視点からして善いとか悪いとかと言うものはどれも、実際には、永遠の過去から決定され変わらないものと寸分も違わない。この意味であらゆるものは前もって神の意志によって準備された道を歩んでおり、何ものもそこから逸れない。

もし善悪の区別が附帯的であるにすぎないなら、また、すべてのものが原型で定められたとおりに生起するなら、イスラームのもっとも基本的な信仰箇条の一つである、善に応じ、悪に報いる（勧善懲悪）の考え方が深刻な打撃を被る。イブン・アラビーによる報酬と罰の特異な解釈を追ってみよう（thawāb-ʻiqāb）（ヤアクーブ章第八、一二八―一二九頁／九五―九六頁）。

（宗教的視点から見た）善悪の区別は、人間が何らかの宗教共同体で社会生活を送る、そうした次元にのみ見える現象である。この次元で、道徳的責任を担うとみなされるひとは法学的にムカッラフ（mukallaf）と呼ばれる。ムカッラフは文字通り「責任を負わされたひと」の意味をもつ。

ムカッラフの行為を法に照らして見るならば、法の禁止事項に「従う」か、あるいはそれに「従わず」、「背く」かである。前者が神に従順なひと（muṭīʻ）なのはわかりきったことであるし、さらに言えば同語反復である。だが、「背くこと」が「従うこと」に劣らず神に従順であるという重要な一点をイブン・アラビーの見解に見定めておかねばならない。「背くこと」においてもひとは、その当のひとの恒常原型が命令することに従うにすぎず、その恒常原型は〈神の意志〉が直接顕現したものだからである。

無論、ひとが神に従わないなら、神はそのひとを赦すか罰するかしかない。だが、今度は神がひとに「従い」、ひとの行為の命ずるままに振舞わねばならないことを指摘しなければならない。バーリー・エフェンディーの言うように、ここでの「従う」（inqiyād）という行為は双方に生ずる。これは「応報」（jazāʼ）という意味での「宗教」（dīn）であると同時にイスラーム（従順　inqiyād）という意味における「宗教」でもあるとイブン・アラビーは言う。[2]

宗教とは「応報」だとイブン・アラビーは言う。ひとが神に「従う」ときに、神はそのひとにそのひとが「喜ぶ」もので報いる。他方、ひとが神に「従わない」ときには、そのひとが「喜ばない」もので応じる。喜ぶもので報いるときに「報酬」と呼ばれ、喜ばないもの、苦痛を伴うもので応ずるときに「罰」と呼ばれる。主観的には、当然のこと、「報酬」と「罰」は全く異なり、それらを得るひとにその違いははっきりと感ぜられる。だが、客観的には、両者に根本的な違いはない。両者とも、原型が要請することに「従って」神が振舞うにすぎないからである。或る原型が必然からひとに或る行為を為せと要求する。その行為が必然から今度は神の側にそれ相応の「報酬」か「罰」を下せと要求する。

あるひとが良きもの（報酬）を獲得するときには、そのひと自身がそれを与えたのだ。また悪いもの（罰）を獲得するときにもまさにそのひと自身がそれを与えたのだ。それどころか、彼が己れ自身に気前よく与え（munʿim）、己れ自身を折檻する（muʿadhdhib）。だから、彼は己れだけを讃え、己れだけを非難する。「神は人々について覆せない証拠を（神の知のなかに）もつ」（クルアーン第六章第一四九節）。そうであるのは〔神の〕知が知の対象に従うからである。

だが、この類の問題をさらに深く諒解することもできる。「可能的な」すべてのものは、実際にはその根を非存在にもつ。（通常、彼らの「存在」とみなされるものは）絶対者の存在にほかならない。「可能的なもの」それ自体に特有の、また「可能的なもの」の本質に特有の存在形態をもって絶対者の存在がさまざまな形態で現れる。本当に喜ぶのは誰か、本当に苦しむのは誰かがこのことからわかろう。（言い換えると、本当に報酬に喜び、罰で苦しむのはひとでなく、そのひとの原型に従ってそのひと特有の形態で己れを顕現させた絶対者である。さらには、そのひとの原型にしても絶対者の或る種の状態である）。さらに、ひとのあらゆる状態（や行為）に対する応報が実際に何であるかも諒解できよう。（言い換えると、報酬にしても罰にしても、ひとの行為の結果として現れるのは、実際には、その行為によって決定された特定の形態での神の自己顕現である）。アラビア語では慣習的に悪い結果が（「罰」という意味で）イカーブ（ʿiqāb）と言われ、良い結果はサワーブ（thawāb）「報酬」と呼ばれる。だが、（行為の）結果は何であれ、「何かに後続するもの、結果として現れるもの」という〔一型アカバの〕（語源的）意味から推してイカーブと呼ばれるべきであろう。そうであれば、良い結果も悪い結果もイカーブと言い表される。（一二八―一二九頁／九六頁）

「良い」「悪い」や「報酬」「罰」のもつ本当の意味がいま述べられたとおりであるなら、神が人々のなかに「使徒たち」を遣わした意味は何か。使徒の機能は人々を幸福にするため、善きを勧め、悪しきを懲らすことでなかったか。イブン・アラビー理論における特殊な文脈のなかでの「使徒」(rasūl) 概念は通常と全く異なると想像される。

イブン・アラビーは使徒たちを医者に喩えて彼の使徒観を次のように説明する。

知るがよい。医者が「〈自然〉に仕えるもの」(khādim al-ṭabīʻah) と言われるように、使徒たちおよびその後継者は一般に〈神の命令〉に仕える者である（つまり、一般的に使徒は魂の医者と言われ、その機能は、魂を健康に保つことであり、もし魂が病に冒されたなら、通常の状態に戻すことである）。

しかしながら、実際には、使徒は、可能的なものたちがもつ存在論的様態の僕《しもべ》である（つまり、使徒たちの本当の機能は、可能的なものたちの原型状態における本質の要請するものをそのままのかたちで実現させるべく仕えることである）。だが、使徒たちのこの職務自体が、恒常原型の次元に定められた存在論的様態 (aḥwāl) の一部である。これは全く驚くべきことである。

ここで探求の対象となっている「僕」（〈自然〉の僕〔医者〕であれ可能的なものがもつ存在論的様態の僕〔使徒〕であれ）は、その職務の対象（患者あるいは何らかの存在論的様態）の現実の状態や、その対象が何を話すかによって決定される枠を超えないはずである。（例えば、医者が患者を治療する場合には、患者の肉体の状態や患者が言葉で訴えかける内容にしたがって治療する）。

医者が（限定ぬきに）〈自然〉の僕と呼ばれるに値するのは、医者がつねに〈自然〉が機能するよう補助しつづける場合だけである。（だが、実際に医者がそうしたことを為しているようには見えない。次の考察がその内実を明かす）。（医者が必要とされるのは通常）「病気」と言われる特別な状態を〈自然〉が患者の

> 肉体に作り出した場合である。さて、もし医者がこうした状況で（忖度することなく）〈自然〉に仕えようとするなら、患者の病をひどくするよう患者に働きかけねばならない。だから、普通の医者は健康を実現するために（〈自然〉を補助するかわりに）〈自然〉の働きを妨げ、患者の現在の状態〔おのずからの状態〕と正反対の状態を作り出していることになる。だが、そうして得られた健康もまた〈自然〉であることに違いがない。
>
> したがって、医者が「〈自然〉の僕」でないのは明瞭である。（つまり医者はどんな場合でもつねに〈自然〉に仕えるわけではない）。医者が「〈自然〉の僕」であるのは、患者の肉体が陥っている現在の状態を〈自然〉の仕方で健康に戻すという意味においてである。このように医者は極めて限られた仕方で〈自然〉に仕えるのであって、全面的に仕えるのでない。（一三〇―一三一頁／九七―九八頁）

医者は状況を問わずつねに〈自然〉に仕え、〈自然〉の働きを増進させるのでは決してない。例えば〈自然〉が下痢のような不健康な状態を作り出したとき、医者は〈自然〉の働きを抑え、健康な状態を作り出さねばならない。しかし、そうして作り出された健康な状態もまた〈自然〉の一部なので、健康を作り出すことで医者は結局は同じ〈自然〉に仕えている。この医者の例が魂の医者と言われる使徒の機能を明瞭にする。

> したがって、医者は〈自然〉に仕えると同時に〈自然〉に仕えない。同様に使徒たちとその後継者は絶対者に仕えると同時に絶対者に仕えない（彼らは神の命令に全ての側面で仕えるわけではなく、それが有益な側面でのみ仕える）。

これは、使徒が〈神の命令〉の僕であるに過ぎず、〈神の意志〉の僕でないとの意味をもつ。〈神の命令〉は必ずしも〈神の意志〉と一致しなくてよい。反対に、しばしば両者のあいだに齟齬が生ずる。〈命令〉を下されたものが〈命令〉に従うか否か、つまり〈命令〉されたことが実現するか否かに関わらず、〈命令〉が発せられる。一方、〈意志〉は絶対であり、〈意志〉されたことはその絶対という本性によって必ず起こる。〈命令〉と〈意志〉の間に齟齬が生じた場合、使徒は〈命令〉に従うのであって〈意志〉に従うのでない。もし使徒が〈意志〉に従うのだとすれば、悪を抑えようとする替わりに、悪人を積極的に助長するだろう。そのとき使徒は悪人に悪しき行為を止めるよう助言したりしないだろう。だが、奇妙なことに、「悪事」が実際に行われるなら、それは〈意志〉に由来するのだが、使徒がその悪事を諫めるなら、その使徒の行為もまた〈神の意志〉に由来する。

同じように、「奇蹟」の効果も一般に考えられるほどに強力でなくなる。いくら奇蹟を積み重ねても、原型によって定められたことは決して変わらないからである。使徒たちはヒンマ（himmah）（ヒンマは第十七章で詳しく論じる）と呼ばれる精神的な力をもち、奇蹟を起こすことができる。だが、〈使徒〉が奇蹟を起こそうが起こすまいが、最終的に生起する結果は同じである。これもまた、原型によって定められたのと違うことが現実に起こることがないとの事実に由来する。

（不信仰な）大衆の面前で奇蹟を起こすと、或る者は直ちに信仰者になるが、或る者は奇蹟を認めるもののそれを確信せず、傲慢にもまた嫉みから反抗的な態度を採る。また奇蹟を魔術や催眠術と考える者までいる。使徒たちはこうした事態が生起するのを十分に諒解している。このことに気づいているだけでなく、神が信仰の光でこころを照らさない限り誰も信仰者にならないことも、使徒たちは諒解している。（起こされた奇蹟も）「信仰」と呼ばれるこの光のもとで見られない限り、誰にも奇蹟の効力がないことも諒解している。このことを諒解しているので、使徒たちはヒンマを行使して奇蹟を起こそうとしない。それを見たひと全てに、その人々のこころに奇蹟の効果が一様に生ずるわけでないからである。

もっとも完全な使徒ともっとも知のあるひとについて語った神の次の言葉はこのことを指す。「あなたは、導こうとする全てのひとを正しく導きうるわけでない。だが、神は誰であれ導こうとするひとを導く」（クルアーン第二八章第五六節）。同じ箇所で神はこう言い添える。「だが、神は正しく導かれたひとをよく知る」。正しく導かれたひととは非存在の状態にある己れの恒常原型を通して、己れが正しく導かれてあることを神に知らせるひとのことである。〈知〉〔神の知〕が〈知〉の対象〔恒常原型〕に従うよう神が定めたからそうなっているのだ。恒常原型の段階で、非存在の状態で、信仰者だったひとはそのままのかたちで〔この世に〕存在する。神はあらゆるひとに関していかなるかたちで〔この世に〕存在するかを知っている。だからこそ「神は正しく導かれたひとをよく知る」と神は言うのである（ルート章第一三、一九三頁／一三〇頁）。

カーシャーニーがより論理的にイブン・アラビーの議論の要点を次のように述べる。

（使徒たちは）ものの実の在り方について完全な知をもつので、神の御前で慎み深い態度を採り、意のままにものを扱ったり、ヒンマを行使したりはしない。真理を本当に知るひとは〈永遠の知〉のなかにあるものしか〔この世に〕生じないと知っているからである。（絶対者が）起こるはずだと知っていることは起こらざるをえない。起こるはずがないと知っていることは決して起こりえない。

よって、受容者のなかに可能的にあるものを知る〈作用者〉と、本質的におのずから備えられたものしか受容しない受容者との関係にすべてが還元される。そうであるならば、使徒は何にヒンマを行使するのか。何のためにヒンマを行使するのか。実際に起こるか、起こらないかが最初から知られているものにヒンマを行使したところでそれは変わらない。永遠の過去から割り当てられている、そのものが生起する時点を進めたり、遅らせたりすることすらヒンマは為しえない。

だから、受容者が受け容れると〈作用者〉が知っていること以外のものをその当の受容者が受け容れることはない。受容者が本質的に受け容れるべきこと以外のものを〈作用者〉がその当の受容者に押しつけることもない。原型が〔この世に〕存在するようになったときにそれに起こるであろうことしかその当の原型が永遠の過去から永遠の未来まで要求することはなく、〈全知なる作用者〉はそれ（つまり、原型によって定められていること）だけを知るからである（『カーシャーニー注』ルート章第一三、一九四頁）。

五　予定の神秘

繰り返し指摘したように、絶対者から事物が存在を受け取るその仕方は厳密に言えば、そのもの自身の「備え」により決定されている。「備え」（isti'dād）がものの現れを決し定める力は至大であり、絶対者ですらそれの要請に従わざるをえない。(7)

ものの「備え」が絶対的な決定力をもつとのテーゼは、当然のことながら、そして本質的に予定の問題と連関する。予定の問題はイスラームのごく初期の段階から重要な問題として提起され、カダー（qaḍā'）とカダル（qadar）というキー・タームのもと頻繁に議論された。イブン・アラビーは恒常原型論を中核とした独自の観点からこの問題を取り上げて論ずる。

予定（qaḍā'）とは、神が事物に下す決定的判断（ḥukm）を言う。神による事物に対する決定的判断は、事物そのものおよび事物の特性についての神の〈知〉に厳密に対応して与えられる。翻って、事物についての神の〈知〉は、事物のもつまさにその本質〔特性〕によって与えられたものにもとづいて在る〔正しくは、「事物についての神の〈知〉は、その当の事物が与えるその当の事物そのままの在り方にもとづく」〕。

「割り当て」（qadar）とは、事物が実際にいつ起こるべきなのかを、原型に何ら変更を加えずに、その原型の要請に従って特定することを言う。だが、カダーが事物の命運を定めるとき、その命運はものの原型の要請だけに従って定められていた。〔したがって、カダルはカダーの後に定まるはずであるが、カダーが定まる前にカダルが定まっていることになる〕そしてこれがカダルの神秘である。……

判決を下す〈裁判官〉(ḥākim)は実際には、まさに判決が下されるもの〔例えば、殺人という行為〕の要請に従って裁決を下す。〈裁判官〉はそのものの本質に応じて何かを決し定めるからである。この意味では、そのものの本質に応じて決定を下されるものの方が〈裁判官〉に決定せしめる。その結果、〈裁判官〉はそのものの本質に厳密に従って決定せねばならない。事実、何かに判決を下す「裁判官」はみな、判断を下そうとする対象によって限定され(字義的には、決定され)、判断を下す状況に限定される。「裁判官」が誰であれ(絶対者であろうと、ひとであろうと)そうである。(『叡智の台座』ウザイル章第一四、一九五―一九六頁／一三一―一三二頁)

すでに見たように、あらゆるものの本質的構造は非存在である原型の状態で定まっており変更されない。神は永遠の過去からそれが本質的にどのようなものかを知る。この完全な〈知〉の要請にもとづいて、神はものについて決定的判断を下す。この判断がカダーである(8)。

カダーにより決定されていたことをさらにカダルが特定する。この特定化は時に関して行われる。言い換えると、ものに実際に現れるあらゆる状態はカダルによって定められるが、それはその状態が起こる時を特定するかたちで具体的に限定される。他方、カダーの方が時を特定することは一切ない。すべての出来事に特定の時を配するのはカダルである。いったんこうして特定されれば、指定された時刻より一分早く起こったり、一分遅く起こったりということはありえない。

カーシャーニーはハディースに言及しながらカダーとカダルに関して興味深い指摘を行う。崩れおちそうな壁の下を〈預言者〉が通りかかった。預言者は或る者から注意を促され、「神のカダーから逃れることができるか」と尋ねられた。これに預言者は「私はカダーからカダルへと逃れる」と答えた。壁が崩れ落ちることはすでに決まっているかもしれない。これがカダーである。だが、たとえ壁の崩れ落ちることそのものは絶対に避けられないとしても、いつそれが起こるかについてはカダーに関わらない。だから〈預言者〉が壁のカダルに頼って壁の下敷きになる事態から逃れる余地は少なくともある。

カダーとカダルの関係がこのように描写されると、カダーがカダルよりも前にあるように我々には自然と思われてくる。だが、この順序を最終的で決定的な順序だとみなすべきではない。カダーとカダルを取り巻く事態にはより深い側面が在るからである。

カダルが時に関してカダーを「さらに」特定すると言った。しかし、神はみずからの〈知〉に即してもののカダーを定める。神の〈知〉はどんなに細かいことまでも〈知〉の対象のもつ本質的構造に従う。すでに見たように、〈知〉の対象とは事物の恒常原型のことであった（一九七頁／一三二頁）。であるならば、時の特定――ついでに言うなら、事物に特定可能な全てのもの――を原型の一部だと考えるのは極めて自然である。この意味で、カダル自体も原型で定められている。カダルこそが恒常原型であるとさえ言えるかもしれない(9)。

しかしながら、カダルと恒常原型のあいだには微妙な違いがある。恒常原型は時間の次元を超えた〈普遍〉である。原型は〈神の意識〉のなかにある思惟の対象であった。〈普遍〉が現実存在の状態に入り込み、個体の形態に特殊化されるときには、まず或る特定の時と結びつき、時間的に特定される。そうした状態になった原型がカダルと呼ばれる。別の言葉を遣うと、カダルは、具体的存在として実現するための準備が完全に整った状態の原型である。原型のあらゆる条件を神は知るので、これこれの原型が実現するための条件を十分に満たすことも知っている。この〈知〉にもとづいて、この原型はこれこれの個体として実現すべしと神は裁定する。この裁定、命令がカダーである。したがって、カダーがカダルに先行するばかりではなく、カダルがカダーに先行し、カダーを決定する側面もあることがわかる。

いずれにせよ、カダルは、原型が具体的存在者の形態で己れを実現しようとするまさにその瞬間の極めて微妙な状態にある。したがって、カダルを知ることは言語を絶した〈在る〉の神秘を覗き見ることでもある。神から世界まで拡がる〈在る〉、その〈在る〉の秘密全体がそこに現れているからである。「カダルの神秘は最高度の知の一つである。神はそれを完全な神秘直観を特権的にもつ（少数の）ひとだけに与える」とイブン・アラビーは記す。もしひとがカダルについての本当の知識を得たなら、それを知ることによってそのひとは完全なこころの平安を得るとともに耐え難いほどの苦痛を感ずる（一九七頁／一三二頁）。異常なほどのこころの平安は、世界の全てのものは永遠の過去から決せられるとおりに起こるのだと意識することから生ずる。己れ自身あるいは他のひとに何が起きようと、少しも躊躇することなくそれに満足する。己れの能力以外のものを獲得しようと無駄に努力するかわりに与えられたものを享受する。一方、いわゆる「不公平」「悪」「苦しみ」が周りに蔓延するのを眼のあたりにしつつ、彼の「備え」では世界からそれらを排除しえないのを痛切に諒解するがゆえに大きな痛みを覚え、苦しまねばならない。イブン・アラビーはカダルが〈在る〉世界全体を支配することに畏敬の念を表明してこの文章を締める。

カダルの本来的在り方〔haqīqah〕は〈絶対的存在者〉と限定的存在者の両者を支配する。（前者については、絶対者が或るもののカダーを決定する際にそのものの「備え」の影響を被るとの意味でそうである。後者については、どの存在者にも、己れの原型によって定められたこと以外は与えられないとの意味でそうである）。カダルより完全なものはないし、カダルより力をもつものも偉大なものもない。或る時にはカダルの支配力が全てのものに及び、或る時にはそれが特定のものに及ぶといった仕方でカダルの支配力が普遍的だからである。（一九八頁／一三二―一三三頁）

『叡智の台座』の別の箇所でカダルを知るという問題をイブン・アラビーはさらに追求する。今度はカダルについての知を基準にひとを分類しようとする。

すでに見たようにカダルについて何らかを知るというのは恒常原型の何らかを知ることに他ならない。だがいかにしてひとが原型についての真実を知りうるのか。原型は深遠な神秘であり、その真の在り方は絶対者だけが知る。原型が〈神の意識〉の内部構造だからである。

したがって大多数のひとは原型を全く知らず、それゆえカダルも知らない。これらの人々は最低の位次にある。原型の決し定める力を彼らは知らない、つまりカダーとカダルがことの他重要であることを知らない。無知なので、神にあれをしてほしいこれをしてほしいと懇願する。礼拝すれば、永遠に定まった事の成り行きを変えうると無邪気に信じる。

この位次よりも高い位次にあるのは、原型において定められたことが変えられえないと気づくひとである。すでに定まっていると知っていることと反したり、超えたりすることを求めたりしない。

神がすでに自分たちのカダーを定めていることをそのような人たちは知るので、敢えて（神に）何かを求めることはない。だから、彼らは神から何が来ようとそれを受け容れるよう己れの場が備え付けられて在ることに満足する。すでに己れの自我を棄て去っており、己れの勝手な目的をもたない。（シース章第二、三七頁／六〇頁）

この類の人々のなかには、カダルとカダーの決定力についてより詳しく知る者がいる。そうしたひとは、カダーとカダルの決定力とは己れ自身の恒常原型がもつ「備え」の決定力に他ならないことを、言うならば、カダーとカダルの内部構造を知っている。〈在る〉の神秘についての知という点から見た人間の分類では第三の位次に属する。

この種のひとは、己れのあらゆる状態についての神の知は、己れが存在するより前に恒常原型であった、そのときの状態と一致すると知る。またそのひとは次のことも知る。そのひとの恒常原型が神に与えた、そのひとについての〈知〉、それにより決定されている以上のものを神はそのひとに与えないと。このように、

> そのひとは神がそのひとをどのように知ったのかを知っている。
> 神の徒のなかにこれ以上の知をもつ者はおらず、彼らこそが最大限に「開示された」〔akshaf〕人々である。カダルの神秘を知るからである。（三七―三八頁／六〇頁）

だが、イブン・アラビーはこの最高の位次をより高い位次とより低い位次にさらに二分割する。より低い位次に属するのはカダルの神秘を概括的〔mujmal〕に知るひとである。他方、より高い位次に属するのはカダルの神秘を具体的かつ詳細〔mufaṣṣal〕に知るひとである。

イブン・アラビーは別の箇所（五一頁／六七頁）でこの区別――「知者」の最高の位次をより高い位次とより低い位次に分けること――を「備え」〔isti'dād〕と「受容」（qabūl）の二語を用いて説明する。より高い位次に属する人々は「開示」を経験することでまずは「備え」を知り、「備え」を知ることで「受容」を知る。いったん「備え」そのものを概括的に知れば、「受容」の全領域を俯瞰する場に立つことができる。そのとき、いずれ己れの身が「受容」するであろうこと（つまり、己れ自身に起こるであろうこと）をすべて知ることになる。言い換えると、あなたは己れ自身の運命の支配者となる。これとは反対に、より低い位次に属する人々はまず「受容」を経験し、そのことで「備え」を知る。実際に己れの身に起こったことを知った後に、己れにはこれこれの「備え」があったのだと気づく。だから、己れの運命についての彼らの知は、実際に起こることに条件づけられており、部分的な知とならざるをえない。カーシャーニーが指摘するように、こうして獲得された知は誤りを犯す危険性が多分にある。なぜならこの知の獲得過程は推論（istidlāl）を含むからである。

最高の位次がこのように分かれることについて、イブン・アラビーは次の指摘をする。

> 己れ自身のカダルを具体的かつ詳細に知るひとは、概括的に知るひとよりも高い位次にあり、より完全である。前者は、神がそのひとを知るときのその〈知〉のなかに何があるのかを知る。彼がそうした知を得る

ための経路が二つ考えられる。(1)彼の恒常原型がまず神に彼がいかなる者かという知を与え、次に神がその〈知〉に応じてそのひとに教える。(2)彼の恒常原型が直接彼に開示される。そのときには、恒常原型から無限の状態がおのずから展開し、それらの状態が具体的様相を帯びる。いずれにせよ、この類の人間がより高い位次にあるのは、己れ自身についての知が神のもつそのひとについての〈知〉と同一だからである。そもそもがそれら二つの知は同一の根拠（つまり、恒常原型）に端を発する。（三八―三九頁／六〇―六一頁）

この重要な文章は次のように解釈すればより明瞭となるかもしれない。

この世のどんなものでも、己れ自身の原型によって永遠にまた恒常的に定められている。だが、原型は〈神の意識〉のなかにあるので、その内部構造あるいはその内容は不可侵なる神秘である。しかし、いわば小さな隙間が一つだけあり、それを通じてこの不可知の神秘を覗き見ることができる。その隙間はひとが己れ自身に対してもつ意識である。ひとの精神力が「開示」を体験することで異常なほどに高まり、ごく稀に直接己れの原型の内容を目睹する機会が与えられる。そうした場合、己れ自身の原型について知るその知は、神が彼について知る〈知〉と同一である。ともに情報源が同じだという点で同一である。外側からでなく、己れ自身の原型の内部を知ることによって、カダルの偉大な神秘を垣間見ることにもなる。

しかしながら、神の知と最高の「知者」の知があらゆる面で同じであることをこれが意味するわけではない。ひとが己れ自身の原型についてもつ知が、その原型が現実に顕れたときにもつ形態や状態によって条件づけられるからである。類稀な洞察力をもって原型が帯びる現実的形態を突き抜けて原型内部を覗き込むにしても、存在に先立って在ったもともとの状態の原型に辿りつくことはできない。

（「開示」体験により人間の知と神の知が同じものとなるのは事実だが）もしこの現象を人間の側から考えるなら、すべては神の側の特別な恩寵である。神は〔その人間の知が神の知と同じになることまでを含めて〕すべてのことを人間に対して永遠の過去から定めている。神が人間に与えるこの特別な恩寵もまたその人間の原型の内容に他ならない（ことが最大の謎である）。「開示」を経験したひとが己れの原型の全内容を知るのは、神がそのひとにそのひと自身の原型を覗かせたからである。しかし、「神がそのひとに原型を覗かせる」とは言うものの、原型（が存在に実現されたときの）さまざまな状態を（異常な明晰さをもって）観察するのを許されるにすぎない。いかなる被造物も神自身と同じように非存在状態における原型を見ることはできない。存在を受け取ったときに恒常原型がもつあらゆる形態を見ることを（特権的に）許されたひとであってもそれは為しえない。存在に先立つ原型は、一定の形態をまるでもたない本質的な関係性にすぎない［つまり、己れの恒常原型ではなく己れから離れたところにある本質的な関係性にすぎない］からである。（三九頁／六一頁）

以上のことから、次の結論を導くべきだろう。己れ自身の原型についてのひとの知は、同じひとの原型についての神の知と一致し、その一致は知の情報源が同じであることに由来する。そうした側面は確かにあるものの、両者のあいだに根本的な違いがある。原型について人間がもつ知は、存在した状態における原型についての知にすぎないが、神の知は原型が存在する前と存在した後の双方の知をもつからである。さらに言えば、人間の知が神の知と部分的に一致する、そのことですら、その〈知〉が現実化する或る特定の人間に神が特に「配慮」した結果である。

イブン・アラビーによると、この類の原型への洞察を得るための唯一可能な方法は「開示」体験である。「開示」なくしては、預言者に与えられる〈神の啓示〉ですら原型の内的構造についての知を与えることができない。だが、「開示」体験がこの問題の秘密のすべてを露わにするわけではない。イブン・アラビーはこれに関して、極めて特別な場合にだけ「開示」の民がその経験を通じて何らかの神秘を知りうる（baʻḍ al-umūr min dhālik）と慎ましく述べるにとどめる（ウザイル章第一四、二〇一―二〇二頁／一三三―一三四頁）。全体として見たカダルの実相はあらゆる神秘のなかでもっとも深奥にあり、神だけが十分に知ることができる。神の「創造」行為がその対象と実際に連関されたとき、まさにそのときの微妙な存在論的瞬間にそれが関わるからである。この深みにおいては「いかなる「味識《あじわい》」(dhawq)も、いかなる自己顕現も、いかなる「開示体験」も、ただ神のみに在るだけである」。

イブン・アラビーに較べれば、最高次の神秘家は絶対的な仕方で〔つまり何の制限もなく〕カダルの実相を知る可能性があることをもカーシャーニーは極めて積極的に認める。

我が師のこの言葉が示すように、ひとが「開示」体験や「照明」(tajallī)[10]体験によって(カダルの秘密を)洞察しようとするのは不可能でもなければ、禁じられてもいない。誰であれ己れが好む者に神秘の「何らか」を部分的に〔bi-al-taqyīd〕神は見せうる。

ひとは制限なしにそれを洞察しうるか。いや、ひとである限り決してそうしたことは為しえない。だが、消滅し(つまり、「自己滅却」〔fanā'〕という神秘体験において)己れの名と己れの自己同一性を失い、さらにそれによってそのひとの「私性」やそのひと自身の本質がかけらもなくなってしまえば、つまり完全に己れ自身を失ってしまえば、そのひとみずからが〈実の在り方〉〔ḥaqq〕となり、〈実の在り方〉として〈実の在り方〉を通して〈実の在り方〉を洞観する。無論、そうしたことはもっとも完全な「備え」をもつひとにしか起こりえない。(『カーシャーニー注』ウザイル章第一四、二〇二頁)

「味識」や「開示」によってカダルの深奥を洞察するのを許されたひとは、その洞察が部分的であろうと(イブン・アラビーの場合)、全体的で絶対的であろうと(カーシャーニーの場合)、普通の人間ではない。ここで我々は完全人間と出会う。完全人間に関しては本書第一部第十五章で取り組むことになる。

六　神と世界の相互強制

これまで見たように、イブン・アラビーの世界観では、それぞれの原型の「備え」の力が何の制限もなく至大であり、それが至大であるがゆえに、いかなる力も、そして神自身すらもその力を削ぐことはできない。事実、神は原型に定められた形態を変えようと望むことすらできない。

イブン・アラビーは絶対者と世界が相互にタスヒールするという考え方を軸にこのことを説明する。タスヒール（taskhīr）という語、あるいはその動詞形サッハラ（sakhkhara）は通常のアラビア語で或る種の人間関係を言い表し、強い力をもつひとが他人を打ち負かして支配し、何でも思うとおりのことを強制的に為さしめることを指す。ここでもまた、通常の意味では「不敬」に見えるきわどい表現を用いて、絶対者が世界を「強制」するのと同じく、世界もまた絶対者を「強制」するとイブン・アラビーは言う。

世界、もの、ひとを神が絶対的な力で支配し、あらゆるものに己れの望むことを強制的に為さしめるとの考え方はセム的一神教においては自然な思考であり、何の難点も生じない。だが、その逆、つまり世界が神を「強制」するとの考え方は通常の理解を超える。イブン・アラビー哲学の基本的構造を知悉したひとにとってのみ、したがってイブン・アラビーがこの一見不敬にみえる表現で本当は何を言わんとするのかを見極めうるひとにとってのみ、この考え方は理解可能で受容可能なものとなる。イブン・アラビーの言わんとするのはごく簡単に次のことである。ものはそれぞれ、己れの「備え」が要請するとおりに特定の仕方で存在を定めゆく。また原型が要請するのに厳密に従って限定された形態で絶対者の自己顕現が個々のものに実現しゆく。こう定式化するならば、直前に述べた考え方は我々にとってなじみ深いものとなる。だが、タスヒールという概念に目新しいものが何も見つからないわけではない。イブン・アラビーの哲学的全思索の存在論的中核そのものは確かに驚くほど単純で微動だにしない。その存在論的中核をさまざまな角度からイブン・アラビーは思索する。つねに動き変化するのはその思索の角度である。そして思索のそれぞれの段階で思想の核心のもつ新たな地平が拓かれる。角度を新たにすればつねに予期せぬ側面が露わになる。イブン・アラビーが視点を変えつづけるに伴って、その哲学が或る一定のかたちに整えられる。言わば、この過程自体がイブン・アラビーの哲学である。タスヒールという概念はこれら重要な視点のうちの一つである。

すでに見たように、イブン・アラビーの見解では世界のさまざまな存在者には数々の段階がある。より高い位次にあるものがより低い位次にあるものにタスヒールを行使するのが一般的規則である。この規則は類種関係に適用されるばかりでなく、同一種内のメンバー間にも同じ現象が起こる。例えば、ひとは他人を支配したり、他人に従属したりする。

「ひと」という特有の場合にこれが可能になるのは、(1)「人間性」(insānīyah) と(2)「動物性」(ḥayawānīyah) という二つの相異なる側面をひとがもつからである。「人間性」という点から見れば、ひとは「完全」(kāmil) であり、この意味でのひとを言い表すアラビア語はインサーン (insān) である。「動物性」とは人間の物質的側面、動物的側面を言う。この意味でのひとを言い表すアラビア語はバシャル (bashar. 通常は「死すべきもの」と訳される) である。ひとのこの側面に特有の性質は「不完全」「欠陥があること」(nāqiṣ) である。

第一の側面から見れば、あらゆる人間が互いに等しい。彼らのあいだに何ら位次や程度の差はない。したがって、この次元においてタスヒールは起こりえない。反対に第二の側面から見ると、「高」・「低」という関係が富、地位、気品、知性などに関して実際に生ずる。当然ながら、この次元では「より高い」ひとが「より低い」ひと[1]を支配する。ここで一つ付け加えねばならない。ひとの「動物性」と動物の「動物性」は「動物性」だけを取り出すと同じであるが、そもそもの位次が異なり、前者は後者より高い位次にある。だから、ひとの「動物性」が動物の「動物性」を支配し、それに強制力をもつ。

ひとの「動物性」は動物の「動物性」に支配力をもつ。その理由の一つは、神が動物をひとに従わせたことにある。だが、もっと重大な理由は、動物の存在論的基盤（aṣl）が動物でないことにある。だから、動物は人間よりもタスヒールを被る量が多い。非‐動物（動物の存在論的基盤である無生物のこと）は意志をもたず、それを動かそうとするものの意のままになるからである。（『叡智の台座』ハールーン章第二四、二九六頁／一九二―一九三頁）

このようにイブン・アラビーは初めに、ひと↓動物↓非動物というタスヒールの降順を示す。動物は人間と対峙したときに非動物という存在論的「基盤」を露呈する。したがって、ひとそれ自身も動物であるにも拘わらず、ひとの動物性が動物の動物性より高い位次にあることの理由は、ひとでない動物がひとである動物の前に現れると、前者が非動物という基盤の状態で後者の前に立つことになり、意志の力を欠く非動物として振舞うことにある。だが、十全たる動物としての動物、非動物という基盤を離れた動物はそれと異なる。

しかしながら、（基盤の状態ではなく、実際の存在者としての）動物は意志をもち、求めるものに向かって行動する。だから、ひとが動物を従わせようとするとき、動物が頑なに従うのを拒むことがある。もしその動物がこうした拒む力をもつなら、頑なに支配を拒む。だが、もしこうした力をもたなければ、あるいは、ひとの為さしめようと望むことが動物の為そうとすることと一致するなら、動物はひとの意志に素直に従う。（ひとに対する動物と）同じ位置に立つひとは他人の意志に従って行動する。後者の位次を前者の位次よりも高くする何か、例えば財産を神が与えたからである。このひとがそのように行動するのは財産（の一部）を得たいからである。獲得する財産は、或る場合には「賃金」と呼ばれる。クルアーン第四三章第三二節が「私〔神〕はさまざまな段階を設定して或る者を他の者よりも上位に置き、互いに支配するよう配慮した」と言うのはこれを指す。（二人のうちの）一方が（「人間」という種の成員であるという点では）同等の他の者によって支配され強制されるのは「人間性」に由来するのでなく、ひとえに「動物性」に由来する。全く等しい二人の者は互いに反目するだけで（タスヒールが生じようがないからで）ある。財産や社会的地位においてより高い位次の者はより低い位次の者を従わせるが、そのとき己れの「人間性」にもとづき振舞う。他方、より低い位次の者はより高い位次の者に従うが、そのときは「人間性」でなく「動物性」にもとづき振舞う。あらゆる面で等しい者に誰も従おうとしないからである。（人間に飼い慣らされる）獣が互いに攻撃しあい、反目しあうのを見たことがあるはずである。両者が等しいからである。

だから、神は「私はさまざまな位次を設けて或る者を他の者よりも上位に置き、……」と言った。タスヒールが生ずるのはまさに、これらのさまざまな位次が在ることに由来する。（二九七頁／一九三頁）

イブン・アラビーは二種のタスヒールを区別する。一つはこれまでに述べたタスヒールである。それは「意志による強制」（taskhīr bi-al-irādah）と呼ばれ、より高い位次にある者がより低い位次にある者を強制する、降順のタスヒールを指す。〈在る〉の世界のどこにでも見られるごく自然な現象がこれである。

これに対して、第二のタスヒールは昇順であり、より低位にある者がより高位にある者を支配し、何かを強制的に為さしめる。この現象においては「意志」（irādah）はいかなる役割も担わない。意志を行使する限り、より低い位次の者がより高い位次の者を支配し、強制的に何かを為さしめることはできない。そうでなく、より高い位次にある者が強制的に何かを為さしめられるのは、より低い位次にある者のもつ自然の状態に由来づけられる。したがって、第二のタスヒールは「状態（または状況）による強制」（taskhīr bi-al-ḥāl）と呼ばれる。この「強制」が生ずるのは、より低位の者とより高位の者が互いに或る種の関係を結んでいることのみに依る。二種類のタスヒールの違いをイブン・アラビーは次のように説明する。

タスヒールには二種類ある。第一のタスヒールは、「強制者」（musakhkhir）の意志により生じ、「強制者」

> が「被強制者」(musakhkhar)を服従させる。主人が奴隷に何かを「強制的に為さしめる」ことが例に挙げられよう。ただし「人間性」に関しては主人も奴隷も違いがない。また、スルタンが臣民に何かを「強制する」場合も同じであり、臣民の「人間性」はスルタンと変わらない。スルタンはその位次により臣民に何かを強制する。
>
> 第二のタスヒールは「状態」あるいは「状況」〔ḥāl〕によるタスヒールである。例えば、臣民が王にタスヒールを行使する場合がそうである。王の側は保護する責務を負う。外敵を攻撃し、臣民を守り、彼らの財産と生命を維持する。これらはみな「状態」によるタスヒールであり、臣民が支配者に強制する。[12]だが、実際には「位次」(martabah)のタスヒールと呼ばれるべきであろう。[13]王をそうした行動に駆り立てるのは〔王としての〕「位次」だからである。
>
> (これを無視して)己れ自身の勝手な目的のためだけに行動する王もいるが、みずからが〔王としての〕「位次」にあるがゆえに臣民により強制されることを自覚する王もいる。後者は臣民を正当に評価するすべを知っており、事の真相をありのままに知る者だけに与えられる報酬でもって神に応じられる。だが、こうした報酬を与えられるのは神だけである。なぜなら神は僕《しもべ》たちの〔ありとあらゆる〕さまざまなことに配慮するからである。したがって、この意味で、(普通の意味では)「被強制者」とは決して呼ばれえない者〔神〕に世界全体はその「状態」により「強制する」。神が「日々、彼は(神は)或ることに関わって世話をする」(クルアーン第五五章第二九節)と言うのはこれを指す。(二九七頁/一九三―一九四頁)

「絶対者は被造物によって何かを強制される」という命題――常識の次元では想像もしえない命題であろう――はイブン・アラビーにとって次のことを意味することがこれで明らかだ。絶対者はつねに己れ自身を被造物の「こと」(shu'ūn. つまりさまざまな状態や行動)のなかに顕現させるが、そのとき、被造物の「備え」が要請するに従って、あらゆる種類の性質を彼らに賦与する。これは前記引用文から明瞭であろう。イブン・アラビーの解釈に従うなら、「日々、彼は（神は）或ることに関わって世話をする」というクルアーンの章句はこれを意味し、この文言をパラフレーズすると、「日々（つまり、恒常的に）神的な「彼性」（つまり、「彼であること」）はそれぞれの被造物の「備え」の要請に従って、その被造物のなかにあれやこれの存在形態を帯びて己れを顕現させる」となろう。

このように、どの角度から出発しようが「自己顕現」という中心概念にイブン・アラビーは最終的に帰ってくる。タスヒールの問題もこの文脈では、個別的存在者たちのもつ自然の能力に応じてさまざまに限定されながら絶対者が己れを顕現しゆく問題となる。我々はなおもイブン・アラビーの世界観の枠組みに留まりながら、全く同じ事態を、恒常原型、あるいは永遠の可能性が個体として実現するときには、恒常原型自身の定めた不変の必然的法則に従わざるをえない、と表現することもできる。結局のところ、タスヒールとはそれぞれのもののもつ「備え」が行使する至大なる力である。

> 神の自己顕現はそれぞれの場のもつ「備え」に応じて変化する。かつてジュナイド[14]が神についての神秘知（maʿrifah）とそうした知をもつ知者（ʿārif）について訊ねられたことがある。そのとき、彼は次のように答えた。「水の色は容器の色である」と。この答えはまことに的を射ている。ありのままを描写するからである。（ムハンマド章第二七、三四四頁／二二五頁）

水に己れの色がなく、それを容れる器に色づけられる。絶対者の形態として指し示される特定の形態を絶対者がもたないことをこの比喩は語る。絶対者が受容者の個別性に応じて無限にさまざまな形態を帯びて自己顕現することに事の本質がある。受容者のもつ受け容れる力が、元来「色をもたない」絶対者を「色づける」のに決定的な役割を担う。「最後の者」（al-ākhir）という神名は絶対者のこの側面を言い表す。「最後の者」、つまりあらゆるものの最後に位置する者、が指すのは、個々のものが本来もつ能力（あるいは「備え」）に「従う」という絶対者の特性である。この意味で諒解すれば、神が被造物にタスヒールされるとの事態も極めて自然である。特にイブン・アラビーの哲学体系のなかではそうである。だが、みながこの問題をこうした仕方で理解できるわけでない。

イブン・アラビーは言う。「脆弱な知性」しかもたないひとは神が「強制される」という言葉に堪えられない。そうしたひとは神が全能であることを誤って理解し、この言葉に対して「神は何でも為しうる。不可能なことすら為しうる」と言う。こう言うことでそのひとは弱さや無能力から神を遠ざけ（tanzih）うると考える。

> 脆弱な知性しかもたない思想家は、神は望むことを何でも為しうるとの信念に導かれ、神は〈叡智〉やものの実相と矛盾をきたすことまでできると公言する。（シース章第二、五二頁／六七頁）

七　神の賜物

絶対者の自己顕現が意味するのが、何にもまして〈在る〉の賦与であるのは、既に諒解していただけたと思う。この意味で、〈在る〉ないし存在は、神がありとあらゆる存在者に与える賜物である。イブン・アラビーはこの個別の観点からも原型の性質を論じており、そこでも同じく原型の担う決定的役割を強く主張する。神の賜物という理論は彼の哲学のなかでかなり重要な位置を占め、『叡智の台座』ではこの問題がかなり詳細に分析される。

イブン・アラビーはまず絶対者の賜物を分類する。

> 知るがよい。人間を経由するのであれ、そうでないのであれ、この〈…に成りて在る〉世界に現れる神の賜物、神の恵みには二種ある。(1)「本質的賜物」（ʿaṭāyā dhātīyah）と(2)「名を媒介にして与えられる賜物」（ʿaṭāyā

asmāʾīyah）の二種がそれである。「味識《あじわい》」の徒はこの二種の賜物を明確に区別する。（神の賜物を分類する別の方法もある。それは三種の賜物を区別する）(1)（被造物の側の）要求に応じて与えられる賜物がある。それは例えば「主よ、私にこれこれのものをお与えください」と言うときに生ずる。そのひとは他のものを念頭に置かず、ただ望むものを特定する。また、(2)不特定の要求に応じて与えられる賜物もある。これは、ひとが何も特定せずに「（主よ、）精神的であれ、肉体的であれ、私の在り方に益をなすと思うものを私にお与えください」と言うときに与えられる賜物である。(3)「本質的賜物」であれ、「名を媒介に与えられる賜物」であれ、（被造物の側の）要求と関わりなく与えられる賜物もある。（三三一―三四頁／五八―五九頁）

この二つの分類法のうち第一分類の基層をなす理論は絶対者が自己顕現するとの理論に他ならず、多少新たな視点から考察されるにすぎない。存在論的「息吹」という考え方を扱ったときに見たように、絶対者の〈本質〉(dhāt)はあらゆる存在者に浸透し、貫き流れる。この章の視点から眺めるならば、それは、絶対者が己れの〈本質〉をいわばあらゆる存在者への賜物として与えることを意味する。他方、絶対者の〈属性〉（あるいは〈名〉）はあらゆる存在者の属性に現れる。〈本質〉の場合と同じく、この章の文脈では絶対者が己れの〈属性〉を創造された世界への賜物として与えることをそれは意味する。これら二種の賜物は第二分類の(3)に対応すると指摘しておくべきだろう。

存在者の側が要求するしないに関わらず、この無償の賜物は神によってすべてのものに与えられる。常識的に考えれば、誰かが神に「賜物をお与えください」と願い出て、神から賜物が与えられる。前記の第二分類でイブン・アラビーはそうした「要求」を特定された要求と不特定の要求に分ける。

しかしながら、特定されようと特定されていなかろうと、神に何かを要求する際には、ひとは己れ自身の「備え」に完全に支配されている。要求したことの結果として得るものは「備え」が予め定めている。そのひとが何かを要求すること自体までもがそのひとの「備え」によって定められている。

このように何もかもが予め定められているなら、また予め定められているものの外は決して起こりえないなら、なぜ人々は神に要求するのか。この問いに答えるために、イブン・アラビーは「要求するひと」(sāʾilūn) を〔まず〕二つの範疇に分けて言う。

第一の範疇を成すのは、その生来のせっかちさにより要求しなければとの思いに駆られるひとである。元来ひとは「極めてせっかち」（クルアーン第二一章第三七節）だからである。第二の範疇を形成するのは、神に要求しない限り獲得しえないと定められた何らかのものが神の許にあると知るがゆえに、要求しなければとの思いに駆られるひとである。この類のひとは「与えてください」と我々が要求しているものはおそらくこの類のもの〔つまり、神に要求しなくても与えられる賜物でなく、神に要求しなければ与えられない賜物〕だろう」と考える。この場合、そのひとの神への要求は起こるべき事態が可能性のまま残されることへの懸念の一種だ〔とみなしうる〕。神の〈知〉のなかに何があるかを彼は知らないし、「備え」（つまり、彼自身の「備え」と彼が要求するものの「備え」）が彼に何を受け容れさせるのかも知らないので（彼はそうした態度を採る）。個人のもつ「備え」が各瞬間に彼に何を与えるかをその当の時点で知るのは極めて難しいからである。さらには、要求それ自体を「備え」が与えるのでなければ、ひとは要求することすらしないだろう。（つねに神とともに）「居る」人々[15]のなかにも己れの「備え」を（包括的に）知らない者がいる。そうした者でも、各瞬間における己れの「備え」の知を少なくとも獲得しうる。彼らは（つねに神とともに）「居る」ので、絶対者がたった今与えたものが何かをその瞬間に知るし、同時に、己れの「備え」ゆえに受け取るべきものを受け取ったのだと気づきもするからである。これらの人々はさらに二つに分けられる（この問題はすでに本章第五節で扱われた）。(1)彼らが受け取ったものから、己れ自身の「備え」がいかなるものかの知を得るひとと(2)己れの「備え」についての知にもとづき、いま受け取ろうとするものを理解するひとがそれである。(2)のひとがこの分類のなかでは「備え」についてもっとも完全な知をもつ。

この分類にはさらに別の範疇に属す人々が加わる。彼らは、生来のせっかちさから（第一範疇）ではなく、また彼らの望むものの可能性が彼らの要求に依存するから（第二範疇）でもなく、神が「私を呼べ、そうすれば私は答える」（クルアーン第四〇章第六〇節）と言うようにただ神の命令に従って要求する。

そうしたひとは典型的な「僕」〔'abd〕である。このように要求するひとは、要求するものが特定されたものであれ、特定されていないものであれ、個人的な〔主観的な〕意図をもって要求することはない。

そのひとが気にかけるのは、〈主〉の命令に従って行動することだけである。だからもし、（原型からやってくる）客観的状況が神への懇願を要請するなら、こころから要求するし、神に全てを委ねて沈黙することを要請するなら、そのときには沈黙を保つ。したがって、アイユーブ（'Ayūb. ヨブ）や、彼より他のアイユーブに似たひとたちは厳しい試練に堪えることを強いられたが、彼らはその試練から来る苦しみを除くよう神に要求することはなかった。しかし、後になって状況が彼らに神への懇願を要請すると、彼らは神に要求し、神はその要求に答え、苦しみを除いたのだ。（三四―三六頁／五九―六〇頁）

したがって「要求するひと」には三つの範疇がある。要求するときの動機と要求の仕方によって範疇はそれぞれに区別される。だが、動機や仕方がどうであれ、実際にその要求するという行動が実を結ぶか否かは変わらないように思われる。最初に見たように、あらゆるものは永遠の過去から決定づけられており、要求するという行動も予定された「事の成り行き」を少しも変更しえないからである。それどころか、ひとが神からの賜物を要求すること、神がひとにひとの望むものを与えることもまた予め定まっている。イブン・アラビーは言う。

要求がただちに満たされるのか、あるいは遅れて満たされるのかは神みずからが永遠の過去から定めたカダルによる。(16) もし定められた瞬間に要求が起こったなら、神はただちにそれに応ずる。だが、その定められた瞬間が〔実際に要求した時よりも〕後であるなら――その定められた瞬間が現世なのか、来世なのか二通りあるが――神の応答は要求した時より後になる。ただし、私がここで言う神による願いの聞き入れ（応答）が、「私はここにいる」と神が言うときの言葉による応答でないことを銘記していただきたい。（三六頁／六〇頁）(17)

これまでは、ひとが神に何かを積極的に要求する場合――特定のものを要求する場合もあれば、何かを特定せずに要求する場合もある――を扱ってきた。そして、ひとが神に要求する場合には「備え」とカダルに至高なる決定権があることを指摘した。

ここからは、ひとの側が積極的に要求する行為と関係なく与えられる賜物の問題に眼を向けよう。これは典型的な絶対者の自己顕現に相当するので、敢えて説明を加えずとも、この類の賜物を受け取る個物の本性（つまり、自己顕現の場の本性）がその全過程に決定的影響を及ぼすことは明瞭であろう。したがって、ここでは主にイブン・アラビーが理論的思索の次元でこの問題をいかなる仕方で取り組むのかを分析しよう。

この個別の場合において「要求する」とは言葉により要求することを意味するとイブン・アラビーは言う。言葉によりと限定せずに、広い意味で用いれば、あらゆるものが何らかのかたちで「要求」していることになるからである。したがって「要求によらない賜物」という句を用いる場合はたんに「言葉により要求することと関係なく与えられる賜物」を意味するとイブン・アラビーは言う。

言葉によらない「要求」には二類ある。(1)「状況による要求」(su'āl bi-al-ḥāl) と (2)「備えによる要求」(su'āl bi-al-isti'dād) がそれである。アフィーフィーがこれら二類の要求の解説を加える（「アフィーフィー注」二二頁）。「状況による要求」は言葉によらない要求の第二型〔の「備えによる要求」〕に還元される。何かを要求するものやひとの客観的状況が究極にその当のものやひとの「備え」の本性に由来するからである。例えば、或るひとが病床に在れば、その状況、状態が何か（病が癒えることなど）を「要求する」のであるが、病そのものはその当のひとの「備え」にしたがって生ずる。存在に帰属するこの属性やあの属性に「備えによる要求」が関わるが、そうした属性は個々の存在者の本性が要求したものである。語の真の意味において「備えによる要求」こそが神の応答する唯一の「要求」である。したがって、もし何かがこれこれであると永遠の過去から決定されていれば、また、もしそのものの本性が予め定められたとおりにそれが要求するなら、要求はただちに満たされる。〈在る〉の世界に生起する全てのものはこうした仕方でのみ生ずる。

イブン・アラビーが決定論者であることは疑いえないとアフィーフィーはこの解説に附記する。ただし機械的物質的決定論ではなく、ライプニッツの予定調和説に近い決定論だと言う。

事の真偽はともかくとして、イブン・アラビーは彼独自の表現法で己れの立場を説明する。この問題について彼が実際に述べた内容は次のとおりである。

> 「要求によらない（賜物）」に関してまず初めに述べておく。「要求」で私が念頭に置くのは、望みを実際に言葉で要求することである。厳密に言えば、言葉によるのであれ、状況によるのであれ、「備え」によるのであれ、何らかの「要求」がなければ、何ものも或る特定の形態をもちえないからである。（「状況による要求」は次の例から理解される。[18]）何ら条件づけられることなく〔純粋に〕あなたが神を讃えることはできない。〔何ら条件づけられないのは意味を捨象した〕言葉だけである。その言葉〔を発するとき〕の内的意味〔意図〕に即すと、〔あなたが神を讃えるという行為は〕神を讃えるようあなたを駆り立てた状況によって必ず条件づけられる。（その状況は）あなたを条件づけるとともに、〔神の〕何らかの行為を表示する〈名〉を通じて、あるいは〔神が神より他のものから離れて在るとする〕「純化」を表示する〈名〉を通じて（あなたが神を讃える行為を限定せしめる）。「備え」に即して言えば、ひとは（通常）それに気づかない。ひとは状況に気づくにすぎない。ひとはつねに（神を讃える）動機を意識するものだが、その動機こそがまさに（私が）「状況」（と呼ぶ

もの）だからである。したがって、「要求すること」（の基盤となるもの）のうちでもっとも隠されて在るのが「備え」である。（『叡智の台座』三六―三七頁／六〇頁）

まず初めに「讃えること」の例が精確に何を言い表すのかを明瞭にしよう。ひとは神を讃える際にアル・ハムド・リッラー（al-ḥamd li-Allāh）「神に讃えあれ」と言う。[19] 誰もが同一の文句を唱える。言葉で言われるこの文句そのものはつねに何の条件も附されていない。だが、もしアル・ハムド・リッラーと叫ぶひとの心理にまで踏み込み、個々の場合を分析するなら、例えばAというひとは己れの肉体が健康な状態にあることを思いながら、健康であることの感謝の念の発露としてアル・ハムド・リッラーと言う。[20] 他方、Bというひとも同じ文句を用いて神を讃えるものの、彼は神の偉大さと永遠性[21]を明確に意識し、その意識から神を讃える。したがって、ひとがアル・ハムド・リッラーと言うときの動機や具体的状況はそれぞれ異なる。この特定の状況がハール（ḥāl）「状況」ないし「状態」と呼ばれる。

ここで、同一の文句が使用されることとさまざまな動機との関係を神の賜物の文脈に移し替えれば、神の賜物の基本的構造を簡単に摑むことができる。世界にあるあらゆるものは己れの「備え」の要請に従ってつねに絶対者に存在論的「賜物」を「要求」する。この一般的形態ないしパタンはどこを見ても同じである。だが、瞬間瞬間を取り出して、それぞれにその内容を検討すれば、各瞬間に特有の具体的状況に応じて、その瞬間における「要求」は他の瞬間にない独特の形態を帯びることがわかる。これが「状況」の要請である。

したがって、「状況」が要請するさまざまな事柄は「備え」に内在する具体的細目であって、究極には「備え」に遡る。だが、主観的に見れば、例えば或る一人のひとの立場から考えれば、そのひとは己れの「状況」をはっきりと意識するものの、己れの「備え」には通常気づかない。例えば、病気に罹ったひとは苦痛を感ずるので健康を要求する。健康を嘆願したときの動機は意識するものの、そのひとの存在に関わる「備え」、彼についてのあらゆることを支配する「備え」は意識しない。

「備え」は結局のところ普通のひとにとって不可解な神秘である。だから「備えによる要求」は、前記の三つの「要求」のなかでもっとも強力であるが、「もっとも隠されて在る」。

「賜物」の理論と自己顕現の理論とが密接に連関することはすでに指摘した。すでに見たように、これら二つの理論は二つの異なる視点から見られた一つのことにすぎない。これら二つの視点を重ね合わせたときに何が現れるのか。これを論ずることで本節を結びたい。

この節の冒頭で、イブン・アラビーが「賜物」を大きく二つに分けるのを見た。(1)本質的な賜物と(2)〈名〉を媒介にして与えられる賜物である。(1)の賜物の説明にある「本質的」(dhātīyah) という語そのものが、〈本質〉(dhāt) の自己顕現と何らかの関係をもつことを十分に示唆する。

事実、タジャッリーの視点から見れば、「本質的な賜物」とは〈神の本質〉が自己顕現することである。だが、この自己顕現は「聖なる発出」という術語で言い表される特殊な本質的自己顕現である。それは「もっとも聖なる発出」という術語で言い表されるものとは違う（この基本的区別については第十一章を見よ）。イブン・アラビーが次のように語るときにこの区別を念頭に置くことが明瞭に読み取れる。

〈本質〉から起こる自己顕現は、それ（つまり〈本質〉）の顕現する場〔mutajallā la-hu〕に規定される或る特定の形態でしか生じない。（本質的自己顕現が）別の仕方で起こることはありえない。したがって、そうした場は絶対者という鏡に映る己れの形態を見るにとどまり絶対者そのものを見ることは決してない。己れ自身の形態を他ならぬ絶対者（という鏡）のなかに見ていることを知っていたとしても、絶対者を見ることは不可能である。（四〇頁／六一頁）

この文章の真意をカーシャーニーが次のように解説する。

属性なき純粋な〈本質〉から自己顕現が起こることはありえない。属性なき純粋な〈本質〉はそれだけでは何ぴとにも（あるいは、何にも）自らを顕すことがないからである。自らを顕すのは、〈慈しみあまねき者であること〉(raḥmāniyah)（第九章を見よ）という側面をもった〈本質〉である。……他方、〈本質〉である限りの〈本質〉は己れ自身にしか自らを顕現せしめることがない。被造物に自らを顕現せしめるのは場のそれぞれがもつ「備え」に応じてでしかない。（『カーシャーニー注』シース章第二、四〇頁）

バーリー・エフェンディーによる次の指摘は正しい。この類の自己顕現こそが「聖なる流出」である。これは、（すべての名や属性を一つに集め）包括する一つの〈名〉の現前（つまり、存在論的次元）を直接の源泉とする絶対者の自己顕現である。

同じ箇所でバーリー・エフェンディーはこの「聖なる発出」と「本質的賜物」「〈名〉を媒介にして与えられる賜物」との関係をこの上なく明快に説明する（『カーシャーニー注』四〇頁）。

〈本質〉を源泉とし、場の在り方に応じて特定の形態を帯びゆく自己顕現が「聖なる発出」である。（この「聖なる流出」は二類に別けられる。）

(1)〈本質〉の自己顕現を包括的な〈名〉の〈現前〉から場が受け容れる場合には、すべての〈名〉を包括する一性の〈現前〉から直接（その場に）〈本質〉が自らを顕現せしめる。この類の自己顕現が「神[22]的自己顕現」と呼ばれ、その結果が「本質的賜物」である。

(2)しかし、〈本質〉の自己顕現を或る一つの特定の〈名〉の〈現前〉から（場が）受け容れる場合には、その特定の〈現前〉から（その場に）〈本質〉が自らを顕現させる。これが「一つの〈属性〉あるいは一つの〈名〉を媒介にしての自己顕現」と呼ばれる自己顕現であり、この結果が「〈名〉を媒介にして与えられる賜物」である。

注

(1) 第一のものは絶対者、第二のものが世界、そして記述の順序にしたがうと第三のものが原型である。

(2) この文脈における eternal という英語はつねに厳密に「過去における永遠」（eternal a parte ante〔無始の永遠〕）の意味で理解しなければならない。したがって「世界は永遠である」との言明は「世界が時間的な始まりをもたない」ということを意味し、これは世界が創造されたというクルアーンの教義と端的に矛盾するように見える。

(3) 「逍遥学派の哲学者たちに劣らず明確にイブン・アラビーも世界が永遠である（qidam al-ʿālam）という主張を掲げていた」（「アフィーフィー注」三一四頁）。

(4) ここで扱われている属性は、絶対者と被造物に類比的に共通する属性だけである。過去の永遠、未来の永遠といった属性は創造された世界には絶対に実現しないのでここでの考察から除かれる。

(5) fa-hiya bāṭinah lā tazūl ʿan al-wujūd al-ghaybī と読んだ。アフィーフィー校訂本は末尾の語を al-ʿayniy に作る。イブン・アラビーがこの文章で言わんとするのは明らかに、〈普遍〉は、具体的事物のなかに現実化せられたときでも、「内在者」というもともとの状態にとどまる、ということである。

(6) 第一のもの（ḥādith）は絶対者、第二のもの（muḥdath）が〈世界〉、そして記述の順序にしたがうと第三のものが原型である。

(7) 常識的には不敬とも取られかねないこの考え方も、脅威的な力を発揮すると言われているものの「備え」が結局のところ絶対者のある特殊な存在論的形態の一つだということを考えれば、決して不敬とはみなされないだろう。イブン・アラビーの思想では、すべてが究極的には絶対者そのものの中で永遠に行われる自作自演であり、観客は一人といった劇であったことを思い出さなければならない。例えば、我々がこれから出会うことになる「神は被造物に従う」「世界は神を強制的に従わせる」といった「不敬」にみえる表現はみなこの基本的な枠組みのもとで理解されなければならない。

（8）したがってこの過程で神が何か実質的な役割を果たすことはない。ただし原型そのものは絶対者の存在論的形態の一つとして顕れたものである。
（9）結果、カーシャーニーはこの箇所の注釈でカダルを単純に原型と同一視している（『カーシャーニー注』ウザイル章第一四、一九七頁参照）。
（10）tajallī は通常絶対者の自己顕現を意味するが、ここではこの現象の逆の側面を指す。つまり神秘家の個人的意識の中に反映された tajallī である。
（11）ここで提示した解説は、「アフィーフィー注」二八六頁による。
（12）同じようにして、子は「状態」によるタスヒールを自分の親に行使する。
（13）なぜなら、精確に言うなら王を「強制する」のは彼の臣民の「状態」というよりも、王としての「位次」であるからだ。
（14）ジュナイド（西暦九一〇年没）はスーフィズム初期の高名な人物〔ペルシアに生まれバグダードで活躍。社会規範を逸脱する過激な傾向を持つ酔ったスーフィーに対し、醒めたスーフィーとして理論を唱えた〕。
（15）カーシャーニーは言う。御前にあるひと（ahl al-ḥuḍūr）とは「彼らに起こるものは何でも神から来たものだと考えるひとである。（実際は）他人を通して生じるものであっても、彼ら自身を通して生じるものであろうと神から来たと考える。またそのようなひとは、どんな結果やどんな存在者でも、神以外の何ものをも、その原因とはみなさないひとである」（『カーシャーニー注』三五頁）と。
（16）これは、あらゆるものは「はっきりと指定された期間」（ajal musammà）をもつとのクルアーンの考え方に対応する。
（17）神に対して嘆願すれば、神は「私はここにいる」（Labbayka）と応答する。これは言葉での応答（ijābah bi-al-qawl）であり、これに関しては神がすぐに応答する。しかし神が行動で答える場合（ijābah bi-al-fi'l）はいつもすぐ応答するわけではない。この応答は、そのひとが要求したことの現実化である。
（18）イブン・アラビーの挙げる例は、独自の表現方法が使用されていて理解しづらい。この文章の解説は引用の直後で行う。
（19）厳密に言えば、al-ḥamd li-Allāh は「あらゆる賞賛は神に（神だけに）ある」という意味の、感嘆をあらわす叙述文である〔したがって祈願文ではない〕。
（20）このことはイブン・アラビーが「称讃は、〔神の〕何らかの行為を表示する〈名〉を通じて行われる」と表現している部分にあたる。この時〈名〉とは例えば、守護者（ḥāfiẓ）であったり、「惜しみなく与えるもの」（wahhāb）であったりする。

（21）これは「神が俗世のものから離れて純粋なものであること（tanzīh）を表示する〈名〉を通して」ひとが神をたたえる場合に対応する。例えば「もっとも聖なる者」（qaddūs）、「永遠に在りつづける者」（alladhī lam yazal wa-lā yazāl）など。

（22）「神的」（ilāhī）というのは、「神」のレベルで生じる自己顕現のこと。すでに確認したように、「神」あるいはアッラーがすべてを包括する〈名〉である。

第十三章　創造

一　創造の意味

「創造」(khalq) をイスラームの世界観を支える考え方の一つと判断することに何ら問題はない。イスラームの宗教思想におけるあらゆる局面で「創造」は重要な役割を担う。それは、例えば神学では、「〔始まりをもち〕一時的であること」(ḥudūth) と「無始において永遠であること」(qidam) の対立[1]を軸に展開する全ての議論の出発点である。世界が「〔時間的に〕始まりをもつもの」(ないし「時間のうちに造られたもの」) として在るのは世界が〈神の創造〉の結果だからである。世界が始まりをもつもの (muḥdath) であるとのこの考え方がイスラーム神学の全体系の基礎をなす。

イブン・アラビーの世界観においても「創造」は鍵概念の一つとして重要な役割を担う。神が創造する際に発する語である「在れ」(kun) は、全ての在る者が「在るに至る」〔ないし、生成する〕に際して決定的な意味をもつ。だが、すでに見たようにイブン・アラビーの存在論のもっとも基本的な概念は自己顕現であって、〈在る〉の世界は、結局のところ絶対者の自己顕現に他ならない。世界に何が起ころうと自己顕現より他に何もない。この意味で、世界が在るに至ることを意味する「創造」は当然のことながら自己顕現と全く同一である。

しかし、イブン・アラビーの存在論が自己顕現にもとづくこと、および自己顕現以外は何もないことを根拠として、イブン・アラビーにとって「創造」は比喩にすぎないと考えるならば重大な過ちを犯すことになる。イスラーム思想のなかですでに確立されたパタンに譲歩して、イブン・アラビーは「創造」という語を使用すると考えたり、イブン・アラビーはより伝統的な語を用いて自己顕現を言い述べるにすぎないと考えるならば、彼の思想のもつ多面性を見落とすことになろう。

イブン・アラビー思想の特徴の一つは多面性である。一つの重要な問題に直面すると、豊かな想像力を駆使し、さまざまなかたちでまたさまざまな方向へ己れの思想を展開せしめる。これは、イブン・アラビーの思想の根柢に横たわる類まれな深く豊かな経験によるところが大きいと私は思う。イブン・アラビーの場合は、神秘経験の深さと豊かさが表現を多面的とする。

これから分け入る「創造」の理論はたんなる宗教的比喩と考えられるべきでなく、伝統的神学用語を身を纏った秘教でもない。「創造」はイブン・アラビーにとって「自己顕現」と同じく真実である。あるいは、彼の意識のなかにある同一の根本的事実が「創造」と「自己顕現」という二つの異なる側面をもつと言えるかもしれない。

イブン・アラビーの「創造」論でまず眼を惹くのは、「三幅対」ないし「三重性」(thalāthīyah)という概念が重要な役割を担うことである。これは「自己顕現」論には見えない。

その出発点はいつものように絶対者である。存在の存在論的基盤は〈一なる絶対者〉だとすでに我々は知る。だが、現象的側面から眺めれば、〈一〉は三つの側面をもつ。(1)絶対性状態の〈本質〉ではなく、自らを開示した状態での〈本質〉、(2)〈意志〉、ないしイラーダ(irādah)(ここでの絶対者は「意志をもつ者」、ムリード(murīd)である)、(3)〈命令〉、ないしアムル(amr. これは〈言葉〉(qawl)とも呼ばれる。ここでの絶対者は「命ずる者」、アーミル(āmir)である)。

ここに列挙した三側面が「創造」の全過程を担う。簡単には、その過程は次のように描写されよう。まず、

〈一なる絶対者〉のなかに自己意識ないし〈知〉('ilm)が生じて、〈神の意識〉のなかに恒常原型が現れる。これが可能的〈多〉の誕生である。それとともに〈本質〉の〈現前〉(つまり、絶対者である限りの絶対者の存在論的次元)が〈神性〉(ilāhīyah.「神であること」)の〈現前〉へと降り来る。

第二段階として、この〈知〉にもとづいた〈意志〉が、恒常原型を非存在の状態から存在の状態へと移行せしめるために立ち現れる。さらにこの〈意志〉にもとづいて「在れ」(kun)との〈命令〉が下され、世界が「創造される」。

この前提を念頭に置いて、イブン・アラビーがこの過程を描く文章を読んでいこう。

次のことを知るがいい——あなたの知の獲得を神がお助けくださいますように。全体(つまり「創造」)そのものは「単一性」(fardīyah)にもとづく。だが、この「単一性」は三重構造(tathlīth)を所有する。「単一性」は「三」からのみ現れるからである。事実、「三」は最初の単一数(つまり、奇数)である。(『叡智の台座』サーリフ章第一一、一六九頁／一一五頁)

イブン・アラビーの簡素で言葉足らずな表現が意味する内容は次のように説明すれば明瞭になろう。まず「創造」の真の根源は絶対者の「単一性」にあると彼は宣言する。〈一〉でなく、「単一者」(fard)という語で絶対者をイブン・アラビーが名指すこと、言い換えると、イブン・アラビーは本質的な絶対性状態にある絶対者としての絶対者を語っているのでないことを指摘しておかねばならない。絶対者が自己意識、ないし〈知〉をもつ、より低い段階を彼が述べる場面に我々は立ち会っている。

イブン・アラビーによると「一」は数でない。つまり「一」は「二」以下のすべての数の原理、ないし「生まれ故郷」であって、それ自身は数でない。また「一」はあらゆる関係を超越するので、当然のことながら、数という概念そのものを超越する。

他方、「単一」はそうではない。見かけ上「単一」は「一」であるが、その内部構造は「一」でない。単一性の概念はそれだけで「他」という概念を含むからである。「単一」が「一」であるのは他の数でない限りでそうである。この意味で「単一」の内的構造は分割しうるし、分かれてもいる。我々は「他」という概念を思い浮かべなければ――無論、否定的にだが――、「単一」を思い浮かべることができないからである。この意味で「単一」は一つより多くの部分からなる「一」である。また、「二」は最小の、つまり無限につづく数のなかで最初の「単一」数である。「単一」の数であることが三を、神の創造の働きの出発点としてとりわけふさわしいものとする。

この〈神性〉段階（つまり、絶対者がもはや「一」でなく、三重の内部構造を備えた「単一」となった存在論的地平）から世界が存在するに至る。「私が或るものを（存在させようと）決した（文字通りには「意志をもつ」）なら、「在れ」とだけ言う。そうすればそれは存在に至る」（クルアーン第一六章第四〇節）と神が言うのはこれを指す。このように〈本質〉、〈意志〉〔irādah〕、〈言葉〉〔qawl〕（の三重性）が見える。[1] もし(1)〈本質〉と(2)〈本質〉のもつ〈意志〉――〈本質〉が特に或るものを存在に至らしめるに向かう、そのときの原動力としての〈意志〉――がないなら、そして(3)「在れ」という〈言葉〉――〈言葉〉とは、〈意志〉が〈本質〉を或る個体に向けさせるまさにその瞬間、その個体に「在れ」と言うことである――がないなら、何ものも存在に至りえないであろう。（一六九頁／一一五頁）

いま引用した箇所は〈作用者〉、つまり絶対者の側の三重構造を描写する。だが、創造者の側の三重性だけではいかなる結果も生み出しえない。絶対者の創造行為が実を結ぶには、「受容者」(qābil)、つまり創造されるべきものの側にもそれと対応する三重性がなければならない。〈創造〉が実現するのは、〔作用者の〕能動的三重性が〔受容者の〕受動的三重性とぴったり一致したときである。

（神が「在れ」との〈言葉〉を発したとき）、創造されるべきもののなかにもまた、三重性をもつ単一性が生ずる。そのものの側から見れば、この三重性のみによりものは生み出されうるし、存在で性質づけられうる。創造の対象のなかの三重性は(1)もの性（shay'īyah）、(2)〔「在れ」との命令を〕聞くこと（samā'）、(3)創造者が創造せんと発する〈命令〉に順適すること（imtithāl）の三つからなる。このようにして（被造物）の三重性は（神の）三重性と一致する。

(1)は、ものの、非存在の状態における、恒常原型的本質である。これは創造者の〈本質〉に対応する。(2)は、ものによる命令の聴取《ききとり》である。これは創造者の〈意志〉に対応する。(3)は存在に至ることに関わり命ぜられたことの、ものによる順適なる受容である。これは「在れ」という（創造者の）言葉に対応する。以上にもとづいて、現実にものは在るに至る。

したがって、「在るに至らしめること」（takwīn. ないし「造化作用」）は（創造される）ものに帰属されねばならない。もし神が（「在れ」と）言ったとしても、もの自体が在るに至る力をもたないなら、存在に至ることは決してないからである。この意味で非存在の状態から存在に至らしめるのはものそのものである。

（一七〇頁／一一五頁）

被造物の「力」（qūwah）が創造過程のなかで特に強く主張されるのは特筆すべきことである。ものは、たんに受動的に、つまり機械的に、また自らは働かずして創造されるのでない。そうでなく、自らの創造に積極的に参入する。これは、前章で論じた「備え」がもつ至高の力を別の仕方で見ることに他ならない。

神が或るものを存在に至らしめんと意を決したとき、たんにそれに「在れ」と言う。ものはそれに応じて存在に至る。この過程において「在るに至ること」（takawwun）そのものはものの働きであって、神の働きでない。この考え方をカーシャーニーは次のように説明する。

「在るに至ること」、つまりものが〈命令〉に順適することは他ならぬものそのものに帰属する。なぜなら、それ（つまり、「在るに至ること」）は（イブン・アラビーの言うように）ものの力のうちにあるからである。言い換えると、「存在すること」は可能的にものに内包され、隠されている。だから神は（前掲クルアーン章句において）それ（「在るに至ること」）をものに帰属させ、「そしてそれは存在に至る」と言う。[2]（〈言葉〉を聴いた）ものがただちに命令に順適し、存在に至る、それがその文の意味である。なぜものがそれを為しうるのか。それは、すでに〈不可視〉において（つまり可能的に）それが存在することのみに由来する。ものが原型状態で存続することは、〔ものの〕隠された内的存在形態に他ならない。〔言い換えると、神の〕「内側」にあるあらゆるものは〔神の〕「外側」の存在に至る力を自らのうちにもつ。この理由は次のことに由来する。〔神に関して言えば〕「内に在る者」（bāṭin）という〈名〉〔で表示される〕〈本質〉はそっくりそのまま「外に在る者」（ẓāhir）という〈名〉〔で表示される〕〈本質〉である。また、「受容者」（qābil）は「作用者」（fāʿil）〔神〕と（究極的には）同じである。（『カーシャーニー注』サーリフ章第一一、一七〇頁）

イブン・アラビーの提示する「創造」の基本理論はこれのとおりである。「造化作用」（takwīn）は絶対者にでなく、造り出されるものに帰属すべきものだとイブン・アラビーは相当に強く主張する。神をして力を欠く者（ʿājiz）に堕さしめると通常の信徒はそうした立場を批難するであろう。だが、繰り返し指摘したように、この立場は、イブン・アラビーの世界観の構造を知悉する者の眼から見れば、不敬でも何でもない。もの（被造物）が境界づけられた領域を離脱し、絶対者の働きに直結するまで踏み込む、そうした積極的な力をもつことがこの世界観のうちに確かに描かれている。しかしながら、独立した存在者だと差し当たり考えられるこれらのものたちも、さらに深い次元においては、境界づけられ個別化された絶対者の多なる形態に他ならない。あらゆるものが絶対者のなかで演じられる存在論的ドラマの登場人物であり、すべてが偉大なる〈神曲〉である。

（「創造」の最後の段階にあたる）「造化作用」が絶対者に帰属せず、ものに帰属することにイブン・アラビーは更なる説明を加える。

「造化作用」は（創造された）ものそのものに帰属するのであって、神に帰属しないと神ははっきりと言う。このことで神に帰属するのは〈命令〉だけである。自らの（創造過程での）役割を神ははっきりと「私が或るもの（の存在を）決した〔原文は「意志する」〕なら、「在れ」とだけ言う。そうすればそれは存在に至る」（クルアーン第一六章第四〇節）と語る。したがって、確かに神の〈命令〉に順適してものが働くのだが、「造化作用」はものに帰属する。（我々はこの文言をあるがままに受け取らねばならない。なぜなら）神は自らの言葉に忠実だからである。さらにこれ（「造化作用」がものに帰属すること）は客観的にも納得しうる。（これは次の例で示せよう。）誰からも恐れられ、言うことを聞かない者は誰もいない、そうした主人を考えてみよう。彼が奴隷に「立て」（qum）と命じれば、奴隷はその命令に順適して間違いなく立つであろう。奴隷が立つ過程で主人に帰属するのはそうせよという命令だけである。一方、立つという行為そのものは奴隷に帰属するのであって、主人が立つわけでない。

したがって「造化作用」が三重性にもとづくのは明瞭である。このとき三重性とは絶対者の側の三重性と被造物の側の三重性がある。（『叡智の台座』サーリフ章第一一、一七〇―一七一頁／一一五―一一六頁）

イブン・アラビー思想に「無からの創造」の原則が当てはまるのは明瞭だろう。だが、イスラームにおける通常の「無からの創造」と根本的に異なるのは、イブン・アラビーの場合には「無」が全く無条件の「非存在」でなく、経験的な、あるいは現象的なものとしてはいまだ「非存在」として在る何か、という特殊な意味における「非存在」であることだ。彼が「無」（nihil）とみなすものは、思惟の対象の次元における、あるいは、全く同じものを指すが、神の〈意識〉のなかにおける「存在」である。存在論的には、イブン・アラビーの〈無〉は「可能者」（mumkin）、つまり存在する力（あるいは可能性）をもつ何かである。普通のひとが「創造」を神の一人芝居とみなすのは「可能者」のもつ積極的な能力を知らないことに由来する。イブン・アラビーの見解では、隠れた状態から神の存在論的〈命令〉に応答して存在の領域へ出てくるに十分な力をあらゆるものがもつ。

したがって、被造物たる世界は「能動性」（fāʿilīyah）をもつ。この世界を構成する事物は、能動的にそして積極的に己れ自身の創造に参入する。

粘土から何かを造る職人を見て、粘土そのものは何ら積極的「能動性」をもたず、職人の望むどんな形にもなると結論づけるなら、その考察は皮相的である。そうしたひとの見解では、職人の手のなかの粘土は全く為されるがままで、何も為さない。職人の活動を粘土が実際に積極的に限定するという重要な事実をそのひとは見落としている。職人は粘土からかなりの程度さまざまな形を確かに造りうる。だが、何を造ろうと、粘土そのものの性質によって定められた限界を超え出ることはできない〔例えば、時計などの精巧な機械は造れない〕。別の表現を用いると、粘土そのものの性質が、粘土から実現する可能な形態を限定する。「創造」の過程においてもののもつ積極的性質はこれに類似する。

しかしながら、ものが「能動性」をもつとしても、結局は、その「能動性」が第二次的で、主要なのではないことを全く同じこの考察がはっきりと示す。神と世界の根本的な違いがここにある。「女たちがその本性上、男たちに劣るように」被造物は絶対者よりも劣る。全ての能動的な力およびもちうる限りの能力を結集せしめても、事物は本質的に第一次的でない。

「男たちは彼女たち（つまり、女たち）に優る」（クルアーン第二章第二二八節）と神が言うに従えば、女たちは男に劣る。それと同じく、（神の）姿を象《かたど》って創造されたものたちの姿は神の〈像〉であるが、それらは、本性上、彼の姿を象ってそれらを在るに至らしめた者におのずと劣る。

神を世界から分かつその優劣の差の分だけ、神は全世界から完全に独立した（つまり、絶対的に世界を必要としない）、第一次的〈作用者〉である。「姿」は二次的〈作用者〉にすぎず、絶対者だけにある本質的な第一次性をもたない。（『叡智の台座』ムハンマド章第二七、三三四頁／二二九頁）

二　世界創造の女性的要素

女たちが本性的に男たちに劣るとの考え方に前節の最後で触れた。しかしながら、世界の創造過程において女性的要素の担う役割を、重要でないと言わないまでも、二次的でしかないとイブン・アラビーが考えたわけでない。それと反対に、創造の全過程が女性的な原理に支配される。

この問題にイブン・アラビーが思考をめぐらす出発点は次の有名なハディースである。「お前たちの世界にある全てのもののうち三つが特に私に好ましい。女性、香水、そして礼拝である。最後に挙げた礼拝は「私の眼を冷やす」（つまり、最高の楽しみを与える）」（『叡智の台座』二一四頁で引用される）。ここに列挙される三つのうちの一つ、香水（ṭīb）が男性名詞であるにも拘わらず、このハディースに「三」という数――ここでもまた三重性が見える――が女性形（thalāth）で使用されるのをイブン・アラビーは看取する。アラビア語文法では通常、列挙されるもののなかに一つでも男性名詞があれば、文法的に全体を男性として扱い、複数形は男性形で使用する（この場合では、thalāth ではなく、thalāthah を使用する）。

さて、このハディースで〈預言者〉は意図的に――イブン・アラビーはそう考える――女性形のサラース、thalāth を使用しており、イブン・アラビーの見解に拠れば、そこに深い象徴的意味が込められる。創造に参与する基本要素は全て女性的であり、創造の全過程を女性的原理（taʼnīth）が支配するのをそれは示唆する。イブン・アラビーは男が在るに至る過程に注目せしめる。

男という者は己れ自身が、（存在論的）源泉である本質（つまり、神の〈本質〉〔dhāt〕）と〈己れの身体の）源泉である女性（つまり、彼自身の母親）のあいだにあるのを見い出す。かくなる仕方で、男という者は、二つの女性名詞の間、つまり本質の女性性と真の（身体的な）女性性のあいだに位置づけられている。[2]

（三三五頁／二二〇頁）

全ての〈在る〉の根源的基盤である〈本質〉を言うザート（dhāt）は女性名詞だ。全ての存在者のもつさまざまな形態の直接の根源、つまり神の〈属性群〉を言うスィファート（ṣifāt. 単数形は ṣifah）も女性形である。神の創造力を言うクドラ（qudrah）も女性形だ。したがって、どの側面から創造過程の解明に取り組もうと、女性名詞に至る。神が世界の存在の「原因」（ʿillah）だとギリシア哲学に追従する哲学者たち（falāsifah）は主張する。これは誤った見解だが、創造に関するこの誤った見解ですら、イッラ（ʿillah）という女性名詞が世界創造の究極基盤を言い表す語として用いられることに意味があるとイブン・アラビーは附け加える。

カーシャーニーはこの問題全体をよりスコラ的に扱う。

ありとあらゆるものの究極基盤（あるいは起源）〔aṣl〕は、〈母〉（umm）と呼ばれる。母なる者は、あらゆる枝〔furūʿ〕が出で来たる幹であるからだ。「神はそれ〔女性代名詞 hā〕（つまり、第一霊魂、アーダムを意味する）からそれの配偶者を創造し、つづいて二人から男どもと女どもを数多く創りだした」（クルアーン第四章第一節）と神が言うときに女性をいかに描くかを考えたことがないか。お前も知るように（アーダムの）「妻」は女性だ。さらに妻が創造された源泉である最初の一つの「霊魂」〔nafs〕もまた女性形名詞である。[3]

同じく、それより前に遡りえない〈始原〉が（女性名詞で）ハキーカ（ḥaqīqah）（〈実の在り方〉）と呼ばれる。……〈神の本質〉を言い表す語にアイン（ʿayn）やザート（dhāt）があり、[4]これらの語も女性形だ。

したがって、彼（ムハンマド）が（〔文法的に〕女の性が男の性に）優るとした意図は、あらゆるものの起源や源泉である女の性に格別の重要性があることに眼を向けさせることだ。これは、自然本性〔ṭabīʿah〕の世界に当てはまるばかりでなく、〈実の在り方〉（ḥaqīqah）そのものにも当てはまる。[3]

絶対的〈作用者〉（つまり絶対的〈能動者〉、fāʿil）である限りの〈実の在り方〉は、確かにあらゆるものの〈父〉（ab）だ。しかし〈実の在り方〉は（それの受動性ゆえに）〈母〉でもある。〈実の在り方〉は、「能動」（fiʿl）と「受動」（infiʿāl）を己れのうちに統合せしめて在る。〔その理由は〕何らかの「受動的な」者の形態に己れを〔これと指定されるもの（ʿayn）として〕顕現せしめる限りにおいて〈実の在り方〉は「受動的」（munfaʿil）であるのだが、その「能動者」〔fāʿil〕（〈作用者〉）の形態に己れを〔これと指定されるものとして〕顕現せしめる限りにおいて〈実の在り方〉は「能動的」であることにもとめられる。〈実の在り方〉の本来の在り方そのものは、「限定」（taʿayyun）と「非限定」（lā-taʿayyun）が統合されて在るのを要請する〔のが判る〕[5]。

〈実の在り方〉は、一方で、あらゆる限定作用——ここでは、男性という限定、女性という限定——で「限定」づけられるのだが、他方で、あらゆる限定作用をはるかに超えたところに〈実の在り方〉は立つ。

〈実の在り方〉が最初の「限定状態[6]」で限定づけられたならば、その〈実の在り方〉は、「能動性」と「受動性」の二面——外への自己顕現（ẓāhir）と内への自己隠秘（bāṭin）の二面——のそれぞれが完全に均衡を保つことを要請する、そうした〈一つの本質〉だ。[7] あらゆる形態の内に潜む〈内在者〉（bāṭin）である限りにおいてそれは〔内側からものに作用するので〕「能動者」であるが、〈外在者〉（ẓāhir）である限りでそれは「受動者」である。……

（絶対者が）己れを自らに〔己れのザートに〕顕現せしめることで起こる最初の限定は、〈本質〉そのものが絶対的であり、限定されないことの証しである。絶対者の自己限定作用（taʿayyun bi-dhāti-hi）が生起するには必ず限定されざる状態（lā-taʿayyun）が先立って在らねばならぬからだ。

それと同じく、限定された（つまり、具体的に境界づけられた）ありとあらゆる存在者のなかに〈実の在り方〉としての〈実の在り方〉が実現するときの限定作用にも、それより前に限定されざる状態が在らねばならない。否、むしろ、限定されたあらゆる存在者は、実際に限定されるその限定状態から切り離してその実の在り方だけを考えれば、絶対者である（つまり、限定されたあらゆる存在者の存在論的核心は絶対者であり、その絶対者とは絶対者そのものに他ならない）。この意味で、限定された存在者は（それに内在する）絶対者に依拠し、その絶対者によりつつ在りつづける。したがって、（存在論的）絶対基盤との関係において、あらゆるものは「受動者」であり、その基盤が己れを顕すための場だ。他方、その絶対基盤は「能動者」であり、もののなかにずっと潜んでいる。

したがって、限定されて在るという点から見れば、ありとあらゆるものは「受動的」である。だが、そうしたものが絶対的であるという点から見れば、自らが「能動的」である。[8] ただし、ものそのものは本質的に一つである。……だから〈実の在り方〉がどこに行こうと、いかなる形態で顕れようと、（二つの違う側面、つまり）「能動性」と「受動性」、ないし「父性」（ubūwah）と「母性」（umūmah）をもつ。そして（〈預言者〉が）女性形の語を使用したことはこの説明で正当化されよう。（『カーシャーニー注』ムハンマド章第二七、三三六頁）

絶対者は「創造」における究極の起源であり、そしていまそこで働く起源である。その絶対者は、「本質」（dhāt）という女性形の語が示すように、女性的な何かをもつ。さらに、創造過程の存在論的構造を分析的に考察すれば、「最初の限定」という第一段階にすら女性的原理を見い出しうる。この女性的原理は「母性」であり、それは「父性」という男性原理と対をなして働く。簡潔には、〈在る〉のさまざまな形態全てに内在する「受動的」要素を神的本質は代表するという意味において、〈神的本質〉はあらゆるものの〈母〉である。

ここでイブン・アラビーの創造理論のなかでもっとも興味深い特徴の一つに眼を向けたい。彼の理論のなかでもこの部分が歴史的に第一級の重要性をもつ。アシュアリー派神学者の原子論哲学を批判するからである。(9)

三　永続する創造

イブン・アラビーの世界観では絶対者の自己顕現が永遠の過程であることを別の問題ですでに我々は確認した。その過程は大きく別けて、(1)「もっとも聖なる流出」、(2)「聖なる流出」、(3)具体的個体の出現という三つの段階を経る。繰り返し何度も起こる波のようにこれらの段階は次から次と実現しつづける。また際限なく無限にこの存在論的過程はみずからを反復する。あらゆる個々の瞬間に、そして或る瞬間から次の瞬間に、消滅と再創造という同一過程が永遠に繰り返される。まさにこの瞬間にも、無限に多くのものや性質が在るに至り、次の瞬間には消滅して別の無限のものや性質に取って替わられる。

したがって、我々は二つの異なる瞬間に同じ世界を経験することはできない。実際に経験する世界は永遠の流れのなかにあり、瞬間瞬間に変化する。だが、この継続的で永遠の変化は或る定まったパタンに従って規則正しく起こるので、皮相的に見ると、同一の世界が我々の周りにあると考えてしまう。

この章の主題である「創造」を軸にものの永遠の流れを説明して、世界があらゆる瞬間に新たに創造されつづけるとイブン・アラビーは言う。これを彼は「新たな創造」(al-khalq al-jadīd) と呼ぶ。「古い」(つまり、より前にある) 世界の創造と比べて「新しい」創造だという意味ではない。この文脈での「新しい」(jadīd) という語は「常に新たな」あるいは「瞬間瞬間に新たな」を意味する。まとめるなら、「新たな創造」とは創造行為が永遠に続き、常に新たにされる過程である。

自我意識を与えられた人間は、己れ自身の内と外（つまりこころと身体）の双方でこの「新たな創造」を生き生きと実在感をもって感じうる。生きる限り已むことなく瞬間瞬間に変化し続ける「己れ自身」、その「己れ自身」を意識することで「新たな創造」を感ずる。だが、普通のひとは己れ自身についても「新たな創造」過程に気づかない。

「永続する上昇」(taraqqī dā'im) ともイブン・アラビーはこの過程を称する。これは、「新たな創造」という考え方の根柢をそこに窺うことができる極めて重要なポイントだ。

> ひとが（したがってあらゆるものが）永続する上昇過程にあることはもっとも驚くべきことである。だが、（普通の）ひとはこれに気づかない。覆い《ヴェール》の目が極めて細かく、薄い[10]からだとも言えるし、（継起するさまざまな形態が）互いによく似るからでもある。（『叡智の台座』シュアイブ章第一二、一八四頁／一二四頁）

全てのものがこの常に新しい創造に巻き込まれて在ることは、第一次的には、無限にある「可能的な」ものたちのなかに絶対者がつねに自らを顕すことを意味する。これは、〈在る〉のより低い諸層に絶対者が存在論的に「下降」(nuzūl) する――まず恒常原型へ、次に「可能者」へ――ことで実現する。だが、「可能者」の側から見れば、永遠の「下降」という過程そのものが永遠なる存在論的「上昇」の過程に転ずる。この意味でありとあらゆるものは永遠に絶対者に向かって「上昇」する。それらが「上昇」するのはまさにその絶対者が「下降」するからである。

別の言葉を使えば、ものたちの「上昇」(taraqqī) は絶対者のものたちへの「下降」を裏返したものに他ならない。非存在の状態にあるものは、絶対者の慈しみを受け取り、存在を獲得する。ものたちの立場から見れば、それらが存在の原点へと「上昇」するイメージをこの過程が作り出す。カーシャーニーは前掲の引用文を次のようにパラフレーズする。

ひとに関わる最大の奇跡の一つは、そのひとの原型たる本質の「備え」が帯びるさまざまな様式《モード》に即してみれば、そのひとが永続的に上昇する状態にあることである。原型のもつあらゆる様態は（永遠の過去から）神に知られており、可能態のまま恒常的に定まっている。神はそれらを絶え間なく永続的に実現せしめる。始まりのない過去からそこに在り（したがって）本質的には創造されぬさまざまな可能性（istiʻdādāt．文字通りには「備え」）を、実際に創造される無限にさまざまな可能性へと神が変化せしめる。……したがって、あらゆるものは、まさにこの瞬間に、上昇の状態にある。なぜならば、已むことなく更新される、さまざまな存在論的（wujūdīyah）〈神的自己顕現〉をものが永続的に受け容れるのだが、その際に、そのものは、個々の自己顕現〔の瞬間〕において別の（つまり、次の）自己顕現をさらに受け容れつつあるからだ。

しかし、ひとはこれに気づかないかもしれない。ひとの眼がヴェールで覆われることにそれは由来する。あるいは、ヴェールがあまりに薄くあまりに透き通るからかも知れない。だが、ひとはこれに気づくこともあろう。それは自己顕現が知性的体験、直観的体験、想像的体験、神秘的体験といった形態を帯びたときである。（『カーシャーニー注』シュアイブ章第一二、一八四頁）

「新たな創造」の概念はこうした存在論的な「上昇」と「下降」を含む。これは、イブン・アラビーの世界観が動的であるのを端的に示す。この世界観には静的なものは少しもない。世界全体が絶え間なく運動する。世界は万華鏡のごとくに瞬間瞬間に姿を変える。だが、自己展開するこれらの運動全体は、絶対者-〈一者〉にものが「上昇」する運動でもある。運動全体が、「下降」という絶対者-〈一者〉の自己表現だからである。「対立物の一致」を扱った章で別の視点からこれと同じ現象を考察し、そこで〈一〉がいかにして〈多〉であり、〈多〉がいかにして〈一〉なのかを見た。「下降」と「上昇」はそれと全く同じことを表現する。

（「新たな創造」の結果、我々はつねに〔次の瞬間に〕似た形態と出会う。だが、二つの似たもののうちの）一方は、他方と同じでない。「似た」ことがわかるひとの眼から見ると、互いに異なるからである。したがって、真に明敏なひと〔ahl al-taḥqīq〕は〈一〉のなかに〈多〉を見取る。それと同時に、神名が、本質的にそれぞれ異なり多であるものの、一つの〈実の在り方〉を指すことも知る。神名とは、本質的にまた実際には一つの〈何か〉を理性が多としたものに他ならないからである。

自己顕現の過程において、一つの〈本質〉のなかに〈多〉が見分けられるようになる。その〈本質〉は、あらゆる形相の定義のなかで言及される〈第一質料〉と類比的に考えることができよう。形相は多であり、さまざまである。だが実際には、〈第一質料〉たる「実体」に帰着する。（『叡智の台座』シュアイブ章第一二、一八四―一八五頁／二二四―二二五頁）

イブン・アラビーはこの文章で具体的存在者間の水平的類似連関について語るように見える。現象世界にある具体的存在者は、つまるところ、さまざまな形態を帯びた神の自己顕現であり、究極には〈一者〉に帰着する、との「新たな創造」の或る特定の側面を強く主張する。だが、全く同じことが、垂直連関、つまりつねに新たにされゆく瞬間瞬間の創造のあいだの時間的連関にも当てはまる。同一に見えるものにも「新たな創造」が各瞬間に起こる。だから、二つの継起する瞬間のもとに捉えられた「同一のもの」は同一なのでなく、二つの「似た」ものである。にもかかわらず、ものはそれでもなおもともとの統一性と同一性を維持し、決して失わない。継起的にそれに起こる新たな似た状態は己れの原型によって永遠に定められているからである。

カーシャーニーは前掲の引用文への注釈で、水平的側面と垂直的側面という「新たな創造」の二側面に光を当てる。

〔現実世界に見える〕無限の「似た」形態のうちに現れた単一の〈本質〉のなかで、〈本質〉自らの自己限定作用が多であるのを真に鋭敏なひとは見取る。〈全能者〉〈全知者〉〈創造者〉〈養育者〉などの神名それぞれが他の神名と異なる意味をもつにも拘わらず、それらはみな実際には単一の〈本質〉、神を指す。神名のあいだの意味の違い〔に見える多性〕は、「本質的一者」〔wāḥid al-ʿayn. 本質において一つである者〕と呼ばれるもののなかに存在する、思惟の対象としてある心的な多性であること、本来的な在り方において、また具体的に多として〔「本質的一者」のなかに神名の意味の多様性が〕存在するわけでないことをこれは明かす。したがって、〔どの神名であれ〕神名の形態を帯びた自己顕現は、一つの〈本質〉のうちに看取される多性にすぎない。（「同一のもの」に）継起する出来事に関しても同じことが当てはまる。互いに似た継起する自己顕現は本来的な在り方としては一つであるが、個々の自己限定作用としては多である。（師は）〈第一質料〉（hayūlā）を例にこれを説明する。物体の〈形相〉を定義しようとするなら〈第一質料〉に言及するはずである。例えば「物体（jism）は量をもつ実体である」と言う。「植物（nabāt）は成長する物体である」、「石（ḥajar）は無機的で重く声を出さない物体である」、「動物（ḥayawān）は成長し、感覚をもち、意志に従って動く物体である」、「ひと（insān）は、理性的動物である」とも言う。このように「物体」の定義に「実体」を言い、残りのものの定義で「物体」——（定義上）「実体」である——に言及する。このようにして、あらゆるものが「実体」という一つの実の在り方に遡る。（『カーシャーニー注』シュアイブ章第一二、一八五頁）

この事実は神秘的ヴィジョンによって知られるのであって、理性的思考ですべてを理解しようとするひとには決して知られない。だから、哲学者を含む大多数のひとは「新たな創造」という現象に気づかず、無限にものが変転しゆく万華鏡のような光景を彼らが見ることはない。

世界について語る神の言葉の何と素晴らしいことか。或る一つの単純な実の在り方〔はそのまま〕に「常に新たな創造」が為されるなかで〈神の息〉が吐かれる毎に世界が永続的に更新される。（だが、このことに気づくひとは少ない、と）或る一団――実際には大多数――のひとに言及して「いや、彼らは新たな創造に関して著しく混乱する」（クルアーン第五〇章第一五節[11]）と神が言うように。大多数のひと（が著しく混乱するの）は、神が息をする瞬間毎にものたちが（永続的に）更新されるのを知らないからだ。（『叡智の台座』シュアイブ章第一二、一八六頁／一二五頁）

ものが永続的に更新されるこの光景を、己れが哲学的・神秘的な直観で見たままにカーシャーニーは次のように描く。

世界は全体として見ればつねに変化し続ける。（世界のなかにある）ものもそれ自身また瞬間瞬間に変化する。したがってあらゆるものは各瞬間に、その一瞬前に定まったものと違う新たな限定作用を受けて定まる。そしてそれでもなお、これらの継続的変化を被る一つの実の在り方は永遠に変わらない。これは次の事実による。「一つの実の在り方」とは「最初の限定作用」を帯びた絶対者自身の実の在り方に他ならず、あらゆる形態（つまり、継起するさまざまな限定作用）がそれに次々と生起し、各瞬間に変化し更新される偶有にすぎぬからだ。

しかし、（普通の）人々はこの現象の本当の姿を知らない。知らないからこそ宇宙に進行するこの永続的変容過程を見て「著しく混乱する」。絶対者は、こうして永続的に継起する自己顕現の姿を帯びつつ己れを顕すが、世界は、各瞬間に消滅し次の瞬間には新たに誕生するという過程のなかでつねに失われている。

（『カーシャーニー注』一八六頁）

カーシャーニーはさらに歩を進めて、この永続的な「新たな創造」が世界の具体的存在者を支配するだけでなく、恒常原型ですらもこの創造の影響下にあると主張する。〈神の意識〉の中にある原型は現れては消え、また現れる。瞬間瞬間に明滅をつづける無数のランプの光のように際限なく同じ過程を繰り返す。彼は言う。

存在論的発出（al-fayḍ al-wujūdī）と〈慈しみあまねき者の息吹〉は、連続的に絶えず更新され続ける川のなかを流れる水の如くに、世界にさまざまな仕方で在る者たちを貫いて永続的に流れる。〈絶対存在〉は永遠の〈知〉（つまり、〈神の意識〉）のなかで恒常原型のかたちを帯びて限定されるが、その場合も、その限定作用は瞬間瞬間決して已むことなく更新される。（これは以下のような仕方で起こる。）最初の存在論的限定作用が或る場の原型を離れると、その瞬間、次の限定作用が別の場でその原型と結びつく。その原型自体は〈知〉と〈不可視〉の世界のなかで永遠に同一であるにも拘わらず、〈神の知〉の領域に帰属する或る原型が、最初の場で消えて、次の場に現れることに、これは他ならない〔カーシャーニーがこうした光景を描くのはアシュアリー派の原子論と異なるイメージを提供するためである〕。（『カーシャーニー注』一九五―一九六頁）

計り知れない闇を背景に明滅する何百万もの光をあなたが見ているとしよう。任意の一つの光る場所に眼を注ぐと、次の瞬間にはその光は消え、さらに次の瞬間には別の場所に再び光が現れる。〈神の意識〉は、光が各瞬間に際限なく明滅しつづけるそうした数多の場からなる複雑な網のようなものと想像される。なるほど、これは麗しく眼の覚めるようなイマージュである。だが、イブン・アラビー自身が『叡智の台座』で恒常原型をこうして「新たな創造」と結びつけて説明することはない。その書で彼の語る「新たな創造」は感覚世界にある具体的なものだけに関わる。

ここでイブン・アラビーに戻り、「新たな創造」という概念を己れの原子論哲学と連関せしめてイブン・アラビーが展開するのに即して、この「新たな創造」を分析しよう。

シバの女王ビルキース（Bilqīs）の奇蹟を語るクルアーンの一節に、〈在る〉の世界に起こるやむことなき消滅と再創造の見事な例が示されることをイブン・アラビーは見い出す。この記事はクルアーン第二七章第三八節から第四〇節に見える。

スライマーン（Slaymān. ソロモン）は自らの前に控えていたジンや人間に「誰か女王の玉座を私のところに運ぶことのできる者はいないか」と尋ねた。そのとき、ジンが「私はあなたが席をお立ちになる前におもちしましょう」と言った。しかし〈啓典〉の知をもつ者[12]は「私はあなたの視線が戻ってくるまでに（つまり、瞬きするあいだに）あなたのところにもってきましょう」と言った。そして南アラビアの遠い国から直ちに玉座をもってきて、スライマーンの前に据えた。

いかにしてこの奇蹟を起こしえたか。イブン・アラビーは言う。そのひとはたんに「新たな創造」を利したにすぎない。女王の玉座は場所的にシバからスライマーンの前に移動したのでない。離れたところから瞬きするあいだに物体をもってくるなど誰にも為しえない。スライマーンとその周りにいるひとは幻影を見たのでもない。ビルキースのところにあった玉座が消えて、同じ場所に再び創造される替わりにスライマーンの眼の前に現れたのである。ものが消えて、次の瞬間に違う場所に現れるという意味ではなるほど確かに奇蹟である。しかしながら、「新たな創造」という点から見れば、そうしたことは全く不可能だというわけでない。結局、新しい玉座が全く違う場所に創造されたにすぎないからである。

人間の知者がジンの知者に優る点は、何でも意のままに扱うことおよびものの特性に潜む秘密（について人間の知者がより深い知をもっていた）ことである。これはかかる時間から知りうる。視線が見ている者に返るのは、席から立ち上がるよりもかかる時間は短いからである。……見る者と見られるものがいかに離れていようと、視線が対象に届く時間は視線が対象を捉える時間と同じである。眼が披かれた瞬間、その視線は恒星天球に届く。知覚がやめば視線はひとに返る。それに較べて、ひとが立ち上がるのはそれほど速くない。

だから、アーサフ・イブン・バラヒヤーは実際の行動でジンに優った。アーサフは言葉を発した瞬間に仕事を終えていたからである。スライマーンはまさにそのときビルキースの玉座を見たのだ。移動されずに元の場所にあった玉座をスライマーンが（遠くに）見たと誰も誤解しないよう、実際にスライマーンの前に玉座が据えられた。

しかしながら、一瞬で場所が変わることはありえないと私は思う。（スライマーンの場合には、この類のことに関する）真の知を与えられたひとより他に気づく者のない、消滅と再創造が同時に起こっただけである。これを指して神は「いや、新たな創造に関して彼らは著しく混乱する」と言う。普通のひとであれば（一瞬前に）見たものを次の瞬間に見ることを止めることは決してない。[13]

事の真相が私のいま述べたとおりであるなら、玉座が元の場所から消えた瞬間は、〔神の〕〈息吹〉とともに起こる「新たな創造」の結果としてそれがスライマーンの眼の前に現れた瞬間と一致する。だが、（「新たな創造」が関わる二つの瞬間の）違いに誰も気づかない。

いや、普通のひとは己れ自身についてもそれ（「新たな創造」）に気づかない。一息ごとに、存在するのをやめ、それから再び存在するに至ることをひとは知らない。（『叡智の台座』スライマーン章第一六、二三六—二三八頁／一五五頁）

イブン・アラビーはここで、各瞬間にひとは存在するのをやめ、それから（thumma）再び存在するに至ると書く。だが、彼はその直後に、「それから」「その後に」という意味をもつスンマ（thumma）という接続詞が時の経過を言い表すと考えてはならないと付け加える。

スンマという語で時の間隔を私が言い表すと考えてはならない。それは正しくない。因果関係における優先順位を言い表す特定の文脈においてアラブ人はこの語を用いる。[14]……「〈息吹〉とともに起こる新たな創造」の過程でも、ものが非存在となる（つまり、消える）時とそれ（つまり、たった今消し去られたもの）と似たものが存在する（つまり、再創造される）時は一致する。偶有がつねに更新される（tajdīd al-aʻrāḍ）とのアシュアリー学派の説にこの見解は似る。

確かに、ビルキースの玉座が移動するという問題は極めて難解であり、その物語について私がたった今説明した内容がわかるひとにしか理解できない。その内容をまとめよう。アーサフが優るのは、問題の「再創造」が（彼のおかげで）スライマーンの眼の前で実現したことだけにあった。……

（その後スライマーンの許を訪れた）ビルキースは己れの玉座がそこにあるのを見て言った。「それは（私の玉座）のようです（ka'anna-hu）」（クルアーン第二七章第四二節）と。（彼女が「ようです」と言ったのは、二つの場所が）遠く隔たるのを知っていたからであり、そんな（に短い）あいだに玉座が場所的に移動するのは不可能だと気づいていたからである。上記の似た形態での「創造の更新」という考え方から見て、彼女の答えはかなり正しい。そして現実そのままであった（つまり、恒常原型に即すとそれは彼女の玉座と同じものであるが、具体的な個体としてはそうではない）。あなたが過去のさまざまな瞬間にあなたでありつづけたのと同じように、以上のことはすべて正しい。（二三八―二四〇頁／一五五―一五七頁）

極めて唐突に、イブン・アラビーはこの引用文中でアシュアリー神学派の原子論に言及し、彼の原子論がアシュアリー神学派の原子論と或る面で類似することを指摘する。だが、我々の目的にとってより重要で興味深いのはむしろそれとの相違である。この文章でははっきりと述べないが、『叡智の台座』の別の箇所でかなり詳細に説明する。

アシュアリー神学派原子論の最大の特徴は、偶有の永続的更新（tajdīd）である。この説によれば、もののもつどの偶有も二つの瞬間にわたって存在しつづけることはない。あらゆる偶有はこの瞬間に在るに至り、まさに次の瞬間には消滅せしめられ、同じ場に新たに創造されたそれと似た別の偶有と入れ替わる。これは、紛うことなく、「新たな創造」説である。

さて、このアシュアリー神学派の説と連関せしめてイブン・アラビーの思想を考えるならば、両者のあいだに際立った類似を見い出すことができる。イブン・アラビーにとっては、あらゆるものが絶対者の現れた象《かたち》であり、それらは独立した存立基盤（qiwām）を自らのうちにもつわけでない。つまり、すべては、一つの永遠に在りつづける〈実体〉（jawhar）のなかに現れては消える「偶有」である。別の表現を用いると、絶対者の〈存在〉そのものがあらゆる瞬間に何十億もの新しい着物を纏い現れるとも言いうる。神の〈息吹〉が起こるたびに新たな世界が創造されるのだ。

イブン・アラビーの視点から見て、本来の〈在る〉の構造をアシュアリー神学派の原子論が完全に描きだすわけでないにせよ、その説は少なくとも実の在り方の重要な部分をつかんでいる。イブン・アラビーはアシュアリー神学派とともにヒスバーニーヤ（Ḥisbāniyah）、あるいはフスバーニーヤ（Ḥusbāniyah）の名で知られる詭弁論者の一団に言及し、次の仕方で彼らを批判する。

> アシュアリー神学派は、或る範疇の存在者、つまり偶有に関しては真理に到達した。他方、ヒスバーニー派は、世界全体に関して偶然に真理を見い出したにすぎない。哲学者たちはこれらの人々をまとめて無知だとする。だが、（彼らは無知なのでなく、むしろ）彼らは両者ともに誤っている（のが本当のところである）。
> （シュアイブ章第一二、一八六頁／一二五頁）

彼はまずヒスバーニー派という詭弁論者を批判する。ヒスバーニー派は二つの連続する瞬間に何ものも存在しつづけず、実体であれ、偶有であれ、世界にあるあらゆるものが瞬間瞬間に変化すると主張する。このことから、客観的な意味ではいかなる〈実の在り方〉もないと彼らは結論づける。〈実の在り方〉や〈真理〉は主観的にのみ存在する。〈実の在り方〉や〈真理〉といったものは、あなたがこの瞬間に固定的に知覚したものの絶えざる流れに他ならないからである。[15]

世界はその全体が永続的に変容するとのヒスバーニー派の主張は正しい。だが、（変わりゆく）これらのさまざまな形態の根柢にある〈実体〉が実際には一つであることを見逃すことで誤る。（したがって彼らは）変わりゆく形態がなければ〈実体〉が（外界に）存在することはできず、〈実体〉がなければ変わりゆく形態も知覚されない（ことを見逃すこととなった）。ヒスバーニー派が（第一点とともに）このことを指摘したなら、彼らの説はこの問題に関して完全であったろう。（一八六頁／一二五頁）

このように、ヒスバーニー派の長所短所はイブン・アラビーにとって極めて明瞭である。世界は恒常的に変化するとみなすことで彼らは真理の一部を言い当てる。だが、あらゆる変化の基体となる〈実の在り方〉の真の性質が何かを知らないという点で事のもっとも重要な部分を見落とし、〈実の在り方〉とは各個人のこころが主観的に作り出すとみなした。

アシュアリー神学派についてイブン・アラビーは言う。

アシュアリー神学派は、世界が全体として（いわゆる「実体」をも含めて）「偶有」の集まりであることを見落とし、その結果、（彼らが「偶有」とみなす）「偶有」が二つの瞬間にわたって持続しないので、世界全体が瞬間瞬間に変化することも見落とした。（一八六頁／一二五頁）

そしてカーシャーニーは言う。

世界の本来の在り方をアシュアリー派は知らない。世界は、実際には、彼らが「偶有」と呼ぶ、これらすべての「形態」の全体より他の何ものでもない。したがって、彼らは、(語のもつ本来の意味での) 存在をもたない、本当の無である実体（つまり、原子）の存在を主張するにすぎない。また、これらの形態（彼らはこれを「偶有」と呼ぶ）を帯びて自らを顕現せしめる一つの〈実の在り方〉('ayn) に気づかないし、この一つの〈実の在り方〉が絶対者の「彼性」であることも知らない。偶有（だけ）が（恒常的に）変化すると彼らが主張するのはこの理由による。(『カーシャーニー注』シュアイブ章第一二、一八六―一八七頁)

アシュアリー派の存在論は、世界は無数の「不可分の部分」、つまり原子に還元されることを基本テーゼとする。これらの原子はそれだけでは知ることができない。一つの偶有が或る場、或る瞬間に現れ、次の瞬間には消えて別の偶有に置き換えられるといったかたちで原子に生起する、そうした「偶有」を見ることで初めて原子は知られうる。

イブン・アラビーがこの説に抗して主張するのは、無限にさまざまな形態のうちに生じては消える偶有が絶対者の自己顕現に他ならないことである。絶えざる変化、変容という万華鏡のような光景の背後に永遠に「一つ」である〈実の在り方〉がつねにある。つねに新たな形態を帯びて己れを顕現せしめつづけるのはまさにこの一つの〈実の在り方〉である。イブン・アラビーによると、すべての「偶有」の根柢にこの一つの〈実の在り方〉の在ることを見落としたアシュアリー派は、自己矛盾した説へと駆り立てられる。現れては消える「偶有」、二つの瞬間に渡って持続しない「偶有」の集まりが、みずからの力で存続し、長い期間存在しつづける「事物」を構成するとの説がそれである。

これ（つまり、アシュアリー派の誤り）は彼らがものを定義するときに明瞭に現れる。彼らが何かを定義するとき、彼らの定義はその何かを偶有（の束）とする。そして、定義のなかに列挙されたこれらすべての偶有がその「実体」を構成し、その実体は自存する〔と彼らの定義が言う〕のも明瞭である。しかしながら、

（偶有の集まりとしての）実体ですらも、究極には偶有である。そうである限りにおいて、そうした実体は自存するはずがない。したがって（彼らの説では）、自らの力で自存しない偶有が集められたとき、自らの力で自存する何かをつくりだすことになる。（『叡智の台座』シュアイブ章第一二、一八七頁／一二五―一二六頁）

この文章をカーシャーニーは次のように説明する。アシュアリー学派が何かを定義するときには、それを偶有の集まり（majmū'）で定義する。例えば「人間」を定義するときには、「理性的な動物」と言う。「理性的」（nāṭiq）という語は「理性をもつもの」（dhū nuṭq）を意味する。「何々をもつ」という概念は関係性であり、「関係性」は明らかに偶有である。他方、「理性」（nuṭq）は「動物」という本質に付け加えられる何かであり、これも偶有である。したがって、ひとは「理性的な動物」であると言うことは、ひとは「二つの偶有をもつ動物」だと言うに等しい。次につづけてアシュアリー派は「動物」を「成長し、感覚し、意志で動く物理的物体」と定義する。「動物」はこのようにして偶有の集まりに変わる。「動物」の定義に見える「（物理的）物体」にも同じ手続きが適用される。その結果「人間」は究極に偶有の束となる。偶有は定義上、一時的で推移するものであった。それでもなお、自らの力で存続する何か、つまり実体だとこの束自体がみなされているのである。

イブン・アラビーはつづける。アシュアリー学派は気づいていない、この「実体」、自らのみで存続する存在者と彼らが考えている「実体」〔原子〕は「ひと」や「動物」やその他のものと全く同じ性質をもつ。これもまた偶有の束なのだと。

彼らの理論では、二つの瞬間に持続しない何か（つまり、偶有の束）が二つの瞬間に（偶有の束として）存続することになる。それどころか、いくつもの瞬間にわたって存続することになる。アシュアリー派によると、自らの力で存続しない何かが自らの力で存続する（ということになる）。しかしながら、彼らは自己矛盾に陥っていることに気づかない。だからこのような人々を「新たな創造に関して混乱に陥っている」ひ

とだ（と私は言う）。（一八七頁／一二六頁）

イブン・アラビーはアシュアリー派の「誤った」見解と「開示された」人々が述べる「本当の」説を対照せしめて言う。

神は〈息〉をするたびに自らを顕現せしめ、どの瞬間の自己顕現も二度繰り返されることはないと「開示された」人々は考える。あらゆる自己顕現が新たな創造をもたらし、（すでにある）創造を消し去る。そして、古い創造は（新たな）自己顕現が起こるたび消えるというのは確かに「消滅」であるが、別の自己顕現が（引きつづき）起こすものによって「存続」が惹き起こされる。そうしたことも「開示された」人々は直接的ヴィジョンによってわかっているのだ。（一八八頁／一二六頁）

イブン・アラビーの考え方によると、世界のあらゆるもの（したがって世界そのものも）は、つねに変化するものの、この変わりゆくものたちの宇宙論的流れを下支えする永遠に変わらない〈何か〉がある。スコラ哲学の術語を用いて、イブン・アラビーはこの変わらない〈何か〉を「実体」と呼ぶ。これはあらゆる変化の絶対的基体である。この特殊な視点から見ると、いわゆる「偶有」だけではなく、いわゆる「実体」をも含めあらゆるものが、あらゆる瞬間に現れては消える「偶有」と言われる。神の自己顕現という理論が「実体」「偶有」といったスコラ哲学言語に翻訳されたとき、どのように変化しゆくのか、そのさまを見ていると興味が尽きない。

注

（1）hādhihi dhāt wa-irādah wa-qawl と読む。

（2）重要なのは、この章句で神が fa-yukawwin（「そして神はそれを存在させる」）と言わずに、fa-yakūn（そしてそれは存在する）と言うことである。このとき文章の主語はものそのものである。

（3）アーダムは男だが、「霊魂」（nafs）として見れば〔ナフスというアラビア語が女性形なので〕女性である。

（4）上に引いたハディースに言及する。列挙された三項目のなかに男性名詞が含まれるにも拘らず、ムハンマドは女性複数、サラース（thalāth）とする。

（5）「限定」（より厳密に言うと「限定されて在ること」）は絶対者の受動的側面を指す。具体的（に限定された）事物のなかに己れを顕現させた者としての絶対者がこれである。「非限定」は絶対者の能動的側面を指す。絶対的な〈作用者〉としての絶対者がこれだ。

（6）「最初の限定作用」（al-taʻayyun al-awwal）とは、絶対者が、すべての神名の統一点というかたちで自らに自己顕現することである。ここでの絶対者は「一者」（wāḥid）であり、ワーヒディーヤ（wāḥidiyah）「一者性」という存在論的段階にある。

（7）〈一者〉としての絶対者は可能的にはあらゆる存在者だが、実際にはまだ一つである。だから純粋に外に自己顕現した状態でもないし、純粋に内に隠れている状態でもない。いわば二項間の均衡がとれた状態を保っている。

（8）[wa-fāʻil] min nafsi-hi... と wa-fāʻil を補って読んだ。

（9）永遠創造というテーマは、比較東洋哲学の視点から見ても、かなり重要で興味深い問題を提起する。拙論 "The Concept of Perpetual Creation in Islamic Mysticism and Zen Buddhism," in *Mélanges offerts à Henry Corbin*, ed. Seyyed Hossein Nasr（Tehran, 1977), pp. 115–148 を見よ。

（10）極めて細かく透き通るようにできた布をとおして何かを見ると、その何かと自分との間に覆《ヴェール》いがあることに気づかない。ここでの「覆い」とは「上昇」することで見える外側の景色を指している。

（11）イブン・アラビーは、彼がしばしばするようにここでもクルアーンの一節にかなり恣意的な意味を与えている。原文の文脈では神がここで「新たな創造」として捉えられた死後の〈復活〉のことを語っているのは疑う余地なく明らかである。この一節「新たな創造」はイブン・アラビーの命題たる、創造の常に新たなプロセスのことを意味するのでは決してない。

(12)　クルアーンには彼の名は言及されない。注釈者たちはその男はアーサフ・イブン・バラヒヤー（Āṣaf ibn Barakhiyā）という名の聖者であったと言う。

(13)　ひとが自分の感覚的な知覚でこの時間の二つの単位のあいだにある非連続性に気づかないほど、この消滅／再創造は素早く起こる。それゆえすべてがそれまでと同じように続いているように想像される。

(14)　ある文脈では、A thumma B はAがBの原因として、論理的にBに先行することを意味する。そこではAが必ずBよりも時間的に前にあるということにはならない。おそらくAとBは同時に起こるのだろう。

(15)　ヒスバーニーヤという名称はḤ-S-B（動詞はḥasiba）という語根の派生形である。この語根の意味は「何々の見解をもつ」「推測する」で、つまりは評価という主観的な働きを表す。この名称自体が、〈実の在り方〉や〈真理〉がこの個人やあの個人がもつ主観的評価にあり、したがって客観的で普遍的な〈真理〉のようなものはないという主張を含意している。（「アフィーフィー注」一五三頁参照）

第十四章　ミクロコスモスとしての人間

イブン・アラビーの世界観にはすでに指摘したように二つの立脚点がある。一つは絶対者であり、もう一つは〈完全人間〉である。これまで全ての頁を費やして第一の角度からイブン・アラビーの存在論的世界観を分析した。第二の角度から眺められた同じ世界観の分析を残りの章にあてる。

一　ミクロコスモスとマクロコスモス

〈完全人間〉(al-insān al-kāmil) という概念を論じ起こすにあたり、イブン・アラビーが二つの異なる次元で「人間」を考察するのを確認しておくのは極めて重要だと思う。この基本的な区別を踏まえることが重要なのは、そうした区別をせずにおくと、簡単に混乱に陥るからである。

第一の次元は宇宙論的次元である。この次元では宇宙論的存在として「人間」が扱われる。一般的に知られる語を用いるなら、この次元で問題になるのは「人類」だと言ってよい。また論理学用語を用いるなら、それは、種としての「人間」である。いずれにせよ、ここで問題となるのは個体としての「人間」でない。

この次元における「人間」は、〈神の似姿〉(Imago Dei) であるがゆえに、世界にある一切のもののなかでもっとも完全である。ここでは「人間」それ自体が完全である。つまり「人間」は完全人間である。宇宙の完全な縮図、〈在る〉の世界すべてを生き生きとさせる精神、宇宙のうちに開示された全ての要素を己れ自身のうちに包み括りて在る者。このように見られた「人間」がこの意味における完全人間である。簡単には、「人間」はミクロコスモスである。

対して、第二の次元の「人間」は個体である。この次元では一切の人間が一様に完全なのでない。この点から見れば、人々のあいだに程度の違いがあり、彼らのほんの限られたひとだけが完全人間の称号をもつに値し、大多数のひとは「完全」と言うにほど遠い。

本章では、第一の意味で諒解される「完全人間」を扱う。いま指摘したように、二つの次元のうち、最初の次元の「人間」は全宇宙の縮図である。この意味で、「人間」は「包括して在る者」（al-kawn al-jāmiʿ. 字義通りには、集めて在る者）[1]、つまりミクロコスモスである。

「包括して在る者」としての「人間」の誕生に関して、『叡智の台座』劈頭に極めて有名な文章がある。その文章はイブン・アラビー特有の術語に満ちるが、すでにこれまでの章でそれらの術語を分析した。神名内部の要請により絶対者の自己顕現が発動し、世界の創造へ、取り分けて、全宇宙に散らばる一切の性質を己れのうちに包みもって在る者としての「人間」の創造へ向かう。そうした神秘的過程をイブン・アラビーはその箇所で描く。

絶対者たる神が、数え切れないほどある彼の〈美名〉の次元において、さまざまな神名それぞれの（隠れた）実の在り方――もしあなたがそれを好むのなら、絶対者たる神の内的な実の在り方そのものと言ってよい――を、「存在」で性質づけられるがゆえに、[2]全世界を含み込む「包括して在る者」のなかに（現実化されたものとして）見ることを欲し、また神がその（「包括して在る者」）によって自らの神秘を己れ自身に開示せんと欲するなら、……。（『叡智の台座』アーダム章第一、一一―一二頁／四八頁）

この文章の最初の数語がイブン・アラビーの存在論を簡潔に要約する。我々はすでにそれを詳細に検討しており、その議論は次のようにまとめられよう。

　神が世界（取り分けて人間）を創造しようとする〈意志〉（mashī'ah）は絶対者である限りの絶対者からは生起しないとイブン・アラビーは最初に述べる。創造しようとする意志が生じるのは〈美名〉ないし〈属性〉の本質的内部駆動による。絶対的な「独在」（istighnā'）と性格づけられる絶対者である限りの絶対者はそれ単独では、また己れ自身のためには、いかなる創造活動も必要としない。創造された世界としての宇宙の存在を要請するのは神名である。世界の要請が神名の性質に由来するのは、神名が具体的存在者どもによってのみ現実化し、後者がなければ神名は確乎とした表示の対象を失するからである。

　「絶対者……は……神名……の……実の在り方（a'yān）を……見ることを欲し」、あるいは「絶対者……は……神自身の内的な実の在り方（'ayn）……を見ることを欲する」とこの状況をイブン・アラビーは表現する。最初の文はすでに我々の知る「聖なる発出」に対応し、第二の文は「もっとも聖なる発出」に対応する。[3]だが、その区別はこの文脈ではさほど重要でない。なぜなら、「聖なる発出」は必ず「もっとも聖なる発出」を前提とし、後者があれば必ず前者があるからである。イブン・アラビーがこの二文で言わんとするのは次のことである。世界という鏡のなかに映し出された己れ自身を見るために神はマシーアをもったが、それは即ち、己れの属性が開示された形態を帯びた己れ自身を神が見ることを望んだことなのだと。

　「「存在」で性質づけられるがゆえに「包括して在る者」が」という語句は、「〈人間〉という縮図としての宇宙を創造することによって、絶対者は己れをいかにして見うるのか」という問いへの回答を与える。宇宙は「存在」をもつ。この「存在」は絶対的な〈存在〉そのものでなく、「相対的存在」（wujūd idāfī）、つまり、さまざまな仕方で、そしてさまざまな形態に限定され、境界づけられる「存在」である。だが、いかに限定され、境界づけられようとも、相対的存在は、結局のところ絶対的〈存在〉を直接反映する。それは、自己顕現するそれぞれの場に応じて限定され、個別化されながら「可能的」存在者のうちに顕現する絶対者そのものの姿である。イブン・アラビーお気に入りの比喩を用いて表現すれば、相対的存在は、さまざまな相対的限定という鏡のなかに映し出された絶対的〈存在〉である。

鏡のなかの像は対象そのものでは決してない。むしろ、それは対象を再現する。宇宙はこの意味において絶対者の「秘密（sirr）」を開示する。前掲引用文における「秘密」という語は、〈存在〉の隠された（つまり、絶対的に不可視の）深さを意味し、前に論じた、有名なハディースに見える「隠された宝」（kanz makhfī）という語句に相当する。

鏡の比喩を用いてイブン・アラビーは思想を展開し始める。彼はまず二種の像の見方を区別する。

> 何らかの在る者（being）が己れだけで〔己れ自身の〕像を見るのは、その存在者の鏡として機能する何か別のもののなかに、その在る者が己れ自身の像を見ることと違う。（一二頁／四八頁）

これら二種の像の見方のうち最初のものは、何らかの在る者が己れを己れ自身のなかに見ることによる。そして、絶対者が、この意味において、己れ自身の像《ヴィジョン》を見るのは言うまでもない。ここでは、絶対者はいかなる鏡も必要としない。絶対者とは「永遠の過去から己れひとりだけで全てを見てきた者」であり、絶対者自身の何ものも絶対者の内面への凝視から隠されていない。

だが、〈属性〉で性質づけられる〈本質〉という側面も絶対者にはある。〈属性〉は〔〈本質〉の外に〕外在して初めて実の在り方となるので、己れ自身を「他者」のうちに見る必要性が絶対者に生ずる。したがって、外在的な形態を帯びた己れ自身を神がそのなかに見るために「他のもの」が創造される。

己れ自身をそのなかに見るために神が創造した最初のものは、世界、ないし宇宙である。この特殊な文脈における世界を〈大人間〉（al-insān al-kabīr）、つまりマクロコスモスとイブン・アラビーは呼ぶ（一五頁／四九頁、一六〇頁／一一一頁）。〈大人間〉のもっとも著しい特徴は、そのなかにあるあらゆる個別的存在者のそれぞれが、神の或る特定の一側面（或る〈名〉）を、そしてその側面だけを再現することである。そのとき、全体は、確乎として境界づけられておらず、はっきりと分節されれてもいない。それぞれに独立した点がゆるやかに寄せ集められた集合体としてである。それはいわば、曇った鏡である。

これと対照的に、己れ自身を映し出されたものとして見るために神が創造する第二のもの、つまり〈人間〉はきれいに磨かれた曇りなき鏡である。その鏡はいかなる対象であれ、それをあるがままの姿で映し出す。いやむしろ、〈人間〉とは、宇宙と呼ばれるこの鏡を磨く行為そのもののことである。広大な宇宙全体に拡がり散じたそれぞれ独立したものやそうしたもののもつ固有性が、焦点が絞られるかのように〈人間〉のなかに収斂し、統一されゆく。複雑に絡み合った構成要素をもつ全宇宙の構造が、精密に組み立てられたミニアチュールとしての人間のなかに映し出される。〈人間〉がミクロコスモスであると言う意味はこれである。カーシャーニーの言うように、人間は〈小宇宙〉であり、宇宙は大人間である（『カーシャーニー注』アーダム章第一、一五頁）

神が己れ自身に向ける鏡の能力から見た、宇宙と人間の対比はイブン・アラビーによって次のように描かれる。

> 神は、己れが見える場（つまり、鏡）によって与えられる（特定の）形態で己れを己れ自身に見せる。もしこの特定の場がなければ、また神がそこにみずからを顕わさなければ決して現れることのなかった何かが、こうして神自身に立ち現れる。
>
> （〈人間〉の創造より前に）神は、形はもつが魂（rūḥ）をもたない曖昧模糊とした幻影がごときものの存在としてすでに全宇宙を在るに至らしめていた。それはあたかも磨かれざる鏡のようだった。……
>
> その状況がおのずから宇宙という鏡の研磨を要請した。そして、〈人間〉（Ādam. つまり〈人間〉の本来の在り方）が、その鏡を磨く行為そのもの（として）、また〔その鏡に映る〕像の精神〔rūḥ〕（として創造された）。（『叡智の台座』アーダム章第一、一二―一四頁／四八―四九頁）

「磨かれざる鏡」の存在論的意味はカーシャーニーによって次のように説明される。

〈人間〉、つまり〈ミクロコスモス〉が創造されるより前に、すでに宇宙《マクロコスモス》は、神名それぞれの要請にしたがって存在した。なぜなら、或る〈名〉はその本性により各々、その〈名〉の内容、つまり或る〈属性〉をともなった〈本質〉〔dhāt〕ないし、或る〈属性〉によって個別化された存在が実現することをそれぞれに求め、他方で、また別の〈名〉が、〔その〈属性〉とは〕別の〈属性〉によって個別化された存在を求めるからである。しかしながら、どの〈名〉も全ての〈属性〉が統一された存在を求めることはない。なぜなら、どの〈名〉も自らに全ての〈属性〉を包括する本質的純粋一性〔aḥadīyah〕をもたないからである。[4] したがって、存在の全ての側面を世界が一つで在ることを即して顕現せしめる包括的な場となるという固有性を宇宙はもたない。（『カーシャーニー注』一三頁）

宇宙が「磨かれざる鏡」であったというこの事実が、鏡を磨く者となることがすでに予定されていた〈人間〉の創造を要請する。

これは、〈人間〉の宇宙論的重要性を決定づける極めて重要な発言である。現代的な哲学思考に関連づけて解釈すれば、鏡を「磨く行為」ないし鏡の「磨かれた状態」（jalā'）に象徴されるのは〈人間〉の「意識」だと言えよう。〈人間〉より外の全ての存在者はそれぞれが絶対者の或る一つの側面を映し出すにすぎない。絶対者の〈意識〉そのものに対応する大きな全体をそれらの存在者たちが築きあげるのは、宇宙の形態にそれらが組み合わされるときだけである〔だが、それには〈人間〉の存在が不可欠である〕。この意味で、宇宙は確かに「一つ」であるが、〈意識〉を欠くがゆえに本来あるべき統一性をもたない。それに対して〈人間〉は、〈在る〉の世界に散らばった、神の自己顕現のあらゆる形態を統合するだけでなく、宇宙全体を意識しもする。だからこそ、絶対者の

〈純粋一性〉に対応する仕方で真の包括的な一性が〈人間〉により確立される。人間はこの意味で〈神の似姿〉である。そしてこの固有性ゆえに〈人間〉は以下に見るとおり、地上における神の「代理人」たりうる。
いま語られた、人間の一性と〈神の一性〉のあいだの対応に関してカーシャーニーは次の注を附す。

> 「神」の〈現前〉(ḥaḍrah. つまり、存在論的次元)は全ての神名を包括する。そのとき、神名は〈神の本質〉とのあいだに〔「神」の〈現前〉以外に〕何も媒介項をもたない。〈人間〉の存在論的次元も同じ仕方で神名を包括する。次のことを考えればこれを理解しうる。〈存在〉は、〈本質〉の包括的〈一性〉〔aḥadiyat jamʿ al-dhāt〕から〈神性〉の〈現前〉へと降り、その結果、それ〔存在〕がさまざまな形態に拡がり散じながら「可能者」の全ての段階に流れゆく。そしてついに〈人間〉にまで至ったときには、それはすでに全ての(存在論的)段階の色で染められている。
> 　こうして、〈本質〉と全ての神名を〈神性〉の〈現前〉が包括するのと同じように、〈人間〉は、必然性のもつさまざまな固有性と可能性のもつさまざまな固有性を包含する中間段階(barzakh)となる。(『カーシャーニー注』一四―一五頁)

　前に引いた『叡智の台座』の文章とカーシャーニーによるこの解説が、〈人間〉のもつ最大の重要性が「包括性」(jamʿīyah. 字義通りには「集まって在ること」)にあるのを明瞭にする。この問題を扱う前に我々は鏡の比喩をさらに詳細に分析せねばならない。

　鏡は対象を映し出す。鏡は対象をあるがままに映し出すこともあるが、多くの場合、対象は多少なりとも変化、変形を被って鏡に映し出される。

物体の磨きあげられた表面に現れた或るひとの像はまさにそのひと自身である。ただし、己れ自身の像をひとが見る場、ないし〈現前〉は、その当の〈現前〉の在り方〔ひとが絶対者に対峙する仕方〕に従って何がしかの変形を加えてそのひとに像を送り返す。[1]それは以下の例と同じことである。小さな鏡のなかでは大きなものが小さく現れ、長方形の鏡のなかでは長方形として、移動する鏡のなかでは移動するものとして現れる（例えば、流れる水）。

それゆえに、或る場合には、そのひとの倒立した像を鏡は送り返すが、それは何らか特定の〈現前〉の在り方がそうした倒立像を惹き起こすのである。また或る場合には現れた像が（それを見ているひと）そのものを、（例えば）像の左がそのひとの左に対面するといった仕方で送り返す。[2]だが通常の習慣上、鏡にそう見えるように、像の右がそのひとの左に対面するといった具合に与えることもある。「習慣破り」によってのみ像の右が例えばそのひとの右に対面する。（『叡智の台座』シース章第二、五〇―五一頁／六六―六七頁）

鏡が像を変形せしめる作用についてイブン・アラビーは別の箇所で次のように述べる。

鏡は、或る意味で、像に影響を与え、それと異なる意味では影響を与えない。鏡が影響を与えるというのは鏡が小ささ、大きさ、長さ、広さといったさまざまな形の違いをもって像を返すことにある。したがって、鏡は量に対して実際に影響を行使する。その影響は鏡に帰せられるべきである。しかし他方、鏡によって惹き起こされたこれらの違いは映し出される対象の量の違いに最終的には依存する（という意味では、鏡そのものは実際には何の影響も行使しない）。（イーサー章第一五、二八二頁／一八四頁）

全く同一の対象ですらさまざまな大きさの鏡のなかにさまざまな大きさの違いをもって映し出される。ここで、各個体が絶対者の鏡として絶対者を、そして絶対者だけを映し出すものの、さまざまな人間個体の能力により、個々の人間に映し出される像は異なるとの考え方がはっきりと示されるのを見据えねばならない。しかしながら、イブン・アラビーが附記するように、鏡である人間は「絶対者」の像に何ら実際に変形作用を及ぼさないと言わねばならない側面がある。映し出される像の変形が究極には絶対者そのものの内的変容に由来するからである。

他の被造物と異なり、人間は己れ自身のうちに神名全体をミニアチュールとして現実化せしめる。この意味で、人間はもともとの根源的一体性を保った神名を映し出すことのできる奇蹟の鏡である。だが他方で、人々が個々別々に考えられた場合には、宇宙的鏡を「磨く」仕方が互いに違う。もっとも高位の「知者」の場合にのみ、人類の意識はその曇りなき表面上に絶対者をあるがままに映しだす。

だが、こうした考察をすれば、次章の領域を侵すことになる。後戻りしてミクロコスモスとしての人間の本性についての議論をつづけねばならない。

二　人間の包括性

宇宙論的次元の〈人間〉がもつ「人間性」(insānīyah) の基底は「包括性」(jam'īyah) にあることは既に見た。宇宙に見い出される全ての属性をミクロコスモスとしての〈人間〉は己れ自身のなかに含みもつ。この意味で、絶対者はもっとも完全な仕方で〈人間〉に己れを顕す。そして、〈人間〉は絶対者のもっとも完全な自己顕現であるがゆえに完全人間である。

次に掲げる文章は、宇宙論的次元の完全人間をイブン・アラビーが説く極めて重要な箇所である。イブン・アラビーはこの箇所で預言者ムーサーの例を用いる。ムーサーは生まれたときに櫃《ひつ》に放り込まれ、ナイル河に投げ込まれた。[5] この物語の象徴的意味合いを解きほぐしながら、イブン・アラビーはそれを完全人間論へと展開する。

櫃に入れられ、大河に投げ込まれたムーサーの叡智に関して次のことを述べねばならない。櫃 (tābūt) は

（ひとの）「人間的側面」（nāsūt. つまり身体）を象徴し、「大河」（yamm）はひとが〔己れの〕身体を用いて獲得する知を象徴する。[3] この〈知〉は思考能力と感覚表象により獲得される。思考能力、感覚表象、および他のそれらに類似する人間霊魂の能力は、物理的身体が存在するときにだけ機能する。したがって、霊魂が身体のなかに現実化され、そして、身体を意のままに用いて支配するよう（神から）命ぜられるや否や、その目的を霊魂が達成するに必要な分だけの前記の能力を神が霊魂のなかに生起せしめる。それらの能力は、〈主〉の眼に見えない〈臨在〉（sakīnah）[4] を収めたこの「櫃」〔身体〕を支配するという目的を〈神の意志〉に従って達成せんがための道具である。

こうして、これらの能力を用いて（ムーサーは）あらゆる種類の知を獲得しうるよう、大河に投げ込まれた。そうすることで、（身体を）支配する精神（rūḥ）は「王」（つまり、人間の身体に対する至上の命令者）ではあるけれども、身体がなければ精神は身体を意のままに支配しえないことを（神は）ムーサーに理解せしめたのである。これらの能力を神が身体——象徴的、神秘的に「櫃」と神に呼ばれる「人間的側面」にそれら能力は存在する——に備えつけたのはこの理由による。

神による世界の支配についても全く同じことが当てはまる。それ（つまり世界）によって、あるいはそれの形相を用いることによってのみ、神は意のままに世界を支配するからである。[5]

（世界にある事物の間に一定のさまざまな必然的関係を確立することにより）神は世界のみによって世界を支配する。例えば、子が、父の生成せしめる行為に依存し、生成されたものが生成せしめるものに依存し、条件づけられたものが条件に依存し、結果が原因に依存し、結論が証拠に依存し、具体的存在者が己れの内的な実の在り方に依存する。これらはみな、神が事物を意のままに扱った結果、世界に帰属する。[6] したがって、神が世界を支配するのは世界のみによってであるのは明瞭である。

私が「あるいはそれの形相を用いることによって」と述べたのは、世界の形相を用いることによってとの意味においてである。「形相」（ṣūrah）という語で私が諒解するのは、神が己れ自身を名づけたあらゆる

〈もっとも美しい名〉と神が己れ自身を性質づけた至高の〈属性〉のことである。

　我々の知るに至った〈神の名〉の各々について、世界のなかにその意味内容が実現されるのを見ることができるし、その精神が世界で働くのを見い出すこともできる。世界の形相なしに神が世界を支配しないことがこれからもわかる。（『叡智の台座』ムーサー章第二五、三〇七頁／一九八―一九九頁）

　このように、絶対者による世界の支配（tadbīr）をイブン・アラビーは二種に分ける。(1)「世界による世界の支配」と(2)「世界の形相による世界の支配」がそれである。第一の支配は、子と父、結果と原因などの間にある必然的関係を用いて表現された。そこでは、世界のなかの事物を或る種の必然的関係のなかに置くことで、いわば、神は世界をして世界を支配せしめる。第二の支配はこれと全く違う。神が、神の〈名〉と〈属性〉、つまりさまざまな永遠の形相をして、つねに変化する世界の現象的形態を内側から支配せしめ、秩序立たしめる。[6]『叡智の台座』当該引用箇所の注においてカーシャーニーはこの点を見事に解明する。


　ここで「世界の形相」は感覚の対象となる個別的形態を言うのでない。そうであるなら、（第二の型の支配は）第一の型〔の支配〕に還元されてしまう。……

　実際にそれが意味するのは、思惟の対象となる、種としての世界の形相であり、これらは〈もっとも美しい名〉と、それらの本質、つまり至高なる〈属性〉に他ならない。

　世界にある（現れた象《かたち》としての）形態は〈名〉と〈属性〉が外に現れたものであり、後者〈名〉と〈属性〉こそが真の意味での世界の内面的形相である。感覚で捉えられた一切の事物は個別化された表層的な形態にすぎない。それらは、つねに変化する印影であり、事物の外的形状である。他方、（内面的形相）は恒常的でかつ永遠であって変化しない。前者は、移ろう形状、表層的な現象であり、後者は、前者の内面的意味たる精神（rūḥ）である。〈生きる者〉〈知る者〉〈意志をもつ者〉〈力をもつ者〉といった、神が己れをそう呼んだ名はすべて世界のなかにある。また神が己れをそう特徴づけた〈生命〉〈知〉〈意志〉〈力〉といった〈属性〉もまた世界のなかにある。このように神は世界の外側をその内側から支配する。（だから神が世界を支配する仕方には二種ある。）最初の支配は、世界のなかに現象した或るものから他のものに及ぼされる支配である。第二の支配は現象した個別的形態が種としての内面的形相によって支配されることである。ただし、両者とも世界による世界の支配である。（『カーシャーニー注』ムーサー章第二五、三〇七—三〇八頁）

イブン・アラビーはつづけて論ずる。

これゆえに、（「預言者」は）アーダムの創造について「まこと、神は、神の〈姿〉を象ってアーダムを創造した」と言った。アーダムは、本質〔dhāt〕、属性、行為といった、神という〈現前〉〔存在論的次元〕のもつ一切の構成要素を統べ合わせた規範〔barnāmij〕だからである。「神の姿」という表現はまさに〈神の現前〉そのものを言う。

このようにして、この貴い縮図（mukhtaṣar）たる（アーダムに象徴される）完全人間のなかに、すべての神名および、それらに加えてマクロコスモスのなかで完全人間の外側にあって完全人間から独立して存続する（かに表向きは見える）すべてのもの、そうした事物どもの本源的な在り方〔ḥaqā'iq〕を神は与えたのである。（『叡智の台座』ムーサー章第二五、三〇八頁／一九九頁）

〈人間〉の「包括性」のもつ意味内容をこの文章は説明する。四つの自然元素から鉱物、植物、さらには動物へと秩序づけられた、宇宙に存在する一切のものを完全人間が己れのなかに統合するのはすでに見た。だが、重要なのは、これら全てのものが個別具体的なさまざまな形態をもって〈人間〉のなかに存在するのでないことである。それらは、〈人間〉のなかに「本源的な在り方、実の在り方」(ḥaqā'iq) としてのみ、すなわち普遍性をもって存在する。個体どもの非物質的で本源的な在り方を統べ合わせるという意味で、〈人間〉が己れのうちに宇宙の全てのものを集め合わせる。この特別な意味においてのみ、完全人間はマクロコスモスの規範である。

こうして、神は〈人間〉を宇宙の〈精神〉(rūḥ) とし、〈人間〉の〈内面的〉形相が完全であるがゆえに、高きも低きも全てを〈人間〉に従わせた。

したがって、全宇宙のなかに「神を讃えないものはない」(クルアーン第一七章第四四節) のと同じく、〈人間〉の内面的形相が本質的に優れるので、〈人間〉に従わないものは宇宙にない。「したがって、神は天と地にあるもの全てを〈彼〉からのものとしてあなたがたに従わせた」(第四五章第一三節) との神の言葉はこれに言い及ぶ。

だから、宇宙のありとあらゆるものは〈人間〉の至高なる主権の許にある。だが、この事実は、知る者――そうした者は完全人間である(7)――は知るし、知らない者――そうした者は〈動物のごとき人間〉である――は知らない。

ムーサーが櫃に入れられ、その櫃が大河に投げ入れられた事実は外面的にムーサーの死を意味すると考えられるが、その内面を見ると [fī al-bāṭin]、彼は殺されるところを助けられたのである。なぜなら、結果、彼は一命を取り留めたからである。それはちょうど、霊魂が知によって生命を獲得し、無知の死から救われるのと同じことである。(ムーサー章第二五、三〇八頁／一九九頁)

ここまでに引いた長い文章は、宇宙論的次元における〈人間〉の完全さがもつ本来的性質を述べる。イブン・アラビーの見解では、〈人間〉の完全さと彼に割り当てられた高い位次(8)は、ミクロコスモスとしての人間のもつ性質、つまり人間の「包括性」にもとづく。そして、〈神の包括性〉を人間が忠実に反映し、実現せしめていることこそが人間の「包括性」である。

〈神の形相〉(9)に包み含まれる全ての〈名〉が〈人間〉の存在論的側面のうちにすでに顕現した。〈人間〉はこの（類《たぐい》の）存在を通じて（最高）段階の完全な包括性を獲得する。（『叡智の台座』アーダム章第一、一八頁／五〇頁）

〈神的包括性〉（al-jamʿīyah al-ilāhīyah）をイブン・アラビーは三つの要素に分け、次のように説明する。

〈神的包括性〉のなかに（我々は次のものを見分けることができる）。(1)（全ての神名を包む、至高の〈名〉たるアッラーで言い表される）神自身に帰さねばならない要素、(2)あらゆる実の在り方のなかで最高の〈実の在り方〉に帰されうるもの、(3)もっとも高きものからもっとも低きものまで世界のあらゆる受容体を秩序づける普遍的自然〔ṭabīʿah kullīyah〕によって〔これらの特徴づけの全てを担う〕この（人間の身体的な）構成のなかに要請されるものに帰されうる要素。（一五頁／四九頁）

これら三要素のなかの第一の要素が〈一性〉の神的側面である、つまり絶対性の状態にある〈神的本質〉でなく、「アッラー」という神名によって特徴づけられた〈神的本質〉であるのは明白である。第二の要素は、恒常原型が生起する存在論的地平、つまり、恒常原型を律し統一するもっとも高い位次の創造〈原理〉とみなされた神である。これが「あらゆる実の在り方のなかで最高の〈実の在り方〉」と言われるのは、この〈実の在り方〉を通じて世界のすべての「実の在り方」が現実化するからである。第三のもの、普遍的自然（ṭabīʿah kullīyah）は、神名のもつ、能動的で純粋に創造する者としての〈神的な実の在り方〉と、物理世界のもつ、根柢においては受動的で純粋に創造された者としての〈実の在り方〉の中間に配置される存在論的領域であり、双方の性質——一方が能動的・創造的、他方は受動的・被造的――を自らのうちに包み括る。

以上すべてのことからイブン・アラビーは次の結論に至る。

この〈在る者〉（つまり、「包括して在る者」）は〈人間〉とも、〈代理人〉（khalīfah）[10]とも呼ばれる。それが〈人間〉として（名づけられて）在るのは、その構造が包括的であり、一切の「実の在り方」を実際に含み込むからである。さらに（それが〈人間〉と呼ばれるに値するのは）彼と神との関係が、瞳（insān al-ʻayn）と、瞳によってものを見る眼と同じ関係にあるとともに、〈人間〉を通して被造物を見ることで神は慈しみを与えるからである。（一六―六七頁／四九―五〇頁）

宇宙論的次元の〈人間〉たる完全人間に完全な包括性が与えられる。そして、個別的にでなく、普遍的に、宇宙にある全ての存在者を自らに統合するこの「包括性」ゆえに、完全人間は己れ自身のなかに他のものにない二つの特徴をもつ。第一の特徴は、完全人間だけが真の意味でまた十全に神の完全な「僕《しもべ》」（ʻabd）たることにある。他の存在者はそれぞれが唯一つの神名を実現せしめるにすぎないがゆえに十全に神を映さない。したがって、それらは完全な「僕」でない。第二の特徴は、完全人間が或る意味でそのまま絶対者たることである。人間以外の存在者の場合には、絶対者はそれらの内的な実の在り方（ʻayn）であるとは言えるが、その関係を逆転せしめて、それらが絶対者の内的な実の在り方であるわけでない。それらは〈神そのもの〉の一部を実現するにすぎないからである。イブン・アラビーによる次の詩二連は〈人間〉のこれら二つの特徴を簡潔に言い表す（詩につづいてカーシャーニーの注釈を載せる）。

まさに、われらは真の僕なり、
まさに、神はわれらの主なり。

まさに、われらは神自身なり、
私は「人間」だと言うとき、これらがみな含意される。（イーサー章第一五、二一八頁／一四三頁）

語の精確な意味において、我々は「僕《しもべ》」である。なぜなら、あらゆる神名を伴った神が、我々を支配し、我々に関わる事柄を統括する〈主《あるじ》〉であり、〔そうした〈主〉に〕我々は本質的な僕性でもって、つまり「神」の存在論的次元に実現したもっとも包括的な〈一性〉（aḥadīyah jamʻīyah）をもって仕えるからである。これから見て、我々は他の在るものたちと違う。それらは或る側面のみにおいて神の僕であり、神もまた、或る特定の数の神名をもってそれらの主として在るからである。

完全人間は絶対者の内的な実の在り方である。完全人間が包括的一性をもって絶対者の〈形相〉のなかに現れるからである。それと反対に残りの事物は、絶対者がそれらの内的な実の在り方であるものの、それらが絶対者の内的な実の在り方となることはない。それらは神名のいくつかが顕現する場にすぎず、絶対者が本質的な〈姿〉で彼らのうちに己れを顕さないからである。

だが、完全人間、つまり「人間性」において完全な人間を表現しながら、私が〈人間〉と言うとき、それは絶対者が己れ自身を本質的な姿で顕して在る者だということを意味する。この意味において、〈人間〉は絶対者のまさに実相である。（『カーシャーニー注』イーサー章第一五、二一八頁）

イブン・アラビーはさらに〈人間〉の「包括性」を〈内面〉と〈外面〉の対立から考察する。〈内在者〉と〈外在者〉という神名の区別と精確に対応して、〈人間〉にも「内面」と「外面」の区別があり、〈人間〉はその両者をもって全宇宙を網羅する。

さらに、〈内在者〉としてあり、〈外在者〉としてあると神が自らを描写するのを知らねばならない。神はその二つの〈名〉に応じて、我々が己れ自身の「不可視」の要素で〈内在者〉を知覚し、「可感的」な要素で〈外在者〉を知覚できるよう、〈不可視〉の世界と感覚で経験される世界を創造した。（二六頁／五四頁）

このように、内側の世界と外側の世界という二つの世界を、神自身の〈内在的〉側面と〈外在的〉側面に対応させて創造し、〈人間〉に、また〈人間〉だけに、〈内面〉と〈外面〉を与えた。この点から見れば、〈人間〉だけが絶対者の真の似姿《イマーゴ》である。

アーダムの実の本性、つまり彼の外側の「姿（かたち）」とともにアーダムの精神（rūḥ）のまことの本性、つまり彼の内側の「姿（形相）」をいまや諒解したであろう。アーダムは（彼の内なる姿から見れば）絶対者であり、（外の姿から見れば）被造物である。また、アーダムの（存在論的）位次のもつ実の性質もあなたは知る。その性質が総べ合わせにあるがゆえに（神の）〈代理人〉に値するのである。（アーダム章第一、三一頁／五六頁）

アーダムの立場、つまりこの章で理解された完全人間の立場は、絶対者と被造物との「中間」に配置される。アーダムは本質的に両者を反映し、表象する。彼は二つの〈姿〉の「統合」（majmūʻ）である。アーダムの「外側」が創造された世界の形態とそれに含まれるさまざまな実の在り方を外に開示する。他方、彼の「内側」は絶対者の〈姿〉それ自体と絶対者の本質的神名を顕す。そしてこの「統合性」と完全な「包括性」ゆえに、アーダムの位次は天使の位次よりも高い。

したがって、〈神の姿〉のなかにあるすべての神名が〈人間〉の存在論的側面のなかに顕れる。この（類の）存在を通じて〈人間〉の存在論的側面が包括性の位次をもつ。

そして、神――高くあれ――が天使たちを駁するのに用いた手段がまさにこれであった（クルアーン第二章第三〇―三三節）。……（地上における神の）「代理人」の構成が意味することに天使たちは気づかなかったし、絶対者の〈現前〉において要求される「本質的僕性」[11]も知らなかった。誰も己れの本質が知ることを許すこと以外は絶対者について知りえず、アーダムの〈包括性〉を天使たちがもたなかったからである。彼らのなかに（顕現する）神名（が限定されて在ること）すらも天使たちは気づかなかった。だから、絶対者を彼らが讃え、神を聖なる者とするにしても、それは、たかだか（彼らがたまたま己れ自身のうちにもつ限定された神名）を用いてそうするにすぎない。彼らが知らない神名が神にあることにも気づかなかったので、己れの所有しない神名で神を讃えることも、アーダムと同じ仕方で神を聖なる者と讃えることもなかった。こうして、天使たちは完全に私がたった今述べたこと（つまり、天使たちの神名についての限られた知）に占領され、この（不十分な）状態によって管轄された。

（天使たちの）構成（が不十分だったが）ゆえに、（神がまさにアーダムを創造せんとするとき）彼らは「地上で悪事を働こうとする者を地上にお置きになるのか」（クルアーン第二章第三〇節）と言った。だが、「悪事」とは「（従順に恭しく神の言葉をいただかず、神に）議論をし掛ける」ことに他ならない。（彼らが敢えて神に疑問を投げかけた）彼らのその行為がまさにそれである。だから、彼らがアーダムについて言ったことはそのまま彼らが神に為したことである。このとき、この行為が天使たち自身の本性に即したものでなかったなら、アーダムについて（事の真相に）気づくことなく彼らが言ったようなことを言わなかったのは明らかである。天使たちが己れ自身のこと（つまり、彼ら自身の本質的な在り方）だけでも知っていたなら、（アーダムの真理を）知るに至ったであろう。そして、（その真理）だけでも知っていたら、そうした過ちを犯さなかったであろう。しかしながら、実際には、天使たちは（アーダムを）誹謗するに飽かず、彼らは神を讃え、聖なる者として在ると誇らしげに宣言した。[12]

だが、天使たちによっては再現されない神名をアーダムは己れのうちにもつ。当然のことながら、アーダムのように、そうした神名によって神を讃え、聖なる者とすることが天使たちにはできなかった。（アーダム章第一、一八―一九頁／五〇―五一頁）

クルアーンには「神はアーダムに全ての〈名〉を教えた」（第二章第三一節）とある。イブン・アラビーによると、〈人間〉が全ての神名を己れのうちに再現し、実現せしめるとの意味になる。反して、天使たちはそのなかのいくつかの〈名〉しか実現せしめない。だが、彼らはそれに気づかない。

神を讃えることについての人間と天使との違いをイブン・アラビーがここで論ずるのは、同じく「神を讃えず、崇拝しないものは（世界のなかに）いない。だが、おまえたちは彼らが神を讃えるのを理解しない」（第一七章第四四節）というクルアーンの章句を踏まえる。

イブン・アラビーによると、世界のなかの全てのものが神を讃えるとの文言は格別の意味をもつ。神は全てのもののなかに己れ自身を顕現させるが、それらそれぞれに固有の資格に応じて、それら自身により定められた限界の範囲内でそれは行われる。被造物の側から見れば、創造されたものは〈神の完全性〉(kamāl) をさまざまに限定された仕方で表現すると解釈しうる。それぞれが〈神の完全性〉をそれ特有の仕方で表現することをイブン・アラビーは「讃える」(tasbīḥ)「聖なる者とする」(taqdīs) という語のもとに理解する。

別様に表現すると、全てのものは、それらが世界のなかに存在する、まさにそのことによって神を「讃え、聖なる者とする」。だが、各々がそれ特有の仕方で存在するので、各々は他のものと違う仕方で神を讃え、聖なる者とする。ものが帰属する〈在る〉の次元が高ければ高いほど、「讃え、聖なるものとする」ことは大きく、強くなる。より高い位次にある者はより低い位次にある者より多くの〈名〉を実現せしめるからである。これに即せば、〈人間〉は、一切の神名、つまり神のあらゆる完全性 (kamālāt) の顕現する場であるので、世界のありとあらゆるもののうちのどれよりも高い位次を占める。

〈完全性〉(kamāl) が、一般に受け容れられている善悪の区別と本質的に無関係であることについて前に論じられたことを、これと連関せしめて思い起こさねばならない。イブン・アラビーの世界観では、人間社会で通常なされる善悪の区別は、慣習的、相対的、二次的性質にすぎない。第一次的に、存在そのものが〈完全性〉であって、あらゆる存在論的属性もまた〈完全性〉である。ちょうど（神への）「従順」が〈完全性〉であるように、「不従順」もまた〈完全性〉である。なぜなら後者は前者に劣らず存在論的属性、つまり〈在る〉の一形態だからである。「従順」が何らかの〈完全性〉であるとの事実は、倫理的に「善」であるということと本質的に連関しない。「従順」が〈完全性〉であるのは、それが〈慈しみあまねき者〉とか〈寛大な者〉といった神名の顕現する場であることに、「不従順」が〈完全性〉であるのは、〈執念深き者〉や〈批難する者〉といった神名の顕現する場であることに由来する。

もしこの基本的な存在論的事実を見失えば、イブン・アラビーがなぜ〈人間〉を天使たちよりも高い位次に配置せしめたのかを理解できない。イブン・アラビーの立場から見れば、天使の本性（tabī'ah）は「精神的」(rūḥīyah）であるにすぎない。他方、〈人間〉の本性は「精神的かつ肉体的」(rūḥīyah-badanīyah）なので、〈在る〉がもつ最高の位次から最低の位次までにあるあらゆる属性を〈人間〉は包み括る。この固有性ゆえに〈人間〉は天使に優る。(13)

〈在る〉の序列における最高の位次に〈人間〉が在ることについて、イブン・アラビーは、神がアーダムを己れの両掌で創造したとのクルアーンの描写に深い象徴的意味合いを見い出す。

アーダム（を創造する）ため神は両掌を合わせせた。神がそれを為したのはただアーダムに栄誉を与えんがためである。それゆえ、神はイブリース（Iblīs. サタン）に「私の両掌で創造されたものに何ゆえに跪拝するのを拒むか」（クルアーン第三八章第七五節）と言ったのだ。（両掌を合すること）は、アーダムが己れのうちに二つの「形態」――二つの形態とは世界の在り方と絶対者の在り方――を総べ合わせることを象徴するに他ならない。これら二つの形態が神の「両掌」である。

それに反して、イブリースは世界の一部にすぎず、この「包括性」はイブリースに与えられていない。
（二八頁／五五頁）

イブン・アラビーは『叡智の台座』の別の箇所で、神がアーダムを両掌で創造した、という考え方に立ち戻って言う。

神は両掌で〈人間〉の土を捏ねた。両掌は互いに向き合っていたが、（或る意味で）その両掌はともに右手であった（つまり、両者とも同程度に力をもち、慈悲深い）。いずれにせよ、二つの手の間に違いはあるものの、もし違いがあったとしてもその違いは二つが二、つまり二つの手であることにしかない。自然に働きかけるのは、それと相似するものだけであり、自然そのものは相対立する二項に分かれている。だから（神がアーダムを）両掌で（創造したと言われたのである）。

そして神はアーダムを両掌で創造したので、アーダムをバシャル（bashar）と名づけた。[14] 神は自身に帰属する両の手で直《じか》にアーダムに「触った」（mubāsharah）からである。「触る」という語はここで、〈神の現前〉にも適用しうる特殊な意味で用いられている。[15] 人間というこの種への特別な計らいを表現するために神は直に触ったのである。そして神はアーダムへの跪拝を拒んだ者（イブリース）に言った。「我れが両の手で創造した者への跪拝を拒んだのはなぜか。お前はお前と同じく自然元素から成る者を軽蔑して見下すのか。それともお前は実際にそうではないのに、元素から成る存在者（ʻunṣurī）よりも高い位次にあるとでも言うのか」と〔クルアーン第三八章第七六節〕。神が「高い位次にある者」（ʻālīn）という語で意味するのは、「自然」のなかにあるも、光り輝ける構造をもつがゆえに己れの本質によって「元素的」存在を超えた（精神的にある）者のことである。[16]

〈人間〉が「元素」から成る他の種よりも優るのはひとえに土（つまり、神の両掌で直に捏ねられた土）

からできたバシャル（bashar）だからである。したがって、神が両掌で触れることなく元素から造られたものよりも高い位次にある。

　大天使たちが人間という種より優ると聖典類に見えるにも拘わらず、〈人間〉は地の天使や天の天使よりも高い位次にあるのはこれに由来する。（イーサー章第一五、二二三―二二四頁／一四四―一四五頁）

もっとも完全に完全人間の「包括性」を表現した具体例として、イブン・アラビーはイブラーヒームを論ずる。イスラームにおいて、イブラーヒームは「神の親密な友」（khalīl Allāh）と一般に知られる。イブン・アラビーはこの語句を極めて象徴的な語句とみなす。だが、それと同時に、イブン・アラビーが彼の思考法に特徴的な、極めて特殊な意味でハリール（khalīl）という語を理解するのを思い起こさねばならない。

　ハリール・アッラーという語句に見えるハリールは、通常の理解によれば、「親密な友」[17]である。だが、イブン・アラビーは全く異なる語源にもとづいて語釈する。彼は「貫き流れる」「浸透する」を意味するタハッルル（takhallul）をこの語の語源とする。〔この解釈に拠れば〕完全人間とは、絶対者が彼を貫き、肉体の器官や能力に浸透することで神の属性や名のもつ完全性の全てが顕れた者である。

　〈在る〉がありとあらゆるものに貫き流れる（sarayān）という問題を我々はすでに論じた。今の目的にとって重要なのは、この〈在る〉のサラヤーン、あるいは〈在る〉の「浸透」が普遍的でありつつも、強度と深度において各々異なることである。〈在る〉のサラヤーンは完全人間で頂点に達する。〈在る〉、つまり絶対者すべての〈完全性〉は、〈人間〉を貫き流れ、〈人間〉の内面においても外面においても顕現する。イブラーヒームのもつハリールという称号はこのことを象徴する。イブン・アラビー自身がこれに関して次の説明を加える。


　（イブラーヒームが）ハリールと呼ばれるのは、〈神的本質〉のもつ全て（の性質）に彼が「浸透し」、己れのうちにそれらを含みもつからに他ならない。[18]……それは、色が色をもつ者に浸透し、属性（つまり色）

が実体のあらゆる部分に存在するのと同じである。その関係は、場所とその場所にあるものとの関係とは違う。むしろ（イブラーヒームがハリールと呼ばれるのは）絶対者が、イブラーヒームの姿をとった存在に「浸透する」からだと言うべきである。[19]（イブラーヒーム章第五、八七—八八頁／八〇頁）

イブン・アラビーはここで二種の「浸透」（takhallul）を区別する。(1)（イブラーヒームに象徴される）〈人間〉が能動的役割を担う場合の「浸透」。イブラーヒームが絶対者の姿のうちに現れる。(2)絶対者が能動的役割を担う場合。絶対者がイブラーヒームの姿のうちに現れる。いささか異なる視点からではあるものの、〈在る〉の授与の考え方を論じた際にこの区別をすでに説明した。今の文脈で特に重要なのは、第二の型《タイプ》の〈浸透〉において、絶対者が個別的姿のなかに己れを顕し、その〈存在〉が後者によって限定されることである。この場合、被造物としての属性が神に帰することになり、「欠点」を意味する属性すらも神に帰属することになる。

以上に述べたことは、どちらも神自らの言明に照らして正しい。それぞれが正当であり、その矩を決して超えない独自の領域をもつからである。

時々刻々と在る者に固有の属性を引き受けて、神が顕れるのを見たことがないか。[20]神は己れのことをそのように語った。神は欠点や非難されるべき性質といった属性までも引き受ける。

（他方）[21]徹頭徹尾絶対者のもつ全ての属性を引き受けて、被造物が現れるのを見たことがないか。それら全て（つまり、全ての〈絶対者の属性〉）が必然的にまた正当に被造物に帰属するのは、時々刻々と在る者の属性が必然的にまた正当に絶対者に帰属するのと同じことである。

全ての〈絶対者の属性〉が被造物にあると主張されるのは、被造物の本質的な実の在り方（haqīqah）が、己れの〈実の在り方〉をもって被造物の形態を帯びて顕れた絶対者に他ならないからである。そのとき、〈絶対者の属性〉は被造物の属性となる。同じく、時々刻々と在る者の全ての属性が絶対者にあると正当に主張されるのは、時々刻々と在る者の属性が絶対者の状態や在り方だからである。もし、時々刻々と在る者たちの存在自体が、それらに顕現した絶対者の〈存在〉であるなら、なおさらそのことは時々刻々と在る者たちの属性にも当てはまるはずである（『カーシャーニー注』イブラーヒーム章第五、八八頁）。

「浸透」という現象の構造に関して、イブン・アラビーは次の説明を加える。

知れ。何かが何かに「浸透する」(takhallala) ときには、前者が後者のなかに必ず含まれる。浸透するものは浸透されるものによって覆われるので、受動的なもの（つまり、浸透されるもの）は「外面」となり、能動的なもの（つまり、浸透するもの）は眼に見えない「内面」となる。したがって、それ（つまり、浸透するもの）は他方（つまり、浸透されるもの）の食物である。それは、水が羊毛に浸透すると、羊毛をより大きく、かさばらせるのに似る。

「外面」の役割を神が担うときは、被造物は神のうちに隠され、そして全てが神名、つまり神の聴覚、神の視覚になり、神のもつ関係や知覚となる。だが、「外面」の役割を被造物が担うときは、神が被造物のなかに隠され、被造物の「内面」となる。（この場合）神が、被造物の聴覚、視覚、手足、能力となる。（『叡智の台座』イブラーヒーム章第五、八九頁／八一頁）

このようにして、存在論的「浸透」は絶対者と世界のあいだで完全に双方向的となる。完全人間はこの双方向的〈浸透〉をもっとも完全に体現する。イブラーヒームはこの現象の典型例である。

三　神の代理人

完全人間は地上における、あるいは〈在る〉の世界における神の〈代理人〉(khalīfah) である。前に議論のついでにこの概念に触れたことがある。本節ではこの問題をより詳細に、そしてより集中的に論ずることにする。その「包括性」ゆえに完全人間は神の〈代理人〉という称号をもつ。一度ならず述べたこの考え方は代理という概念を分析するに都合のよい出発点を与えてくれる。

世界のなかで〈人間〉だけが「包括性」(jamʻīyah) という特性をもつと述べたあとにイブン・アラビーは議論を継ぐ。

イブリース（サタン）はこうした「包括性」をもたない世界の一部に過ぎない。他方、この「包括性」をもつがゆえにアーダムは「代理人」であった。もし、ものたち（つまり世界と世界にあるあらゆるもの）を養育するため、己れの代わりにアーダムを神の「代理人」として指名した神、その神の〈姿〉を帯びてアーダムが現れなければ、アーダムは神の「代理人」でなかったであろう。[22] 他方、もし、アーダムが、己れ自身のうちに世界の全てのもの、および君主としての力を行使するよう命じられた、その当の民から求められる全てをもつのでなければ、（神の「代理人」でなかったであろう）。民は〔君主としての〕アーダムに忠誠を尽くすがゆえに、アーダムは民の全ての要求を実現するよう期待されるからである。さもなければ、（「王」の地位に居て）臣民を支配する「代理人」でなかったであろう。

完全人間だけが「代理人」たるに値する。神は、世界にある全ての実の在り方と全ての形態から、完全人間の「外側」の形態を創造し、[23] 神自身の姿を範として「内側」の形態を創造したからである。[24] だから神は（ハディースのなかで）「私は彼の聴覚であり、彼の視覚である」と言った。ただし、神が「私は彼の眼であり、耳である」と言わなかったことを特筆せねばならない。神はその言明で二つの形態（つまり外側の形態と内側の形態）を区別しているのだ。

同じことは、それぞれの実の在り方が要請する程度に応じて世界に存在するあらゆるものに当てはまる（つまり、神がアーダムの姿を帯びてアーダムに顕れるように、あらゆるものにそれ特有の形態を帯びて神は顕れる）。しかしながら、世界のなかの何ものも「代理人」の所有する「包括性」をもたない。「代理人」がその〈代理性〉を獲得したのは、彼が「包括性」をもつことのみに由来するのが実情である。（『叡智の台座』アーダム章第一、二八―二九頁／五五頁）

〈人間〉が「代理人」たるのは〈人間〉の構造が「包括性」をもつことにもとづくとの問題を、イブン・アラビーは別の文章でやや違った角度から再度考察する。

（完全人間は、肉体に関しては）時間のなかに創造された〈人間〉なのだが、永遠の（つまり、彼の精神に関しては時間のなかに生成したのでない）〈人間〉であり、永遠に成長する者であり、（可能と必然を）区別しながら（両者を）包み括る〈言葉〉である。宇宙が完成するのは完全人間が生じたときである。完全人間と宇宙との関係は、印章の台座〔fass〕と印章〔khātim〕そのものとの関係に似る。完全人間は、王が己れの宝庫を封緘《ふうかん》するのに用いる印形が捺印される場所（封緘紙）（に比しうる）。

これが、神が完全人間を「代理人」と呼んだ理由である。[25]（王の）宝庫が封緘によって守護されるように、神の被造物の守護者として完全人間が機能するからである。王の封緘紙がそれらに張られる限り、誰も王の許しなしにそれらを開けようとしない。

神は完全人間を宇宙を守護する「代理人」として指名した。宇宙のなかに完全人間がいる限り、宇宙は護られつづける。

完全人間が（現在の世界、現世）を出て、宝庫の封緘が解かれたなら、神が世界に貯めておいたものは世界のなかにもはやなくなり、そのなかにあったものは全て〔世界の〕外に出て、互いに混じり合い、全てのものが来世に移されてしまうとお前は聞いたことがないか。（来世では）彼（つまり、完全人間）が再び来世の宝庫に捺される封緘となり、そこで永遠に封緘でありつづけるだろう。（一七一一八頁／五〇頁）

〈在る〉の全世界、言い換えると宇宙は、神の、また神だけの「宝庫」である。そして〈人間〉は宝庫番として神自身が任じた管理人（wakīl）である。これが宇宙秩序内での〈人間〉の地位を言う唯一正しい考え方だが、イブン・アラビーによるとそれは、「ムハンマドの民」に特有の考え方である。

その民をタンズィーフ（tanzīh）だけに向かわせたヌーフ〔ノア〕と違い、ムハンマドはその民をタンズィーフとタシュビーフ（tashbīh）の双方に向かわせた（本書第一部第四章参照）。ムハンマドがタンズィーフに向かわせたのは、全宇宙が神の、神だけの所有物だからである。また、ムハンマドが、創造された世界がもつ人格的側面を強く主張してタシュビーフに向かわせるのは、神自身が己れの所有物の管理を神の「代理人」である〈人間〉に委ねたからである。〈人間〉は「宝庫」の真の所有者でなく、「管理人」の位次にある（シース章第二、五三頁／七一頁参照）。そして、〈人間〉がこの高い位次を占めるのは、〈人間〉が、〈存る〉の全世界のなかで絶対者のもつ全ての名と属性の顕現した唯一の存在者だからである。

四　ムハンマドの実の在り方

「ムハンマドの実の在り方」（ḥaqīqat Muḥammad ないし al-ḥaqīqah al-muḥammadīyah）はイブン・アラビー哲学においてもっとも重要な概念の一つである。だが、この概念はアフィーフィーの『イブン・アラビーの神秘哲学』ですでにイブン・アラビーによるロゴスの教義として詳細に論じられたので、[26] ここでは完全人間を巡る問題の一側面としてそれを論じるにとどめたい。

全ての預言者は、イブン・アラビーの見解によれば、完全人間の概念が具現した人間である。だが、イスラームの預言者ムハンマドは預言者たちのなかで極めて特殊な場を占める。人類の歴史における或る特定の時期にアラブ人たちへの神の使徒という権限をもって、預言者個体として現れるより前にすでに宇宙論的に在る者であったことが、ムハンマドに関して取り分けて重要である。よく知られたハディースをイブン・アラビーはその根拠とする。そのハディースにおいて、ムハンマドは己れを宇宙論的性質をもって在る者と描く。「アーダムが水と土のあいだにあったとき、私はすでに預言者であった[27]」と。

存在論的に、永遠の過去から存在する、宇宙論的に在る者としてのムハンマドは、恒常原型〔aʻyān thābitah〕の次元に対応、ないしその次元を代表する。恒常原型の次元とは、「存在者でも、非存在者でもない」〈在る〉の次元であり、絶対的絶対者と、絶対者の外側への自己顕現としての世界との中間に配置される段階（barzakh）である。この中間段階は、〈神的意識〉に同定される限り神的であるが、それと同時に、創造された世界と関連づけられる限りで初めて意味をもつことを見れば、本質的に被造物的ないし人間的である。後者の側面から見た、つまり人間の側から見られた中間の段階が〈ムハンマドの実の在り方〉である。そして、そうした中間段階は宇宙論的次元における完全人間でもある。

以上のように諒解するなら、〈ムハンマドの実の在り方〉は恒常原型と厳密には同じものでない。むしろ、あらゆる原型を統べ合わせる原理であり、さまざまな原型がその存在の根拠とする能動的原理である。絶対者から見られた場合、〈ムハンマドの実の在り方〉は絶対者の創造的働き、言い換えると「宇宙が己れを開示する原理と捉えられた神」（アフィーフィー『イブン・アラビーの神秘哲学』六九頁）の創造的働きそのものである。したがって、永遠なる自己顕現の最初の段階にある絶対者、宇宙の〈意識〉としての絶対者である。

〈ムハンマドの実の在り方〉は存在論的に、「さまざまな実の在り方のなかの〈実の在り方〉」（ḥaqīqat al-ḥaqāʼiq）

とも呼ばれる。「さまざまな実の在り方のなかの〈実の在り方〉」は究極に絶対者であるが、原初の絶対性状態の絶対者でない。それは絶対者が己れを開示し始める、まさにその最初の形態である。そしてこの〈神の意識〉はもっとも忠実に完全人間の自己意識に反映される。この意味で、完全人間は神の意識が外側に顕現したものである。したがって、宇宙論次元における預言者ムハンマドはほぼ精確にプロティノス流の第一知性と一致する。

宇宙論的次元における完全人間としてのムハンマドは、絶対者の最初の自己限定作用（taʿayyun）である。神学的に言えば、それは神の最初の「被造物」である。

「神の創造したまいし最初のものは我が光である」というハディースを拠りどころとし、イブン・アラビーは〈ムハンマドの実の在り方〉を「ムハンマドの光」（al-nūr al-muḥammadī）とも呼ぶ。全ての被造物が存在に至るより前にこの〈光〉はすでに存在した。この意味で、この〈光〉は「（無始の）永遠」（qadīm）であり、「一時的でない」（ghayr ḥādith）。この永遠の〈光〉はアーダム、ヌーフ、イブラーヒーム、ムーサー、イーサー（ʿĪsā．イエス）などの後続する預言者たちに顕現しつづけ、ついには最後の歴史的顕現、預言者ムハンマドに達する。

神が何ものよりも前に創造し、さらにそこから一切を創造したものが〈光〉であったので、〈光〉こそが世界創造の根幹であった。世界創造の根幹が〈光〉であったのは、〈光〉が第一知性、つまり〈神の意識〉に他ならなかったからである。〈神的意識〉によって神は己れを己れに〈絶対一性〉の状態で顕現させる。そして〈光〉はその人格的側面において〈ムハンマドの実の在り方〉であった。

ムハンマドが絶対者の最初の自己規定であり、したがってもっとも包括的で、もっとも高い位次にあることをカーシャーニーは次のように書く。

> （ムハンマドは）〈純粋一性〉の次元にある〈本質〉が己れを限定する際の最初の自己限定作用であり、他の一切の自己限定作用に先立ってあった。だから、無限にある全ての自己限定作用はムハンマドを通じて行われた。すでに述べたように、（絶対者の）あらゆる自己限定作用は類、種、種類、個体の秩序のもと、垂

直軸上に並べられ、（ムハンマドは）己れのうちにこれら全ての自己限定作用を漏らさず含み込む。この意味で、ムハンマドは〈在る〉の全世界のなかで単一にして独りなる者〔wāhid fard〕である。また、何ものもムハンマドに比肩しえない。何ものも前記の秩序のなかでムハンマドと同等の位次にないからである。事実、ムハンマドより上には〈絶対一性〉の次元にある〈本質〉しかない。そうした〈本質〉は、属性であれ、名であれ、思い描き〔rasm〕であれ、定義〔ḥadd〕であれ、特徴づけ〔na't〕であれ、一切の自己限定作用を超越して在る。（『カーシャーニー注』ハーリド章第二六、三二六頁）

もしこれが正しいのであれば、ロゴスとしてのムハンマドは人間という種のなかでもっとも完全な仕方であることは明白であろう。

ムハンマドは人類でもっとも完全な在り方である。それゆえ、創造の全過程はムハンマドに始まり、ムハンマドに終わる〔文字通りには、封じられる〕。「アーダムが水と土のあいだにあったとき、すでにムハンマドは（宇宙のロゴスとして）預言者であった」が、後に（つまり、歴史的時間における）ムハンマドは元素が結合することで（つまり、身体の形態で）生まれ、預言者たちの最後〔を封ずる〕封緘となった。……（個体としての）ムハンマドは彼の〈主〉のもっとも強力な証しであった。（〈主〉がアーダムに教えた、世界にあるあらゆるものの）名の意味内容である「ロゴス」（kalim）の一切がムハンマドに与えられていたからである（クルアーン第二章第三一節への言及）。（三二六―三二七頁／二二四頁）

この節ですでに触れたように、絶対者の最初の被造物としてのムハンマドがプロティノスの〈第一知性〉と対応するのは明瞭である。プロティノスによると〈第一知性〉は絶対的〈一者〉からの「最初の流出」である。この点から見た場合のムハンマドは、イブン・アラビーによって「ムハンマドの精神」（al-rūḥ al-muḥammadī）と呼ばれる。

プロティノスの世界観では、〈一者〉からの最初の流出である〈ヌース〉には二面がある。(1) 流出するもとにあるものと連関されれば「受動的」であり、(2) 流出しゆく先にあるものと連関されれば「能動的」である。〈在る〉のより高い次元に対しては「受動」であり、より低い次元に対しては「能動」である。

イブン・アラビー哲学固有の文脈では、このプロティノス的な「受動」(infi'āl) が「僕として在ること」('ubūdīyah) に、「能動」(fi'l) は「主として在ること」(rubūbīyah) に置き換わる。したがって、己れ自身が現れる源である創造者との連関において〈ムハンマドの精神〉は「受動性」、つまり「僕として在ること」の立場にある。他方、世界との連関においては、徹頭徹尾「能動性」を露わにし、まさに創造の第一原理であるものとして振舞う。イブン・アラビーはこの事態を神話創作風に説明する。

> ムハンマド（つまり、「ムハンマドの精神」）はもともと「僕」として創造された。だから主たらんとして頭を上げることはない。それどころか、つねに跪拝しつづけ、「受動者」たる状態を決して超えようとしない。だが、神がムハンマドから被造物をひとたび造ったならば、神は（神の）息からなる世界に対する「能動」という位次をムハンマドに与える。（ムハンマド章第二七、三三八頁／二二〇頁）

この見方においてムハンマドは完全な「中間的本性」(barzakhīyah) を露わにする。絶対者に対してムハンマドは「僕」であり「受動者」であるが、世界に対しては「主」であり「能動者」である。

五　完全人間と神

己れを開示するという側面から絶対者を見れば、その自己開示は完全人間において完全となる。絶対者は完全人間のうちに己れをもっとも完全なかたちで顕現させ、これよりも完全な自己顕現はありえない。これから見れば、完全人間は、被造物として在りながら、そのまま絶対者である。〈人間〉は絶対者であるとイブン・アラビーが言うときに何を意味するかを我々はすでに知っている。〈人間〉が絶対者であるのは〈人間〉が本質的な「包括性」をもつことに由来する。言い換えると、イブン・アラビーの言うように、能動的であれ、受動的であれ、神のもつあらゆる属性を人類たるアーダムのなかに神が据え置いたからである。「アーダムの土を捏ねるために」神は両の掌を合わせ、アーダムをアーダム固有の仕方で創造したと述べたあとに、イブン・アラビーはつづけて言う。

> その後（つまり、アダムを創造したあとで）アーダムのなかに据えた全てのものをアーダムに見せ、そして両の掌のなかにその全てを——一つの掌には宇宙を、他方の掌にはアーダムとその子孫を——握り込んだ。
> （アーダム章第一、三二頁／五六頁）

この文章をカーシャーニーは次のように順を追って説明する。

> この文章は、すでに神がアーダムのなかに据えた神の秘密（つまり、すべてを包み括るアッラーという〈名〉に対応する存在論的次元に現実化している不可視の複数の実の在り方）を〈実際に在る人間〉（al-insān al-ḥaqīqī）[7]に神が見せたことを意味する。次に、すでに創造したもの全てとアーダムのなかに据えたもの全てをまとめて両の掌に握り込んだ。[8]より強い掌である右の掌にはアーダムとその子孫の実の在り方、つまり、より高い精神世界に属する能動的な〈属性〉と能動的な〈名〉を握り、弱い方の左の掌には世界の姿、つまり、物質世界に帰属する、神の受動的（文字通りには受容的）〈属性〉と（受動的）〈神名〉を握り込んだ。（右手と左手を強弱で区別することに本質的な意味はない。なぜなら）〈慈しみあまねき者〉の両の掌は本

当はともに右の掌だからである。（したがって、二種の〈属性〉のあいだに位次の違いという意味での区別が実際にあるわけでない。）なぜなら、受け容れる能力について言われる「受容性」（qābilīyah）は、「働きかける」能力について言われる「能動性」（fāʿilīyah）に劣らず完全であって、前者はいかなる仕方においても後者に劣らないからである。（『カーシャーニー注』アーダム章第一、三二頁）

神がこのように一切を備えつけた〈人間〉は神の完全なる像なので、〈人間〉について述語となるものは、少なくとも或る意味で、みな神にも述語づけられる。これが「〈人間〉は絶対者である」というテーゼの意味である。

それでは、ミクロコスモスとしての〈人間〉、つまり完全人間と絶対者とのあいだに全く違いがないのだろうか。無論、かなり本質的な違いがある。その違いは存在の「必然性」（wujūb）に見い出される。

次のことを知るがよい。すでに述べたように、一時的にあるすべての事物は神の〈姿〉を帯びて現れるのであるから、我々が神を知ろうとする場合には一時的事物を注意深く調べればよいよう神が計らったことは明白である。（クルアーン第四一章第五三節において）一時的事物のうちに神の徴を我々に見せたと神自身が我々に告げる。[28]［神の徴がそうした仕方で示され、我々自身が一時的事物に含まれるがゆえに］我々自身の様態から神の様態を推して知ることができる。また、どんな性質で神を思い描こうとも、我々自身がまさにその性質である。だが、ただ一つの例外は神だけがもつ「本質的必然性」（wujūb dhātī）である。

こうした仕方で［つまり、我々自身の性質から］我々自身によって我々は神を知るに至るので、我々が己れに帰属せしめるすべての性質を神に帰属せしめるのも当然である。神自身が解釈者たち（つまり、預言者たち）の舌を通して語った内容によってそのことが確証される。事実、神は我々［の性質］を用いて己れ自身を我々に描き出した。したがって、我々が（何らかの属性を介して）神を見るとき、我々は（同じ属性を介して）我々自身を見るのである。また神が我々を見るときには神は己れ自身を見る。我々が個体や種として多であることを誰も疑わない。確かに、我々を結びつけるただ一つの「実の在り方」〔つまり〈本質〉〕を我々は共通にもつ。だが、個体それぞれを互いに区別する差異があることを我々ははっきりと知っている。もしこの差異がなければ、一でありながら多であるといった事態は消えて失われることになろう。それと同じく、己れ自身を特徴づけるのと全く同じ仕方で神は我々を特徴づけるものの、（我々と神とのあいだに）区別は厳然とある。我々は可能的な存在であるから、存在に関して（神を）必要とし、我々の存在は神に依存する。対して神にはこのような必要が絶対にない。我々と神とのあいだの区別はそこにある。（『叡智の台座』アーダム章第一、二四頁／五三―五四頁）

したがって、絶対者と被造物は或る面で同じであるものの、基本的な差異が両者を隔てる。それは絶対者にのみ固有の「存在必然性」（wujūb al-wujūd）である。そして、その「必然性」を有するがゆえに絶対者はそれ以外の何ものも共有しないいくつかの〈属性〉をもつ。例えば〈永遠〉（「無始の永遠」と「無終の永遠」）がそうした属性である。

この相違は、哲学的には神と被造物とのあいだにある唯一つの実際の相違であるにすぎないものの、本質的かつ基本的であると述べておかねばならない。それが本質的な相違であるがゆえに、神に対する〈人間〉の立場を決定的な仕方でその相違が定める。確かに、〈在る〉の世界において〈人間〉は何よりも高い位次にあるので、何らかの存在論的「高さ」（ʿulūw）が〈人間〉に帰される。だが、その「高さ」は絶対者の「高さ」とは違う。絶対者の「高さ」と違い、〈人間〉の「高さ」は単に「附随的」（bi-al-tabʿīyah）、「第二次的」なものにすぎず、「本質的」（dhātī）でない。[9]

クルアーン第四七章第三五節で神はムハンマドに従う者たちに言う。「お前たちはもっとも高き者である。神もまたお前たちとともにその高さにある」[29]と。イブン・アラビーは、神と〈人間〉が同じ「高さ」をもつとの意味をこの章句はもつように思われるかもしれないが、その解釈は全くの誤りであると言う。神と〈人間〉が同じ「高さ」にあることを神はきっぱりと否定するからである。

〈人間〉が或る意味で「もっとも高き者」であり、語が通常に使用される際の意味内容からすれば神と「高さ」を共有するにしても、神に適用されるときと〈人間〉に適用されるときとでは「高さ」の実際の内容が違ってくる。逍遥学派に属する哲学者であれば、事態を単純化して、「もっとも高き者」(a'lā)という語がここでは「先立つ者と後に来る者に応じて」(secundum prius et posterius) 使用されていると言うであろう。この逍遥学派風の先後の区別がカーシャーニーが次の文章で言わんとする内容であるのは明瞭である。

> 「もっとも高き者であること」を(我々と)共有すると神が己れ自身についてはっきりと言うので、(神と)同じ高い位次を〈人間〉が共有すると誤解せしめるかもしれない。だから「もっとも高き者という神の名を讃えよ」(クルアーン第八七章第一節)と言って、神と〈人間〉の位次が同じだと主張される可能性を神は排除した。事実としては、絶対的で本質的な「高さ」は神に、そして神だけに帰属する。絶対的な意味で、またその本質上、神はもっとも高き者なのであって、神以外の何かとの関係でそうなのではない。したがって、あらゆる「高さ」は神だけに帰属する。そして神の「高さ」が帰属するありとあらゆるもの(つまり、「高い」と言われる一切のもの)は、「高き者」('aliy)という神の名を通じて神が己れ自身を顕現させる、その度合いに応じて「高い」。
>
> 何ものも「高さ」の根拠として在ることを神と共有しない。神は相対的な「高さ」をもたず、むしろ神以外の一切は、「高い」という神名を通じて「高く」なるのである。(『カーシャーニー注』イドリース章第四、七五—七六頁)

イブン・アラビーは、〔カーシャーニーの述べる理由に加えて〕〈人間〉の「高さ」が非本質的性格しかもたないことをさらに強く主張して、〈人間〉、つまり完全人間はありとあらゆる者のなかでもっとも高き者であるが、その「高さ」はそのまま〈人間〉自身に帰属するのでなく、むしろ〈人間〉に割り当てられた「場」[30]に帰属すると言う。高いのは、〈人間〉自身よりもむしろ〈人間〉が占める「場」である。だから神は「われは彼〔イドリース〕を高い場所に掲げ置いた」（第一九章第五七節）と言ったのである。この章句において形容詞（ʿalīy.「高い」）が〈人間〉でなく、「場所」（makān）を修飾するのに注視せねばならない。同じく、〈人間〉が地上で神の「代理人」として在るのは場や位次の「高さ」なのであって、〈人間〉の本質的な「高さ」ではない。

　ここまで、ひとの「高さ」はひとの本質的性質でないというイブン・アラビーのテーゼの解明に努めてきた。だが、ひとのもつ「高さ」がどのような性質をもつのであれ、〈人間〉が「高き者」であって、ありとあらゆる者のなかで「もっとも高き者」であるのは確かである。ここで〈人間〉に関わる全くの逆説的な事実をイブン・アラビーは指摘する。〈人間〉を理想的な状態で思い描くなら、確かにありとあらゆる者のなかでもっとも高き者である。だが、いったん人間存在が現実に置かれる状況に眼を披くなら、〈人間〉は「高き者」とか「もっとも高き者」とかと言うに遠く及ばず、〈在る〉の全世界のなかで「もっとも低き者」であるという奇妙な事実に気づく。無論、そう考えるときには、極めて特殊な見方を採用している。だが、少なくともこの特定の視点から見れば、価値の序列が完全に逆転する。この新たな体系内では、無生物が最高の位次に配置され、次に植物、動物がつづき、最低の位次に人類が位置づけられる。

　しばしば、〈理性〉（ʿaql）をもつがゆえに〈人間〉はもっとも高く在る者だとみなされる。だが、実のところ、〈人間〉に特有のこの〈理性〉がひとの周りに不透明な覆い《ヴェール》を張りめぐらせて、この不透明な覆いが「自我」に発展しゆく。そして、こうして作り出された「自我」が絶対者をありのままに知ることから〈人間〉を妨げる。〈人間〉が〈理性〉をもつ。まさにそのことによって〈人間〉は「絶対者を逆さに映しだす鏡」たらざるをえないのである。

鉱物よりも高き被造物はない、鉱物につづくは
　さまざまな程度と位次をもった植物
植物につづくは感覚をもつもの（つまり、動物）、これら（在る者の三つのクラス）は各々知る
　ありのままの直観（kashf）と媒介なき明証知で己れの創造主を
だが、アーダムと呼ばれる者（つまり、〈人間〉）は繋ぎとめられる
〈理性〉と思考という枷によって、信仰という首輪によって。（イスハーク章第六、一〇一頁／八五頁）[31]

無生物、つまり「鉱物」は自我をもたない。だからそれらは絶対的また無条件的に神の命令に従う。それらの「僕《しもべ》として在ること」（ʻubūdiyah）はこの意味において完全である。それらは彼らに対する神の活動に生身のまま晒され、神とのあいだにいかなる覆いもない。これから見て、鉱物は〈在る〉の序列においてもっとも高い位次を占める。

第二の位次は植物に与えられる。それらは生長し、養分を摂取し、繁殖する。その限りにおいてそれらは自律的に活動する。そして、その分だけ鉱物より絶対者から離されて在る。

第三の位次は動物が占める。それらは感覚をもち、意志的に活動する。感覚と意志は或る程度の「自我」を予想せしめるが、動物の「自我」は〈人間〉ほど強くない。

鉱物、植物、動物の三者は、〈理性〉をもたないので、ありのままの「開示」あるいは無媒介の明証知によって神を知る。反して、〈人間〉は〈理性〉をもち、その〈理性〉が〈人間〉の自我を最大限に育み、その結果、己れの自我によって覆われてしまう。

「僕として在ること」の理想状態から見れば、〈人間〉は〈在る〉の階梯におけるもっとも低い位次に配置され

る。その階梯を昇りゆこうとすれば、まず己れ自身から〈理性〉――だが、その〈理性〉こそが逆説的に人間をまさに人間たらしめるものである――を去らせ、〈理性〉に由来する一切の性質を無化せねばならない。それに成功したときにのみ、〈人間〉は動物の位次に昇る。その次に植物の位次に昇り、ついには鉱物の位次に昇らねばならない。こうして初めて彼は自らが〈在る〉の全階梯の最高位にあることを見い出す。もはやそこでは〈理性〉の影すら残されないだろうし、絶対者の〈光〉がもともとの輝きのまま、いささかの翳りも見せず、そのひとを照らし出すであろう。

これまでに重ねてきた考察から、イデアとしての〈人間〉がそれ自体のみで「完全」であり、もっとも高い位次を占めること、にも拘わらず、実際に生きている状況においては、己れの理想的状態の完全な実現化からひとが遠く離れて在ることに気づかされる。実際の〈人間〉のなかに〈人間〉の理想状態が完全に実現するとの仮定に立脚する哲学的人間論の視点を採用した場合に限ってではあるが、〈人間〉が世界のなかでもっとも高く在る者だと主張しうる。しかしながら、現実の〈人間〉は〈理性〉を最大限に所有し、何かを理解しようとするならばどこででも〈理性〉を振り回すような、〈理性〉に依拠して在る者であって、己れの〈理性〉を振り回すような者は〈在る〉の神秘に分け入ることはできない。

だが、以上のように思索を進めるうちに、〈人間〉についての議論を始めた領域から遠く離れたところに我々がすでにいることに気づく。宇宙論的次元と個体の次元という全く異なる二つの次元で〈人間〉を考察しうるという基本的な主張から議論を始めた。この章の目的は、ミクロコスモスとしての〈人間〉、宇宙論的次元での〈人間〉という概念を明瞭にすることであった。その次元では、〈人間〉は確かにありとあらゆるもののなかでもっとも高く在る者である。だが、この章の最後で個体の次元における〈人間〉という概念へと我々は移り降りてきた。この後者の次元においては、或る意味で、動物・植物・鉱物よりも〈人間〉が低く在ることを学んだ。すべてのひとがでなく、極めて少数の特別なひとだけがこの次元で「完全人間」と呼ばれるに値する。彼らが「完全」であるのは、自己滅却と自己持続という神秘的経験を通して、彼ら自身の自我に左右されなくなり、もはや〈理性〉によって覆われなくなるからである。次章は、個体の次元における完全人間という考え方をより詳細に考察することに割かれよう。

注

（1）カーシャーニーに従って tulqī ilay-hi bi-taqallub min wajh と読む。

（2）これが、絶対者が自身を完全人間の形で顕すケースに当たるとカーシャーニーは言う（『カーシャーニー注』シース章第二、五一頁）。

（3）「大河」ナイルは、人間が他の全ての存在から区別される、すべての可能的完全性を獲得しうるよう、ムーサーの肉体が投げ込まれた〈知〉の海である（「アフィーフィー注」二九三頁を参照）。

（4）アラビア語はサキーナ sakīnah。この語は神の臨在を意味するヘブライ語シェキーナー（shekīnah）に由来する。ここでは、前記ナースート nāsūt と対置される人間の「神的側面」（lāhūt）を意味する。

（5）「形相」（ṣūrah）、つまり世界の形相のこと。この表現の意味内容はこの文章の直後に掲げたカーシャーニーの注釈によって明らかにされる。

（6）これは詰まるところ、世界にある事物の恒常原型により、神がすべての事物を支配することを言う。

（7）イブン・アラビーはここで、宇宙論的次元の人間でなくて、個体的次元の人間を念頭に置く。

（8）イブン・アラビーの世界観では人間が天使よりも高い位次にあることが少し後に明らかになる。

（9）〈神の形相〉（al-ṣūrah al-ilāhīyah）そのものには神名全体との意味しかない。

（10）この概念については後の第三節を見よ。

（11）イバーダ・ザーティーヤ（ʻibādah dhātīyah）「本質的奉仕〔僕性〕」はすでに見たように、神を十全なかたちで崇拝することを意味する。それを為すための要件は、或る存在者が己れのうちですべての神名を実現せしめることである。

(12)「地上で悪事を働こうとし、流血の災いを惹き起こすような者をあなたはわざわざお置きになるのか。我らがこうして汝の讃美を声高らかに唱え、汝を讃え聖なる者としておりますのに」〔クルアーン第二章第三〇節〕。
(13) しかしながら、後に論ずるように、もちろん〈人間〉はすべての天使に優るわけではない。
(14) クルアーン第一五章第二八節の innī khāliqun basharan〔「我らは人間を造る」〕に言及する。Bashar は、「死ぬべきもの」であるという観点から考えられた「人間」を意味する。しかしイブン・アラビーはこの文章でこの語をバーシャラ（bāshara）という動詞（動名詞は mubāsharah）と連関せしめて諒解する。バーシャラは「自分自身の手で直接何かに触る」の意である。
(15) つまり、非物質的、非擬人神観的な意味で用いられている。
(16) それらは自然界に属するが元素圏内を超えたところにある。
(17) 親友どおしの誠実な関係を意味するフッラ（khulla）に由来する。
(18) カーシャーニーによると、これは絶対者の姿をとってイブラーヒームが現れ、絶対者がイブラーヒームの聴覚となり、視覚となり、その他の能力となることを意味している。（『カーシャーニー注』イブラーヒーム章第五、八八頁）
(19) 絶対者が、イブラーヒーム自身の「限定」を受け、「限定され」、イブラーヒームの属性と形相に規定されることを意味する。その際イブラーヒームに帰属する属性はすべて絶対者にも帰属する。この過程は最終的に、神が行うことは何でもイブラーヒームを通じて行われることにつながってゆく。神が聞くのは、イブラーヒームが聞くことによってであり、イブラーヒームの目で神はものを見る。（『カーシャーニー注』イブラーヒーム章第五、八八頁）
(20) イブン・アラビーはここで第二の「浸透」を先に取り上げている。
(21) これは第一の型《タイプ》の「浸透」に言及する。
(22)「代理人というものは、彼を代理人として指名した人の命令を実行できるように、その人の意志を知っていなければならないからである。したがって神の代理人は神をそのあらゆる〈属性〉とともに知らなければ、神の〈命令〉を実行することはできない」。（『カーシャーニー注』アーダム章第一、二八頁）
(23) その結果、世界の中に存在するあらゆるものは、そのそれぞれが対応する要素となって〈人間〉のなかに反映している。
(24) だから彼の内的形態は神の〈名〉と〈属性〉を規範としている。したがって彼は、神が「聞いたり」「見たり」「知ったり」するのと同じように、「聞いたり」「見たり」「知ったり」する。つまり彼はあらゆる神の属性によって規定されるのである。

（25）「刻印された印影（naqsh）は〈もっとも偉大な神の名〉、つまり、すべての神名をともなった神の本質である。この印影は完全人間の「こころ」に刻印されるが、そのことがここでは王章のはまっているくぼみ〔台座〕として象徴されている。だから完全人間は宇宙の宝庫をその内容物すべてとともに守護し、それらをそのままの秩序で維持する」。（『カーシャーニー注』アーダム章第一、一七頁）。

（26）Affifi, *The Mystical Philosophy of Muhyid Dīn-Ibnul ʻArabī*, Cambridge, 1939, Chpter II, pp. 66–101. このイスラーム的なロゴスの教義とロゴス・キリスト論がいかに歴史的に連関するかという議論が Arthur Jeffery, "Ibn al-ʻArabī's *Shajarat al-Kawn*," *Studia Islamica* 10 (1959), pp. 45–62 にある。

（27）Kuntu nabīy wa-Ādam bayna al-māʼ wa-al-ṭīn.

（28）「我れは、我が徴が真理であることが、彼らに明白になるまで、（遠い）空の彼方において、また彼ら自身の中において（示す）」。（クルアーン第四一章第五三節）

（29）Wa-antum al-aʻlawna wa-Allāhu maʻa-kun イブン・アラビーの解釈は究めて独創的である。前後の文脈から、この章句は「お前たち信者は（不信仰者との闘いに）勝利するだろう。なぜなら神がお前たちとともに在る（つまり、お前たちの側に与する）からである」ことを意味するにすぎない。

（30）物理的な場を意味するマカーン（makān）においても、非物質的場、位次、立場を意味するマカーナ（makāna）においてもそうである。

（31）アラビア語原文は詩の一部である〔底本には散文のかたちで記されるが、詩の形式に改めた〕。

第十五章　個としての完全人間

イブン・アラビー思想においては、宇宙論的次元と個体の次元という二つの次元で〈人間〉が捉えられることを前章冒頭で指摘した。二つの次元のうち第二の次元を本章で論ずる。

第一の次元における〈人間〉、言い換えると論理学的に考えられた種としての〈人間〉は絶対者と世界のあいだの中間段階にあり、中間に位置するがゆえに、創造されて在るものの序列のなかでもっとも高い位次を占める。だが、個体次元の〈人間〉を考察するや否や、〔〈人間〉のなかに〕程度の差（marātib）の存在することに我々は気づく。別の言い方をすれば、宇宙論的次元では、〈人間〉はそのまま完全人間であったが、個体の次元ではすべてのひとが「完全」であるわけでなく、極めて少数のひとだけが完全人間の名に値する。

いかにしてそうした根本的な違いが二つの次元のあいだに生じうるのか。いかなるひとであれ「人間」である限り、存在論的「包括性」が人類共通の性質の一つであるがゆえに、「包括性」が実現されることがそのひとに期待される。これには少しの例外もない。存在論的に見て、或る人間個体とそれとは別の人間個体のあいだに、この点において違いがあるわけでない。確かに、以上のことはすべて正しい。だが、この事実に気づいたひとのこころがどれだけ明晰かに応じて個体間に違いが生ずる。同じ存在論的「包括性」がすべてのひとにおのずから備わるものの、すべてのひとが己れの「包括性」に同程度に気づくわけでない。己れの〈名〉と〈属性〉を神が〈意識〉する状態に極めて近い最高度の明晰さから、全くの混濁と事実上変わるところのない最低の明晰さまで、さまざまな程度の違いをもって彼らはこれに気づく。最高度の明晰さにおいてのみ、ひとのこころは「磨かれた鏡」の役割を担う。最高度の明晰さをもって初めて、〈人間〉は完全人間としてありうる。これがこの問題全体の要点である。

「彼（つまり、アーダム）のなかの彼らのもつさまざまな程度の違いを神は明るみに出した」とイブン・アラビーは『叡智の台座』に記す（『叡智の台座』アーダム章第一、三二頁／五六頁）。この文に見える「彼ら」という代名詞はアーダムの子孫を指す。その意を汲んで、「アーダム（つまり同一の〈人間〉という種）に属す人々のあいだに程度の違いが存在することを神は明らかにした」とこの短い文は言い換えうる。

個体間に程度の違いがある原因をイブン・アラビーは色づいたガラスの比喩——別の文脈においてこの比喩に我々はすでに出会っている——を用いて説明する。さまざまに色づいたガラスを通過することで同一の光がさまざまな色をもつように、さまざまな能力をもつさまざまな人間のなかに同一の〈絶対者の姿〉がさまざまに顕現する（ユースフ章第九、一四三—一四四頁／一〇三—一〇四頁）[1]。

「絶対者を己れのなかに実現せしめたひと」（al-mutaḥaqqiq bi-al-ḥaqq）には絶対者が完全に浸透し、そのひとの肉体の器官はそのまま絶対者の自己顕現である。そしてさらに、そうしたひと——神の徒（ahl Allāh）——が「直接の味識《あじわい》」により知を得れば、その同一の知が個体の器官の能力に応じて〔光のように〕さまざまに屈折する。

次のことを知れ。アッラー（Allāh）という〈名〉の存在論的次元に端を発して神の徒に実現する神秘知は、究極に一つの根元〔ʿayn〕に由来するものの、その神秘知を生ぜしめる認識能力の違いに応じて互いに異なる。神自らが（よく知られたハディースで）語る「私は彼が聴くときの聴覚であり、彼が見るときの視覚であり、彼が摑むときの手であり、彼が歩くときの足である」がそれを証する。神はこうして、神の〈彼として在ること〉（〔彼性〕huwīyah）がまさに肉体の諸器官〔jawāriḥ〕であると言う。他方、肉体の器官はひと自身である。〈彼として在ること〉は一つでありながら、〈その「彼として在ること」が実現した一人の人間のもつ手足などの〉肉体の諸器官はさまざまにある。各々の肉体の器官はそれに固有の、だが、一切の肉体的器官に共通の根元（他の肉体的器官もそれ固有の知をそこから獲得する）から出で来る「直接の味識」を通じて、その肉体の器官に固有の知をもつ。こうして（一つの根元から出で来る同一の知が）さまざまな肉体的器官に分化する。（フード章第一〇、一五二―一五三頁／一〇七頁）

今引用した文章においてイブン・アラビーは、同一の人間のなかで同一の直観的認識が〔光のように〕さまざまな肉体の器官を通じて屈折するさまを語るのであって、「神の徒」に属する人間個体のあいだで直観が異なると述べるのでない。ここで彼は、単純に一人の人間のなかで、一つの根元から生じる一つの知がどの器官が用いられるかに応じて、どのように転調・移調されるかを活写するにすぎない。だが、同一人間内の状況がこのようであるなら、異なった個体のあいだでより大きな違いが生ずると容易に予想しうる。カーシャーニーはこの文章への注釈においてそう理解して次のように述べる。

「直接の味識《あじわい》」による知は、本来もつ能力（文字通りには「備え」〔isti'dādāt〕）の違いに応じて異なる。「神の徒」がみな等し並でない〔同一の層次（ṭabaqah）に属すわけでない〕からである。このことが彼らのもつ「味識」体験と（その体験から出で来る）知に違いを生む。……それは同一の人間がさまざまな〔器官の〕能力を通じてさまざまな知を得るのに似る。絶対者の「彼として在ること」という同一の根元に一切の知は遡るものの、（二つの場合はどちらも）知が互いに異なる。（『カーシャーニー注』フード章第一〇、一五二頁）

イブン・アラビー自身はこの現象を水に喩えて説く。水は、本来的な在り方が一つであるに拘わらず、味わいが異なりうるからである。

以上のことは水の喩えで諒解されよう。水はどこにあっても本来的な在り方は一つである。しかるに、場所に応じてさまざまな味わいをもちうる。ここでは甘いが、あちらでは塩辛く苦い。だが、どの様態を帯びても水は水であって、味わいがいかに変わろうとその本来的在り方は変わらない。（『叡智の台座』フード章第一〇、一五三頁／一〇七頁）

この喩えによる説明は、ひとによって程度の差や違いが生ずることを存在論的に由来づける。これに加えて、イブン・アラビーは同一の現象に神学的由来づけを別途与えている。神の「嫉妬」（ghayrah）がそれである。神が「嫉妬深い」（ghayūr）との考え方は、歴史的に極めて古いセム的な神把握に遡る。そして、スーフィズムにおいてもその神の把握はかなり重要な役割を担う。

神の「嫉妬」はさまざまな意味で諒解しうる。神が「嫉妬深い」のは、例えば、神の僕《しもべ》と神とのあいだにある秘密が他の者に開示されるのを神が好まないことに由来する。さらには、神以外の者が敬われ、崇拝されるのを禁じたことにも神の「嫉妬深さ」が見える。[1]〔だがそうした解釈を採らず〕イブン・アラビーは神の「嫉妬深さ」を「自己顕現」（tajallī）にことよせて諒解する。

絶対者は際限なく己れを顕現せしめる。つまり、自由にその内なる神秘を開示し、露わにする。にもかかわらず、逆説的にも絶対者は己れの神秘を「惜しみ」、普通の人間からその神秘を隠す。この特殊な観点から、イブン・アラビーは神の自己顕現をファワーヒシュ（fawāḥish. 単数形は fāḥishah. 文字通りには「恥ずかしいもの」「スキャンダラスで不名誉なもの」を意味する）と呼びさえする。ここでは、問題全体が、いわば、絶対者そのものの主観的立場から眺められており、「己れの秘密を開示すべきでなかった」「むしろ己れのうちに永遠に隠しておくべきだった」と神が感ずるだろうとイブン・アラビーは推し量る。人間の次元ではつねに、隠すべきものを公衆の面前に晒すことは恥知らずな行為である。

さらに、ここでもまた音声上の連合関係を用いた常套的思考法をイブン・アラビーは展開して、ガイラ（嫉妬深さ）をガイル（「他」）に連結させる。

> 神は己れが「嫉妬深さ」(ghayrah) という〈属性〉をもつのを認める。「嫉妬深さ」から「恥ずべきもの(fawāhish) を禁じた」(クルアーン第七章第三三節) のである。
>
> だが、「恥ずかしい」のはただ（実際には隠されるべきだったのだが）おおっぴらに顕れてしまったもののことである。隠されたままのものについては、それを見ることができるひとにだけ「恥ずかしい」。（一五七―一五八頁／一〇九―一一〇頁）

最後の文章は多少の説明を要する。ここで、イブン・アラビーは「恥ずべきもの」、つまり神の自己顕現を二種に分ける。一つは具体的な現実の世界で我々の感覚に対して公に露わとなったもの、もう一つは〈神の本質〉が恒常原型の形態を帯びて裏側に (bāṭin) 自己顕現したものを指す。後者が普通の人間の眼に現れることはなく、この点から見て、それらは「恥ずべきもの」でない。だが、にも拘わらずそれらは顕現した形態である。そして、顕した形態であるがゆえに、それらを見るにふさわしい眼をもつひとにははっきり見える。そうした人々に限れば、これらは同じく「恥ずかしいもの」（「アフィーフィー注」一二六頁参照）である。

> したがって、神は「恥ずべきものたちを禁じた」。これは、神が（神の創造した）事物に他ならないという実相が公に知られることが神により禁じられたと言い換えられる。だから、神は「嫉妬深い」という覆い《ヴェール》「他者として在ること」(ghayrah)[2] でその実相を隠した。（この「他者」とは）あなた自身（つまり、絶対者と独立し異なる何かとして在ると意識するあなたの自我）のことを言う。（「嫉妬深さ」と「他者として在ること」が相互に関係するのは）ガイラという語がガイルという語から派生したからである。

この結果、「他者」は、例えば、この聴く（という特定の行為）を、これこれの個人が聴くと判断するが、真理を「知る者」は、聴くこと（つまり、あらゆる場面における個別的な聴くという行為）がまさに絶対者（の行為）だと判断する。そして人間がもつあらゆる能力、肉体の諸器官にも同じことが当てはまる。したがって、あらゆるひとが（同じ程度に）絶対者を知るわけでない。優れたひとと劣ったひとがいて、彼らのあいだにさまざまな位次が見分けられるのである。（一五八頁／一一〇頁）

イブン・アラビーによると、「想起《ズィクル》」（dhikr）という行為に全面的につまり、舌やこころだけでなく己れ自身を投げ棄てて絶対者と内的に結びつくひとがもっとも高い位次にある。

イブン・アラビーにとって、「想起」はたんに舌やこころで神を思い出すのを意味するわけでない。むしろ、神への神秘的「自己消滅」とこの語は同義である。この意味でのズィクルは、神秘家が己れの肉体的精神的力を神に集中させる、その精神的状態を言う。神秘家の全存在がそうして余すことなく完全に神と一体化する。神秘家がこの状態に至れば、（こころを集中させる）主体と（こころが集められてゆく）客体とのあいだの区別はおのずと消え去り、神秘家は絶対者との絶対的合一を「直接に味わう」経験をする。全存在をかけた人格の没入でなく、たんに絶対者を舌やこころで「思い出す」という通常のズィクルはそれに較べるとより低い度合いのズィクル体験でしかない。

もし実際、神秘家に最高度のズィクルが起これば、完全に〈人間〉本来の完全性が実現し、天使をも含めた他の被造物のどれよりも高い位次を彼は世界のなかで占める。無論、すべての被造物がそれぞれのズィクルの程度に応じて神の栄光を顕しているのだが、ただ〈人間〉においてのみ、この経験が神との本質的合一まで高められてゆく可能性がある。

神を適切に「想起する」ひとだけが、我々がもつ人間としての存在の真価を知る。神は、神を「想起する」ひとの親密なる〈同席者〉（jalīs）であり、神を「想起する」ひとこそが〈同席者〉を眼のあたりにするからである。「想起する」ひとが親密な〈同席者〉を眼のあたりにしない限り、（適切に）「想起」したことにならない。

神の「想起」（が真実のものであれば）、その「想起」が当のひとの一切の部分を貫く。舌だけで「唱名」するのとそれは訳が違う。後者の場合、神がたまたまその瞬間に舌だけの「同席者」となるにすぎない。そのとき舌だけが神を見るのであって、そのひと自身が、本来であれば見るにふさわしい視覚でもって神を見るわけではない。

（以上の説明に照らして）十全ならざるひとの「想起」に関わる神秘を理解せねばならない。十全ならざるひとであっても、たまたま神を「想起」した（そのひとの特定の肉体的器官）が神の御前にあることに何の疑いもない。「想起」の客体（つまり、神）はその肉体の器官の〈同席者〉であり、その肉体の器官が神を眼のあたりにしてもいる。だが、そのひと自身は、十全さを欠く限り、（為すべきようには）「想起」していない。その場合に、神は（彼の本来の意味での）〈同席者〉でない。

こうした事態が出来するのはひとえに、ひとが単一の（複合体ではない）実の在り方でなく、「多」である（つまり、多くの部分から構成される）という事実による。反して、絶対者は、神名において〈多〉であるとは言え、その本質的な実の在り方において〈一〉である。だが、ひとはその部分でもって「多」なので、その一部分がたとえ「想起」に携わったとしても、必ずしも他の部分が「想起」しているわけではない。神は、実際に「想起」に携わっている特定の部分の〈同席者〉ではあるが、他の部分は「想起」を知らないままである。（ユーヌス章第一八、二五六頁／一六八―一六九頁）

もしそうであるなら、神を知り、〈在る〉（Being）の神秘を知る能力に関して人々のあいだにさまざまな程度があろうことがおのずと想定される。この事実を根拠に、イブン・アラビーはひとをさまざまな仕方で分類する。

そのそれぞれの分類には各々特有の基準がある。すでにそのいくつかは紹介したので、ここでは典型的な三つの分類を取りあげる。

最初の分類はひとを、(1)こころがこの世ならぬ構造をもつひとと、(2)こころがこの世の構造をもつひととの二つの範疇に分ける。(1)には、純粋なこころをもち、身体の快楽を完全に離れ、事物を通して事物の実の在り方を見て、無媒介にその実の在り方を摑みうるひとが配当される。こうしたひとは、〈理性〉でなく、「開示」や「直接の味識《あじわい》」によって神を知る。そうしたひとも、無論のこと「理性」を用いるものの、それにふさわしい範囲で用いるのであって、本来定められた限度を超えて用いることはない。むしろ、たやすく〈理性〉の範囲を超え、神秘直観による判断に従う。そうしたひとは「知者」（'ārif）であり、「主の僕《しもべ》」（'abd rabb）である。

対して、身体の愛着するものにこころが深く耽溺するひと、完全に欲望の許にあり、したがって事物の実の在り方を見ないひとが、(2)に配当される。神を知ろうとすれば、そうしたひとはただひたすらに〈理性〉に依拠する。論理的思考の枠を超え出ることができない。そうしたひとであっても、稀にであるが、「開示」経験の幾ばくかを味わうことがある。そのとき、何か尋常ならざる体験をしていることが彼の〈理性〉に漏れ知られる。だが、〈理性〉だけで知るので、その体験が終われば混乱に陥り、ついには〈理性的〉判断に屈する。そうしたひとは「主の僕」でなく、むしろ「理性思考の僕」（'abd naẓar）である。

イブン・アラビーが単純に〈理性〉を軽んじて蔑むわけでないと特に記しておかねばならない。正当に働くべき固有の領域が〈理性〉にはある。だが、限界もある。真の「知者」は、働くにふさわしい場を〈理性〉に与えて矩を超えぬよう抑える。預言者や使徒は〈理性〉をもたないのでなく、反対に、優れて〈理性〉のひとである。

事実、使徒たちよりも理性的な者はいない。だが、彼らは〈理性〉に加えて別の能力を賦与されており、だが、彼らは、〈理性〉の到達しえないより広い支配領域をもつ。

それにより）神から直接に告げ知らせをもたらす。

こうして、使徒たちは〈理性〉の権威を（それにふさわしい領域において）認めるものの、〈理性〉それ自体の力で把握しえない何か、〈理性〉が直ちに撥無してしまう何かを〈理性〉の領域の外にもつ。神が自己顕現したとき（つまりこころが実際に「開示」によってそれをたまたま経験するそのとき）にだけこころはそれを真なるものだと認めるのだ。だが、神が己れを顕す経験がこころから去るやいなや〔あるいは、こころから去ってしまう場合には〕、こころはたった今見ていたものが何だったかわからず混乱に陥る。そのように混乱に陥った者が「〈主〉の僕」であったなら、直ちに〈理性〉をその〈主〉に委ねるだろうが、そのひとが「理性的思考の僕」であったなら、その真理を〈理性〉判断に委ねる。

しかしながら、こうした事態は、この世界のただなかに（実現している、）存在の来世的側面からひとが覆いで妨げられて、存在の現世的側面にとどまる限りで生ずる〔のであって、真理を「知る者たち」にそうした事態は生じない。それは次の理由による〕。

真理を「知る者ども」であっても現世的性質が彼らに現れているので、この世界ではあたかも彼らがこの世に特有の形態をもつがごとくに見える。だが、彼らの「内面」はすでに〈来世〉に特有の在り方へと神により移行されている。このことにいささかの疑いもない。〔彼らの「内面」だけが変わっているので〕事物の合間を見通すよう神によって披かれた心眼をもつ者しか、〔彼らの内面が変わっていることを〕外見から判別することはできない。神を真の意味で知る者、（神が直接に）そのひとに自己顕現するという経験を通じて（神を知る者は）、実相において〈来世〉に特有の在り方で生きる。そうしたひとは、現世にあってすでに、死から復活せしめられており、墓から外に出され生命をもたらされている。だから、他の者が眼にしえないものを見て、他の者がしっかとは目睹しないものをしっかと目睹する。これは、神が幾人かの僕に与えし格別の恩寵の結果に他ならない。（イルヤース章第二二、二八五頁／一八五―一八六頁）

イブン・アラビーの提示する第二の分類は、ひとを、(1)「知者」('ārif)、(2)「知者たらざる者」(ghayr 'ārif)、(3)「無知なる者」(jāhil) の三類型に分ける。

イブン・アラビーは三類型の各々に次の定義を与える。最初の類型は、「絶対者を絶対者から、絶対者のなかで、絶対者そのものによって見るひと」、第二の類型「知者たらざる者」は、「絶対者を絶対者から、絶対者のなかで、己れ自身によって見るひと」、「無知な者」は、「絶対者を絶対者からも絶対者のなかでも見ないひとであり、己れ自身によって（来世で）絶対者を見ることを期待するひと」である（フード章第一〇、一六四頁／一一三頁）。「知者」は可能な限り完全に己れ自身を神と同一にするひとであり、神を神自身の眼でまさに神の視点から見るひとである。「知者」は神を神の眼で見るので、神の一切の自己顕現が彼の視界に収まる。あたかも〈在る〉の世界全体が神の生命で息づくかのごとくに世界をしっかと目睹する。

「知者たらざる者」は絶対者を絶対者のなかに絶対者の視点から見るが、絶対者を見るときの眼は彼自身のものである。だから、実の在り方はその人の視線によって歪められざるをえない。

「無知な者」は、絶対者をそのままに見る立場に全くない。当然のことながら、そのひとのこころは極端なまでに限定されている。「無知な者」は各々、そのひとがたまたま有した特定の宗教に特有の形態で、神を敬い、拝むにすぎず、他の崇拝形態の一切を否定する。

一般に（「無知な者」に属す）ひとは、そのひとの主に関わる際、必ず特定の宗教（'aqīdah. つまり教義体系としての宗教）に固執する。つねに己れの宗教信念を通して神へと遡り、その宗教的信念のなかで神を求める。そのひとの属する伝統的宗教で認められたかたちで神が己れ自身を顕すときにのみ、神と認める。だが、他の宗教の形態をとって神が己れ自身を顕現せしめるときには、神を受け容れることをにべもなく拒み、神から逃れ去る。そうすることで、そのひとは己れ自身では神に対して正しく振る舞うと思っているが、実際には神に対して不適切に振る舞う。したがって、特定の宗教的信念に固執するひとは、自らがこころのなかで主体的にそのようなものだと決めつけた神を信ずる。あらゆる特定宗教（i'tiqādāt）の神は、信ずる者の主体的措定（ja'l）に依存するのである。こうして、この類のひとは（神の姿のなかに）己れ自身だけを、そのひとがこころのなかで措定したものだけを見る。（一六四頁／一一三頁）

いま引用した文章において、永遠なる〈宗教〉と、〔その他の〕さまざまな歴史的宗教についてのイブン・アラビーの基本的な立場が直截に示される。すでに別の文脈で考察したように、[3] 一切の宗教は各々に特有の、それゆえ限定されたかたちでの絶対者を崇めているので、さまざまな宗教は究極には一つだというのがイブン・アラビーの揺るがぬ確信である。何を神として崇めようが、その特定の崇拝形態を通じて、他ならぬ絶対者自身を崇めていることになる。全世界には絶対者の特定の自己顕現以外はないからである。

これに連関せしめて、〈復活〉の日の或る出来事を描写する有名なハディースにイブン・アラビーは我々を誘《いざな》う。「〈復活〉の日に、神が奇妙な姿で被造物の前に顕れて、「我れはお前の至高なる主なり」と言うだろう。人々はそれに答えて、「いえ、私たちはあなたから逃れて神に救いを請います」と言う。すると神は、彼らの宗教でよく知られた形態を帯びて、己れ自身を顕す。そのとき人々は、「神よ、あなたに栄光あれ」と言うだろう」。これは〈復活〉の日だけに起こるのでないとイブン・アラビーは喝破する。全く同じことが現世で実際に生じているからである。「神を知ることに関してひとにさまざまな程度が生じる、そのことが、〈復活〉の日に神を見る度合いとどれほど精確に対応するかに着目せよ」。そして次のように警告・勧告して文章を締める。

或る特定の宗教に絡めとられぬよう、他の宗教を不信仰として拒まぬよう気をつけよ。もしそうするなら〔つまり或る宗教に拘泥し、他の宗教を拒むなら〕、大きな恵みをもらいそこねるだろう。否、実の在り方についての本当の知を獲得しそこなうことにもなろう。あらゆる宗教的信仰形態にとっての（或る種の）〈第一質料〉〔hayūlā〕となるよう努めよ。他の宗教を排した上で一つの特定の宗教が限定するものを超えて、神はより広く、より大きい。「どちらを向こうが、神の顔〔wajh〕が在る」（クルアーン第二章第一一五節）と神が言うからである。神は（この文言において）神の顔が見える場所を特定しない。彼はただ「神の顔が在る」とだけ言う。

何かの「顔」とは、そのものの（もつ）まことの本質のことである。だから、神はこの文言において、意識をつねに本質に向けている状態から離れ、現世の本質的でないものたちに関わってはならぬ、と「知者」のこころに警告する。いかなるひとも己れがいつ死ぬかわからない。もしそのひとがそれ〔つまり、本質〕を忘れているときに死んだなら、それを意識しながら死ぬひとと位次が同じでありえないのは明瞭である。（一六五頁／一一三頁）

イブン・アラビーの掲げる第三の分類では、第二分類と同じくひとが三つに分けられる。この分類によると最低の位次は、〈理性〉に依存するひとであり、それゆえ神と世界を思考力を駆使して理解し、それに満足するひとである。中間段階は、「想像」（khayāl）のひと。つまり、預言者のヴィジョンに根拠をもち、確実だと思われる象徴にしたがって、絶対者を理解するひとのことである。最高の位次は、「開示」を「直接味わう」という経験を通じて、事物のありのままの姿を知るひとである。

最低の位次にある〈理性〉のひとから始めよう。こうしたひとは盲目的に〈理性〉に信を置き、〈理性〉で受け容れられないものは何であろうと真実とは認めず、〈理性〉判断に合わないものは認めない。絶対者に関わる事柄について〈理性〉は全くの無力であり、〈在る〉のありのままの姿に分け入ることができないことを知らない。『叡智の台座』のさまざまな箇所で、「開示」（kashf）に較べ〈理性〉が極めて限定されており、根本的に無力であるとイブン・アラビーは強く主張する。イブン・アラビーにとって「開示」とはひとのもつ最高の認識形態であった。〈理性〉のひとの典型例としてイブン・アラビーは〈神学者〉（mutakallimūn）を挙げる。

神学者が〈理性〉のひとであることを説くため、「お前（ムハンマド）が矢を射ったとき、お前が矢を射ったのでなく、実際に射ったのは神である」(4)とのクルアーン第八章第一七節の章句にイブン・アラビーは言及する。イブン・アラビーによれば、この章句は、絶対者と世界との本質的関係を極めて簡潔に、そして象徴的に描く。ムハンマドが「矢を射った」ことの否定から〔原文構文の〕この章句は始まる。次に、ムハンマドが事実射ったことを「お前が矢を射った」と肯定する。最後にムハンマドが矢を射ったことが再び否定され、本当に矢を射った者は神自身であると確定されて文が終わる。これは次の命題に還元しうる。「本当に矢を射った者は神であるが、ムハンマドという現象的形態を帯びた神が矢を射ったのである」と。このように諒解されるなら、絶対者の自己顕現についての真実以外の何ものもこの章句は表現しない。

しかしながら、本当の「知者」だけがこの意味において章句を解釈しうる。〈神学者〉はその本当の意味に至るべくもない。神学者は混乱しつつ〈理性〉の命ずるままに恣意的に解釈する。その結果、彼らの導く結論が「直接の味識《あじわい》」から得られる内容と食い違うことになる。そして大抵は、神秘的直観が正しいと認めるものはありえず、間違いだと明言するに至る。

この章句や類似の章句は、無限に柔軟なこころをもったひとだけが諒解しうる。この一つの章句をもとに、「矢を射った者はムハンマドだ」とも言えるし、「矢を射った者はムハンマドでない」とも言える。同じように「矢を射った者は神だ」とも言えるし、「矢を射った者は神でなく、ムハンマドだ」とも言える。このように、クルアーンの章句は互いに矛盾するように見える言明をつくりだしがちである。結局のところ、さまざまな関係や見方のうちの一つ〔だけ〕が〔各々の言明で〕問題とされるからである。同一の出来事でも、さまざまな見方をすればさまざまに見られうる。しかしながら、この変奏はみな、すべてのものを、可能なものの見方の一切を包摂した、無限に広い〈究極の実の在り方〉の内部で起こることである。すべては煎じつめれば絶対者の活動である。だが、その性質上〈理性〉は一面的でかつ硬直しており、柔軟でないので、そうした見方を受け容れられない。

〈理性〉が本性上もつ決定的な欠陥を描き出すもう一つの好例として、「原因」・「結果」の関係をイブン・アラビーは考察する。〈理性〉が彼らに語りかけるものに照らして一切を理解しようとする〈神学者〉と〈哲学者〉

は、しばしば「原因」（ʿillah）を論ずる。だが、過度に論理的思考に頼る限り、彼らのこころに「原因」の実相が明かされることはない。

〈理性〉が論理的推論を行うときの弱点を描き出すものとして、「原因」は、それが「原因」となる対象の「結果」ではありえないという、「原因」についての〈理性〉判断を挙げうる。これが、理性によって判断されたものであるのは明瞭である。だが、神秘的照明により獲得された知識に照らして、「原因」は、まさにそれが原因となる対象の「結果」になるという（〈理性〉には拒否される）命題を正しく主張せねばならない(5)。

論理思考の枠内で理論的に練りこんでゆけば、〈理性〉によって下される判断は（より）正しくなる。だが、それでもなお、論理的思考の与える証拠と矛盾する事態に直面したとき、次のように判断してしまうことに〈理性〉の至る究極の限界が見える。世界に事物があまたある状態でも〈究極の実の在り方〉〔ʿayn〕は一つだというのは認めよう。だが、その唯一の〈究極の実の在り方〉は、ある具体的個体（A）のかたちをもって現実に「原因」として機能し、別のもの〔つまり、結果〕（B）を惹き起こすとき、唯一の〈究極の実の在り方〉が「原因」として在りつつ、それ（A）が惹き起こしたもの（B）の結果として在るのはありえない。〈理性〉は次のように考えるだろう。事の真相はむしろ次のごとくである。〈究極の実の在り方〉が（例えばAからCへ）その形態を変える。（そしてBとの関係が異なる局面を迎える）に応じて、（いまやCの形態を採った）〈究極の実の在り方〉の資格は、もともと（Aの資格で）惹き起こしたもの（B）の「結果」となることができる。さすれば、「結果」がそれ自身の「原因」の「原因」であるとの結論を引き出すことができる。（「原因」＝「結果」関係に立つ全てのものの裏側に一つの〈究極本質〉があるのを知ることで）〈理性〉が（〈在る〉の）実相を知り、論理思考の領域を超えた場合に〈理性〉が至りつく先はこの体《てい》である。（イルヤース章第二二、二八四頁／一八五頁）

次のようにこの文章の後半を解きほぐせよう。精確に言うならば、極めて狭く、境界づけられた領域しか〈理性〉はもたず、その限界内にとどまる限り、一切のものがただ一つの〈実の在り方〉――絶対者――の顕現にすぎないと考えることすらできない。だが、もし〈理性〉が強いて境界を突破して、本性上可能な領域を超越した場合、可能な世界にある〈多〉は、究極には同一の〈実の在り方〉が〔その〈多〉と同じ分だけ〕多く顕現したものなのだということがわかる。無論のこと、そうした認識そのものは、〈理性〉の普通の活動からすれば判断に反する。だが、少なくとも、今述べた仕方でその能力を拡張することに成功すれば、そのことは〈理性〉によって十分に認められうる。

〈多〉、つまり世界に具体的実在物として存在する多くの事物は究極に一つであるが、唯一の〈究極の実の在り方〉が帯びた〈多〉の個体数と同数の顕現形態だと〈理性〉が認めさえすれば、必然的に、「原因」「結果」という通常の区別が単に相対的なものであることを認めざるをえない。なぜなら両者は、同一のものが帯びた相異なる二つの形態だからである。この特殊な意味において、〈理性〉は「原因」が「結果」であることを認めざるをえないだろう。

しかしながら、〈理性〉はこの段階でも己れの論理に限定される。或る具体的個体（A）が別の具体的個体（B）の「原因」である限り、Aは「原因」でありつづけ、Bの「結果」に決してならないと〈理性〉はなおも主張するだろう。Bの「原因」であるという資格をもったAはそのままBの「結果」となりえず、AがBの「結果」であると言われうるのは、別の視角から、つまりAとしての資格でなく、また別のCという資格において、Aが把握されたときに限られる。

このように、〈理性〉は、通常の限界を超えたところにおいても、或る「原因」は別の連関のなかで捉え直さない限り、己れの「結果」によって惹き起こされることはないと判断せざるをえない。これが、〈理性〉が〈理性〉でありつづける限り、決して棄て去ることのできない自明で第一なる真理である。

しかしながら、もし「直接の味識《あじわい》」の経験によって獲得された直観に照らして事物を見れば、「結果」が「原因」でありえ、「原因」も「結果」でありうることが直ちにわかる。

以上の考え方は、イブン・アラビーに特徴的な思考パタンであることに注意せねばならない。我々はすでにさまざまなかたちでその思考パタンに出会ってきた。例えば、被造物は神の「食べ物」であり、神は被造物の「食べ物」であるという考え方があった。また神と被造物とのあいだの相互タスヒール（taskhīr）があった。相互タスヒールとは、神が被造物を神に「従わせる」とともに被造物が神を彼ら自身に「従わせる」ということであった。こうした「大胆不敵」な考え方は、神と被造物との相互因果関係という考え方と構造的に同じ範疇に属する。

さて、「結果」が「原因」を己れの「結果」とするといったかたちで、己れの「原因」に直に「結果」が働きかけるとはいかなる事態なのか。答えは次のようになる。「原因」（ʻillah）が「原因として在ること」（ʻilliyah）は、「結果」（maʻlūl）が「結果として在ること」（maʻlūliyah）なしに現実に存在しえない。「原因」が「原因として在ること」は「結果」が「結果として在ること」なしに現実に存在しえない。「原因として在ること」は「結果として在ること」に完全に依存する。この意味において、「原因」はそれ自身のうちに「結果として在ること」を含む。またそれと同じく「結果」は「原因であること」を含む。さらに、イブン・アラビーの見解では、一切の事物は唯一の〈究極存在〉がさまざまな現象的形態となったものにすぎない。だからすべてのものは或る側面において「原因」であり、別の側面から見ると「結果」である。

「直接の味識」の徒を代表して、カーシャーニーは次の模範解答を定める。

> 二つの異なる形態（つまり「原因」と「結果」）を帯びて顕れた唯一の〈実の在り方〉は（我々の主観がもたらす）ものの見方に従って二つの性格を受容する適性を帯びる。つまり〈実の在り方〉が「原因」で在るという様態にある場合には、その〈実の在り方〉は「結果」で在る適性を帯び、〈実の在り方〉が「結果」で在るという様態にある場合には、その〈実の在り方〉は「原因」で在る適性を帯びる。一つの〈実の在り

方〉がそれ自身のうちに「原因として在ること」と「結果として在ること」の双方と、その二者それぞれに特有な性質群を包み括るからである。かくして同一のものがそれが「原因で在ること」を〔様態として〕帯びる場合は「原因」であり、「結果で在ること」を帯びる場合は「結果」である。〈実の在り方〉は、特定の状況下で（現れる）これらと同じ側面を己れ自身のうちにもつ。

自己顕現という現象にも全く同じことが当てはまる。（そこに見える差異は）「己れを顕す者」、自己顕現の場、己れを顕現するという働き、己れを顕す者が己れを顕す者であること、自己顕現の場が自己顕現の場であること（これらはみな〔我々の〕主観的なものの観方「の反映」にすぎない）という区別にもとづく。実相においてそれらは絶対者にすぎない。絶対者は本質的に〈一〉であるが、それとともに我々の主観的な視野に応じてさまざまな様態を帯びて顕れる。これらはみな、一切を区別しようとする我々の〈理性〉により把握された概念にすぎない。これらはみな、相対的な形態、唯一の〈実の在り方〉から分岐して第二次的に設置された関係性に帰属する。この〈実の在り方〉は〈一者〉〔wāḥid〕にして〈一〉〔aḥad〕たる神である。〈在る〉には神以外のものはないのだ！（『カーシャーニー注』イルヤース章第二二、二八五頁）

「原因」＝「結果」の問題について長々と説明を補足したのは、一つにこの問題がイブン・アラビーに特有の因果論として独自の価値をもつからである。だが、絶対者と〈在る〉の世界について〈理性〉がその本性上、何ら深い真理に至りえないことを示すのが主たる目的であった。

「己れ自身（文字通りには、「霊魂」）を知る者は神を知る」――この有名なハディースはイブン・アラビーお気に入りの格言の一つである。ここでもそのハディースに言及し、「己れ自身」（霊魂）をそれがもつ本来の深さで把握した者は〈哲学者〉と〈神学者〉のなかに誰もいないとイブン・アラビーは明言する。

学識の徒〔ʿulamāʾ〕のなかで「霊魂」とその実の在り方〔ḥaqīqah〕についてふさわしい洞察を行った者は、神の霊感を与えられた〈預言者〉や偉大な〈スーフィー〉以外にいない。古の〈哲学者〉であれ、イスラームの〈神学者〉であれ、推論や論理的思考の徒は、「霊魂」とその本質（quiddity, māhīyah）を論じて、誰一人として正鵠を射ない。これに関して論理的思考が真理に到達しえない（のだから当然である）。したがって、思考によって「霊魂」の真なる知を得ようとする者は、腫れものができたひとを見て太っていると考えたり、燃料でないものに息を吹きかけて火を起こそうとする。

この類のひとはまさに「善きことを行うと己れは思っているが、現世の努力が間違っている者」（クルアーン第一八章第一〇四節）である。誤った方法を使えば、何を求めようが、決してその目的を達成できない。（『叡智の台座』シュアイブ章第一二、一八五頁／一二五頁）

本当の「知者」と〈理性〉の徒とのあいだには〈想像〉（khayāl）の徒が配置される。〈想像〉の徒とは、彼らの〈預言者〉や〈使徒〉が与える表象の助けを借りて、真摯に絶対者に近づかんとする者のことである。例えば、すでに引いた「矢を射ったひと」について、この類の人々は、この章句の深い意味は汲みとれないにしても、本当に「矢を射った者」は神自身だと固く信ずる。彼らは〈預言者〉が教えることは何であれ直ちに受け容れ、〈理性〉と矛盾すると思っても敢えて異を唱えない。イブン・アラビーはこうしたひとを「信仰の徒」（ahl al-īmān）と呼ぶ。

「信仰の徒」は〈預言者〉や〈使徒〉が絶対者から伝えるものを無条件に受け容れる。〈理性〉で考え、論理の証の光のもとに彼らに伝えられたどんな使信（つまり、クルアーンの章句や預言者のハディース）も〈理性〉の証拠に照らして解釈しなければ気が済まない者（「哲学者」や「神学者」）、そうした者の教えを無条件に受け容れる者と「信仰の徒」を混同してはならない。

「あるいは（〈預言者〉の舌を通じて伝えられた神の使信に）耳を傾けるひと」というクルアーン第五〇章

第三七節の章句はこうした（信仰の）徒に言い及ぶ。また、そうしたひと、つまり、こうした仕方で耳を傾ける者は「しっかと目睹する者（shahīd）でもある」（クルアーン第五〇章第三七節）。〈想像〉の存在論的平面と、〈想像〉の適切な用い方を神はこの箇所で言う。この章句は「……あたかも神を見るがごとくに礼拝する」という「信仰の完成」（iḥsān）[6]を述べた〈預言者〉の言葉と軌を一にする。神はつねにひとが礼拝する方向にある。そうしたひとが「〔神を〕しっかと目睹する者」（shahīd）であるのはそのことに由来する。（一八一頁／一二三頁）

イブン・アラビーの解釈によると、この文章中の「〔神を〕しっかと目睹する者」（シャヒード）として在るとは、ひとがしっかと目睹する、つまり〈想像〉の存在論的平面にこころから参与して在るときの精神状態のことを言う。それは、〈不可視〉の世界に属すべきものの幾ばくかを「知者」のこころが可感的想像物として知覚するときの状態である。「知者」がこの段階に至れば、〈想像〉世界にあることをそのこころが自覚し、不可視界のさまざまな事態がイマージュ群のなかに現れるのをしっかと目睹し始める。

引用された文章の後段において、「……あたかも神を見るがごとくに礼拝する」という表現に力点を置いて、イフサーン（iḥsān）を述べる有名なハディースに言及するのは注目に値する。イブン・アラビーの解釈では、いま問題にされている「しっかと目睹すること」のうちもっとも程度が低くもっとも弱いものをこの表現は描く。〈想像〉の存在論的平面のうちでも、もっとも程度が低い、こころのなかでの現前である。なぜなら、「あたかも神を見るがごとくに」と言われるからである。この句における語の並びが仄めかすように、そのひとはいまだ実際に神を見るわけでない。本当のヴィジョン[2]はいまだない。そのひとは単に真のヴィジョンをもつかのごとくに振舞うにすぎない。

だが、「知者」のこころが強まり、一段高く昇れば、なおもヴィジョンは肉体の眼には現れないものの、「しっかと目睹する」対象が内的精神的な眼（baṣīrah）に見えてくる（『カーシャーニー注』フード章第一〇、一五〇頁）。

「知者」がさらに一段昇れば、対象が肉体の眼と精神の眼の双方に現れる。さらに昇り、究極の、そして最高の段階に至れば、「しっかと目睹する」者と「しっかと目睹される」対象が完全に一つとなる。この段階では対象を「しっかと目睹する」のはもはやひとのこころでない。絶対者自身が絶対者のなかに絶対者を「しっかと目睹する」のである。これが「聖者」（walīy）の段階である。

このように、ひとが「覚醒し」、もっとも高い「聖者性」の位次に昇れば、尋常には考えられない光景を目睹する。「新たな創造」を論じた章で前に説明した、事物のありのままの姿に彼の精神の眼がいまや披かれているからである。

真の「知者」〔ʿārif〕の眼から見れば、（いかなる形態で現れようと）絶対者は「既知のもの」〔maʿrūf〕でありつづけ、決して否定されない。[7] ありとあらゆる現実世界の現象的形態の根柢に同一の絶対者を認める人々は、〈来世〉においても同じように絶対者を認めるであろう。

（この類のひとを語って）「こころ（qalb）をもつひとにとって」（クルアーン第五〇章第三七節）と神が言うのはこのことに由来する。（そうしたひとは）絶対者がさまざまな形態を帯びてつねに変化することを知り、そのひとの「こころ」も一つの状態から他の状態へとつねに変化するという事実から判断して、絶対者がつねに変化していると判断すべきであるのを知るからである。[8]

したがって、そうしたひとは己れ自身（がつねに変わるということの知）を通じて「己れ自身」を知る。（このことからそのひとは絶対者についての真の知を獲得する。なぜならば）そのひと「自身」が、絶対者が「彼として在ること」に他ならないのだから。（また、そうして獲得された知は容易に一切のものに敷衍しうる。なぜなら）〈在る〉の世界にあるものの一切が、現在であろうと未来であろうと絶対者が「彼として在ること」に他ならない、否、一切が「彼として在ること」そのものなのだから。（シュアイブ章第一二、一

八〇頁／一二二頁）

己れの「こころ」(qalb) を知る、真の「知者」は、己れ自身の内面の眼で、瞬間ごとにおびただしい様態と状態へと、いかに己れがつねに変化しているか、いかに己れを変化させているか (qalb あるいは taqallub) を見る。真の「知者」は同時に、彼の「こころ」が絶対者の自己顕現にすぎないことを、絶対者の「彼として在ること」にすぎないことを知る。彼の「こころ」が、内省によってその構造を知ることのできる全世界で唯一のものであるのは論ずるまでもない。だが、他のすべてのものが彼の「こころ」と全く同じ構造をもつことも知る。こうして、己れ自身の「こころ」を内側から知るひとが、世界のあらゆる可能な形態を帯びて瞬間ごとに己れを変化せしめる絶対者を知るのである。

そうした「知者」の帰属する範疇は、人間を計る物差しを当てれば、もっとも高い位次である。次章の主題はこのもっとも高い人間の範疇である。

注

（1）該当する文章を本書第一部第六章ですべて翻訳した〔一三二頁〕。

（2）先に指摘したように、イブン・アラビーの言語意識の中で「嫉妬深さ」を意味するガイラ (ghayrah) という語は「他者」を意味するガイル (ghayr) と直《じか》に結びつけられる。だから「神はガイラでその実相を隠した」という文章は、神が「嫉妬」に駆られてそれを隠したという意味だけでなく、同時に、無限に在る特定の「限定作用」によって実相を隠したとの意味ももつ。ここでは、あらゆる「限定作用」は神自身でない「他者」とみなされている。この見解では、あらゆるものはそれぞれ、別のものからの「他者」とみなされると同時に、絶対者からも「他者」であるものとみなされる。「他者として在ること」の視点が〈存在者〉の実相を覆い、その実相が普通のひとから知覚されるのを妨げる。

（3）本書第一部第五章を参照。そこでは同じ考え方が、「形而上学的混乱」という別の問題との関連で扱われた。

（4）「あなたが射った時、あなたが当てたのではなく、アッラーが当てたのである」。（クルアーン第八章第一七節）

（5）例えばAをBの「原因」としよう。Bはもちろん Aの「結果」である。しかしそれとともに、BがAの「原因」でなければならないという見方が確かにある。後者の考え方をとれば、AはBの「結果」となる。

（6）イフサーン（iḥsān）という語の精確な意味については拙著 *The Concept of Belief in Islamic Theology*, Tokyo, 1965, pp. 58–60 を見よ。

（7）復活の日に何が起こるのかについてのハディースに言及している。そのハディースはこの章ですでに引用され説明された〔三五〇頁参照〕。

（8）何度も言及してきた典型的な「語源学的」思考法により、イブン・アラビーは「こころ」（qalb）と「変化」「変形」（qalb）を連結する。

第十六章　使徒・預言者・聖者

個体の次元における〈人間〉を考察し始めるや否や、人々のあいだにさまざまな位次が在ることに直面する。前章が明かしたのはそのことであった。最高度に人間であるとは「聖者として在ること」(walāyah) であるのも前章において述べられた。〈聖者〉(walīy) とは、神を、したがって(イブン・アラビーの世界観によれば)〈在る〉の本質的構造を最高度に「知る者」である。表現を換えれば、〈聖者〉は優れて完全人間である。本章では「聖者性」を中心に論じる。(1)

イブン・アラビーの理解では、〈聖者〉概念が〈預言者〉(nabīy) と〈使徒〉(rasūl) の両方を包摂することをまず指摘しておきたい。簡単に言えば、〈聖者〉は〈預言者〉と〈使徒〉を含むもっとも外延の広い概念である。次に外延が広いのは〈預言者〉であり、〈使徒〉の概念を包摂する。そして〈使徒〉はもっとも外延の狭い概念である。カーシャーニーが言うように、「すべての〈使徒〉は〈預言者〉であり、すべての〈預言者〉は〈聖者〉である」。だが、逆は成り立たない。

『叡智の台座』では三つの概念間の関係についての説明がかなりの頁を占めており(二〇三―二〇五頁／一三五―一三六頁)、その箇所で、イブン・アラビーは彼の考えを展開する。議論は縺れ、いささか混乱するものの、その趣旨は次のように纏めうる。

〈聖者〉概念について記すべき最初の要点は、ワリーがそのまま神名だということである。ワリーが神名の一つであることは、絶対者の一側面であることを意味する。この点において〈聖者〉は〈預言者〉や〈使徒〉と決定的に違う。ナビーとラスールは神名でなく、人間に固有の名称だからである。イブン・アラビーは言う。「ワリーは神の名である。しかるに、神は己れ自身をナビーやラスールと呼ばなかった。神は己れ自身をワリーと名づけ、己れの名の一つとした」（ウザイル章第一四、二〇三頁／一三五頁）[2]。

　このようにワリーは一つの神名である。他方、神についてのひとの知が最高度に達すれば、同じ名で呼ばれるようになる。しかしながら、人間としてのワリーは、己れが「僕《しもべ》として在ること」（ʻubūdīyah）を明瞭に意識するので、公にその名で呼ばれるのを好まない。ワリーという語が神だけのものであること、人間がワリーになれば、「僕として在ること」という立場を超えて、「主として在ること」（rubūbīyah）という立場に己れを配置することになると知るからである。だが、好むと好まざるとに拘わらず、神秘家が「僕として在ること」という立場を超えることはしばしば起こる。こうした事態は、絶対者のなかに完全に消え融けて、己れ自身が「僕として在ること」の意識を失った神秘家に起こる（二〇四―二〇五頁／一三五頁）。

　ワリーが神と〈人間〉とに共通する名なので、ワラーヤが決して存在するのをやめないことは指摘しておくべきだろう。神が永遠に存在するように、ワラーヤも永遠に存在する。「聖者として在ること」の位次に至って、最高度の精神的力を有する者が世界のなかに唯の一人でもいれば――事実、そうしたひとはあらゆる時代に存在する――、「聖者として在ること」そのものが空位になることがない。

　ワリーと対照的に、預言者性と使徒性は歴史のなかに位置づけられ、それゆえ、断続的でありうるし、完全になくなることすらありうる（四二頁／六二頁も参照）。実際、預言者性の鎖は、歴史的には正統的な最後の預言者たるムハンマドで終焉した。ムハンマド以降、同時に〈法の制定者〉（musharriʻ）でもある〈預言者〉は二度と存在しなかった。ムハンマド以降に存在したのは、イブン・アラビーの言う「一般預言者性」（nubūwah ʻāmmah）、つまり〈法〉制定機能をもたぬ預言者性に限られる。一般預言者性はそのまま「聖者として在ること」のことを指す。

この名（つまり、ワリー）だけが永遠に、現世だけではなく、来世でも人間のあいだにとどまる。〈人間〉に特有で、神に附されない名（つまり、〈預言者〉と〈使徒〉）は預言者性と使徒性が途絶えたならば、それとともに途絶えてしまう。しかしながら、神は僕たちに特別な恩恵として、彼らのなかに〈法〉制定機能をもたぬ「一般預言者性」が存続するのを許した。（二〇四頁／一三五頁）

イブン・アラビーの概念構成において〈法〉制定機能（tashrīʿ）が預言者の一つの特徴であることがこの文章から明瞭となる。この特定の観点から、イブン・アラビーは二種類の〈預言者〉を区別する。(1)〈法〉を制定する者（nabīy musharriʿ）、(2)すでにある〈法〉の範囲内で預言者として活動する者（nabīy musharraʿ la-hu）。第一の集団は、ムーサー、イーサー、ムハンマドなど神の命により各々特定の〈法〉を定めた人々に代表される。第二の集団はイスラエルで代々つづいた〈預言者たち〉のように、ムーサーにより定められた〈法〉の範囲内で預言者としての職務を遂行した人々がそれに相当する。

既に指摘したように、〈聖者〉は外延がもっとも広く、かつ根柢的な概念なので、「聖者性」が予め確立されていなければ、〈預言者〉も〈使徒〉も存在しえない。〈預言者〉とは「聖者性」に一つ徴表を附加された〈聖者〉である。その徴表とは、不可知にして不可視なものについて己れ一人が有する知である。また〈使徒〉とは「聖者性」と「預言者性」にあと一つの徴表を加えた〈聖者〉である。その徴表とは、己れに従う者たちに神の使信を伝える職務と権限を自覚することだ。

人間が完全人間であるための最初の必要条件はワリーの位次にあることであり、ワラーヤとはあらゆる種類の完全人間の有する、もっとも根柢にあって、もっとも一般的な属性であるのが以上のことからわかる。では、ワラーヤとは何を意味するのか。

ワラーヤは、絶対者、世界、絶対者と世界との関係についての究極の真実の知をもつことを何にもましてまず条件とする。[3]「聖者性」の位次に至ったひととは、己れが絶対者の自己顕現であり、その限りにおいて、己れが本質的に絶対者と一つであり、究極に絶対者そのものであると明確に意識する。「聖者性」の位次に至ったひとは、己れの内面構造から推して、現象した〈多〉の一切が絶対者の自己顕現であり、その意味において絶対者と一つなのだとも意識する。これは、精確な意味において、究極にして本質的な「〈在る〉が一つであること（存在一性）」（waḥdat al-wujūd）の意識である。

「存在一性」の意識を「聖者性」の位次に至ったひとが得るのは、そのひとが「滅却され」、絶対者のなかに完全に浸透して在ることによる。「自己滅却」の体験を通じて、己れ自身をいわば絶対者の「内側」に変容せしめ、そして一切の事物の実の在り方を「直接の味識《あじわい》」によりその地点から見通すのである。この意味において、「自己滅却」（fanāʾ）がワラーヤ理論において取り分けて重要な役割を担う。事実、「自己滅却」は〈聖者〉の本質的属性のなかで第一に挙げられる要素である。

イブン・アラビーは「自己滅却」を三段階に分ける（二〇四頁／一三六頁）。一つは、属性の滅却の段階であり、この段階をイブン・アラビーはタハッルク（takhalluq）と呼ぶ。タハッルクとは、神秘家が己れの人間的属性を滅却せしめ、それに代わり、〈神の属性〉を「己れ自身のものとして帯びる」（takhalluq）ことを言う。バーリー・エフェンディーはこれを「己れの属性を絶対者の〈属性〉のうちに滅却させること」と簡潔に述べる[1]（『カーシャーニー注』二〇四頁）。第二段階はタハックク（taḥaqquq）と呼ばれる。神秘家はその本質（dhāt）を消滅せしめ、己れのうちに絶対者と一つになる状態を実現する（taḥaqquq）。バーリー・エフェンディーは「本質を絶対者の〈本質〉のなかに滅却すること」（『カーシャーニー注』二〇四頁）と表現する。第三のそして最後の段階はタアッルク（taʿalluq）と呼ばれる。文字通りの意味として「しっかりとくっつくこと」を言うタアッルクという語は、この状態にある人間が、ワラーヤの本質的性質を帯びたまま、経験的存在の世界で何を為そうが、その状態から離れないことを意味する。タアッルクという状態は、よりよく知られる、ファナーに引き続き起こる「自己持続」(baqā') の状態と同じである。この精神的状態で、神秘家はいったん滅却した己れ自身を再び得るが、己れ自身のうちにそれを獲得するのでなく、〈神の本質〉のただなかにそれを獲得する。十分に照明された意識のなかにもはや個人的な古い自我の痕跡はない。彼が意識するのは、生命を失ったいま〈神の本質〉のなかに持続して在ること、したがって、実相においては、存在するのは彼ではなく、絶対者そのものであることである。何を為そうとそれを為すのは、そのひとでなく、神である。バーリー・エフェンディーはそれを「行為が絶対者の行為のなかに滅却すること」と表現する(二〇四—二〇五頁)。

「聖者性」が存在するのは、いま説明した「自己滅却」という経験が基底にある場合に限られる。そして、そうした経験を経た〈聖者〉の意識は広大である。「聖者」は、〈神の生命〉という限りなく広大な海のなかにあらゆる事物が融解しゆく驚くべき光景を目睹するからであり、そしてそれがすべて現実に彼のなかで起こっていることを意識している。しかしながら、この精神的状態の頂点において、〈聖者〉の意識は、無限の「限定作用」(ta'ayyunāt) へと分岐し始める前の〈神の意識〉と同じになる(イスハーク章第六、一一一頁/八九頁)。そうしたひとこそがもっとも高度に「知る者」である。またそうしたひとが深い静寂 (aukūt) のなかに佇むのも当然であろう(三四頁/六二頁)。もっとも深い知の内容は言語を絶するものだからである。

「聖者性」の立脚する存在基盤は以上のようなものである。これを基礎として或る性質を加えることにより「預言者性」が成立し、さらに「預言者性」に或る性質を加えることによって「使徒性」が成立する。〈預言者〉と〈使徒〉は彼らの機能がこの世の生活に関わるがゆえにこの世と密に結びつけられる。来世での永遠の幸福を人々に獲得させせんと現世の生活を秩序づけることを法制度がつねに目的とするからである。対して「聖者性」はそうした本質的関係を現世と取り結ばない。

したがって、「預言者性」と「使徒性」はそれらをもつ主体から消え去りうるが、「聖者性」という性質・称号がその主体から去ることはない。「預言者性」や「使徒性」という称号が消え去ったひとは直ちに無規定の〈聖者〉となる。来世には法制度など全くないのだから、現世で〈預言者〉や〈使徒〉だった者はみな、来世で「聖者性」の位次にいつづける（ウザイル章第一四、二〇五頁／一三六―一三七頁）。

すでに述べたように、〈預言者〉は、〈聖者〉と異なる性格づけを加えられた〈聖者〉である（つまり、「聖者性」の位次に「預言者性」の位次が加えられる）。〈使徒〉は、さらなる性格づけが加えられた〈預言者〉である（つまり、「聖者性」の位次に加えられた「預言者性」の位次にさらに「使徒性」の位次が加えられる）。〈預言者〉の場合は一人のなかに二つの位次が備わり、〈使徒〉は己れのうちに三つの異なる位次を備える。したがって、「聖者性」「預言者性」「使徒性」という三つの異なる位次が認められる。ここで、どの位次がどの位次より高いのかとの問いがおのずと生ずる。イブン・アラビーによると、最大の問題となるのは「聖者性」の位置づけである。純粋な「聖者性」を「預言者性」と「使徒性」より高い位次に配置するスーフィーたちの説に反対して、二つ、三つの位次が一個人に同居する場合に限り、「預言者性」と「使徒性」よりも「聖者性」の位次が高いとみなしうるとイブン・アラビーは断固主張する。

（同一人物が己れのうちにこれらのうちの二つ、もしくは三つの性格づけを備えたとき）「知者」ないし〈聖者〉としての資格をもつという側面からその人間が見られたならば、〈使徒〉ないし、法を制定し［て、法を携え］た者（つまり、〈預言者〉）という側面で見られるよりも完成されており完全である。だから、「神の民」に属するひとが、「聖者性」は「預言者性」よりも高いと言うのを聴くとき、あるいは誰か別のひとから彼がそう言ったと伝えられたとき、私がいま述べた内容をその発言は意味すると理解すべきである。

同様に、〈聖者〉は〈預言者〉や〈使徒〉の上に立つとそうしたひとが述べたなら、そのひとは同一人物について語っているにすぎない。事実、〈聖者〉としての〈使徒〉は、〈預言者〉かつ〈使徒〉としてのその同一人物よりも完成されており（完全である）。しかしながら、（〈預言者〉や〈使徒〉に同じ共同体内で付き従う）〈聖者〉（これも〈聖者〉だが、上のとは別の人物）が〈預言者〉や〈使徒〉よりも位次が高いわけでない。（二〇四頁／一三五頁）

引用文中の最後の一文は、三つの条件（〈聖者〉〈預言者〉〈使徒〉）が同一人物に揃うのでなく、三人にそれぞれが在る場合には、〈預言者〉や〈使徒〉に従わねばならないという側面を〈聖者〉がもつことを指す。〈使徒〉は或る特定の〈法〉をもってその〈使徒〉自身の共同体に遣わされ、その法の知（つまり、「外面的知」、ʿilm ẓāhir）をもつものの、〈聖者〉の方はそうした知をもたないからである。〈法〉規定に関する限り、その時代の〈使徒〉に〈聖者〉は従わねばならない。

だが、別の側面もあり、その側面から見ると〈聖者〉は〈使徒〉に優る。〈聖者〉は神とものの実在について完全な知（「内面的知」、ʿilm bāṭin）をもつのみならず、その知をもつことの意識ももつからである。他方、〈使徒〉や〈預言者〉も同じ知をもつものの、そうした意識だけはもたない。

「使徒性」に三つの構成要素があることから、おのずと〈使徒〉のなかにさまざまな〈使徒〉が存在することが帰結する。これが「〈使徒〉間の程度の違い」（tafāḍul al-rusul）である。

「聖者性」という観点から言えば、一切の〈使徒〉が同等であり、同じ次元にある。だが、現実には、彼らが暮らす時代や国における具体的な状況と密に関わるがゆえに、必ずそれぞれが互いに異ならざるをえない。同じことが〈預言者〉にも当てはまる。たまたま、そこの〈使徒〉となった国の状況を決定づける物質的精神的条件によって〈使徒〉の本性と位次が決定的に左右される。〈預言者〉の位次も現実にもつ知の量に深刻に左右される。

知るがよい。〈聖者〉や「知者」〔ʿārifūn〕としてでなく、〈使徒〉としての〈使徒〉には彼が遣わされた共同体の状態に応じて程度の違いがある。〈使徒〉が己れの職務遂行においてもつ知の量は、その〈使徒〉の共同体が必要とする分とぴったり一致する。共同体は互いに相対的優劣がありつつ各々に異なるので、〈使徒〉にもまた、共同体間に存在する違いに精確に対応して〈使徒〉職遂行上の知に関して高低がある。「われは或る〈使徒〉を他の〈使徒〉より優れた者とした」（クルアーン第二章第二五三節）という神の言葉はそのことを言う。

（〈預言者〉についても）同様に、知と判断において個人の能力が各々に違うので〈預言者〉の間に位次の違いがある。「われは、或る〈預言者〉を他の〈預言者〉よりも優れた者とした」（第一七章第五五節）という神の言葉はそれを言う。（一九六頁／一三二頁）

宇宙論的次元での完全人間は神の「代理人」だと前章で確認した。個体の次元における完全人間にも同じことが当てはまる。個体の次元では、完全人間という概念は具体的には〈聖者〉〈預言者〉〈使徒〉のかたちをとって現れる。これら三者は、地上におけるもっとも完全な神の顕れの場であるから、神の「代理人」（khulafā'. 単数形は khalīfah）である（二五九頁／二〇七頁）。すでに論じられた「ムハンマドの実の在り方」（al-ḥaqīqah al-muḥammadīyah）の具体的顕現が彼らである（本書第十四章第四節参照）。

通常ムスリム共同体の政治的指導者カリフ（ハリーファ）[4]を指すのに「代理人」を意味するハリーファが用いられるため、語の意味が若干曖昧である。イブン・アラビーはこれを考慮し、二種のハリーファを厳密に区別する。(1)「神の代理人」（khalīfat Allāh ないし khalīfah ʻan Allāh）と(2)「使徒の代理人（あるいは後継者）」（khalīfat al-rasūl ないし khalīfah ʻan al-rasūl）である。完全人間の意味での(1)の「代理人」は、同名のムスリム共同体の歴史的政治的指導者である(2)のカリフと全く異なる。

神は、地上に「代理人たち」をもち、彼らは〈使徒〉である。今日我々が知るハリーファは、神のハリーフアでなく〈使徒〉の（「代理人」あるいは「後継者」）である。ハリーファは〈使徒〉に由来する〈法〉に厳密に従って（共同体を）支配し、その矩を決して超えないからである。（ダーウード章第一七、二四七頁／一六二頁）

しかしながら、カリフ、つまり〈使徒〉を継ぐ「代理人」が〈使徒〉の知の起源に直に触れて、神から直に受け取った内面的な〈法〉に則して共同体を支配するという例外的なケースもある。そうしたひとは見かけは〈使徒〉のハリーファながら、内面的には神のハリーファである。

外見上、そうしたひとは（〈使徒〉に）従う者（muttabiʻ）である。それは、共同体を支配するとき（〈法〉に）従うからである。地上に降り、世界を支配するときのイーサーがそうである。[5] いま一つの例は預言者ムハンマドである。「これらの人々〔つまり、ムハンマドより前の預言者たち〕こそ神が導きを与えた者。彼らの導きに従え」（クルアーン第六章第九〇節）という神の言葉がそのことを言う。この種のひとは、その〈知〉を得る仕方、己れが意識する仕方において「特別に権利を与えられた」（mukhtaṣṣ）「従う者」（muwāfiq）である。[6] この点から見て、そのひとは、或る意味で預言者ムハンマドと同じ位次にある。ムハンマドは前任の〈使徒たち〉の〈法〉を己れの名で確立した。だから、ムハンマドに従う我々は、前任〈使徒たち〉が確立した〈法〉としてではなく、ムハンマド自身のものとして（法を受け容れて）ムハンマドに従う。ムハンマドと同じ仕方で「神の代理人」は（知を）〈使徒〉と全く同じ源泉から獲得する。

そうしたひとは、神秘主義の用語において「神の代理人」と呼ばれるが、通常の（非神秘主義的）用語法では「神の使徒の代理人」と呼ばれる。

これが神の〈使徒〉（ムハンマド）がハリーファとして誰をも指名せずに亡くなった理由である。ムハンマドがハリーファを指名しなかったのは、（〈使徒〉によって確立された）〈法〉に完全に従いながら、〈主〉から直に「代理権」を受け取り、「神の代理人」となるひとが信者のなかに出現するであろうことを知って

いたからである。(『叡智の台座』ダーウード章第一七、二四八頁／一六三頁)

イブン・アラビーのワラーヤ理論における一つのキー・タームは、或る系列の究極の最終到達地点を意味する「封印」(khātam)である。簡潔にこの考え方を考察して本章を終えたい。なお、イブン・アラビーの世界観のもつ存在論的構造を明るみに出すというこの書の目的の範囲を、この考え方の惹起する問題は大幅に超えてしまうことを予め断っておく。

ハータム(khātam)という語は二つの語句に見える。(1)〈預言者の封印〉(khātam al-anbiyā')ないし〈使徒の封印〉(khātam al-rusul)と(2)〈聖者の封印〉(khātam al-awliyā')である。イスラームで一般的に受け容れられる用法に準じて、「預言者の封印」は〈預言者〉ムハンマドそのひとを指す。この語句自体に何ら独創的なところはない。これは、〈預言者〉であるムハンマドは歴史的に見て、〈預言者たち〉の長い鎖の最後の一輪であり、正統的〈預言者〉がムハンマドより後に現れる可能性は全くないというイスラームに共通する信仰に対応して、しばしば用いられる表現である。

したがって、「〈聖者〉の封印」という第二の語句の方が問題になる。『叡智の台座』では明言しないものの、少なくとも現世がつづく限りでとの条件付きで、イブン・アラビーはこの語句でほぼ確実に己れ自身を指す。[7] アフィーフィーが指摘するように、[8] イブン・アラビーはその著作の多くの箇所で、例えば「〈ムハンマドの聖者性の封印〉は我々の時代に生きている高貴なアラブの血を引く男である」など曖昧な表現を用いて仄めかすにとどまるが、一箇所『マッカ啓示』で「私は〈聖者性の封印〉で、紛れもなく、ハーシム家の遺産(ムハンマド)(の封印)、メシアである」と明言する。

だが、イブン・アラビーが〈封印〉という語で実際に己れ自身を指すか否かは我々にとって皮相な問題である。この書の目的にとって重要なのは〈封印〉という概念そのものである。

最高の「知者」の段階に固有の最高の知が究極に何に由来するのかをめぐってその問題は論じられる。

> この（最高の）知は〈使徒の封印〉と〈聖者の封印〉だけに帰属する。〈最後の使徒〉の聖なる壁龕《ニッチ》(9)からしか、〈預言者〉も〈使徒〉もこの知を得ることができないし、〈最後の聖者〉の壁龕からしか、どの〈聖者〉もこの知を得ることができない。（シース章第二、四二頁／六二頁）

イブン・アラビーが二つの壁龕について語っているのだという誤った考えを最後の文章は抱かせるかもしれない。だが、最高の知を得る究極の「壁龕」はただ一つ在るにすぎないというのが真実である。なぜなら、カーシャーニーが言うように、一切の〈使徒〉が〈使徒の封印〉から知を得るのであれば、〈使徒の封印〉は自らの奥深くにある「壁龕」から、〈聖者の封印〉として知を得るのでなければならない(10)、そうであるならば、すべての〈使徒〉と〈聖者〉は究極には〈聖者の封印〉から光を得る（『カーシャーニー注』三四頁）からである。

〈使徒の封印〉と〈聖者の封印〉とのあいだの相対的優劣についてイブン・アラビーは己れの見解を次のように述べる。

> 事実、〈使徒の封印〉の確立したもの、つまり聖法に〈聖者の封印〉は外面的に従う。だが、このことが〈聖者の封印〉の精神的位次をいささかも損ねることはないし、（すべての〈使徒〉が〈聖者の封印〉の「壁龕」から内面的知を得ることに関して）すでに私が述べたこととも矛盾しない。〈聖者の封印〉は或る面で（〈使徒の封印〉よりも）位次が低く、別の面では位次が高いからである。
>
> 我々の宗教に実際に起こった出来事によってこの解釈は確証される。（例えば）ウマルは、バドルの戦いでの捕虜をどう扱うかについてムハンマドよりも優れた判断をし、ナツメヤシの増産についてもそうであった。「完全な」ひとは必ずしもすべてのことにおいてすべての面で他の者より優れる必要はない。（精神的な

ひとが）重要だと考えるのは、神についての知において優れることであり、それだけが重要である。（精神的なひとの）こころにおいて世俗的な事柄は少しの重要性ももたない。（『叡智の台座』四二頁／六二―六三頁）

〈聖者の封印〉と〈使徒の封印〉との関係と連関せしめて、イブン・アラビーは有名なハディースに言い及ぶ。そのハディースでは、ムハンマドが壁を完成せしめる最後の煉瓦に己れ自身を喩える。さらにこのハディースをイブン・アラビーはイスラーム暦五九九年に彼自身がマッカで見たヴィジョンに結びつけている。

このヴィジョンのなかで、イブン・アラビーは神の家であるカアバ神殿を見た。カアバ神殿は金の煉瓦と銀の煉瓦で造られていた。（「銀の煉瓦」は〈預言者〉の象徴、「金の煉瓦」は〈聖者〉の象徴である）。彼の見たカアバ神殿の壁は最後の二つの煉瓦を欠いていた。欠けていた煉瓦は、一つが銀の煉瓦で、もう一つは金の煉瓦であった。夢のなかでイブン・アラビーは二つの煉瓦が自分であると痛烈に感じた。そして、二つの煉瓦が収まるべき場所に彼が収まるとカアバ神殿が完全な形で出来上がった。

預言者（ムハンマド）はかつて「預言者性」を、一つの煉瓦が収まるだけの場所以外は完成していた壁に喩えた。ムハンマド自身が残り一つの煉瓦であった。重要なのは、（そのハディースで）ムハンマド自身が言うように、ただ一つの煉瓦が欠けるのをムハンマドが見たことである。

他方、〈聖者の封印〉について言えば、彼は同じ性格のヴィジョンを確かに見た。〈預言者〉が壁で象徴したものを確かに見た。（しかしながら、わずかに異なるのは）二つの煉瓦分を欠き、壁全体が金の煉瓦と銀の煉瓦で造られていたことである。壁に欠けていた二つの煉瓦のうちの一つは金の煉瓦であり、もう一つが銀の煉瓦であることに気づいた。さらにそのヴィジョンのなかで、彼自身が二つの煉瓦が配置される場所にすっぽりと収まることに気づいた。さらに、壁を完成させる二つの煉瓦とは〈聖者の封印〉に他ならないことに気づいた。己れ自身を二つの煉瓦と考えねばならない理由は次のことである。〈聖者の封印〉は外面的には〈使徒の封印〉によって確立された法に従う。これは、銀の煉瓦が収まるべき場所（によってヴィジョンのなかで象徴される）。だが、この煉瓦は〈聖者の封印〉の「外面」にすぎず、その外面に即して見る限り、この煉瓦は〈聖者の封印〉が〈使徒の封印〉に従って行う〈法〉規定にすぎない。だが他方で、外面的に（〈使徒の封印〉に）従っていたものと全く同じものを〈聖者の封印〉はこころの深奥において直に神から受け取るのだ。〈聖者の封印〉が事物をありのままに見るからこそ、したがって〈聖者の封印〉をそうとしか見ることができないからこそ、そのように見えたのである。こうした資格をもつ〈聖者の封印〉は内面的に金の煉瓦の場所に相当する。天使（ジブリール。ガブリエル）が〈使徒〉に伝えた知を、天使がそれを得た同じ源泉から〈聖者の封印〉は獲得するからである。

もし私がここで比喩的に語ったことを理解できたなら、あなたは極めて価値ある知をあらゆるものに関して獲得したことになろう。（長い「預言者性」の歴史的鎖のなかで）アーダムに始まり最後の〈預言者〉に終わる一連の〈預言者たち〉のなかで〈預言者の封印〉は肉体的存在としては最後に現れたのだが、他の〈預言者たち〉は、（その預言者としての〈光〉を）〈預言者の封印〉の「壁龕」から獲得してきた。〈実の在り方〉[11]としてのムハンマドは（永遠に）存在するからである。「アーダムが水と土のあいだにあったときに、私はすでに預言者だった」というムハンマドの言葉（ハディース）はそれを言う。（シース章第二、四三―四四頁／六三―六四頁）

この文章の意味内容に関してカーシャーニーが興味深い注を附す（「カーシャーニー注」三六頁）。イブン・アラビーの記述は〈聖者の封印〉が〈預言者〉ムハンマドに優ることを意味するととられてしまうかもしれない。ムハンマドの立場は一つの煉瓦でしか象徴されないのに対して、〈聖者の封印〉の立場は、ムハンマドへの「外面的」従属の徴たる銀の煉瓦と、己れの〈光〉の徴たる金の煉瓦、という二つの煉瓦で象徴されているからである。こうした理解をしないよう読者に警告して、カーシャーニーは次のことを指摘する。引かれたハディースによると、カアバ神殿には一つの煉瓦が欠け、ムハンマドがその場所を埋めて神殿が完成した。このことは、ムハンマドが、実は〈聖者の封印〉であったことを意味するとカーシャーニーは言う。ただしムハンマド自身は〈預言者〉＝〈使徒〉としてしか現れず、〈聖者〉の機能でなく、〈預言者〉＝〈使徒〉としての機能しか担わなかった。換言すれば、ムハンマドは〈聖者〉の形相を現実化せしめなかったのである。

イブン・アラビーがマッカで見たヴィジョンは、〈聖者の封印〉だったのだが、己れ自身をそのように現実化せしめなかったがゆえ、別のひとが〈聖者の封印〉の機能をもって歴史的現象として現れる必要があった。別の表現を用いれば、ムハンマドの許にあった「聖者性」は最後まで「内面」のままだった。この「内面」つまり、隠された「聖者性」は〈聖者の封印〉が現れることによってのみ顕在化したのである。

〈聖者の封印〉と他の聖者との違いをイブン・アラビーはこう語る。〈聖者の封印〉のなかで「聖者性」は本質的なものであるが、他の〈聖者〉にとって、「聖者性」はまずもって「獲得」されるべきものであると。（カーシャーニーによると）これが、〈聖者の封印〉の「聖者性」が「太陽の聖者性」（walāyah shamsīyah）と呼ばれ、他の〈聖者〉の「聖者性」が「月の聖者性」（walāyah qamarīyah）と呼ばれる所以である（『カーシャーニー注』シース章第二、四四頁）。

注

（1）この書では、saint と saintship を差し当たりそれぞれワリーとワラーヤの英訳として用いるが、アラビア語ワリーの意味内容が英語の saint という語で網羅せられるかどうかは別問題である。
（2）例えば「神は信ずる者のワリー（近くにいて守護する友）である」（クルアーン第二章第二五七章）とある。
（3）そうした知の具体的内容についてはこれまで分析的に論じてきた。

（4）英語のカリフ（Caliph）は、ハリーファ（khalīfah）をただ英語にした語である。

（5）ここでのイーサー（イエス）は終末論で現れるイーサーのことである。イスラーム教徒の信仰によると、イーサーは現世が終わるとき再び天から降り、イスラームの聖法で世界を支配する。そのとき、イーサーは形式的にはムハンマドの「代理人」であるが、ムハンマドが法を受け取ったのと同じ源泉から知を得ている。この意味で、イーサーは〈聖者〉の〈封印〉となろう。

（6）「特別に権利を与えられたひと」であるのは、共同体を支配するための内面的〈法〉を神から直に受け取ったことを自覚するからである。同時に「従う者」であるのは彼の〈法〉が、外面的には、前任者に負うからである。

（7）私が「少なくとも現世がつづくかぎり」というのは次の理由による。すでに指摘したように（注5参照）、現世がまさに終わろうとするとき、その終末論的状況下で、イーサーが地上に降り、〈聖者の封印〉の機能を引き受ける。終末論的イーサーは「一般聖者性」（walāyah ʻāmmah）と呼ばれ、「ムハンマドの聖者性」（walāyah muḥammadīyah）とは区別される。この区別に関しては、al-Tirmidhī, *Khatm al-Awliyā'*, ed. Osman Yahya, Beyrouth, 1965 での編者による『マッカ啓示』（*al-Futūḥāt al-Makkīyah*）からの関連部分の引用をみよ（p. 161, Footnote 53）。

（8）アフィーフィー『イブン・アラビーの神秘哲学』一〇〇―一〇一頁。

（9）「壁龕」（miskhāt）は聖者としてのこころの深奥部にある神の光を象徴する。神の光は「ムハンマドの実の在り方」に他ならない。

（10）イブン・アラビーが「聖者の封印」によって己れ自身を指すことはすでに指摘した。だが、カーシャーニーはここで〈使徒の封印〉、つまりムハンマドは、〈聖者の封印〉を兼ねると言うように見える。だがこれは矛盾ではない。イブン・アラビーの意識において、「ムハンマド」は歴史的個人であるばかりではなく、宇宙論的創造原理でもあることは「ムハンマドの実の在り方」を論じたときに指摘した。「ムハンマド」を語るときにはつねにその二つの側面をイブン・アラビーは念頭に置くようである。

（11）既に言及した〈ムハンマドの実の在り方〉を指す。

第十七章　完全人間のもつ不思議な力

完全人間が或る種の魔力をもつことをイブン・アラビーは認める。「知者」（ʿārif）としての完全人間は定義の上で異常に発達した精神的力をもつのであるから、それは驚くべきことで決してない。彼のこころが尋常ならざる働きを示すのも自然である。

集中された精神的な活動力を意味するヒンマ（himmah）という語でこの異常な力は知られる。イブン・アラビーによると、「知者」がもし望むなら、全ての精神的活動力を集中せしめるだけでいかなる対象にも働きかけることができ、現実にないものを存在せしめることすらできる。要するに、「知者」は何ものであれ、何ごとであれ意に沿わせることができる。彼にはタスヒール（taskhīr）という力[1]が備わるのである。

タスヒールという語はスライマーン王（Sulaymān. ソロモン）を思い起こさせる。自然を支配し、自由に動かす超自然的能力をスライマーンがもつことはイスラームにおいて広く知られ、受け容れられている。例えば、スライマーンはどの方向にも思いのままに風を吹かすことができた。眼に見えないものを自由に支配し操ることができたとも言われる。

しかしながら、イブン・アラビーによると、スライマーンはヒンマによって自然を支配し操ったのでない。この点から見れば、スライマーンはかなり特殊な立場にある。それは神によってスライマーンに固有の仕方で与えられた特別な恩恵である。奇蹟を起こすためにスライマーンはヒンマを行使するときのようにこころを集中する必要がなく、ただ「命令」(amr) を発するだけで済むからである。何かを為すよう彼に命ぜられたものは、たちどころに命ぜられたように動いた。イブン・アラビーが判断するに、この類のタスヒールはヒンマによるタスヒールよりも高度のタスヒールである。対象に直に働きかけるからである。

スライマーンに固有のタスヒール——スライマーンより後の誰にも与えられることがない王権の(本質的)部分として神より賦与され、それをもつがゆえにスライマーンは他の者に優れる——はスライマーンが「命令」することにより行使されるという特徴をもつ。神は言う「また、われは風をスライマーンに従わせ、スライマーンの命令によって風が吹くようにした」(クルアーン第二一章第八一節)。単純にタスヒールを行使しえたという事実(がスライマーンを本質的に特徴づけるの)ではない。我々みなに関して何の区別をすることなく、「われは天と地にあるものの一切をお前らに従わせた〔sakhkhara〕」(クルアーン第三一章第二〇節)と神は言い、風、星、その他を我々が支配し操ることができるよう配置したと言う。だが、(我々一般の場合には)タスヒールは我々の命令によって起こるのでなく、神の〈命令〉によって起こる。(タスヒールそのものでなく、タスヒールが)命令により行使されることこそがスライマーンに固有であるのは少し考えればわかるだろう。スライマーンがタスヒールを行使するためには、思念の集中〔jamʿīyah〕やヒンマを少しも必要としない。

私がこのことを特に取り上げるのは次のことによる。すなわち、或る種のこころの様態〔himam al-nufūs〕がもっとも高い集中の度合いに達したときに、世界のなかにある事物がそのこころの集中によって働きかけられうることを我々みなが知っている。現に私は、己れ自身の(神秘的)生活のなかでこの現象を目睹した。しかしながら、スライマーンは何を支配し操ろうとするときにも、ヒンマなしに、つまり思念の集中なしに、ただ命ずる言葉を発するだけでよい。(『叡智の台座』スライマーン章第一六、二四一—二四二頁/一五八頁)

それでは、ヒンマと呼ばれるこの精神的集中はいかなるものか。尋常に起こる我々の想像経験から推してヒンマを諒解しようと努めれば、容易くそれを理解することができよう。我々は想像のなかで思うがままに何でも造ることができる。外界に存在しないものであっても、想像のなかにそれを造ることができる。そのように想像された対象は我々のこころのなかだけに存在する。ワラーヤの位次に至った真の「知者」は、それと同じく思念を集中することによって、現実に存在しないものを造ることができる。ただし、そうした「知者」は外側の実在世界に対象を造り出す点に違いがある。これが或る種の「創造」（khalq）であるのは明瞭である。だが、それを神の創造行為と混同すべきでない。

　こころのなかで想像能力を働かせることによって、想像のなかにしか存在しないものを誰でも造ることができる。誰もが共通してこのことを経験する。だが、「知者」はヒンマによって、ヒンマの外側に（つまり、こころの外側に）存在するものを造り出す。

（しかしながら、ヒンマによってそのように造り出された対象が存在しつづけるのは）ヒンマが造り出された対象をつねに思念し、その思念を緩めることなく維持する場合に限られる。思念が弛緩し、造り出されたものから「知者」のこころが逸れたときには、造り出された対象が消える。だが、あらゆる段階の〈現前〉（〈在る〉のさまざまな存在論的次元）を「知者」が確乎として支配し操り、彼のこころがそれら一切を同時に見失うことがない〔つまり、或る存在論的次元はつねに確保している〕特別な場合には、これは当てはまらない。そうしたひとのこころは（或る〈現前〉を見失ったとしても、全ての〈現前〉を失うことはない）。つまり、そのひとのこころには、少なくとも一つの〈現前〉は確かに残る。（イスハーク章第六、一一〇頁／八八―八九頁）

本書第一章において言及した〈在る〉の五つの〈現前〉をここで思い起こす必要がある。〈現前〉はさまざまな仕方で分類される。第一章で説明されたものと少し違う分類を挙げておけば、そうしたさまざまな分類のうちの或る一つの分類では〈在る〉の全世界が次の五つの地平から構成される。(1) 感覚の（つまり、感覚経験の地平での）〈現前〉、(2)〈イマージュ〉の〈現前〉、(3) 精神（arwāḥ）の〈現前〉、(4) 知性（ʻuqūl）の〈現前〉、そして (5)〈本質〉の〈現前〉である。だが、いまの文脈では、〈現前〉の分類法にさほど重要な意味はない。第一義的に重要なのは、〈在る〉の世界がさまざまな次元から構成され、それぞれの地平が互いに有機的に結びつくことである。例えば、感覚経験の地平に存在するものはより高次の地平においてもその地平特有の仕方で対応する存在をもっており、究極には、存在論的基礎たる絶対者の〈本質〉に至りつくことをこれは意味する。

この〈在る〉特有の構造ゆえに、「知者」は、感覚を超えた或る次元の対象に全精神的活動力を集中せしめて、具体的な現実の次元に可感的な形態を帯びた対象を造り出すことができる。さらには、より高い次元にある或る対象の形態を精神内で維持することで、より低い〈在る〉のさまざまな次元にあるその同一の対象の諸形態を維持することができる。

だが、この精神的「創造」はもっとも重要な部分で神の〈創造〉と決定的に異なる。例えば、ヒンマによって「知者」は可感的な形態を帯びた対象を造り出すが、そのように感覚経験の次元に造り出された対象は、その「知者」が精神的集中をつづけるあいだにだけその次元に存続する。集中力が削がれたり、そのひとにたまたま別の想念が生じたりして、そのひとの注意が散漫になった瞬間に、当の対象は感覚的次元で存在するのをやめる。だが、イブン・アラビーが補足するように、〈在る〉の基本的五地平を支配する精神力をもつ最高度の「知者」の場合、たとえ他の次元で彼の注意が散漫になり、これまでの強度をもたなくとも、少なくとも一つの次元でつねに精神的集中が維持される。そうした場合には、「創造された」対象が長期間維持される。

己れが絶対者であるとの主張と矛盾する事態が露わになることを懼れて神の民（つまり、神秘家）が嫉妬深くもあからさまにするのを避けてきた秘密を私はこれまでに述べたことで開示した。（〔己れが絶対者であるとの〕こうした主張に反して、私は次のことを主張した。）絶対者は何であれ決して忘れないが、ひとは必ずやこれやあれを忘れてしまわざるをえないものである。

或る人間が己れの「創造した」ものを精神的に維持する限り、その人間は「私は創造主である」（anā al-ḥaqq）と言う立場にある。しかしながら、その人間が「創造された」対象を維持するのは、神が〔被造物を〕維持するのとまるで違う。私が説いたのはその違いである。

或る一つの形態とその存在論的次元であっても、ひとがそれを忘れてしまうならば、絶対者とは区別されねばならない。そのひとがたまたま忘れなかった或るふさわしい次元において一つの形態を保持して、そのことをもって（或る対象のさまざまな次元での）現れ方の全てを維持するかもしれない。だが、そのひとは絶対者から区別されねばならない。なぜなら、そのひとは詰まるところ、「含意において」（[bi-al-]taḍammun）維持するにすぎないからである。神が被造物を維持するのはそうした仕方においてでない。神はすべての在り方を「個々を明示して」〔bi-al-taʿayyun〕維持する（つまり、事物のあらゆる形態、それぞれの次元に応じた個別的な仕方で一切を神は維持する。）

これは、私の知る限り、私を含めてこれまで誰も書に記さなかった問題である。この書こそ（この秘密が明かされた）唯一にして最初の書である。この書はこの意味においてこの時代の画期的な真珠である。このことをしっかりとこころに刻むがよい。

「知者」のこころが留めおかれる〈在る〉の或る特定の次元(2)は、（その存在論的次元で「知者」が造り出した対象の）形態に「知者」が意識を集中しつづける限り、神が「我れは（掟の）〈書〉のなかに書かれることのどれも疎かにしたことがない」（クルアーン第六章第三八節）――その結果、その〔「書」という〕特定の〈在る〉の次元もすでに実現したことといまだ実現しないことを含むのである――と言うときの「書」に比しうるかもしれない。だが、私がここで述べることは、己れが「結合」の原理（qurʾān）であるようなひと以外

に理解しえないであろう。（一一一頁／八九―九〇頁）

したがって、このように概括的な仕方でヒンマを結集できるひとだけが、そうしたことをなしうることが明らかにされた。なぜならそのひとは己れの意識のなかに〈在る〉の全ての次元を概括的な仕方で「集める」からである。そうしたひとは、いま説かれた相違点を除けば、神に極めて近い位次にある。その違いは、言うなれば、フルカーン（furqān、〔「分離」を意味する〕）に由来し、フルカーンゆえにこそそのひとは本質的に神と異なる。(3)

しかしながら、重要なのは、この「分離」が普通のフルカーンでないことである。それは「結合」の後のフルカーンであるがゆえに、もっとも高次のフルカーン（arfaʿ furqān）である（一一二頁／九〇頁）。普通のひとの場合、経験する「分離」はファナーより前の現象である。そのひとは「自己滅却」の経験を何らもたない。つまり、そのひとは絶対者と本質的に一つとなることをいまだ「味わって」いない。そのような状態のひとが行使する「分離」は絶対的で無条件な「分離」なのである。そのひとは絶対的無条件的に絶対者と「分離」し「区別」される。

反対に、「知者」はすでに「自己滅却」体験を通過し、その次にその個人的体験を通じて絶対者と本質的に一つとなることを知っている。「知者」はそのことを知り、なおかつ彼自身のなかに「神の側面」（lahūt）と「人間としての側面」（nāsūt）、つまり絶対者と被造物のあいだの区別をする。そのときの「分離」はたんなる「分離」でなく、より高次の「分離」である。また、このことはスーフィーの用語法でよく知られた「自己持続」（baqāʾ）に対応する。

さて、このような考え方に照らしてヒンマの概念を考察すれば、次のように理解しうるだろう。最高の「知者」は実際にヒンマを行使するとき、或る意味で「創造者」（khāliq）でもある。そのひとの「僕《しもべ》としてあること」の痕跡すべてが己れの意識から消え去り、己れ自身のうちに「〈主〉であること」が生き生きと活動するのを感ずる。そして自分を〈主〉と感じ、全世界のありとあらゆるものが彼の支配の許にあるのを明瞭に意識する。これが「結合」（qurʾān）の段階である。しかしながら、この段階は一時的なものにすぎず、定まっていない。もし一時でも、そのひとのこころが弛緩し、最高度の集中が途切れたならば、即座に己れの「無能さ」（ʿajz）を意識し、それゆえ、必然的に己れ自身が「僕として在ること」に直面する。これが「分離」（furqān）の段階である（一一二頁／九〇頁参照）。

認識論的側面においてヒンマとは、〈理性〉把握の限界を超えて〈存在者〉の秘密を見通す尋常ならざる能力であるのに対して、実践的側面においては事物を自由に扱うこと（taskhīr al-ashyāʾ）である。この事実も見ておかねばならない。この観点には、〈在る〉の実相（haqīqah）は「ヒンマを与えられた僕」にしか知りえないとイブン・アラビーが『叡智の台座』で宣言する（一八九頁／一二二頁）ことが深い意味をもつ。本質的に、ヒンマとは、或る「知者」が全ての精神的活動力を一点に集中させ、集中したこころ（qalb）を或る限定された方向に投ずることである。この行為は、相異なるが密に関係する二つの仕方で機能する。(1)或るもの、或る状態を、その或るもの、或る状態が可感的に存在しなかった場所に造り出す。(2)〈理性〉の覆《ヴェール》いを引き裂き、その背後の実の在り方を照らしだす。

ヒンマのもつ自然を超えた力が説明されたところで、次の問いがおのずと生ずる。「知者」、つまり完全人間は望むように「奇蹟」（karāmāt）を起こすことができるのかとの問いである。

スーフィーたちの一般的見解では、「聖者性」の位次に達した「知者」は、「慣行に反すること」（khawāriq al-ʿādāt）、つまり「奇蹟」を起こしうる立場にある。そうしたひとは通常、何にでも誰にでも己れの精神的力を投じ、意のままに対象に働きかけ、変化させる或る種の超人とみなされる。

だが、そうした見解をイブン・アラビーは受け容れない。イブン・アラビーが論ずるに、クルアーン第三〇章第五四節に「神はお前たちを弱きものとして創造した」との神の言葉が見える（ルート章第一三、一八九頁／一二七頁）。人間が創造されたその根幹には「弱さ」（daʿf）がある。ひとは、本質的本性的に「弱きもの」（daʿīf）、「無力なもの」（ʿājiz）である。ひとは幼児の弱さに始まり、老人の弱さに終わる。もちろん、クルアーンの章句そのものが認めるように、子供は、ひとに成長しゆくにつれて、「強さ」(quwwah) を獲得し、己れ自身の強さを自覚するようになる。だが、それは結局一時的状態にすぎず、まもなく年老いて衰える。さらに、中間段階で獲得した「強さ」は「附帯的強さ〔後に加わった本質的でない強さ〕」(quwwah ʻaraḍīyah) にすぎない。またその附帯的な強さは、ひとが己れ自身で造り出したものではなく、神が「備えつけた」結果である。実際、ひとが強さを発揮しうるのは、その壮年期に、神が己れ自身を「〈力強き者〉」(qawīy) という〈名〉のもとに顕す、その顕現の場として在るからにすぎない。

本質的に強き者は絶対者だけである。ひとは附帯的にのみ強い。普通のひとはこのことを知らない。真の「知者」だけが、己れ自身のうちに感じる(ヒンマを含めた)強さは己れ自身の強さでなく、神の強さであることを知る。

これに気づくから、ヒンマの力を意のままに行使する権利が己れにないと「知者」は知っている。したがって、「知者」は本来の所有者にその力を行使する権利を委ね、もともとの「絶対的無力」(ʻajz muṭlaq) の状態に己れをおく。

或る者が言うかもしれない。「事物に実際に働きかける力であるヒンマをなぜ(最高の「知者」は)行使しないのか。〈使徒〉こそがそれを所有するに相応しいとしても、使徒にたんに従っただけの神秘家たちにも実際にそうした力が存在しているではないか[1]」と。

私はこう答える。「あなたは確かに正しい。だが、もう一つの重要なことを知らない。真の「知者」はヒンマを自由に行使することを制限する。そして知がより高度になればなるほど、ヒンマが自由に行使される可能性が低くなる」。

これには二つの理由がある。一つは、そうしたひとが己れの「僕として在る」状態をよく理解し、己れ自身の被造物としての(上に述べられた「弱さ」という)もともとの基盤をつねに意識するからである。もう一つの理由は、ヒンマを行使する主体と、行使される対象が同一だからである。（なぜなら、両者とも究極にそして本質的に絶対者であって、他の何ものでもないからである。）だから、そうしたひとはヒンマを投ずべき対象を知らない。そのことがヒンマの行使を阻むのである。（一九〇頁／一二七―一二八頁）

次にイブン・アラビーは、「知者」がこの世で「奇蹟」を起こすことを慎むもう一つの理由を挙げる。恒常原型〔a'yān thābitah〕――これについてはすでに詳細に論じてきた――のもつ絶対的な決し定める力を「知者」が知るからである（一九一頁／一二八頁）。

〈使徒〉の命令に従わない、したがって神に従わないひとが、「知者」の眼の前にいるとしよう。なぜ「知者」はヒンマを行使し、そのひとを正しい道に引き戻さないのか。世界のなかのあらゆる事物は永遠に決し定められている原型の形態に対応しているからである。この存在論的決定が絶対に変えられないことを「知者」は知っている。〈在る〉の深層構造を知り抜いたひとの眼からは、一切のものが〈在る〉の本性によって固く定められた轍に沿って在り、そこから逸れるものは一つもない。この知に照らせば、神に従わないひとであっても、神によって決し定められた道を歩んでいる。そうしたひとを「正しい道」に引き戻すのは使徒の力のうちにない。そのひとがすでに「正しい道」にあるからである。

最高の位次に達したあるスーフィー〔ba'ḍ al-abdāl〕が師アブド・アッラッザークにかつて言った。「師アブー・マドヤンのところに行って挨拶して言え、「アブー・マドヤンよ。我々には難しいことが何もないのに、あらゆることがあなたには難しい。それはなぜか。我々はあなたの精神的位次を羨望するのに、あなたは我々の精神的位次に興味を示さない。それはなぜか」と」[5]。

アブー・マドヤンがこの状態（つまり、「無力」の状態）以外に、他の状態（つまり、ヒンマによって自由にものを扱うことができる状態）をもつにも関わらず、事態はかくのごとくである（つまり、アブー・マドヤンは現実に「無力である」徴をさらけだしていた)。

我々(つまり、イブン・アラビー自身)は「弱さ」「無力さ」といった状態に関してより完全である。しかし、(アブー・マドヤンは我々ほど「無力さ」をさらけ出していなかったにも拘わらず)前述の最高の位次にいるスーフィーは彼に対してああしたことを言った(もしそのスーフィーが我々を非難しようとすれば、アブー・マドヤンでなく我々にこそその言葉は当てはまるであろう)。だが、いずれにせよ、アブー・マドヤンの例はあの種のこと(つまり、真理についての深き知ゆえに「弱さ」を見せること)を明確に示す。(一九二頁/一二九頁)

この「弱さ」の状態、ヒンマの行使を慎むことですら「知者」の側の意志的行為と諒解すべきでないとイブン・アラビーはつづけて論ずる。真の「知者」は己れを完全に神の手に委ねる。神がヒンマを行使するよう命ずればそれを為し、神がその行使を禁ずればそれを慎む。神が二つの選択肢を与えるならば、ヒンマの行使を慎むことを選ぶ。

アブー・スウード(イブン・シブル)がかつて弟子たちに言った。十五年前、ものを自由に操る力を神が私に与えた。だが、神への礼儀を弁え〔taṣarrufan〕、その力を行使するのを慎んだと。

この言葉には(神への)あまりに馴れ馴れしい態度が見え隠れする。私自身は、礼儀上、ヒンマの行使を慎むのでない。そうした態度には私の側の意志をもった選択が差し挟まれるからである。本当の知をもてば、意志による選択でもってヒンマを慎むことをしないはずである。この世で「知者」がヒンマを行使するときは、神の〈命令〉に従ってヒンマを行使する。言い換えると、「知者」がヒンマを行使するのは、それを行使するよう強制されるからであって、己れの意志をもった選択をもってヒンマを行使するのでない。(一九三頁/一二九頁)

この「[ヒンマの行使を]慎む」という問題における〈使徒〉の立場は〈聖者〉の場合よりも微妙である（一九三頁／一二九—一三〇頁）。精確に言えば、「使徒として在ること」の機能そのものに、己れが〈使徒〉であることを人々に明らかにするためのヒンマの行使が含まれる。共同体に〈使徒〉として受け容れられた場合にのみ、神への本当の信仰を普及せしめうるからである。一方〈聖者〉そのものはそうした使命と全く関わりをもたない。

それでも、使徒（ムハンマド）ですら預言者の「奇蹟」（muʿjizāt）を人々に見せようとしなかった。ムハンマドがヒンマの行使を慎んだ理由の一つは、ムハンマドが人々に深い思いやりを注いでいたことにある。「使徒として在ること」の決定的な証しを人々に示したならば彼らとの親密な関係が壊れてしまうので、過度にそうすることはなかった。彼が「使徒として在ること」の強い証拠を示そうとしなかったので奇蹟を起こさずに済んだ。この理由以外に、奇蹟を起こさない全ての真なる〈聖者〉と共有する別の理由がムハンマドにはあった。「奇蹟」は決して永遠に固く定められた事象の流れを変えることができないことをムハンマドは知っていたことがその理由である。あるひとがムスリムか否かはそのひとの原型によって決し定められている。〈使徒〉がそのひとの眼の前で「奇蹟」を起こしてもそれは容易に変えられない。

したがって、もっとも完全な〈使徒〉（akmal al-rusul）であるムハンマドでさえヒンマを行使しなかった。「奇蹟」を示す実際上の必要もあったし、そうした力が賦与されていたのも疑いない。それでもムハンマドは精神的力をそのようには発揮しなかった。最高の「知者」なので、「奇蹟」が本当は無意味なものであることを誰よりも知っていたからである。

完全人間のもっとも理想的な状態は、精神的平穏、計り知れない深みでの静寂である。己れ自身と全てのものを神に委ねる受け身の態度で満足する静かなひとである。完全人間とは己れ自身のうちに驚くほどの精神的力をもち、〈在る〉についての最高度の知で彩られながらも、静かで深い海という印象を与えるひとである。完全人間がそうしたひととして在るのは、絶対者の全ての〈名〉と〈属性〉を包括し、実現せしめる宇宙論的完全人間の、具体的個体の姿を帯びたもっとも完全な像だからである。

注

（1）taskhīr は文字通りには「誰かを強制的に働かせること、何かを意のままに操ること」を意味する。恒常原型〔a'yān thābitah〕がもつ「強制」力を論じる際に、我々はすでにこのタスヒールという語と出会っている。そこでは絶対者と世界とのあいだの相互〔可逆的〕タスヒールのかたちで現れた。

（2）「知者」が実際に、ある一つの存在論的次元に意識を集中させることで、その「知者」はある対象の〈在る〉のあらゆる次元における全ての形態を精神的に維持する、という問題にイブン・アラビーは再び戻っている。

（3）「集めること」（qur'ān）と「分離」（furqān）の相違については本書第一部第二章を見よ。

（4）クルアーン第三〇章第五四節には「神はなんじらを弱く創られ、そして弱さの後に強さ（quwwah）を創り（ja'ala）、そして再び強さの後に弱さを創られた」とある。

（5）意味は以下のとおり。「我々は自由に「奇蹟」を起こせるが、あなたはできないように見える。さらに我々はあなたの精神的段階に到達したいと思っているのに、あなたのほうは、我々の精神的段階に達したいという欲求がないように見える」。

訳　注

序

〔1〕「対話と非対話――禅問答についての一考察」（『意識と本質』岩波文庫／『全集』第五巻）で井筒は禅問答を手がかりに「異文化間の対話」がいかに成り立ちうるかを論ずる。そこに記される「異文化間の対話」によって本書の意図するところの概略がわかる。だが、その詳細（学問的精緻化）も英文著作群では念頭に置かれる。解説参照。

〔2〕原文に見える being と existence を、やや不器用な訳になるが、それぞれ「在る」、「存在」と訳し分けた。Being や Existence と冒頭一字がキャピタライズされる場合には、「〈在る〉」や「〈存在〉」とした。「在る」は、厳密には「…で在る」（何かで在る）ないし「…で在ること／もの」であるが、そうした厳密さが議論に反映する箇所（特に本書第二部第七章）以外は、単純に「在る」とした。being と existence が各々、アラビア語のマウジュード（mawjūd. 通常「存在者」と訳される）とウジュード（wujūd. 通常「存在」と訳される）の二分法に厳密な意味で等価である（と井筒が解する）訳でないのに注意（本書第一部第一章末尾参照）。ウジュードは being と existence を併せた意味をもつ。つまり「…で在ること／もの」の意と「…が在ること」の意が融合した意味をもつ。また、アラビア語のカーナやカウン（be 動詞に相当するが、存在の意味を帯びる場合もある）、シャイウ（もの）などもイブン・アラビー思想の存在論――それだけに留まらず、イスラーム思想全体の存在論――に深くかかわる。紙幅の都合上、それらを詳述することはできなかった。

〔3〕アブド・ワッハーブ・イブン・アフマド・シャアラーニー（ʻAbd al-Wahhāb ibn Aḥmad al-Shaʻrānī, d. 1565）は、マムルーク朝からオスマン朝への移行期のエジプトに在住した神秘家・法学者。原注の引用する『ルビーと宝石』（al-Shaʻrānī, *al-Yawāqīt wa al-jawāhir*）はイブン・アラビーの大著『マッカ啓示』（*al-Futūḥāt al-Makkīyah*）の文言を利用して、イブン・アラビーの思想体系を網羅的に解釈する。

第一部

第一章　夢と現実

〔1〕reality（realities）を通常の訳語である「実在」でなく、「実《じつ》の在り方」と訳した。井筒はこの語でさまざまな「リアリティ」を表示し（本書第三部第三章標題「実の在り方の多層性」を参照）、現実世界の複数の局面を表示する語として用いる。「実在」という語を用いれば一つの何かを指すと誤解されかねない。また「実」には、中国先秦時代の名実論争の「実」の意味も込めている。また、イスラーム思想（特に、カラーム、イスラーム神学）における「名」「実」の重要性を示唆することも含意されると理解していただきたい。

〔2〕カシュフの最高の形態。現実世界を超えたところに在る何か、現実世界にいる己れとのあいだにある緞帳が上がり、己れが通常観るのと違う光景が披かれるのがカシュフ（開示、ヴェールの引き剝

がし）。元来、貴人の顔が直接に見えないように降ろされた緞帳が上げられ、それまで眼にすることがなかった貴人と対面するさまを言う。己れが通常観るのと違う光景が披かれたとき、光により向こう側の光景が見えるのだが、光が己れ以外のものに由来する場合（照明される場合）と、己れ自身に由来する場合（己れが周りを照明する場合）がある（あるいはそれは場合分けされるのでなく、相即する事態であるかもしれない）。存在論的に言えば、前者は、己れ自身が絶対者の顕現形態として在ることを考慮しない認識の仕方にもとづき、後者は己れが絶対者の顕現形態として在ることを前提とした認識形態にもとづく。

〔3〕第一部第二章で述べられるようにハックはイブン・アラビーの思想体系で真理や実の在り方（reality）を指すとともに多義的であり、さまざまな場面で使われる。クルアーンに登場する用語であり、神名に数えられる。神名としてのハックは Daniel Gimaret, *Les noms divin en Islam*, Paris: Les Editions du Cerf, 1988, pp. 138–142, イブン・アラビーの用法としては Su'ād al-Ḥakīm, *al-Mu'jam al-Ṣūfī*, pp. 337–342 に解説がある。

第二章　絶対性の状態にある絶対者

〔1〕アラビア語の aḥadīyah（アハディーヤ）は、「一」を意味する aḥad の派生形であり、aḥad の抽象名詞化したものとみなされがちであるが、誤解。一般に「…イーヤ」語尾は、基本語形《マスダル》が存在しない場合、或いは、或る名詞に特有の基本語形を表示したい場合に用いる。アハディーヤとは、基本語形が現実そこに在る対応項に厳密に対応することを強調した言い方である。その意味で「一で在ること」である。なお、「統合的一者性」と訳したワーヒディーヤも同じように理解していただきたい。もともと思想用語（カラームの思想用語）としてのワーヒドは、原子群と偶有群の集合としての一つの物体を指すために用いられ、それと対比的にアハドはそうした集合体でない一つの何か（取り分けて神）を指すために用いられた。イブン・アラビーは、こうした用語法をずらす仕方で神に両語を用いる。

〔2〕〈絶対的（非限定的）存在〉を意味するウジュード・ムトラクは相対的存在（wujūd iḍāfī）と対をなす。相対的存在は、簡単には、被造物が〈絶対的存在〉を受け取る際にそれを限定的に受け取るがために、その当の被造物がもつ限定的な存在のことを言う。相対的存在に関しては本書第一部第十四章第一節に詳しい。

〔3〕「聖なるもの」（muqaddas）は「もっとも聖なる者」（quddūs）という神名に連関する。ムカッダスはクッドゥースと語根を同じくし、世界の事物を超越するだけでなく、ひとの側の思い描きをも越えた絶対者の状態を言い表す。クッドゥースはクルアーン五九章二三節および六二章一節の二箇所に見える。

〔4〕以下の引用は、訳者が適宜分割し、番号を附して整理した。証明は一から四までの四段階を踏み、五は結論を敷衍する。

〔5〕他の存在によって存在する存在者は本質と存在が一致しないので、その存在者が存在する以前には存在していなかったというこ

とである。なお、本文中に「本質」と「存在」が区別されることが前提とされているが、要注意。初期イスラーム思想で議論の的となったのは、「本質」と「存在」の関係ではなく、「もの」（シャイウ）と「存在」の関係である。カーシャーニーの論に見えるように、一般的に「本質」と「存在」が区別されるようになるのは、イブン・スィーナー以降と考えてよい。

〔6〕世界を絶対的な意味で〈在る〉と考えてしまう者たちのこと。

第三章　人間の自己知

〔1〕このハディースはハディース学者に正伝性が否定されるがスーフィーと呼ばれる者たちはしばしば用いる。『叡智の台座』アブラハム章第五冒頭近くに配置され、同章の基調を定める。神を知るのでなく、「主」を知るのに注目。神と主の違いはかなり大きい。このハディースがイブン・アラビー思想中に帯びる意味内容はWilliam C. Chittick, *Ibn al-ʿArabī's Metaphysicsof Imagination: The Sufi Path of Knowledge*, Albany: University of New York Press, 198, pp. 344–346）に概観できる。

〔2〕『叡智の台座』中にこれらの文言を探せなかった。井筒がイブン・アラビーの思考法に即しつつ「己れ自身を知る者は己れの主を知る」をパラフレーズしたと推測される。

〔3〕イフティカールとギナーは反対語。ギナーの能動分詞形ガニー（ghaniy）は神名の一つ。クルアーン第三五章第一五―一七節でイフティカールと同語根の語とギナーが同時に用いられる。なお、イフティカールという第八型動詞の動名詞《マスダル》はクルアーンには見えない。

〔4〕Allāh が固有名であるのと異なり、ilāh は不定の神を表す。前者は the God, 後者は a God と英語で表記される。

〔5〕もとのアラビア語は bi-maʾlūhīyati-nā で、このなかの maʾlūhīyah は ʾ-L-H 語根の第一型動詞の受動分詞 maʾlūh を「…で現に在ること」「…という性質を帯びて在ることそのもの」との意味を持つ名詞（基本語形の代用）にした語で、字義的には「何かが神として向かう対象として現に在ることそのもの」。

〔6〕哲学用語としてファイドは発出、流出、溢出などと訳される。もともとはギリシア語の proodos. ファイドという語自体はクルアーンに見えるが日常語として用いられ、決して哲学的存在論的な事柄を指すわけでないが、それと共通する意味合いは認められる。第五章第八三節「使徒に下されたもの〔クルアーン〕を彼らが聞いたとき、彼らが〔そのことで〕知った真理に由来して彼らの眼から涙が溢れ出るのをあなたは見るだろう」、第九章第九二節「彼らが遠征への参加を求めてあなた〔ムハンマド〕の許に来たとき、あなたが「お前たちを連れてゆく余裕がない」と言うと、遠征に参加できないことの悲しみに由来して眼から涙が溢れ出るままに背を向けて帰っていった」、第二章第一九八―一九九節「お前たちがアラファートの丘から自らを溢れ出させるとき、聖なる立処（ムズダリファ）で神が教えたとおりの仕方で「アッラー」と唱えよ。神が教える以前にはお前たちは道を踏み外していた。さらに、人々が〔アラファ

ートの丘から〕自らを溢れ出させるのと同じようにお前たちも自らを溢れ出させ、神に赦しを請え。神は赦す者、慈しみふかき者」などがある。何かが充満した状態から解放されて外に溢れ出すさまをファイドという語は表現すると言える。

〔7〕「彼」（huwa）が「不在」の代名詞であるように、その複数形「彼ら」（hum）も「不在」の代名詞である。三人称代名詞の単数形と複数形の非対称的な用法を知るためには前章を参照されたい。

〔8〕イブン・アラビーの三段階のうち「第一の開示」は第二段階、「第二の開示」は第三段階に当たる。第三段階（「尋常ならざる麗しい光景が映る」）をカーシャーニーは次の仕方で完全な者とそうでない者にさらに二分する。前者、完全な者は、我々が区別されつつも、一つで在る状況を把握する者、後者、完全でない者は、〈尊厳〉と〈美〉を併せもつ絶対者を把握する限りで完全な者である。第三段階の前者については、解説も参照されたい。

第四章　形而上の収斂と現象における拡散

〔1〕フウィーヤとは「彼」「それ」（フワ）に「イーヤ」語尾が附されたもの。第二章訳注1に述べたように、言語使用と当の語が指す対象が一致していることを特に言い表す基本語形《マスダル》の代用である。フウィーヤを絶対者に用いる場合には、不可知の状態からかろうじて「何か」として感知しうる次元に姿を顕した、そうした状態の絶対者を指す。イブン・アラビーの理解によるフウィーヤには、「彼」という三人称代名詞のもつ、かなり錯綜したこの場に不在だとの意味合いを帯びる。神が自分自身を「彼」と呼ぶのは、①己れ自身がクルアーンを読む人間から不在だ（つまり、いまだ特定の神名によって姿を顕していないものの、「何か」というかたちで指し示される存在形態として在る）ことを表現するとともに、②神が己れ自身を「彼」として、己れ自身からも「不在」とする（つまり、対象化することにより、本来の絶対者とは次元が異なる何かとして己れ自身を呈示する）からだ。第一部第三章では②の側面が扱われたのに対して、ここでは①の側面をズームする。

〔2〕「これ」（hādhā）からの造語（第四章訳注1のフウィーヤと同じ作り方）で、そこに何かが在ること、「これ」という言語表記が現実にここに在ることそのものと一致することを特に言う。「彼性」と対比的に用いられる。若干違うものの、ほぼ同種の、現実に我々の眼の前でものを区別する「これ」と「あれ」が『荘子』において重要な役割を担う（本書第二部第四章参照）。

〔3〕マクルは『マッカ啓示』(*al-Futūḥāt al-makkīya*, Beirut: Dār Ṣādir, n.d.) 第七四章一五三問の術語集に見える。一五三問は独特に構成され、一つの或る術語の定義が示されると、その定義中の最後に現れる語が採りあげられて、その語がさらに定義がされてゆくといった具合に語を順に辿る。イブン・アラビーはこれを連鎖語解法 (masāqu al-musalsili fī lughāti al-ʿarabi) と呼ぶ。こうした定義の仕方では、無論、最終的に何か確実な処に落ち着くことはない。通常の定義に対する、反定義と考えてよい。

第五章　形而上学的混乱

〔1〕ティルミズィー（Abū ʿĪsā Muḥammad ibn ʿĪsā al-Tirmidhī, d. 892）はハディース集で名を残す。カーシャーニーの典拠とする『サヒーフ集』（*Ṣaḥīḥ* 正伝ハディース集）がそれであり、後代にスンナ派ハディース六書に数えられる。

〔2〕ここで言われる上昇と下降は本書第一部第十三章第三節で詳解され、第二部ではその存在論的下降・上昇が宇宙論的側面と経験的側面に分けられる。老子が主に前者を担い（第二部第八章）、荘子が主に後者を担う（第二部第五章および第六章）。

〔3〕人間の側の神についての知を指す語。第一部第一章に登場する「神についての知」（maʿrifah bi-Allāh）は直接知、「味識」（dhawq）と言い換えられるように直接触れたときにわかる何かを意味する。他方、ʿilm bi-Allāh におけるイルムは「学問」とも訳しうる語で、「神についての知の海」とあるのは、学が解体しゆくさま、章題に即せば、形而上学が解体しゆくさまを言う。もちろん反「哲学」の立場である。

〔4〕一般に「聖者」の訳語が与えられる walīy ではなく、「ムハンマド者」（Muḥammadī あるいはその複数形属格 Muḥammadīyīn）。日本語で「キリスト者」と言うのとほぼ同じ用法。前章でムハンマドがタシュビーフとタンズィーフを初めて組み合わせたとあったが、「ムハンマド者」はムハンマドに倣い、タシュビーフとタンズィーフをともに有するひとの意。

〔5〕ハッラーズ（Abū Saʿīd Aḥmad ibn ʿĪsā al-Kharrāz al-Baghdādī, d. 899）は有名なスーフィー、ジュナイド（Abū al-Qāsim ibn Muḥammad ibn al-Junayd, d. 910）と同時代のひとでジュナイドの師とも言われ、主にバグダードで活躍したが、彼の著作『秘されたもの』（*Kitāb al-Sirr*）の内容を或る法学者グループに糾弾されバグダードを離れ、その後各地を転々とし、最終的にエジプトで没する。ジュナイドとともに神秘主義の体系化に功があり、ジュナイドよりもハッラーズを評価する後代の神秘家も存在する。

第六章　絶対者の影

〔1〕感覚には捉えがたい「神（絶対者）が延ばす影」のイマージュを感覚的に把握できるように、神はその事態を感覚的に示す太陽を現実世界に創造した。第一部第一章で言われたように、現実世界を超えた不可視の事態を説明するために現実世界が機能する（イブン・アラビーの解釈では、クルアーン第二五章第四五節がそうした現実世界そのもののもつ説明機能を明瞭に言う）。可視的太陽（光）と影の連関が、眼に見えない絶対者と（絶対者の延ばす）「影」（世界）の連関を「指し示すもの」となる。「太陽」という語で言い表される一般的な光がそのまま絶対者〈光〉という神名のもとに顕現した絶対者）と対応する。後年井筒が『意識と本質』『コスモスとアンチコスモス』などで言う「実在的比喩」の一例でもある。

〔2〕アンニーヤを「自我」（ego）と訳すのは、アンニーヤをアナーニーヤ（anānīyah）と同じと見ての意訳。ジュルジャーニー『定義集』（al-Sharīf al-Jurjānī, *Kitāb al-taʿrīfāt*, ed. G. Flügel, Beirut, 1985）

は同語を、「当の個別存在が、それそのものが成立する次元に在る限りで実現して在ること」と定義する。アッバース朝期翻訳文献に由来し、『アリストテレスの神学』（プロティノス『エンネアデス』アラビア語翻案）、『純粋善について』（プロティノス『神学綱要』抜粋）、アリストテレス『形而上学』、同『霊魂論』などのアラビア語訳でこの語は、ト・オン、タ・オンタ、エイナイ、ト・エイナイ、ト・ティ・エン・エイナイ等幅広い語に当てられる。英語で言う be 動詞の分詞形や動名詞に相当するこれらギリシア語を訳す「それが…で在るところの…」を意味するシリア語に起源を有つとの説が有力。アラビア語そのものを見るならば、節を表示する anna… や inna…（代表例は「…が…で在ること」）が現実世界の在り方と一致していることを言うことになる（「…イーヤ」の用法は第四章訳注1などを参照）。

第七章　神の名

〔1〕「神には麗しき名（al-asmā' al-ḥusnā）がある。それらの麗しき名で神に呼びかけなさい」（クルアーン第七章第一八〇節）に由来する。

〔2〕〈神性〉の相や現れでた象《かたち》の相のもとにある絶対者でない」の部分がアフィーフィー版から欠落する。

〔3〕もとのアラビア語は ḥaḍrāt ハドラ ḥaḍrah の複数形である。神が自己顕現する段階は五つに限られるわけではなく、いわば便宜的にまとめたものが五つのハドラである（本書第一部第一章中の二箇所の表を参照）。無数にある神名が基本的な神名にまとめられるさいにもこの構造が見られ、その構造を支える語としてハドラが用いられる（神名を詳細に論ずるイブン・アラビー『マッカ啓示』第五五八章、並びに解説を参照）。

〔4〕ṣūrah という語をアリストテレス風に「形相」と訳したのは、人格神をイメージしやすい「姿」と訳すと、現実世界の事物・事象の在り方に言及しないことになってしまうからだ。カーシャーニー注はこの語を神名と同定しないが、カイサリーおよびジャーミーは明確に神名と同定する（Qayṣarī, *Sharḥ*, p. 566; Jāmī, *Sharḥ*, p. 158）。神名＝事物・事象の在り方（形相）である。これは次のように理解していただきたい。現実世界の事物・事象の側に、己れだけで所有するそれ固有の本質なるものはない。イブン・アラビー思想に、事物・事象が己れの在り方を完全なるものにするという考え方はない。事物・事象は各々、瞬間瞬間に完成されたものとしてそこに在る。それは、事物・事象のいずれを採っても神の創造行為に他ならぬからだ。であるならば、事物・事象のさまざまな在り方は、神の創造行為に附随する神自身を記述する神名群で記されるのが妥当である。こうした現実世界の事物・事象の把握の仕方は、イブン・アラビーないし神秘主義に固有な訳ではない。例えば、アッバース朝翻訳期と一部生涯が重なるムウタズィラ派アブ・フザイル（Abū al-hudhayl, d. ca. 841）が、現実世界の事物・事象を瞬間瞬間に完成されていると把握する（なお、アシュアリー学団が分岐する以前のムウタズィラ派の情報がその後のアシュアリー学団の展開に較べてアンダルス

では詳細に伝えられた)。こうした事情を踏まえた上で本文以下の引用文を読んでいただきたい。

〔5〕本文が説明する事態を、円錐に譬えてみよう。その円錐の頂点をアッラーとし、底面を万物が存在する世界とする。イブン・アラビーは引用文のなかで「神(アッラー)以外のもの」として二つのものを設定した。一つは「神が自己顕現する場」、もう一つは「形相」(神名)であった。この二つを区別することはそのままアッラーを含めた全体を眺める視点を二つ設定することにつながる。前者は円錐を頂点側から眺める視点である。一つの頂点を底面という範囲をもったものに拡大させていく視点であり、〈一〉なる絶対者を世界に存在する多なる事物に拡散させていくことに対応する。反対に後者、つまり「形相」を設定する視点は、円錐を底面側から一つの頂点に向かって収斂させていく視点であり、これは多なるものを〈一〉なるものに収斂させることを意味する。この構想のもとで神名は、頂点と底面の中間地点である側面に位置するだろう。頂点に近いところから底面に近いところまで、さまざまな存在の次元があるが、それらを強いて特定しつつ、その次元の位置づけを指示するのが神名である。

第八章　アッラーと主

〔1〕イブン・アラビーが例外を認めるとは、この『叡智の台座』からの引用の後にある「したがって、嘉しとされる者は限定抜きに(つまり、絶対的に)嘉しとされることはない。ただし、嘉しとする者の行為のすべて——そのことによって〔絶対的な主が〕その者に現れる——が嘉しとされる者のうちに実現している場合は例外である」(*Fuṣūṣ*, p. 91-92)を念頭に置く。つまり、完全人間が、例外として立てられる。カーシャーニー注の内容は本文に概略が記されるとおりである。完全人間の例として、「我々の主は被造物にありとあらゆるものを与え、導くお方である」(クルアーン第二〇章第五〇節)や「[諸世界の主とは]天と地……の主である」(第二〇六章第二〇四節)と言うモーセが挙げられる。

〔2〕なお、引用文後段を再構成すれば、「あらゆる在る者はその〈主〉によって嘉しとされる」と「その〈主〉によって嘉しとされる者はみな幸福である(祝福される)」から「あらゆる在る者は幸福である(祝福される)」が導かれる三段論法(第一格)になる(Qayṣarī, *Sharḥ*, p. 643を参照)。

〔3〕サフル・トゥスタリー(Sahl al-Tustarī, Abū Muḥammad ibn. ʻAbd Allāh ibn ʻĪsā ibn ʻAbd Allāh ibn.Rafīʻ, d. 896)。有名な神秘家《スーフィー》(ハッラージ(al-Ḥallāj, d. 922)の師。ズン・ヌーン・ミスリー(Dhū al-Nūn al-Miṣrī, d. 861)との交流も伝えられる。クルアーンの文言解釈を己れの思想の根幹に据える点でイブン・アラビーに似る。多数の作があったが、現存するのは『クルアーン注』と『語録』のみ(この二作は弟子たちが編集)。ただし神秘家たちの多くの作に断片が数多く見える。サフル・トゥスタリーの弟子筋には大きく二つの系譜がある。一つは、バグダードを拠点とした、バルバハーリー(al-Barbahārī, d. 941, アシュアリー学団の祖アシュアリーが反ハンバ

ル学団に転ずる発端となった人物）などハンバル学団に帰属する者ども。もう一つは、バスラでマーリク法学を受け容れていった、アブー・アブドゥッラー・ムハンマド・イブン・サーリム・バスリー（Abū ʻAbd Allāh Muḥammad ibn Sālim al-Baṣrī, d. 909）などの一団である。後者中イブン・サーリムの系譜は、サーリミーヤと呼ばれる派を成し、ガザーリーがしばしば引用する『こころの糧』の作者アブー・ターリブ・マッキー（Abū Ṭālib al-Makkī, d. 996）はその派に属す。トゥスタリーの思想については、G. Böwering, *The Mystical Vision of Existence in Classical Islam*, Berlin-New York, 1980を参照。

第九章　存在論的な慈しみ

〔1〕原文のpresentmentはpresentimentの誤記と判断し訳出した。

〔2〕カイサリー注およびジャーミー注に、両手、両足、聴覚、視覚、舌、額の八つを指すとある。カイサリーはさらに「両手は浄めを可能にする。両足によって礼拝のときに立ち、巡礼での早駆け（サアイ行）をする。聴覚によって神の言葉と使徒の言葉を聴くことができる。視覚によって自らが何をするときでも神を見る。舌によって神を讃え、神の言葉を唱える。額によって礼拝のときに跪拝する」と解説を加える。

〔3〕英語原文にBut there does not exist a (man of such a) constitutionとあるが、この中の否定詞notは単なる誤りであると判断し、削除した。アラビア語原文には否定詞は含まれない。

〔4〕クルアーン第二六章第三二節のthuʻbān（蛇）という語を、イブン・アラビーが半ば無理やりにḥayyah（同じく蛇を意味する）と言い換える。

〔5〕最後の一文は、モーセが後日、ファラオの側近の魔術師たちと対決した際、モーセの投げた杖が魔術師の投げた杖と縄を飲み込んだことを指す。クルアーン同章第四一—四五節を参照。

〔6〕アラビア語のamrは「命令」とともに、「こと」、「事物」も言い表わす。この段落で命令がそのまま事物に直結しているように書かれるのはこのことに由来する。

〔7〕イブン・アラビーが実際にそのようなことを考えていたとすると、イブン・スィーナーによる「神は個体を知らない」というテーゼとかなり似通ったことをイブン・アラビーが念頭に置いていたことになる。イブン・スィーナーによるこのテーゼはガザーリーが『哲学者たちの自己矛盾』第一三問で批判し、不信仰だと断罪したことで知られる。さらにこの問題は同書第一一問でいわれる「神は普遍的な仕方でしか己れ以外のものを知らない」というテーゼとも密接に関わる。この問題に関してイブン・アラビーの立場とイブン・スィーナーの立場を比較検討することは今後の課題であろう。イブン・スィーナーの立場を理論的に解析したものとしてMichael E. Marmura, "Some Aspects of Avicenna's Theory of God's Knowledge of Particulars," *Journal of the American Oriental Society* 82 (1962), pp. 299–312; Parviz Morewedge, "The Logic of Emanaionism and Ṣūfism in the Philosophy of Ibn Sīnā (Avicenna)," *Journal of the American Oriental Society* 91 (1971), pp. 467–476) [Part 1]; 92 (1972), pp. 1–18 [part 2].

〔8〕ここでは「前にある」(mutaqaddim) と「後にくる」(muta'akhkhir) という二つの語に重要な意味が込められている。通常の順序、「前にあるもの」から「後にくるもの」がここでは逆転し、「後にくるもの」が前に、「前にあるもの」が後になっている。「前にあるもの」は出発点であり、かつ到達点である。この事態は円環構造を想定しなければ成り立たないだろう。イブン・アラビーに円環構造があることは後で指摘される。

〔9〕おそらくクルアーン第三八章第六九節が念頭に置かれている。「高い地位にある天使たちが互いに口論し合っていることについてわたし（ムハンマド）は何の知識ももたなかった」。

第十章　生命の水

〔1〕「或る特定の名によって……或る特定のもの」の部分を精確に訳せば、「これこれと定義され、これこれと呼ばれるもの」となる。

〔2〕この「食べ物」の比喩は直前に引用された詩（第七連と第八連）の一つ前の連（第六連）に見える（「被造物に絶対者からの食べ物を与えよ／さすれば汝は〔被造物の〕安らぎとなり、香草となる」）。次のカーシャーニー注はその連に附される。なお、本文で直後に「食べ物」の比喩がサフル・トゥスタリーに帰されるが、『叡智の台座』アブラハム章第五末尾に、コルドバの人で、イブン・アラビーの他、イブン・カスィーやイブン・アーリフなどアンダルスの神秘家たちの先駆者であるイブン・マサッラ（Muḥammad ibn 'Abd Allāh ibn Masarrah al-Jabalī, d. 931）の名が見えるので誤記と思われる。

〔3〕アラビア語原文には(1)名（asmā'）、(2)属性（ṣifāt）、(3)特徴／言語表記（nu'ūt）、(4)性格賦与／性格（aḥkām）、(5)関係性／二項関係を言う言語表記（nisab）、(6)関係性／現実の二項連関（iḍāfāt）の六項目が並ぶ。英語訳で四項目しか挙げないのは(3)と(4)をまとめて〈固有性〉、(5)と(6)をまとめて〈関係性〉とするからである。これら六項目は、バスラ派カラームのなかで複雑に展開した名と実の対応を言い表す術語を反映する。簡単には次のようなモデルで考えていただきたい。「名」は、或る何かを言い表す言語表記一般（主語と述語の双方に用いられる）。「属性」は述語を指すか（「属性1」＝名）、述語附けの根拠となる当の述語の基本語形《マスダル》に対応する現実の何か（例えば、「黒い」の基本語形「黒さ」に対応する、現実の黒さ）であるか（「属性2」＝実）のいずれか。「特徴／言語表記」は特に、現実の何か（「属性2」＝実）に根拠附けられた述語としての言語表記（「属性1」＝名）を指す。「性格賦与／性格」は、「属性2」を根拠とした言語表記である点で前項目に似るが、述語に特定されるのでなく、主語が述語で言い表される事態に在ること（例えば、当の石が黒く在ること）を言う言語表記。第五項目は、二語の言語側の関係、第六項目は、互いに連関する二語の実の側の対応物。

〔4〕nāsūt は『叡智の台座』ムーサー章第二五の一節中にもある（本書第一部第十四章、三〇八頁にて引用）。そこではモーセが投げ込まれた櫃（tābūt）を指し、人間の身体的側面を言い表す（同章原

注4も参照)。

第十一章　絶対者の自己顕現

〔1〕「聖なる度が高い」とは、事物からの「純化」度が高いことを言う。本書第一部第四章で扱う二種のタンズィーフは「引き剝がし」(tajrīd) に連関するとともに、スッブーフ、クッドゥースという神名に対応する。

第十二章　恒常原型

〔1〕光の問題は第一部第六章「絶対者の影」で扱われた。『叡智の台座』ヨセフ章第九(預言者ヨセフは光という叡智に関連づけられる)の分析に当てられる第六章では、「光」の解明においてクルアーン第二五章第四五節―第四六節が大きな役割を担う。

〔2〕ここでイブン・アラビーが言う「宗教」(dīn) にしても、イスラームにしても、個々の人間が神と対峙したときの様相を問題にしており、法体系や文化体系といった視点から見たものではない。前者を小文字のイスラーム (islām)、後者を大文字のイスラーム (Islām) と呼んで区別することもある。

第十三章　創造

〔1〕英語原文では、フドゥースというアラビア語には temporality, キダムというアラビア語には eternity a parte ante という語が当てられる。temporality は時々刻々に生起すること、eternitya parte ante は過去においてずっと在ること、との意味をもつ。厳密には、「フドゥース」は、原義的に出来事(ハダス ḥadath)＝現に或る特定の瞬間に眼の前に何かが出来すること／新たに立ち現れることであり、被造(マフルーク makhlūq)の意味でのハルク (khalq) と同じ事態を指す。時間ないし時は、フドゥースの連鎖から二次的に生ずる(ないし我々が単に概念的に把握する)に過ぎず、実の在り方を帯びる訳でない。まず時間ないし時があってそこに何かが生起するのでなく、本源的には、二つのフドゥースが重なり合う瞬間が時を形成する。「キダム」はそれの反対語。「キダム」の形容詞形「カディーム」を漢文の「道先天地」の「先」と同じ概念とする本書第二部第一章原注18も参照されたい。

〔2〕原文は「(身体の)源泉である女性(つまり、彼自身の母親)」は「彼から生じた女性」(bayna imraʾatin ẓaharat ʿanhu) としか読めない。直後に「女性」がアーダムから生まれたハウワー(エヴァ)で置きかえられる。

〔3〕タビーアは我々が言う「自然」ではなく、現実世界の個々のものが各々固有の在り方を帯びて存在する、そうした側面をタビーアの世界と言う。対して、〈実の在り方《リアリティー》〉は、「各々固有の」という限定項を無化した、在り方そのものを問題にした絶対的在り方のこと。これは男性、あれは女性、と我々が通常分別するのは、タビーアの見方に従う。それを超えた〈実の在り方〉にも、それの本源としての男性で在ることと女性で在ることの二面性が認めれられる、とカーシャーニーは言う。

第十四章　ミクロコスモスとしての人間

〔1〕al-kawn al-jāmiʿ の kawn は英語の be 動詞に相当する kāna の動名詞である。「…として在ること」との意味をもつ。この語が単なる修辞ではなく存在論的に重要な役割を担うことは本書第一部第十三章第一節で論じられた。jāmiʿ は集まったもの、（何かを）集めたものを意味する。本では「全集」、金曜礼拝のためのモスクもジャーミウと呼ばれる。英語原文ではカウン・ジャーミウが comprehensive being と訳される。英語の being がアラビア語の kawn を意識したものと判断し、「包括して在る者」と訳した。

〔2〕アラビア語原文 li-kawnihi muttaṣafan bi-al-wujūd がイブン・アラビーの存在論を理解する上で重要な句作りであるので分析しておく（第十章訳注3も参照していただきたい）。カウンとウジュードという二つの存在論用語が同時に見えるのに注意。語句中 muttaṣafan bi は、動詞句 ittaṣafa (a) bi-(b)（「bという「属性2」を根拠に、bの派生形でaを述語づける」）の受動分詞（能動分詞で読むのも可であるが、構造を明示するために受動分詞と解しておく）で、原文に戻って簡単に言うと、そこに在る「存在」という語に対応する何かを根拠に「存在する」（mawjūd）と述語附けられる、を意味する。例えば、「空が青い」と「青い」という形容詞で空を述語附けるアラビア語の形式もあるが、「空が青さをもつ」（(b) li-(a)）という表現形式もアラビア語にはあり、二つの表現形式は等価とみなされる（アラビア語原文は後者の表現形式を念頭に置く）。さらに言えば、「空が青い」よりも「空が青さをもつ」の方が実の在り方を精確に言い表すとみなされる。「青さ」にそっくりそのまま対応する現実のその青さ（「属性2」）の把握が言語上で「青い」と変形されたのが「空が青い」である。ここまでは古典的カラームの言語把握と同じであるが、イブン・アラビーの独創性は、ウジュードという語を「属性2」と解する点にある。古典期カラームではさまざまな事情により、マウジュードをウジュードに還元することはない。アラビア語原文中 kawnihi (c)（cは muttaṣafan bi...）は、代名詞フ (hu) がcで在ることを言う。これにもとづいてアラビア語原文全体をパラフレーズすると、「「包括して在る者」と名指されるもの（＝フ）が、存在（ウジュード）を根拠に「マウジュード」と記述されて在ること／述語附けられて在ることに由来して」となる。〈存在〉が根源的事態であることは本文でこれまで何度も語られてきた。その根源的事態が、「包括して在る者」という原初的な何かが成立する場面では、その何かに内在する「属性2」と把握しなおされる。本書第二部第八章で『老子』第三九章などを根拠に〈道〉が万物の各々に内在することを論ずる箇所、第三部第五章を併せて参照されたい。イブン・アラビーの存在論と相似するのがわかる。

〔3〕この解釈はバーリー・エフェンディー注から取られたと思われる。カーシャーニー、カイサリー、ジャーミーの注には見えない。イブン・アラビーが「聖なる発出」と「もっとも聖なる発出」の区別をここにもち込んだか否かの判断は本文以降にあるように保留される。

〔4〕ここで言われる「固有性」は、直前の『叡智の台座』第一章

中の「鏡を磨く行為そのもの」や「像の精神」のこと。特に「鏡を磨く行為そのもの」を指す。「鏡を磨く行為そのもの」により鏡が磨かれると、絶対者ないし〈存在〉の全ての側面がその鏡に映し出されるが、それを自らの固有性としてもたないがゆえに、〈人間〉なき宇宙は絶対者ないし〈存在〉を包括的に現せしめることができないということである。この段階の宇宙は、神の属性に対応するものが無秩序な状態にあり、絶対者はそれをはっきりと見ることができない。だが、次の段階で〈人間〉が鏡を磨くとすべての属性がはっきりと見えるようになる。

〔5〕クルアーン第二〇章第三九節「彼〔ムーサー〕を櫃(tābūt)に投げ入れ、河(yamm)に投げ込め。すると河が或る岸辺へと彼を押し運んでゆくだろう。その岸辺で、その者の敵でもある我の敵がその者を拾うであろう」を踏まえる。旧約聖書では平行箇所が出エジプト記二章三節にある。

〔6〕この一文は底本の編集上の誤りだろう。「神が事物を意のままに扱った結果(as a result of)」は接続 wāw を伴った附帯状況を言うアラビア語の表現を訳したものである。アラビア語文に忠実に訳すと「これらがみな世界に帰属し、それには神がものを意のままに扱うという状況が伴う」となる。この方が文脈にも適合する。

〔7〕原文の Real Man を、真の意味での人間ではなく、現に存在する人間との意で〈実際に在る人間〉と訳した。我々も含めて実際に在る人間は神の秘密を知りうる。そのモデルとなるのが(宇宙論的に存在するのでなく)現実に存在するアーダムだということであろう。ちなみに特に本書第二部第十一章で扱われる『荘子』の「真人」は true man と訳され、現実に存在する人間が完全人間たる側面が披かれる。その意味では、カーシャーニーの言うインサーン・ハキーキーは「真人」に通ずる。

〔8〕アラビア語原文の ka-al-wāḥid がここでは訳されていないので補足しておく。「次に、すでに一つのものとして(ka-al-wāḥid)創造しアーダムのなかに据えたものの全てを両の手に握り込んだ」。神はアーダムに、アーダムの内面(これが神の秘密である)を見せ、次にそのアダームの内面を二つに分け、それぞれを両の手に握り込んだ、という状況を描いている。「ワーヒド」という語が何らかの複合体を言う用法が古典期カラームに由来することは、第二章訳注1を参照。

〔9〕該当する『叡智の台座』の箇所が指定されていないが、「高さ」についての議論は同書第四章の冒頭に見える。

第十五章　個としての完全人間

〔1〕ジュルジャーニー『定義集』ガイラ項目には「何かを他人が共有するのを嫌うこと」、同『イブン・アラビー用語集』ガイラ項目には、「〔ガイラには三種ある。〕越えてはならない矩を越えられたことで絶対者に生ずるガイラ〔何かを共有されたくないと思う感情〕、〔何者かが〕秘密を匿していることに対して用いられるガイラ〔他の者にそれを共有させまいとする感情〕、出し惜しみしているのではないかと聖者たちを疑う絶対者のガイラ〔己れの知らない何か

を聖者が隠しているのではないかと疑う感情）」とある。神のガイラは、例えば、ブハーリー『正伝集』「神の唯一性の書」第二十章に言及される。

〔2〕井筒の用語法で「ヴィジョン」とは「実際に眼に見えること」であって、対象をもたない単なる想像のことではない。

第十六章　使徒・預言者・聖者

〔1〕『叡智の台座』エズラ章第一四において、タハッルク、タハックク、タアッルクの三語は説明なしに提示されるにすぎず、注釈者たちは概ねファナーという自己滅却体験からこの三語を説明しようとするものの、神秘家のどの様態を三語のそれぞれに結びつけるかに関して一定の見解はなく、『叡智の台座』の難読箇所の一つ。三語はともに動詞の五型を動名詞にしたもので、動詞の五型は自らが或る状態を帯びてゆくことを意味する。なお、タハッルクは原義的に道徳的性質（khulq）に、タハッククは真理や絶対者（ḥaqq）に関連する。タアッルクは、本文に述べられるように何かと何かの固い結びつきか、或いは、吊り下げられて在る状態を言うのかのどちらかであろう。吊り下げられて在ると解釈するなら、絶対者の姿を帯びつつ、現実世界にその姿が吊り下げられて在るというイメージであろうか。

第十七章　完全人間のもつ不思議な力

〔1〕英語原文には「使徒にたんに従っただけの神秘家たちにもそのような力があるのだから（since）、使徒はよりそれを所有するにふさわしいはずだ」とある。この訳では、since の帰結節が「使徒はよりそれを所有するにふさわしいはずだ」になってしまう。アラビア語的には、二つの wāʾ（and をあらわす接続詞と、付帯状況をあらわす接続詞）があるが、ここでは両方とも付帯状況をあらわす。前から訳すと「なぜ「最高の知者」はヒンマを行使しないのか（「最高の知者」はヒンマを行使するはずだ）。「使徒にたんに従っただけの神秘家たち」でもヒンマを行使するのに。ただし「使徒」がヒンマを行使するにもっともふさわしいのだけれども」となる。

事項索引

※あ行

愛 ‘ishq ／ ḥubb　100, 161, 173, 189, 190–192

欺く makr　83, 90

味識《あじわい》 dhawq　29, 55, 72–73, 182, 251, 259, 341–342, 347, 352, 355, 365

アッラー（神）Allāh　25, 30, 34, 87, 154, 178, 264, 320, 341, 369

アハド　→一

在らぬ ‘adam, non-Being　38–40, 48, 111, 126–127, 130, 145–146, 162, 165, 190–191, 199, 212, 221–224, 229, 231, 236, 238, 242, 244, 250, 272, 274, 276, 283, 291, 326

在る Being　6, 30, 302, 346, 356　→ウジュード

主《あるじ》 rabb　41, 55, 65, 117, 151, 154, 156, 347

意志 irādah　255, 271, 273

一 al-aḥad　35, 75, 356　→アハド；純粋一性；統合的一者性

一性 waḥdah　114　→ワーヒド

慈しみ raḥmah　160–172, 174, 178–189, 192, 195, 220, 283, 313

慈しみあまねき者 al-Raḥmān　89–90, 146, 148, 160, 168–169, 180, 183–188, 266, 288, 318, 330

イマージュ mithāl, amthāl　7–8, 19–22, 24, 44, 49, 95, 99, 123, 183, 201, 288, 358, 380

ヴィジョン　16, 20, 21, 22, 24, 25, 27, 28, 51, 99, 112, 286, 296, 351, 358, 373, 374, 375

ウジュード（存在）wujūd　13, 30, 37, 45, 114, 161, 185, 205, 211, 221, 226, 284, 288, 301, 332, 365

内側 bāṭin　44, 75, 103, 134, 226, 275, 280, 311, 344, 368

永遠／永遠性　22, 34–36, 41, 47, 56–58, 60–61, 67, 101, 119–120, 129, 156, 180–181, 185, 190–192, 198–199, 205, 207, 211, 213, 215–217, 220–228, 233–234, 236, 242–244, 246–247, 249–250, 257, 261, 263–264, 270, 282–285, 287–288, 292, 294, 296, 302, 309, 324–327, 332, 343, 350, 363–364, 366, 374, 385, 387

栄光あれと讃えられる者 subbūḥ　72

終わり ghāyah　85, 101

※か行

開示／引き剝がし kashf　20, 26–28, 30, 45–47, 49, 51, 55, 59, 62–65, 67, 90–91, 95, 97, 120, 180–181, 197, 205–206, 248–251, 296, 335, 347–348, 351

外在者／外在的　→外側

解釈 ta’wīl　14, 16–17, 21–24

ガイブ（不可視／目に見えない側面／神秘）ghayb　19, 44, 46, 61–62, 126, 166, 214, 216, 226

拡散 farq　67, 77–78, 82, 87, 131

可能 imkān　106, 230

可能態　57, 62, 124, 128, 144, 185, 214–215, 223, 284

可感的なもの maḥsūsāt　17–18, 39, 40

影 ẓill　123–126, 128–130, 132–134

神の尊厳 jalāl　63–64

神の美しさ jamāl　63–64

彼性／彼として在ること huwīyah　45, 61, 74, 78, 129, 131, 144, 148, 169, 206, 216, 257, 294, 341–342, 359–360

感覚経験 mushāhadah　19–21, 62, 166, 380

完全人間 insān kāmil　5–7, 29, 52, 154, 183, 251, 299–300, 307, 310–311, 313–315, 320, 322–327, 329–331, 334, 336–337, 340–341, 362, 364, 369, 377, 383, 387–388

境界づけ　taḥdīd　80

偶像崇拝　69, 80–81, 83–86, 95, 97, 117, 119

偶有 ‘araḍ　37–38, 165, 187, 196, 212, 287, 291–296

権威 ṣulṭān　91–92, 119

原因 ‘illah　141, 279, 353, 355

原型（恒常）　29, 38–40, 57–62, 67, 75, 106, 110, 113, 120, 125–130, 142, 162–164, 166, 179, 180–181, 190–192, 202, 214–216, 219–222, 224–226, 230, 233–239, 241–247, 249–250, 252, 257–258, 261, 272, 274–275, 283–285, 287–288, 291, 312, 326, 344, 385, 387　→イマージュ

原型的本質 ‘ayn　57, 60, 100, 124–127, 129, 131, 162, 164, 179, 220, 274

現実 reality　13

現実態　57, 61, 185, 200, 214–215

現前 ḥadrah　→ 地平
元素　91, 173, 174, 187–188, 196–197, 206, 310, 319–320, 328
限定 taqyīd　46, 70, 251
行為 fi‘l　19, 36, 43, 45, 62, 104, 133, 142, 146, 153–154, 158, 161, 167–170, 172, 175–179, 181, 184, 187, 215, 237, 238, 241, 244, 251, 262–263, 273, 276, 282, 303–304, 308, 310, 316, 343, 345, 366, 379, 383, 386
個体　49, 57, 60, 100, 113–114, 167–168, 176, 196–197, 200, 207, 212, 222, 226–231, 234–235, 245, 257, 273, 282, 291, 299–300, 306, 311, 326–328, 332, 336–337, 340–342, 353–354, 362, 369, 388
言葉 qawl　271, 273
個別的本質 ‘ayn　→ 原型的本質
混乱（状態）ḥayrah　95–98, 100–103, 114, 119–120, 287, 290, 296, 347–348, 352

※さ行
最後の者 al-ākhir　105, 138, 257
ザート（本質）dhāt　19, 37–39, 43, 49, 50, 52, 61, 136, 139, 158, 166, 214, 230, 232, 258–259, 265, 278–281, 304–305, 310, 331–332, 365　→ 原型的本質
自己顕現 tajallī, tajallīyāt　15, 18–19, 20, 23, 30–31, 35, 41, 44, 46–52, 55–58, 60–62, 71, 75–76, 81–85, 91, 95–96, 98, 103–104, 106, 109–110, 116, 118–120, 129, 136–137, 142–143, 146–148, 153–154, 157, 163–165, 171, 189, 197, 201, 203–205, 210–217, 220, 226, 238, 251–252, 257–259, 262, 265–266, 270–271, 280, 282, 284–287, 294, 296, 300–301, 304, 307, 326, 330, 341, 343–344, 348–350, 352–353, 356, 360, 365–366　→ 外側
自己限定 ta‘ayyun　99, 103, 109, 113–114, 119, 166, 210–212, 280, 286, 327–328
自然　26, 28–29, 69, 72, 91, 101, 116, 186–188, 196–197, 206, 239–240, 255, 257, 280, 310, 312, 319, 335, 377, 383
持続 baqā’　15, 63, 100–101, 131, 133, 337, 366, 382
実体 jawhar　37–38, 60–61, 116, 118, 144, 162, 165, 175–176, 186–187, 189, 195–197, 203, 210, 215, 285–286, 292–296, 321
質料（第一）hayūlà　109, 116, 144, 186–187, 189, 196, 223–224, 226–227, 229, 285–286, 350
使徒／使徒性　42, 90, 173, 191, 236, 239–242, 326, 347–348, 357, 362–364, 366–375, 384–385, 387
僕 ‘abd　90, 101, 116, 154, 169, 185–186, 199, 239–240, 256, 261, 313–314, 316, 329, 335, 343, 347–348, 363–364, 382–384
収斂 jam‘　63, 67, 77–78, 131, 140, 303
主性／主権 rubūbīyah　19, 45, 90, 141, 152–153, 155–158, 170, 185–186, 199, 329, 363
受容／受容性　142, 153, 155, 162–163, 214–217, 219, 235, 242, 248, 257
純化　→ タンズィーフ
純粋一性 aḥadīyah　35–37, 51–52, 98, 100, 113, 130–131, 139, 154, 212–213, 215, 304, 314, 327
照明　→ 自己顕現
神性／神であること ulūhīyah　19, 58–60, 77, 86, 104, 139, 157–158, 272–273, 304, 305
神秘　→ 不可視
神名　→ 名
スーラ（象《かたち》／形態／形相）ṣūrah　20, 49, 147, 196, 308
精神／霊魂 rūḥ　47, 75, 172, 207, 303, 308–309, 311, 315, 318, 328
聖者／聖者性　100, 120, 144, 154, 180, 359, 362–369, 371–375, 383, 387
聖なるもの muqaddas　37
生命 ḥayāt　55–56, 95, 100, 104, 115, 175, 195, 200, 204–208, 226, 228, 256, 310–311, 348–349, 366
絶対／絶対的 muṭlaq　19, 30, 37, 46, 154, 156, 198, 226, 384
想起 dhikr　345–346
創造 khalq　166, 177, 190–191, 251, 270–279, 281–292, 296, 300–301, 303–304, 310, 312, 327–329, 359, 379–380
想像 khayāl, wahm　13–24, 27, 44, 72, 86–87, 90–92, 95, 99, 108, 130, 139, 284, 351, 357–358, 375, 379
創造者 khāliq　40, 47, 112, 137, 141–142, 188, 273–274, 286, 329, 382
造化作用　274–276
属性　19, 29, 45, 57–60, 68–69, 70, 72, 89, 104, 118, 120, 133, 137, 142, 145, 151–154, 157, 182, 186–187, 197, 199–202, 207, 212, 215, 226, 232, 259, 263, 266, 279, 301–302, 304, 307, 309–310, 318, 320–322, 325,

328, 330–332, 340, 344, 364–365, 388
外側 ẓāhir　44, 103, 134, 176, 275, 280, 368
備え isti‘dād　49, 51, 74–75, 136, 153, 163–164, 168, 199, 207, 215–217, 242–243, 246–248, 251–252, 256–258, 260–266, 273–274, 284, 308, 331, 342, 367, 384
存在一性 waḥdat al-wujūd　114, 365

※た行

多 kathrah　139–140
代理人　305, 313, 315–316, 323–325, 334, 369–370
タシュビーフ tashbīh　26, 67–68, 70–71, 73, 75–83, 86, 88–92, 95, 112, 195, 325
タンズィーフ tanzīh　26, 67–73, 75–84, 86, 88–93, 95–96, 112, 258, 325
知（神についての）／神秘知 ma‘rifah　25–26, 91, 100, 257, 341, 373
知 ‘ilm　198, 272, 368
知者 ‘ārif　29, 74, 76, 118, 257, 347, 349, 359, 368, 377
知性 fahm　74　→ 理性
地平／ハドラ ḥadrah　19–21, 23–24, 29–32, 64, 113, 143, 158, 186, 214–215, 219–220, 226–227, 231, 266, 272–273, 305–306, 310, 312, 316, 319, 358, 379–380
中間段階 barzakh　305, 326, 340, 351, 384
中間的本性　329
超越 munazzah　26
超越者 al-‘alīy　73, 145–147
定義 ḥadd　42–43, 328
天使　27, 72, 86, 173, 188, 228, 315–318, 320, 345, 374
統一 tawḥīd　96
同化　→ タシュビーフ
統合 majmū‘　295, 315
統合的一者性 wāḥidīyah　35, 146, 154, 214

※な行

名（神の）ism, asmā’　60, 72, 74–75, 81, 89–90, 106–108, 110, 116, 120, 124–125, 129, 136, 139–141, 143–149, 152–155, 157, 160, 164, 166–167, 169, 170, 172, 181–186, 188–189, 192, 195, 202–203, 212, 215–216, 220, 222, 257–259, 285–286, 300–301, 304–305, 307, 310, 312–318, 322, 330, 333, 346, 363
内在者／内在的　→ 内側
能動／能動的／能動性　182, 212, 219, 273, 277, 280–281, 312–313, 321–322, 326, 329–331

※は行

ハキーカ（実の在り方）ḥaqīqah　6, 37, 43, 74, 109, 137, 143, 211, 236, 246, 279, 280, 321, 325, 356, 369, 383
始まり bidāyah　85
ハック（絶対者）al-ḥaqq　15, 30–31, 34
発出 fayḍ　61, 165, 185, 213–214, 217, 288
　聖なる発出　62, 167, 213, 215, 265–266, 301
　存在論的発出　288
　もっとも聖なる発出　61, 163–165, 167, 212–215, 265, 301
光 nūr　47, 98, 100, 124–127, 129, 132, 186–187, 221–222, 288, 327, 336, 341–342, 372, 374
引き剝がし tajrīd　72　→ 開示
非限定／限定されずして在る iṭlāq　68, 70
非存在　→ 在らぬ
必然／必然性 wujūb　106, 230, 232, 331–332
　必然的存在者 wājib　38, 58–60, 231
美名　→ 名
ヒンマ himmah　241, 242, 377–380, 382–387
物体 jism　45, 47, 69–70, 86, 104, 124–127, 130, 182, 187, 227, 286, 289, 295
普遍　43, 105, 113, 170–171, 178, 182, 200, 207–208, 223–229, 231, 245, 311–313, 320
フルカーン furqān　81–83, 382
法　70, 145, 173, 176–178, 202, 237, 363–364, 366–368, 370, 372, 374
包括性　305, 307, 310–316, 319–320, 323–324, 330, 340

※ま行

マウジュード（存在者）mawjūd　166, 200, 214
道 ṭarīqah　15–16
命令 amr　176–178, 202, 237, 239–241, 245, 261, 271–272, 274–277, 335, 378, 385–386
滅却（自己）fanā’　15, 18, 63, 96–97, 100–101, 131, 133, 208, 251, 337, 365, 366, 382
もっとも聖なる者 quddūs　72

※や行
豊かさ ghinà　56
夢 ru'yā　13–18, 20–24, 30, 373
預言者／預言者性　14, 16–17, 24–26, 57, 69–70, 72, 81, 88, 106–107, 119, 172–173, 188, 244–245, 250, 278, 281, 307, 310, 326–328, 331, 347, 351, 357–358, 362–364, 366–375, 387
予定 qaḍā'　243

※ら行
ラフマーン　→慈しみあまねき者
理性／知性 'aql　28, 46, 71, 73, 226, 334
霊魂　→精神
ロゴス　325, 328

※わ行
ワーヒド　→一性
割り当て qadar　243

人名・著作名索引

イブン・アラビー引用索引

著者
井筒俊彦（いづつ　としひこ）
1914 年、東京都生まれ。1949 年、慶應義塾大学文学部で講義「言語学概論」を開始、他にもギリシャ語、ギリシャ哲学、ロシア文学などの授業を担当した。『アラビア思想史』『神秘哲学』や『コーラン』の翻訳、英文処女著作 *Language and Magic* などを発表。
1959 年から海外に拠点を移しマギル大学やイラン王立哲学アカデミーで研究に従事、エラノス会議などで精力的に講演活動も行った。この時期は英文で研究書の執筆に専念し、*God and Man in the Koran, The Concept of Belief in Islamic Theology, Sufism and Taoism* などを刊行。
1979 年、日本に帰国してからは、日本語による著作や論文の執筆に勤しみ、『イスラーム文化』『意識と本質』などの代表作を発表した。93 年、死去。『井筒俊彦全集』（全 12 巻、別巻 1、2013 年–2016 年）。

訳者
仁子寿晴（にご　としはる）
同志社大学非常勤講師。イスラーム哲学・中国イスラーム思想。

井筒俊彦英文著作翻訳コレクション
スーフィズムと老荘思想　上
——比較哲学試論

2019 年 6 月 5 日　初版第 1 刷発行

著　者———井筒俊彦
訳　者———仁子寿晴
発行者———依田俊之
発行所———慶應義塾大学出版会株式会社
〒 108-8346　東京都港区三田 2-19-30
TEL〔編集部〕03-3451-0931
〔営業部〕03-3451-3584〈ご注文〉
〔　〃　〕03-3451-6926
FAX〔営業部〕03-3451-3122
振替　00190-8-155497
http://www.keio-up.co.jp/
装　丁———中垣信夫＋中垣　呉［中垣デザイン事務所］
印刷・製本——萩原印刷株式会社
カバー印刷——株式会社太平印刷社

Printed in Japan ISBN978-4-7664-2460-7